权威·前沿·原创

皮书系列为
“十二五”国家重点图书出版规划项目

社会责任管理蓝皮书
BLUE BOOK OF SOCIAL RESPONSIBILITY MANAGEMENT

中国企业公众透明度报告（2015~2016）No.2

ANNUAL REPORT ON CHINA'S COMPANIES PUBLIC TRANSPARENCY (2015-2016) No.2

黄速建　熊　梦　王晓光　肖红军／著
中国企业管理研究会社会责任专业委员会
中国工业经济联合会中国工业企业社会责任研究智库
北京融智企业社会责任研究所

社会科学文献出版社
SOCIAL SCIENCES ACADEMIC PRESS (CHINA)

图书在版编目(CIP)数据

中国企业公众透明度报告. 2, 2015 ~ 2016/黄速建等著. —北京: 社会科学文献出版社, 2016. 1
（社会责任管理蓝皮书）
ISBN 978 - 7 - 5097 - 8549 - 2

Ⅰ. ①中… Ⅱ. ①黄… Ⅲ. ①企业管理 - 研究报告 - 中国 - 2015 ~ 2016 Ⅳ. ①F279. 23

中国版本图书馆 CIP 数据核字（2015）第 302632 号

社会责任管理蓝皮书
中国企业公众透明度报告（2015 ~2016）No. 2

著　　者 / 黄速建　熊　梦　王晓光　肖红军

出 版 人 / 谢寿光
项目统筹 / 吴　敏
责任编辑 / 吴　敏

出　　版 / 社会科学文献出版社 · 皮书出版分社（010）59367127
地址：北京市北三环中路甲 29 号院华龙大厦　邮编：100029
网址：www. ssap. com. cn
发　　行 / 市场营销中心（010）59367081　59367090
读者服务中心（010）59367028
印　　装 / 北京季蜂印刷有限公司

规　　格 / 开 本：787mm × 1092mm　1/16
印 张：25　字 数：378 千字
版　　次 / 2016 年 1 月第 1 版　2016 年 1 月第 1 次印刷
书　　号 / ISBN 978 - 7 - 5097 - 8549 - 2
定　　价 / 98. 00 元

皮书序列号 / B - 2014 - 405

中国企业管理研究会
社会责任专业委员会简介

中国企业管理研究会，原名中国工业企业管理教育研究会，创建于1981年。1995年3月经国家民政部批准，改名为中国企业管理研究会。作为全国性社团组织，中国企业管理研究会的主要功能是向政府反映企业管理中出现的问题、提出企业管理政策建议；总结和推广企业的先进管理经验，并提供管理咨询服务；进行企业管理理论研究和学术交流；组织协调全国大专院校企业管理教材的编写和教学经验的交流；开展企业家经营管理知识培训和国际间的学术交流等。研究会现有理事单位近300家，涵盖企业、高等院校、研究机构和新闻出版单位。自成立以来，研究会不仅为我国大中型企业培训了许多优秀的经营管理人才，而且就高等管理教育的改革、成人教育的发展等问题曾向国务院和中央有关部委提出一些重要建议，受到中央有关领导同志的好评。

中国企业管理研究会社会责任专业委员会于2014年正式成立，其定位是充分发挥中国企业管理研究会的优势，将企业、高等院校、研究机构连接起来，引领中国企业社会责任发展的潮流，推动中国企业社会责任的理论与实践的发展，提高中国企业的责任竞争力。中国企业管理研究会社会责任专业委员会的理事单位来自全国多个研究机构、高等院校和知名企业，主要任务是从事社会责任基础理论研究、社会责任管理与教学案例开发、举办社会责任活动与会议、开展社会责任理论与实践优秀成果跟踪评价、提供社会责任高端培训和咨询服务。

中国工业经济联合会
中国工业企业社会责任研究智库

中国工业经济联合会中国工业企业社会责任研究智库（China Alliance of Responsibility Experts，CARE）是贯彻落实党的十八届三中全会《中共中央关于全面深化改革若干重大问题的决定》提出的“加强中国特色新型智库建设，建立健全决策咨询制度”的要求，经中国工业经济联合会会长会议批准筹建、中国工业经济联合会理事会审议通过，于2015年7月26日正式成立的新型智库。

智库坚持平等、开放的原则，集聚工业企业社会责任领域的顶级专家，构建没有层级结构、没有“天花板”和“围墙”，以项目为载体、任务为纽带，智力资源互联互通、共建共管的具有国际一流水平的企业社会责任专业研究平台。

智库旨在参与和推进具有战略性、前瞻性和热点性的企业社会责任领域重大理论与实践问题的研究，促进我国工业企业管理创新、提升可持续竞争力，具体职能包括：参与国家企业社会责任立法、重大政策研究，为各级政府的相关决策提供智力支持；推动社会各界就企业社会责任的基本概念和问题达成共识，促进构建有利于工业企业履行社会责任的社会环境；推动工业企业社会责任理论、实践创新与多方合作交流，推进管理创新，促进工业企业转型升级提质增效，增强可持续竞争力；开展社会责任管理教育与培训；推动工业企业社会责任领域的国际交流与合作。

智库由来自政府、行业协会、工业企业、高校、研究机构及新闻媒体的专家组成，下设秘书处。智库按照“各尽所能，各得其所”的责权利相统一的原则，形成高效的运作机制和清晰的组织架构，为深入持续推进中国工业企业加强社会责任管理，实现企业与经济社会的协调可持续发展服务。

北京融智企业社会责任研究所简介

北京融智企业社会责任研究所（简称“研究所”）是一家在北京市民政局正式注册、国内专门从事企业社会责任研究与推广的专业机构，其核心团队包括了国内较早从事社会责任研究和实践的主要专家，研究所旨在为政府、企业和非政府组织在社会责任领域提供强有力的研究平台、服务平台、沟通平台、创新平台和合作平台，积极推动国内企业社会责任理论与实践的持续健康发展。

研究所始终以建设国内领先、国际一流的企业社会责任研究与服务专业机构为着眼点，坚持秉承“融生达道、智造卓越”的办所宗旨，融智成智，积极为企业探寻可持续发展之道，用智慧帮助更多企业成就卓越。

研究所拥有一支具有较高专业水平、素质全面、能力突出、经验丰富、胸怀激情、具有国际视野的研究与服务团队，融合了一批来自国内外一流高等院校以及具备管理学、经济学、社会学、金融学、环境学等不同学科背景的人才队伍，造就了一批资深的企业社会责任专家。研究所拥有广泛的产业、学界、政府、国际机构资源，建立了高层次的社会责任国际平台，与国内企业社会责任政府主管部门保持着密切的合作与联系，形成了由来自中国社会科学院、国务院发展研究中心、北京大学、北京师范大学、厦门大学、对外经贸大学等机构的国内一流专家组成的“智库”。

研究所长期以来专注于可持续发展和企业社会责任领域的研究、咨询、培训和传播，出版了多本具有较大影响力的企业社会责任著作或研究报告，创新开展了多次不同形式的企业社会责任专项培训，研发了适合中国企业实际的可持续发展和社会责任管理体系与模式，为 30 多家中央企业、金融机构以及众多中小企业提供了社会责任的专门咨询服务，组织了多次具有广泛影响的企业社会责任国际和国内会议，积极为企业搭建社会责任的沟通与传播平台。

研究所目前是国家标准委员会核心合作单位，参与中国企业社会责任标准以及中国企业社会责任报告标准的制定。研究所创新推出了以社会责任管理能力成熟度模型为基础，以利益相关方关系管理为主线，以可持续竞争力提升为目标的社会责任管理体系和模式。

研究所一直坚持“用心、专心、同心”的客户服务理念，努力做到用心为客户谋事，专心为客户干事，同心为客户成事；一直坚持“热心、诚心、细心”的开放合作态度，不仅热心于与社会各界开展各项合作，而且始终诚信地对待合作伙伴，细心地与合作伙伴携手共进。研究所期待为更多的客户提供专业、优质的服务，实现共同成长；期待与更多的有志之士紧密协作，共创中国企业可持续发展的未来。

地址：北京市西城区车公庄大街 9 号五栋大楼 C 座 1201

电话：010－88395152

传真：010－88393579

邮箱：rzcsri@ rzcsri. org

网站：www. rzcsri. org

主要编撰者简介

黄速建 现任中国社会科学院工业经济研究所副所长、研究员，中国企业管理研究会会长，中国社会科学院管理科学和创新发展研究中心主任，主要从事企业改革、企业集团、创新管理等方面的研究，主持了多项国家社科基金重大项目、国家自然科学基金项目、国家软科学计划项目、社科院重大项目以及多个部委委托的重大研究课题，出版了著作几十部，发表论文几百篇。

熊　梦 现任中国工业经济联合会执行副会长兼秘书长、党委书记，并任国家制造强国建设战略咨询委员会委员。毕业于华中工学院（现华中科技大学）经济管理系管理工程专业，中欧国际工商学院高级管理人员工商管理硕士（EMBA）。曾任国家物资部（总局）人事劳动司干部、副处长；国家国内贸易部人事劳动司副处长、处长；国务院稽查特派员总署国务院稽查特派员助理（正处级）；国务院国资委（中央企业工委）国有重点大型企业监事会副局级专职监事、正局级专职监事，办事处副主任、主任；北京市经济和信息化委员会（北京市国防科技工业办公室）党组成员、副主任（正局级），中关村国家自主创新平台军民融合创新工作组组长。

王晓光 北京融智企业社会责任研究所所长、中国工业企业社会责任研究智库秘书长、中国企业管理研究会副理事长。毕业于中国社会科学院研究生院，管理学博士，副研究员。主要从事企业社会责任、企业战略与组织、劳动关系等方面的研究。先后主持或参与了联合国机构，以及国资委、科技部、社科院等部委的研究课题多项，发表论文几十篇，编辑出版专著、教材多部。为国家电网、中远集团、中航工业、国家开发银行、中国农业银行等几十家中央企业和金融机构提供社会责任咨询服务。

肖红军 先后就读于厦门大学电子工程系、厦门大学管理学院和中国社会科学院研究生院，分别获得工程学学士、管理学硕士和管理学博士学位。目前任职于中国社会科学院工业经济研究所，副研究员，担任中国企业管理研究会社会责任专业委员会执行主任兼秘书长，长期从事企业社会责任与企业成长方面的研究，曾经主持或参与了多项国家科技支撑计划项目、“863”项目、国家社科基金项目，以及国家发改委、国资委、工业和信息化部等多个部委委托的重要研究课题，出版企业社会责任著作多部，在全国核心期刊上发表论文多篇。

摘　要

企业公众透明度是指企业针对社会公众进行的信息披露、信息传递与信息接收等活动及其满足社会公众信息需求的总体情况。增强企业公众透明度，是一个企业赢得最广泛的信任、为企业发展营造良好外部环境的重要保障。随着经济的发展和社会的进步，社会公众对企业运营透明的期望越来越高。企业通过准确披露公众关注的信息，可以建立与社会公众沟通的桥梁，增强社会公众对企业的信任。基于这一原因，我们在编写《中国企业公众透明度报告（2014～2015）*No. 1*》的基础上，继续编写了《中国企业公众透明度报告（2015～2016）*No. 2*》。本报告基本延续了首份报告的研究思路，由总报告、200 强企业篇、重点行业篇、专题篇和附录五大部分构成。

总报告是对全书所涉及内容的总体性概括，包括企业公众透明度的评价过程、评价结论、评价方法等内容。我们构建了中国企业公众透明度指数和评价体系，从多维度全景阐释了企业公众透明度的真实情况。同时，我们还以同样的方法对银行业、电网行业、汽车行业进行了分析研究。

200 强企业篇以 2015 年中国 200 强企业为主要研究对象，从企业官方网站、企业公开发布的各项报告及其他出版物、媒体的公开报道等公开渠道搜集企业披露的相关信息，从时间维度、内容维度、渠道维度、形式维度、数量维度五个维度对其公众透明度情况进行了详细解读，得出了 2015 年中国企业 200 强公众透明度指数。

重点行业篇从行业角度对银行业、省级电网公司、汽车行业的公众透明度情况进行了详细分析，突出不同行业企业公众透明度的区别与特色。

专题篇主要从公众透明度的角度，选取了“企业公众透明度与舆情管理”、“企业社会责任报告的传播效果研究”以及“企业重大建设项目选址中的公众透明度影响分析”三个专题进行了详细阐释。

附录主要对2015年中国企业200强、银行业、电网行业、汽车行业的公众透明度指数进行了详细展示。

Abstract

Corporate public transparency refers to the general conditions of itself concerning information disclosure, transmission, and receiving against the overall demand of the public. Enhancing corporate public transparency is the significant issue that ensures corporations to obtain public trust and create a healthy external environment for development. Public expectation on corporate public transparency is increasing as the economy and society develop. It could help to establish communications and enhance trust between public and corporations by disclosing more accurate information that public concerns by corporations. Based on such factors, we compiled *Annual Report on China's Companies Public Transparency (2015 - 2016) No. 2* on the basis of *Annual Report on China's Companies Public Transparency (2014 - 2015) No. 1*. Research ideas in the first book is basically continued in this book, which consists General Report, Report on Top 200 Chinese Companies, Reports on Key Industries, Reports on Special Issues and Appendix, five parts in total.

General Report is a summary of the whole book, which includes the evaluation process of corporate public transparency, the result of evaluation and methods of evaluation, etc. Corporate public transparency index and evaluation system are constructed and present facts of corporate public transparency are further elaborated from multi-dimensions. Meanwhile, bank industry, grid industry and automobile industry are analyzed by the same methodology.

Report on Top 200 Chinese Companies takes the Top 200 Chinese Companies, ranking by operating revenues, as research targets. Corporates related information that collected from public channels such as corporate official website, published reports and other publications, media reports etc. , are comprehensively studied and analyzed through five dimensions, which are dimension of time, dimension of content, dimension of channel, dimension of form and dimension of quantity. Eventually, the Index of Top 200 Chinese Companies in 2015 is achieved.

Report on Key Industries analyzes public transparency of bank industry, provincial grid corporations, and automobile industry precisely, from the industry perspective that highlights the distinctions and features of corporate public transparency from different industries.

Reports on Special Issues particularly elaborates three issues which are "Corporate Public Transparency and public sentiments management", "Disseminating Effect of CSR Reports" and "Public Transparency Impact Analysis of Major Project Site Selection by Corporations" from the perspective of public transparency.

Appendix mainly disclosure of public transparency index on Top 200 Chinese corporations, bank industry, provincial grid corporations and automobile industry.

目　录

Ⅰ　总报告

Ⅱ　200 强企业篇

Ⅲ 重点行业篇

Ⅳ 专题篇

Ⅴ 附录

CONTENTS

I General Report

II Report on Top 200 Chinese Corporations

Ⅲ Report on Key Industries

Ⅳ Report on Special Issues

Ⅴ Appendix

总 报 告

General Report

B.1

中国企业公众透明度指数

摘　要：　本文首先从数据搜集方法、具体评价流程、评价指标体系三个方面详细阐述了中国企业公众透明度评价过程，然后对本报告的主要结论进行了阐述，包括200强企业评价结论、银行业评价结论、省级电网公司评价结论、汽车行业评价结论以及公众透明度前20名简评。

关键词：　公众透明度　200强企业　评价指标

在委托代理理论、信号传递理论和外部监督理论等理论研究基础上，结合我国企业管理的实际情况，本研究从企业信息披露的时间、内容、渠道、形式、数量五个维度，形成对企业公众透明度进行评价的基本模型。实际操作过程中，本研究从中国企业联合会、中国企业家协会发布的《2015年中国企业500强发展报告》中，选取前200强的中国企业作为样本企业收集相关资料，按照科学的评价流程得出了最终的200强企业评价结果。同时，本研究针对特定的行业如银行业、电网行业、汽车行业进行了重点分析。

一 评价过程

（一）数据搜集方法

1. 样本选择

本研究中的企业是从中国企业联合会、中国企业家协会发布的《2015年中国企业500强发展报告》中选取的中国企业前200强。中国企业500强榜单重点关注中国企业的成长性、自主创新能力、国际化经营等方面的情况。

2. 数据收集

本研究旨在分析中国企业200强的公众透明度情况，报告中所依据资料均为一般公众可通过公开渠道获取的信息，这些渠道包括：企业官方网站、企业公开发布的各项报告及其他出版物、媒体的公开报道等。评价小组成员针对企业公众透明度评价指标体系，集中阅读和梳理了样本企业的官网信息、企业年报信息及企业社会责任报告（或同类报告）信息，形成了企业公众透明度评价指标基础信息数据库。

（二）具体评价流程

本评价的具体工作流程可以分为计划与部署、指标体系开发、评价实施、总结与反馈四个阶段，并细分为10个步骤：组建评价小组、编制评价实施方案、基础理论研究、指标体系的开发、确定指标赋值规则、确定指标赋权规则、指标信息收集、编制年度企业公众透明度指数、编制评价报告及成果发布（见图1）。

（三）评价指标体系

1. 指标体系概览

在此将时间维度、内容维度、渠道维度、形式维度、数量维度5个维度

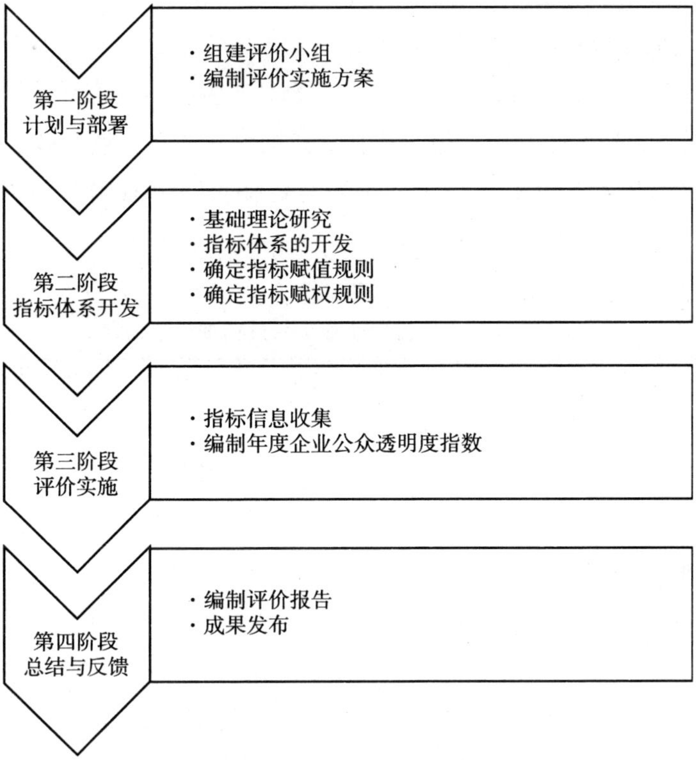

图 1　企业公众透明度评价的步骤概览

纳入企业公众透明度评价指标体系，作为一级指标；本研究从社会公众对企业保持公开、透明的期望和要求入手，兼顾企业面向社会公众开展信息披露实践的重点环节，总计设置了 115 个二级指标。最终，得到企业公众透明度评价指标体系的两级框架（见表 1）。

表 1　企业公众透明度评价指标体系的整体框架

单位：个

一级指标	二级指标	一级指标	二级指标
时间维度	4	形式维度	9
内容维度	65	数量维度	8
渠道维度	29		

2. 企业公众透明度评价的赋值方法

（1）时间维度

在时间维度上，主要评价企业发布信息是否及时。本部分包括二级指标4个，分别是年报发布时间、企业社会责任报告（或可持续发展报告）发布时间、专题报告发布时间、召开企业社会责任报告（或可持续发展报告）发布会时间（见表2）。

表2　基于时间维度的企业公众透明度评价指标

二级指标	赋值说明	获取信息渠道
年报发布时间	2015年6月30日前发布计1分，其他时间发布计0.5分；满分1分	企业官网、企业年报
企业社会责任报告（或可持续发展报告）发布时间	2015年6月30日前发布计1分，其他时间发布计0.5分；满分1分	企业官网、企业社会责任报告（或可持续发展报告）
专题报告发布时间	2015年6月30日前发布计1分，其他时间发布计0.5分；满分1分	企业官网、企业专题报告
召开企业社会责任报告（或可持续发展报告）发布会时间	2015年6月30日前发布计1分，其他时间发布计0.5分；满分1分	企业官网、百度关键词搜索

（2）内容维度

在内容维度上，主要评价企业所发布信息的实质性、完整性、真实性、准确性和平衡性。本部分包括二级指标65个，涉及责任理念，企业使命、愿景、价值观，利益相关方识别，利益相关方沟通，客户满意度调查，培训时间，培训投入，员工职业发展信息，职业健康投入，安全生产投入，事故数，伤亡人数，志愿者人数，志愿服务时间，环境管理认证，总能耗，万元产值综合能耗，COD排放量，二氧化硫排放量，“三废”处理信息等（见表3）。

表 3 基于内容维度的企业公众透明度评价指标

二级指标	赋值说明	获取信息渠道
营业收入	未披露计 0 分;披露计 1 分;满分 1 分	企业官网、企业年报、企业社会责任报告(或可持续发展报告)
总资产	未披露计 0 分;披露计 1 分;满分 1 分	企业年报、企业社会责任报告(或可持续发展报告)
利润	未披露计 0 分;披露计 1 分;满分 1 分	企业年报、企业社会责任报告(或可持续发展报告)
主营业务经营情况	未披露计 0 分;披露计 1 分;满分 1 分	企业年报、企业社会责任报告(或可持续发展报告)
员工人数	未披露计 0 分;披露计 1 分;满分 1 分	企业年报、企业社会责任报告(或可持续发展报告)
业务范围	未披露计 0 分;披露计 1 分;满分 1 分	企业社会责任报告、企业官网
产品信息	未披露计 0 分;披露计 1 分;满分 1 分	企业官网
主要业务所在地	未披露计 0 分;披露计 1 分;满分 1 分	企业官网、企业年报、企业社会责任报告(或可持续发展报告)
责任理念	未披露计 0 分;披露计 1 分;满分 1 分	企业官网、企业社会责任报告
责任推进管理	未披露计 0 分;披露计 1 分;满分 1 分	企业官网、企业社会责任报告
企业使命、愿景、价值观	未披露计 0 分;披露计 1 分;满分 1 分	企业官网、企业年报、企业社会责任报告
企业文化建设活动	官网设置了企业文化专栏且在研究期内披露了企业文化建设活动的相关信息,计 1 分;官网未设置企业文化专栏,在研究期内未披露企业文化建设活动的相关信息,计 0 分;满分 1 分	企业官网
利益相关方识别	未披露计 0 分;披露计 1 分;满分 1 分	企业官网、企业社会责任报告(或可持续发展报告)
利益相关方列表	未披露计 0 分;披露计 1 分;满分 1 分	企业官网、企业社会责任报告(或可持续发展报告)

续表

二级指标	赋值说明	获取信息渠道
利益相关方沟通	未披露计 0 分；披露计 1 分；满分 1 分	企业官网、企业社会责任报告（或可持续发展报告）
“三会一层”治理结构	未披露计 0 分；披露计 1 分；满分 1 分	企业官网、企业年报、企业社会责任报告（或可持续发展报告）
三会具体人员名单	未披露计 0 分；披露计 1 分；满分 1 分	企业官网、企业年报、企业社会责任报告（或可持续发展报告）
董事会、监事会工作情况	未披露计 0 分；披露计 1 分；满分 1 分	企业官网、企业年报、企业社会责任报告（或可持续发展报告）
客户满意度调查	未披露计 0 分；披露计 1 分；满分 1 分	企业官网、企业社会责任报告（或可持续发展报告）
客户投诉处理机制	未披露计 0 分；披露计 1 分；满分 1 分	企业官网、企业社会责任报告（或可持续发展报告）
环境管理政策制度	未披露计 0 分；披露计 1 分；满分 1 分	企业官网、企业社会责任报告（或可持续发展报告）、环境专题报告
环境管理认证	未披露计 0 分；披露计 1 分；满分 1 分	企业官网、企业社会责任报告（或可持续发展报告）、环境专题报告
总能耗	未披露计 0 分；披露计 1 分；满分 1 分	企业官网、企业社会责任报告（或可持续发展报告）、环境专题报告
万元产值综合能耗	未披露计 0 分；披露计 1 分；满分 1 分	企业官网、企业社会责任报告（或可持续发展报告）、环境专题报告
COD 排放量	未披露计 0 分；披露计 1 分；满分 1 分	企业官网、企业社会责任报告（或可持续发展报告）、环境专题报告
二氧化硫排放量	未披露计 0 分；披露计 1 分；满分 1 分	企业官网、企业社会责任报告（或可持续发展报告）、环境专题报告

续表

二级指标	赋值说明	获取信息渠道
“三废”具体处理数据	未披露计0分;披露计1分;满分1分	企业官网、企业社会责任报告(或可持续发展报告)、环境专题报告
“三废”处理信息	未披露计0分;披露计1分;满分1分	企业官网、企业社会责任报告(或可持续发展报告)、环境专题报告
绿色创新信息	未披露计0分;披露计1分;满分1分	企业官网、企业社会责任报告(或可持续发展报告)、环境专题报告
绿色办公	未披露计0分;披露计1分;满分1分	企业官网、企业社会责任报告(或可持续发展报告)、环境专题报告
官网招聘信息	未披露计0分;披露计1分;满分1分	企业官网
百度搜索相关招聘信息	未披露计0分;披露计1分;满分1分	百度搜索关键词
培训时间	未披露计0分;披露计1分;满分1分	企业官网、企业社会责任报告(或可持续发展报告)
培训人次	未披露计0分;披露计1分;满分1分	企业官网、企业社会责任报告(或可持续发展报告)
培训投入	未披露计0分;披露计1分;满分1分	企业官网、企业社会责任报告(或可持续发展报告)
培训相关内容	未披露计0分;披露计1分;满分1分	企业官网、企业社会责任报告(或可持续发展报告)
员工职业发展信息	未披露计0分;披露计1分;满分1分	企业官网、企业社会责任报告(或可持续发展报告)
员工薪酬	未披露计0分;披露计1分;满分1分	企业官网、企业年报、企业社会责任报告(或可持续发展报告)
职业健康投入	未披露计0分;披露计1分;满分1分	企业官网、企业社会责任报告(或可持续发展报告)
安全生产投入	未披露计0分;披露计1分;满分1分	企业官网、企业社会责任报告(或可持续发展报告)

续表

二级指标	赋值说明	获取信息渠道
事故数	未披露计0分;披露计1分;满分1分	企业官网、企业社会责任报告(或可持续发展报告)
伤亡人数	未披露计0分;披露计1分;满分1分	企业官网、企业社会责任报告(或可持续发展报告)
媒体开放日次数	未披露计0分;披露计1分;满分1分	百度关键词搜索
媒体开放日内容	未披露计0分;披露计1分;满分1分	百度关键词搜索
采购信息公开	未披露计0分;披露计1分;满分1分	百度关键词搜索
公益项目名称	未披露计0分;披露计1分;满分1分	企业官网、企业年报、企业社会责任报告(或可持续发展报告)
公益慈善涉及教育	未披露计0分;披露计1分;满分1分	企业官网、企业年报、企业社会责任报告(或可持续发展报告)
公益慈善涉及医疗	未披露计0分;披露计1分;满分1分	企业官网、企业年报、企业社会责任报告(或可持续发展报告)
公益慈善涉及文体	未披露计0分;披露计1分;满分1分	企业官网、企业年报、企业社会责任报告(或可持续发展报告)
公益慈善涉及扶贫	未披露计0分;披露计1分;满分1分	企业官网、企业年报、企业社会责任报告(或可持续发展报告)
公益慈善涉及赈灾	未披露计0分;披露计1分;满分1分	企业官网、企业年报、企业社会责任报告(或可持续发展报告)
公益慈善涉及环境保护	未披露计0分;披露计1分;满分1分	企业官网、企业年报、企业社会责任报告(或可持续发展报告)
公益慈善涉及捐赠	未披露计0分;披露计1分;满分1分	企业官网、企业年报、企业社会责任报告(或可持续发展报告)

续表

二级指标	赋值说明	获取信息渠道
技术改造	未披露计0分;披露计1分;满分1分	企业官网、企业社会责任报告(或可持续发展报告)
清洁生产	未披露计0分;披露计1分;满分1分	企业官网、企业社会责任报告(或可持续发展报告)
节能减排	未披露计0分;披露计1分;满分1分	企业官网、企业社会责任报告(或可持续发展报告)
反腐制度政策	未披露计0分;披露计1分;满分1分	企业官网、企业社会责任报告(或可持续发展报告)
反腐教育	未披露计0分;披露计1分;满分1分	企业官网、企业社会责任报告(或可持续发展报告)
志愿者人数	未披露计0分;披露计1分;满分1分	企业官网、企业社会责任报告(或可持续发展报告)
志愿服务时间	未披露计0分;披露计1分;满分1分	企业官网、企业社会责任报告(或可持续发展报告)
志愿服务活动	未披露计0分;披露计1分;满分1分	企业官网、企业社会责任报告(或可持续发展报告)
是否有利益相关方专栏	未披露计0分;披露计1分;满分1分	企业官网
参与国内组织	未披露计0分;按参与国内组织的多少计分,每参与一个国内组织计0.2分;满分1分	企业官网、企业社会责任报告(或可持续发展报告)
参与国外组织	未披露计0分;按参与国际组织的多少计分,每参与一个国际组织计0.2分;满分1分	企业官网、企业社会责任报告(或可持续发展报告)
主动披露负面信息条数	未披露计0分;按主动披露负面信息条数的多少计分,每主动披露负面信息条数计0.2分;满分1分	企业官网、百度关键词搜索

(3)渠道维度

在渠道维度上，主要评价企业所发布信息的可获得性和平衡性。本部分包括二级指标29个，涉及企业年报是否可下载、是否发布企业社会责任报告、企业社会责任报告（或可持续发展报告）是否可下载、是否发布全面风险管理报告、是否有联系电话、是否有联系邮箱、是否举办公众沟通活动、企业是否有官方微博、是否有微信等（见表4）。

表4 基于渠道维度的企业公众透明度评价指标

二级指标	赋值说明	获取信息渠道
官网是否可以评论	“否”计0分,“是”计1分;满分1分	企业官网
企业官网是否提供在线服务	“否”计0分,“是”计1分;满分1分	企业官网
是否发布年报	“否”计0分,“是”计1分;满分1分	企业官网、证券交易所网站、百度关键词搜索
企业年报是否可下载	“否”计0分,“是”计1分;满分1分	企业官网、证券交易所网站
是否发布企业社会责任报告	“否”计0分,“是”计1分;满分1分	企业官网、证券交易所网站、百度关键词搜索
企业社会责任报告(或可持续发展报告)是否可下载	“否”计0分,“是”计1分;满分1分	企业官网、证券交易所网站
是否召开企业社会责任报告发布会	“否”计0分,“是”计1分;满分1分	企业官网、百度网站
是否发布专题报告	“否”计0分,“是”计1分;满分1分	企业官网、百度关键词搜索
专题报告是否可下载	“否”计0分,“是”计1分;满分1分	企业官网、百度关键词搜索
是否发布(或在年报中以独立章节体现)内部控制报告	“否”计0分,“是”计1分;满分1分	企业官网、企业年报
是否发布全面风险管理报告	“否”计0分,“是”计1分;满分1分	企业官网
是否在企业社会责任报告(或可持续发展报告)中发布合规与内控信息	“否”计0分,“是”计1分;满分1分	企业社会责任报告(或可持续发展报告)
是否有联系电话	“否”计0分,“是”计1分;满分1分	企业官网
是否有联系邮箱	“否”计0分,“是”计1分;满分1分	企业官网
是否有投诉电话	“否”计0分,“是”计1分;满分1分	企业官网
是否有投诉邮箱	“否”计0分,“是”计1分;满分1分	企业官网
是否举办公众沟通活动	“否”计0分,“是”计1分;满分1分	企业官网、百度关键词搜索
企业是否有官方微博	“否”计0分,“是”计1分;满分1分	企业官网、微博平台
微博是否可评论	“否”计0分,“是”计1分;满分1分	微博平台
是否有微信	“否”计0分,“是”计1分;满分1分	企业官网、微信平台
微信是否可评论	“否”计0分,“是”计1分;满分1分	微信平台
年报下载链接	“否”计0分,“是”计1分;满分1分	企业官网、百度网站

续表

二级指标	赋值说明	获取信息渠道
企业社会责任报告(或可持续发展报告)下载链接	“否”计0分,“是”计1分;满分1分	企业官网、百度网站
专题报告下载链接	“否”计0分,“是”计1分;满分1分	企业官网、百度网站
内部控制报告下载链接	“否”计0分,“是”计1分;满分1分	企业官网、百度网站
全面风险管理报告下载链接	“否”计0分,“是”计1分;满分1分	企业官网、百度网站
媒体开放日活动网址	“否”计0分,“是”计1分;满分1分	企业官网、百度网站
集中采购网址	“否”计0分,“是”计1分;满分1分	企业官网、百度网站
社会责任专栏网址	“否”计0分,“是”计1分;满分1分	企业官网、百度网站

(4) 形式维度

在形式维度上，主要评价企业所发布信息的可获得性和平衡性。本部分包括二级指标9个，包括官网栏目设置、企业官网语言类型、年报语言类型、社会责任报告（或可持续发展报告）语言类型、企业社会责任报告（或可持续发展报告）是否有设计、年报是否经过审计、年报是否有设计、审验公司名称、企业社会责任报告（或可持续发展报告）第三方评价人（见表5）。

表5　基于形式维度的企业公众透明度评价指标

二级指标	赋值说明	获取信息渠道
官网栏目设置	官网栏目包括“关于我们”“企业新闻”“产品/服务”“人力资源”“联系我们”等5个栏目及以上的,计1分;缺少以上其中1个栏目,扣0.2分;满分1分	企业官网
企业官网语言类型	按语言类型计分,每一种计0.5分,满分1分	企业官网
年报语言类型	按语言类型计分,每一种计0.5分,满分1分	企业官网、企业年报
社会责任报告(或可持续发展报告)语言类型	按语言类型计分,每一种计0.5分,满分1分	企业官网、企业社会责任报告(或可持续发展报告)
年报是否有设计	“否”计0分,“是”计1分;满分1分	企业年报

续表

二级指标	赋值说明	获取信息渠道
企业社会责任报告(或可持续发展报告)是否有设计	“否”计0分,“是”计1分;满分1分	企业社会责任报告(或可持续发展报告)
年报是否经过审计	“否”计0分,“是”计1分;满分1分	企业年报
审验公司名称	“否”计0分,“是”计1分;满分1分	企业社会责任报告(或可持续发展报告)
企业社会责任报告(或可持续发展报告)第三方评价人	“否”计0分,“是”计1分;满分1分	企业社会责任报告(或可持续发展报告)

(5) 数量维度

在数量维度上，主要评价企业所发布信息的实质性、完整性、平衡性、可获得性。本部分包括二级指标8个，包括公司新闻条数、百度搜索企业全称的信息量、百度搜索企业简称的信息量、中国重要报纸全文数据库(CNKI) 全称信息条数、中国重要报纸全文数据库 (CNKI) 简称信息条数、微博粉丝数量、微博文章数量、出现负面信息条数 (见表6)。

表6　基于数量维度的企业公众透明度评价指标

二级指标	赋值说明	获取信息渠道
公司新闻条数	实际值除以均值乘以0.5,赋值大于1的按1计算,不小于0	企业官网
百度搜索企业全称的信息量	实际值除以均值乘以0.5,赋值大于1的按1计算,不小于0	百度关键词搜索
百度搜索企业简称的信息量	实际值除以均值乘以0.5,赋值大于1的按1计算,不小于0	百度关键词搜索
中国重要报纸全文数据库(CNKI)全称信息条数	实际值除以均值乘以0.5,赋值大于1的按1计算,不小于0	中国重要报纸全文数据库(CNKI)关键词搜索
中国重要报纸全文数据库(CNKI)简称信息条数	实际值除以均值乘以0.5,赋值大于1的按1计算,不小于0	中国重要报纸全文数据库(CNKI)关键词搜索
出现负面信息条数	0条为1分,出现1条负面信息扣0.2分,扣到0分为止,满分1分	百度关键词搜索
微博文章数量	实际值除以均值乘以0.5,赋值大于1的按1计算,不小于0	微博网站
微博粉丝数量	实际值除以均值乘以0.5,赋值大于1的按1计算,不小于0	微博网站

3. 企业公众透明度评价的赋权方法

为了避免因对多级指标体系进行层层赋权而造成的信息扭曲，企业公众透明度评价指标体系的赋权分为一级指标赋权和二级指标赋权。在一级指标赋权中，本研究以体现指标本身的现实意义为原则，用德尔菲法确定权重。

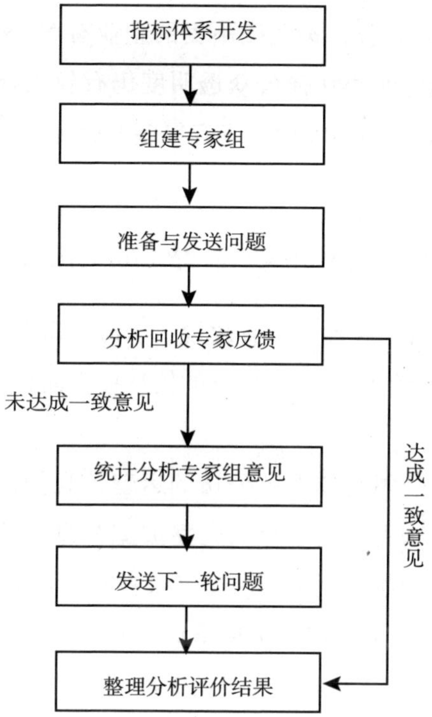

图 2　德尔菲法操作流程

二　2015年中国企业200强公众透明度评价结论

基于以上评价方法对中国企业 200 强进行评价分析，本研究得出以下六大结论。

（一）企业公众透明度水平整体较低，与上年相比得分略有下降

据调查显示，2015 年中国企业 200 强公众透明度水平整体较低，平均分为 36.36 分，较 2014 年有所下降。按照本报告的划分标准，2015 年中国企业 200 强中没有出现公众透明度卓越企业；透明度良好的企业有 31 家，占比 15.5%，平均分为 65.77 分；透明度一般的企业有 54 家，占比 27.0%，平均分为 50.72 分；透明度不良的企业有 57 家，占比 28.5%。总体上看，2015 年中国企业 200 强公众透明度仍有较大提升空间。相信随着《企业信息公示暂行条例》的施行，将有更多的企业注重信息公示，持续提升企业公众透明度水平。

（二）上市公司公众透明度明显好于非上市公司

研究发现，由于有针对性的监管政策，上市公司在信息披露方面明显好于非上市公司，但就监管政策规定以外的信息披露而言，上市公司并无明显优势。

统计显示，上市公司与非上市公司的运营信息披露情况差异显著。从完整披露信息的企业来看，上市公司完整披露信息的比重显著高于非上市公司。在渠道维度较为领先的企业中，有 54 家企业属于上市公司，在 67 家上市公司中占比 80.6%。在完整披露员工雇用信息的企业中，上市公司占 71.2%，这与监管机构对上市公司员工雇用相关信息的强制披露要求有一定关系。

（三）企业信息披露的渠道较为单一，影响了公众透明度整体表现

研究发现，与互动沟通渠道建设相比，企业更倾向于单向沟通，即以企业向社会披露信息为主，而企业的单向沟通渠道主要形式为企业官网、年报、社会责任报告等。

统计显示，2015 年中国企业 200 强中，89 家企业发布了社会责任报告

（可持续发展报告或类似的报告）；74 家企业发布了 2014 年年报；同时发布年报、社会责任报告的企业较少，直接导致企业公众透明度整体水平偏低。因此，企业应不断拓宽信息披露渠道，既要重视年报、社会责任报告、专题报告等传统信息披露形式，又要应用微博、微信等新媒体手段，不断丰富信息披露渠道，增强企业公众透明度。

（四）企业主动披露信息尤其是负面信息的意愿不强，鲜见回应负面信息的情况

研究发现，企业主动披露的信息数量远远少于从公开渠道获取的信息数量；企业主动披露信息的意识较为薄弱，披露的内容以定性描述为主，定量数据较为缺乏，这在一定程度上影响了信息披露的实质性。

统计显示，2015 年中国企业 200 强中，超过一半的企业出现了负面信息。其中，有 9 家企业（4.5%）出现负面信息条数不少于 5 条，49% 的企业（98 家）负面信息集中为 1 ~4 条。然而，这些负面信息都是从公开渠道获取的，而不是由企业主动披露的，鲜见企业主动披露负面信息的情况。这对企业提高公众透明度是一个极大的挑战。

（五）企业偏重于日常经营相关的信息披露，对社会、环境影响的信息披露较少

研究发现，企业经济信息披露整体表现较好，企业运营信息披露较为充分，业务经营信息披露较好。从环境信息披露情况来看，环境信息披露整体表现有待进一步提升，尤其是定量指标的披露，还有很大的提升空间。社会信息披露整体表现尚可，但仍有较大的提升空间。

统计显示，93.5% 的企业不同程度地披露了运营信息，98.0% 的企业不同程度地披露了业务经营信息。与经济信息披露情况形成鲜明对比的是，完整披露环保实践信息的企业很少，48.0% 的企业未披露任何环保实践信息，披露能源消耗与“三废”排放等定量数据的企业较少；50.5% 的企业未披露任何员工志愿服务信息等社会信息。

（六）企业定量信息披露极少，信息披露实质性有待提高

研究发现，企业披露的信息被大量定性描述的文字所淹没，而与公司可持续经营最相关的环境、社会和治理（ESG）绩效信息却普遍缺失。

统计显示，2015 年中国企业 200 强中，90.0% 的企业未公布“三废”处理具体数据；85.5% 的企业完全没有披露能源使用与消耗方面的数据，整体披露情况很不理想。75.5% 的企业未披露员工职业健康安全信息，安全生产投入等定量信息则更少。

三 2015年中国银行业公众透明度评价结论

（一）银行业公众透明度整体水平有所提升

在样本企业的 41 家银行（不限于 200 强企业）中，按照本研究的划分标准，没有出现公众透明度卓越企业；透明度良好的银行 19 家，占比 46.3%，平均分 68.15 分，较 2014 年的 7 家银行有大幅增加；透明度一般的银行有 13 家，占比 31.7%，平均分 59.81 分，较 2014 年的 18 家有所减少；透明度不良的银行 9 家，占比 22%，平均分 32.19 分，较 2014 年的 15 家有所减少。银行业公众透明度总体平均分为 53.74 分，较 2014 年的 44.9 分有所提高，平均分数处于透明度一般水平。2015 年没有出现黑箱银行。由此可见，银行业公众透明度分数整体水平有向着良好水准发展的态势。

（二）超过半数的股份制商业银行的公众透明度达到良好水平

在样本企业的 41 家银行（不限于 200 强企业）中，5 家大型商业银行总体平均分为 69.8 分，全部达到良好水平；12 家股份制商业银行总体平均分为 61.89 分，8 家银行达到良好水平，占比 66.7%，较 2014 年的 2 家银行有大幅提升；18 家城市商业银行总体平均分为 43.59 分，4 家银行达到良好水平，占比 22.2%，较 2014 年增加 3 家银行；中国邮政储蓄银行股份有

限公司得分为67.34分，达到了良好标准，较2014年的51.5分有所提高；两家政策性银行总体平均分为44.85分，达到了一般标准；两家外资银行的总体平均分为48.3分，达到了一般标准。从总体平均得分和达到良好水平的企业占比两个方面的分析来看，股份制商业银行的透明度水平与其他类型银行相比提升幅度较大。

（三）非上市银行的公众透明度有待提升

在样本企业的41家银行（不限于200强企业）中，17家上市银行公众透明度总体平均分为66.06分，15家银行达到了良好标准，占比88.2%；24家非上市银行公众透明度总体平均分为45.02分，较2014年的35.7分提高了近10分，其中4家银行达到了良好标准，占比16.7%，9家银行公众透明度不良，占比37.5%。由此可见，非上市银行的公众透明度情况普遍欠佳。

（四）银行应加强对信息披露的时间、渠道维度的重视

样本企业的41家银行（不限于200强企业）中，有1家银行在时间维度方面处于良好水平，占比2.4%；有21家银行在内容维度方面处于良好水平，占比51.2%；有4家银行在渠道维度方面处于良好水平，占比9.8%，较2014年的41.5%下降幅度较大；有9家银行在数量维度方面处于良好水平，占比21.95%；有16家银行在形式维度方面处于良好水平，占比39%。由此可见，银行对信息披露的时间、渠道维度重视程度较低。其中银行业在渠道维度方面存在的问题主要集中在对社会责任工作披露的渠道建设有所欠缺，且银行业普遍较少举办社会责任报告发布会。

四　2015年中国省级电网公司公众透明度评价结论

（一）五大亮点

1. 有组织、有步骤地进行信息披露

南方电网公司发布社会责任报告后，组织五省区电网公司、广州供电

局、深圳供电局同步发布本单位的社会责任实践报告，并启动公司第三个“社会责任周”活动，五省区电网公司和广州、深圳供电局作为实施主体，依次开展“社会责任日”活动，展示特色实践。国家电网公司在报告期内组织了两次全公司范围内的社会责任根植项目培训，将强化社会表达和价值传播作为培训工作的重点，督促各省级公司实施项目应保证各方及时掌握信息，推进“内部工作外部化”，持续改进根植项目履责理念和履责绩效的社会表达，通过系统有效的沟通管理，优化沟通方式，提升内外部沟通效果。

2. 同步推进沟通管理工具开发

在报告期内，各省级电网公司及其下属公司加强了对信息沟通管理的重视，不断创新信息披露形式，探索能够让利益相关方最大限度地接收到相关信息的方法和途径，并取得了良好的成绩。同时，各省级电网公司也在透明运营、社会沟通等方面加大研究力度，积极开发沟通管理工具等。2015 年 6 月出版的由国网辽宁省电力公司编写的《供电企业利益相关方沟通手册》，对沟通理论和实践进行了进一步聚焦，并做出了有益的探索。

3. 披露信息的实质性不断增强

省级电网公司通过各种渠道披露公司的经济、社会、环境影响等各方面的信息，内容涉及省级电网公司企业运行和业务经营状况、责任管理、伙伴合作、优质服务、安全可靠供电、员工相关信息、志愿公益活动、支持节能环保等利益相关方关心的内容。2015 年，电网企业全方位、多角度的信息披露，对于提升电网企业的社会形象起到了较大的作用。

4. 信息披露社会认可度居领先地位

电网公司注重加强信息披露，大量利益相关方关注的信息能够通过官方渠道获取，避免了许多不必要的误解，并使得电网公司的正能量得到了传播。多家省级电网公司在地方政府组织的社情民意调查中排名位居公共服务行业之首，不少公司发布的各类白皮书受到了社会各界广泛关注和好评，如国网天津市电力公司发布的《国网天津市电力公司对接融入区域发展白皮书》得到了市委、市政府主要领导的高度认可。

5. 积极创新信息披露形式

2015 年，南方电网公司下属 7 家二级单位全部发布《社会责任实践》，国家电网公司下属 27 家省级电网公司中均有 12 家发布了综合或专题类白皮书，国网四川省电力公司的《万万没想到之我是国网新员工》的网络点击量超过百万次，等等。越来越多的省级电网公司开始尝试用利益相关方听得懂、看得见的形式和方式进行信息的社会化传播。

（二）五点不足

1. 多数公司对负面信息未能及时进行回应

2015 年对不少省级电网公司来说非常不平静，调查结果显示，在报告期内，国家电网公司和南方电网公司部分省级电网公司均出现了不同程度的负面事件，主要涉及腐败、安全事故、征地纠纷等，然而各省级电网公司针对负面事件及时进行正面回应的少之又少。不回应不能表示事情不会引起人们的质疑，也不代表人们会不关注。积极主动地回应负面事件，处理得当也会使人们对企业负责任的形象的认可度进一步提升。

2. 部分报告无法公开获取

对于各家省级电网公司集合公司之力编写的报告，只有让其发挥更大的用处，才是对付出的辛苦的最大回报。在报告期内，一些省级电网公司的报告在其官方网站无法找到下载链接，个别公司虽然在官网公布了报告的下载链接，但无法下载，这导致社会公众无法通过公开渠道获得其社会责任报告或白皮书。

3. 信息披露的平衡性存在较大不足

报告期内，各省级电网公司在选择披露内容时，普遍存在的现象包括：对于成绩亮点披露较多，对于事件、事故提及较少；对于案例故事提及较多，对于数据提及较少；对于外部相关的内容提及较多，对于公司管理、员工发展等内部工作提及较少。这对于想深入了解省级电网公司的人来说，无疑是无法达到目的的，这样也使得人们对报告披露的实质性产生了极大的质疑。

4. 信息披露数量有待丰富

省级电网公司在数量维度方面的表现整体上不尽如人意，这比较直观地说明了一个很重要的问题——省级电网公司在尽可能地利用好各种宣传、沟通、传播渠道，在每个渠道上为不同的利益相关方提供合适的信息方面还需要进一步地提升。公司网站的新闻动态是利益相关方了解省级电网公司相关情况的主要渠道，信息披露较少的公司，报告期内只是在官网的“一线动态”板块发布了2条信息。省级电网公司中还有5家公司没有开通微博，12家公司没有开通微信，这显然是无法满足公众获取信息的要求的。

5. 信息披露的及时性需要进一步提高

公司官方网站是公司发布相关信息的权威窗口，是利益相关方了解公司信息的重要途径。企业在官方网站上及时发布和更新企业相关新闻，有助于利益相关方更好地了解企业的相关信息和动态。调查显示，在调查期内34家省级电网公司平均发布599条，平均一天不到2条；多数企业的新闻数量为200~300条，平均一天还不到1条，这表明信息披露的及时性还不太理想。

五　2015年中国汽车行业公众透明度评价结论

（一）汽车行业公众透明度整体水平偏低

从汽车行业透明度得分来看，总体得分偏低。按照本研究的划分标准，没有出现公众透明度卓越企业；透明度良好的汽车企业有2家，而40分以下的汽车企业达7家，占样本数量的46.7%。近一半的汽车企业公众透明度表现较差。作为进入2015年中国企业200强的汽车企业，基本可以代表汽车行业公众透明度的整体水平，可以推论，汽车行业需要大幅提升公众透明度水平，增强社会公众对汽车行业的信任，进而改善行业品牌形象。

（二）产品质量及售后服务方面的信息披露水平有待提升

研究发现，汽车产品质量安全以及售后服务方面的信息披露水平有待进一步提升，还未达到公众的预期。尤其是售后服务方面，投诉量居高不下。

统计显示，有7家企业在报告期内及时回应了相关汽车产品和售后信息，从结果来看，汽车产品和售后信息的披露情况并不理想；设有投诉电话的汽车企业只有1家，6家企业设有在线服务处理投诉、咨询等，投诉渠道单一。

（三）环境信息披露成为制约汽车行业公众透明度提升的瓶颈

研究发现，汽车排放所引起的环境污染问题，成为社会公众普遍关注的议题。作为汽车企业，有义务披露自身产品的环保特性等相关信息，但从当前汽车行业环境信息披露情况来看，还面临诸多挑战。

统计显示，8家企业公布了企业的节能减排信息，8家企业公开了企业的技术改造信息；但是对于具体的环境绩效信息，如COD排放量（1家）、二氧化硫排放量（1家）、“三废”处理信息（2家）、万元产值综合能耗（0家）鲜有企业披露，而披露清洁生产（6家）、绿色办公（3家）等相关信息的企业也不多。

六　2015年中国企业200强公众透明度前20名企业简评

（一）中国农业银行股份有限公司

中国农业银行股份有限公司作为中国主要的综合性金融服务提供商之一，一直致力于建设面向“三农”、城乡联动、融入国际、服务多元的国际一流大型商业银行。中国农业银行股份有限公司注重在新常态下实现社会责任与商业利益的均衡统一。通过不断的改革创新，提升支持经济转型和社会可持续发展的能力。2015 年，中国农业银行股份有限公司公众透明度得分为 70.01 分。

1. 内容维度表现

中国农业银行股份有限公司内容维度得分为 42.27 分，在志愿者服务信息公开、媒体活动公开、利益相关方专栏等方面披露程度仍不够充足，另外在环境方面，总能耗指标的信息也未见公开。

2. 渠道维度表现

中国农业银行股份有限公司渠道维度得分为 8.03 分，存在的问题主要集中在双向沟通渠道建设中的媒体开放沟通环节、官网可评论环节，而在单向沟通渠道方面整体建设情况较好，但是没有发布全面风险管理报告。

3. 时间维度表现

中国农业银行股份有限公司时间维度得分为 5.6 分，报告发布具有及时性，但是没有召开社会责任报告发布会。

4. 数量维度表现

中国农业银行股份有限公司数量维度得分为 11.71 分，对负面信息的回应情况较好，但是公司新闻数量、中国重要报纸全文数据库新闻数量、百度输入企业全称及简称所获得的信息数量相对不足。

5. 形式维度表现

中国农业银行股份有限公司形式维度得分为 6.40 分，虽然发布了年报、社会责任报告，并对社会责任报告进行了版式设计，但是在评价形式方面，中国农业银行股份有限公司的年报没有经过审计，社会责任报告没有邀请第三方评价，降低了报告的可信度。

（二）国家电网公司

国家电网公司是全球最大的公用事业企业。公司以建设运营电网为核心业务，是关系国民经济命脉和国家能源安全的特大型国有重点骨干企业。国家电网公司以保障可靠、可信赖的能源供应为最基本的社会责任，强调负责任地对待每一个利益相关方、推进绿色发展和透明运营，积极服务经济社会环境可持续发展。2015 年，国家电网公司公众透明度得分为 73.80 分。

1. 内容维度表现

国家电网公司内容维度得分为 44.80 分，需要提升的内容主要集中于环境信息的公开以及客户满意度调查信息的公开——在“三废”数据、总能耗、万元 GDP 能耗产值方面，国家电网公司并未给出明确的标示；客户满意度调查情况也没有具体予以披露。

2. 渠道维度表现

国家电网公司渠道维度得分为 9.15 分，在投诉电话和投诉邮箱等互动沟通渠道建设方面的表现还有待改善，另外也没有发布全面风险管理报告，单向沟通渠道有待开拓。

3. 时间维度表现

国家电网公司时间维度得分为 7 分，在信息披露的及时性方面表现得十分突出。

4. 数量维度表现

国家电网公司数量维度得分为 6.09 分，公众获取信息数量情况较好，但是在企业自主发布新闻数量方面和负面信息回应方面仍显不足。

5. 形式维度表现

国家电网公司形式维度得分为 6.75 分，官网栏目设置完整性较好但互动性不足，社会责任报告进行了版式设计，但是未及时发布年报。

（三）中国建筑股份有限公司

中国建筑股份有限公司是中国建筑业、房地产业的排头兵和最大的国际承包商。中国建筑股份有限公司注重责任根植文化、文化引领责任，注重将社会责任融入日常经营管理，注重利益相关方沟通，不断提升公司的可持续发展能力。2015 年，中国建筑股份有限公司公众透明度得分为 70.03 分。

1. 内容维度表现

中国建筑股份有限公司内容维度得分为 40.19 分，但是在员工发展方面，职工薪酬、职业发展、健康和安全投入等指标信息并未实现公开，且采购信息也披露不足，另外对环境污染物排放信息披露不足，如 COD 排放信息、“三废”处理信息在官网、各报告中均没有得以体现。

2. 渠道维度表现

中国建筑股份有限公司渠道维度得分为 8.45 分，存在的问题主要集中在服务渠道建设方面：未公开投诉邮箱、投诉电话，不便于客户对产品、服务进行及时反馈。另外官网也没有设置评论模块，不利于公众对企业品牌、产品、服务进行直接、便捷地回应。

3. 时间维度表现

中国建筑股份有限公司时间维度得分为 4.55 分，并未召开社会责任报告发布会，但是年报、社会责任报告、专题报告都得以及时公开。

4. 数量维度表现

中国建筑股份有限公司数量维度得分为 10.65 分，公司报告期的新闻数量不够充足，同时中国重要报纸全文数据库（按全称、简称检索）的信息数量还不够充足，这种情况并不利于公众对企业运营、管理等各项信息的获取。

5. 形式维度表现

中国建筑股份有限公司形式维度得分为 6.19 分，整体表现较好，但是在官网栏目设置方面互动性有待提升。

（四）中国移动通信集团公司

中国移动通信集团公司是全球网络规模、客户规模最大的移动通信运营商，主要经营移动话音、数据、宽带、IP 电话和多媒体业务。中国移动坚持“质量是通信企业的生命线”和“客户为根，服务为本”的理念，客户满意度保持行业领先，百万客户申诉率连续多年保持全行业最低。而在社会责任领域，中国移动已连续八年入选道·琼斯可持续发展系列指数，被国务院国资委评为中央企业社会责任管理提升标杆企业之一。2015 年，中国移动通信集团公司公众透明度得分为 69.99 分。

1. 内容维度表现

中国移动通信集团公司内容维度得分为44.5分，但是对职业健康投入、安全生产投入、万元产值综合能耗、企业文化建设活动等指标信息的披露不足。另外虽然中国移动出现了负面信息并及时予以回应，但并未在官网等公开渠道对负面信息进行主动披露，也没有设置专门的利益相关方专栏。

2. 渠道维度表现

中国移动通信集团公司渠道维度得分为6.62分。在单向沟通渠道方面，没有发布专题报告、全面风险管理报告，而在双向沟通渠道建设方面，公众沟通活动、官网新闻可评论情况都没有给予公开。

3. 时间维度表现

中国移动通信集团公司时间维度得分为4.2分，整体表现一般。没有发布专题报告，另外也没有召开社会责任报告发布会。

4. 数量维度表现

中国移动通信集团公司数量维度得分为7.02分，对于负面信息的回应情况较好，但是在中国重要报纸全文数据库中信息数量不足，另外公司新闻更新不够及时，报告期内新闻数量较少。

5. 形式维度表现

中国移动通信集团公司形式维度得分为7.65分，无论在评价形式还是在官网语言形式方面都有较好的表现。但是社会责任报告目前只有中文一种形式，报告的语言形式亟待丰富。

（五）中国工商银行股份有限公司

中国工商银行股份有限公司作为中国五大银行之首，具有以商业银行为主体，集综合化、国际化、信息化于一体的经营格局。中国工商银行股份有限公司围绕实体经济需求不断改善金融服务，运用金融发展成果惠及大众，在为实体经济提质增效的过程中不断履行社会责任。2015年，中国工商银行股份有限公司公众透明度得分为69.69分。

1. 内容维度表现

中国工商银行股份有限公司内容维度得分为 43.71 分（总分 60 分），整体表现优秀，部分指标的表现有待进一步提升。研究表明，中国工商银行股份有限公司以下内容的披露工作仍需加强：反腐政策制度、媒体开放日情况、员工培训投入情况以及员工薪酬情况。另外中国工商银行股份有限公司没有在官网中设置专门的利益相关方专栏。

2. 渠道维度表现

中国工商银行股份有限公司渠道维度得分为 7.18 分，但是从统计指标来看，中国工商银行股份有限公司对全面风险管理信息的披露工作还需加强；虽然发布了社会责任报告，但是没有召开专门的发布会。另外针对媒体开放活动这种面对面的双向沟通渠道建设工作还有待加强。

3. 时间维度表现

中国工商银行股份有限公司时间维度得分为 5.6 分，表现非常突出，年报、企业社会责任报告以及专题报告的发布均较为及时。

4. 数量维度表现

中国工商银行股份有限公司数量维度得分为 5.76 分，在信息披露的数量方面具有明显的领先优势，尤其是对负面信息的回应较及时，但是在公司新闻信息的公开数量方面仍需进一步提升。

5. 形式维度表现

中国工商银行股份有限公司形式维度得分为 7.44 分，表现相对较好，但是设置的官网栏目的互动性需要进一步提升。另外在社会责任报告方面有待引入第三方评价机制。

（六）中国远洋运输（集团）总公司

中国远洋运输（集团）总公司是中国大陆最大的航运企业，是中国中央政府直管的特大型国有企业，是全球最大的海洋运输公司之一。公司从 2004 年开始响应联合国前秘书长安南提出的社会责任十项原则——“全球契约”，并成为联合国全球契约在中国的试点率先实施，实现了全球契约在中国落地。作为全球契约先锋团队，中远集团一贯采取积极的行动，支持新任秘书长潘基文对这个追求公平、正义、和谐的全球化倡议的继承创新，积极参与联合国千年发展目标和应对全球共同的挑战。2015 年中远集团公众透明度得分为 69.5 分。

1. 内容维度表现

中国远洋运输（集团）总公司在内容维度方面存在的问题主要集中为主动披露负面信息条数和媒体开放日次数不足、采购信息公开欠佳等，中远应加强借助于社交媒体与公众的沟通。

2. 渠道维度表现

中国远洋运输（集团）总公司在渠道维度方面未设有投诉电话与投诉邮箱、未开通微信公众号，不便于客户与企业的双向沟通，有待于进一步拓展沟通渠道。

3. 时间维度表现

中国远洋运输（集团）总公司在时间维度方面发布了社会责任报告，但是未发布专题报告。虽然发布了社会责任报告但是社会责任报告的发布时间在 2015 年 6 月 30 日之后，报告发布不及时。

4. 数量维度表现

中国远洋运输（集团）总公司在数量维度方面表现良好，公司新闻条数、百度输入全（简）称信息量、出现负面信息条数等指标表现良好，而微博粉丝数量、微博文章数量、中国重要报纸全文数据库全称信息条数等指标表现欠佳。

5. 形式维度表现

中国远洋运输（集团）总公司在形式维度方面，社会责任报告不仅进行了版面的设计，也经过了审验及第三方评价人的评价，且社会责任报告采用中文和英文两种语言。但是在官网栏目设置上有所欠缺。

（七）中国电信集团公司

作为中国三大主导电信运营商之一，中国电信为客户提供包括移动通信、宽带互联网接入、信息化应用及固定电话等产品在内的综合信息解决方案。中国电信在保持自身健康发展的同时，积极履行社会责任，自觉把企业运营融入经济、社会和环境的可持续发展之中，并不断加强与社会的沟通，通过发布年报、社会责任报告、官网披露等形式，与社会公众建立了良好的互动关系。2015 年，中国电信公众透明度整体表现良好，总分为 69.35 分。

1. 内容维度表现

中国电信集团公司在内容维度方面得分为 50.86 分，表现较好，但仍有部分指标有待改进。研究发现，中国电信存在的问题主要集中在：能源与消耗、“三废” 排放与处理涉及的六个指标信息披露不足；企业的社会责任报告中未出现利益相关方识别，官网栏目设置中没有利益相关方专栏等。

2. 渠道维度表现

中国电信集团公司在渠道维度上表现良好，得分为 4.51 分，存在的问题主要表现在企业官网未设置投诉邮箱、官网信息不可评论、微信不可评论，不难看出，企业的社交新媒体沟通渠道有待于进一步拓展。

3. 时间维度表现

中国电信集团公司在时间维度上表现一般，得分为 2.45 分，主要原因是企业在 2015 年 9 月才发布社会责任报告，导致企业在信息披露的及时性方面有所欠缺。

4. 数量维度表现

中国电信集团公司在数量维度上表现优秀，得分为 5.83 分，主要涉及公司新闻条数、中国主要报纸全文数据库全（简）称信息条数、百度输入全（简）称信息量、微博粉丝数、负面信息数回应等指标，特别是对负面信息回应数量方面，中国电信能够及时对出现的负面信息做出回应。

5. 形式维度表现

中国电信集团公司在形式维度上表现良好，得分为 5.70 分，主要存在的问题是在官网栏目设置方面有所欠缺，影响了企业与社会公众的沟通。

（八）中国石油化工集团公司

中国石油化工集团公司（以下简称“中国石化”）在 2015 年世界 500

强中排第 2 名，是国家独资设立的国有企业、国家授权投资的机构和国家控股公司。中国石化一直秉承“人本、责任、诚信、精细、创新、共赢”的核心价值观，积极履行社会责任，关注保障能源供应、科技创新、安全风险管控、绿色发展、应对气候变化等问题，并自觉接受媒体、公众和利益相关方的监督。2015 年，中国石油化工集团公司的公众透明度得分为 69. 20 分。

1. 内容维度表现

中国石化内容维度得分为 51. 66 分，整体表现较好，但是在内容信息的披露方面还需要进一步完善，对于环境能耗信息、清洁生产情况、技术改造力度、“三废”具体数据等内容，中国石化并未予以披露；也没有涉及客户满意度调查、产品售后服务机制的构建等内容，并且对员工的培训时间、投入也不明确。另外官网栏目设置方面，没有设置利益相关方专栏。

2. 渠道维度表现

中国石化渠道维度得分为 7. 32 分，搭建了丰富的单向和双向沟通渠道，无论是在社会责任报告、年报、内控报告等单向沟通渠道方面，还是在官网评论、微信、微博等双向沟通渠道方面，企业均有较好的表现。

3. 时间维度表现

中国石化时间维度得分为 1. 75 分，及时发布了社会责任报告、年报及专题报告，并专门召开了社会责任报告发布会。

4. 数量维度表现

中国石化数量维度得分为 5. 83 分，中国石化在负面信息回应方面仍有不足，同时，虽然开设了微博、微信，但是发布的信息数量很少，没有充分发挥双向沟通渠道的信息公开作用。

5. 形式维度表现

中国石化形式维度得分为 5. 70 分，整体表现较好，但是年报没有经过专业机构审计，另外官网栏目设置的互动性还有待提升。

（九）武汉钢铁（集团）公司

武汉钢铁（集团）公司拥有矿山采掘、炼焦、炼铁、炼钢、轧钢及配套公辅设施等一整套先进的钢铁生产工艺设备，是我国重要的优质板材生产基地。面对钢铁行业持续“寒冬”，武汉钢铁积极开展绿色制造、节能减排、发展绿色产业，不断发挥中央企业履行社会责任的表率作用。2015 年，武汉钢铁（集团）公司的公众透明度得分为 69.18 分。

1. 内容维度表现

武汉钢铁（集团）公司内容维度得分为 43.86 分，尤其是在公众关注的大型钢铁企业对环境影响的相关信息方面，公司对总能耗、万元产值综合能耗、绿色创新、节能减排等指标信息均有详细披露，这对于改变公众对钢铁制造业高能耗、高污染的印象有重要作用。

2. 渠道维度表现

武汉钢铁（集团）公司渠道维度得分为 6.90 分，整体表现较好，但是在报告多样性方面仍然不足，没有发布重点领域的专题报告。

3. 时间维度表现

武汉钢铁（集团）公司时间维度得分为 7 分，整体表现较差，不仅没有发布年报，社会责任报告的发布也是在 2015 年 6 月之后，信息披露的及时性较为不足。

4. 数量维度表现

武汉钢铁（集团）公司数量维度得分为 5.86 分，整体表现一般，一方面是企业自主披露新闻数量不足，另一方面公众通过百度、CNKI 数据库等公开渠道获取的信息数量不足。

5. 形式维度表现

武汉钢铁（集团）公司形式维度得分为 5.57 分，公司形式维度建设存在一定不足，首先是语言形式较为单一，年报、社会责任报告均仅有中文一种语言形式；其次是设计形式不够丰富，年报没有进行版式设计；最后是评价形式不够完善，虽然社会责任报告有第三方评价，但是没有经过审验，同时年报没有进行审计。

（十）国家开发银行股份有限公司

国家开发银行股份有限公司通过开展中长期信贷与投资等金融业务，

为国民经济重大中长期发展战略服务。通过贯彻国家宏观经济政策，筹集和引导社会资金，缓解经济社会发展的瓶颈制约，实现金融和经济社会共同发展，展现了为社会进步提供内生动力的社会责任感和担当。2015 年，国家开发银行股份有限公司公众透明度整体表现良好，总分为 68.75 分。

1. 内容维度表现

国家开发银行股份有限公司在内容维度上得分为 36.61 分，表现一般，主要原因是不同于商业银行，国开行在产品、金融售后服务等信息方面没有涉及，一定程度影响了其在内容维度方面的排名，而其在规划、信贷、资金等业务领域的信息公示十分清晰。

2. 渠道维度表现

国家开发银行在渠道维度上表现较好，存在的问题主要表现在报告期内未发行专题报告和全面风险报告，单向沟通渠道的丰富性亟待提升。

3. 时间维度表现

国家开发银行在时间维度上表现出色，不仅在 2015 年 6 月 30 日前及时发布了社会责任报告，而且召开了社会责任报告发布会，保证了信息披露的及时性。

4. 数量维度表现

国家开发银行在数量维度上表现优秀，公司新闻条数、中国主要报纸全文数据库全（简）称信息条数、百度输入全（简）称信息量新闻数量都较为丰富，但是通过微博发布的文章数量还稍显不足，需进一步充分利用微博、微信等社交平台进行信息披露。

5. 形式维度表现

国家开发银行在形式维度方面表现突出，得分为 7.23 分，但是其官网栏目的互动性有待提升，同时社会责任报告应引进第三方评价以完善报告的置信度。

（十一）华为技术有限公司

华为技术有限公司作为全球领先的信息与通信解决方案供应商，为电信运营商、企业和消费者等提供了有竞争力的端到端ICT解决方案和服务。华为公司注重发挥创新技术的积累与全球资源整合的优势，与客户、伙伴一起，开放合作，共建全连接世界生态圈，推动产业链和谐共赢、持续健康发展。2015年，华为技术有限公司公众透明度得分为68.70分。

1. 内容维度表现

华为技术有限公司内容维度得分为47.68分，在信息披露方面，对于职业健康安全发展的信息披露较为不足：职业健康投入、安全生产投入等指标信息没有披露，环境绩效信息的披露不够充分，万元GDP能耗、总能耗、技术改造、清洁生产等信息均没有明确披露。

2. 渠道维度表现

华为技术有限公司渠道维度得分为6.90分，在双向沟通渠道建设方面仍不够充分，没有公开企业的投诉电话和投诉邮箱，官网也没有开设评论功能，这在一定程度上影响了与公众互动沟通的便利性。

3. 时间维度表现

华为技术有限公司时间维度得分为5.6分，年报、社会责任报告、专题报告的发布都较为及时，并专门召开了社会责任报告发布会，信息披露的及时性较好。

4. 数量维度表现

华为技术有限公司数量维度得分为3.16分，在百度、中国重要报纸全文数据库检索企业相关信息，发现可获取的企业信息数量较为充足。但是公司在负面信息回应方面还有待提升。

5. 形式维度表现

华为技术有限公司形式维度得分为5.36分，报告的设计形式丰富，对年报与社会责任报告均进行了设计，对年报、社会责任报告进行了审计和审验，尤为突出的是语言形式，华为无论是官网还是社会责任报告、年报都设置了多种语言版本，便于增进不同国家和地区公众对企业的了解。

（十二）中国建筑材料集团有限公司

中国建筑材料集团有限公司是集科研、制造、流通为一体的中国最大的综合性建材产业集团。中国建材注重科技创新与管理创新的有机结合，追求市场、环境、社会的协调共赢，坚持与竞争者和谐、与自然和谐、与员工和谐、与社会和谐，并将社会责任理念落实在市场绩效、科技创新、节能环保、员工关爱、企业公民等方面的履责实践中。2015 年，中国建筑材料集团有限公司公众透明度得分为 68.60 分。

1. 内容维度表现

中国建筑材料集团有限公司内容维度得分为 40.93 分，但是对媒体开放日次数、内容指标并未予以披露，也没有披露客户满意度调查相关内容，另外并未明确标示利益相关方的识别过程。

2. 渠道维度表现

中国建筑材料集团有限公司渠道维度得分为 7.89 分，表现相对较差，在单向披露渠道方面，没有公开专题报告、全面风险管理报告；而在双向沟通渠道方面，投诉反馈渠道建设不够充分，没有设立投诉邮箱和电话。

3. 时间维度表现

中国建筑材料集团有限公司时间维度得分为 4.2 分，表现较为不足，不仅没有及时发布年报，2014 年度社会责任报告发布也是在 2015 年 6 月之后，影响了公众信息获取的及时性。

4. 数量维度表现

中国建筑材料集团有限公司数量维度得分为 10.02 分，较为注重通过微博公开企业信息，微博文章数量较多，但在公共渠道——中国重要报纸全文数据库、百度上可以获取的企业新闻数量较少。

5. 形式维度表现

中国建筑材料集团有限公司形式维度得分为 5.57 分，表现比较一般，在设计形式方面，社会责任报告没有进行版面设计，而在语言形式上，社会责任报告仅中文一种形式，形式维度整体有待进一步提升。

（十三）浙江吉利控股集团有限公司

浙江吉利控股集团有限公司是中国汽车行业十强中唯一的民营轿车生产

经营企业，在浙江杭州建有吉利汽车研究院，形成了较强的整车、发动机、变速器和汽车电子电器的开发能力。集团依靠众多跨职能团队，对整个公司的社会责任事务进行高效管理，建立了一套完善的社会责任管理体系。2015年浙江吉利控股集团有限公司公众透明度得分为67.79分。

1. 内容维度表现

浙江吉利控股集团有限公司在内容维度上得分为40.48分，表现一般。研究发现，吉利集团在与利益相关方沟通方面有待加强，官网未设置利益相关方专栏，与利益相关方的沟通欠缺。同时对培训投入和培训时间等内容未进行披露，吉利集团应加大对员工培训的投入。

2. 渠道维度表现

浙江吉利控股集团有限公司在渠道维度上表现良好，得分为8.59分。吉利集团虽然在渠道维度上得分较高，也发布了年报和社会责任报告，但是作为汽车制造商在官网上并未对投诉电话和邮箱进行披露，公司与利益相关方的沟通方式应该多样化。

3. 时间维度表现

浙江吉利控股集团有限公司在时间维度上表现一般，得分为5.6分。由于吉利集团并未发布专题报告，专题报告发布时间未进行披露，同时企业也未召开社会责任报告发布会。

4. 数量维度表现

浙江吉利控股集团有限公司在数量维度上表现良好，得分为7.56分。吉利集团在公司新闻条数与微博粉丝数量方面的信息披露有所欠缺，企业应加强与社交媒体的互动，这有利于提高企业知名度，更重要的是能使公众更好地了解企业，提高企业的公众透明度。

5. 形式维度表现

浙江吉利控股集团有限公司在形式维度上表现一般，得分为5.57分。浙江吉利控股集团有限公司的社会责任报告在评价方面未进行第三方评价，官网栏目的设置略显单薄。

（十四）招商银行股份有限公司

招商银行股份有限公司是中国第一家完全由企业法人持股的股份制商业银行，招行的零售金融进一步巩固了其在财富管理和私人银行方面的领先地位。公司致力于深化高净值客户营销，稳步推进信用卡业务发展，发展可持续金融，提升可持续价值，助力可持续发展。2015 年招商银行股份有限公司公众透明度得分为 66. 57 分。

1. 内容维度表现

招商银行股份有限公司在内容维度上得分为 42. 12 分，表现良好，但仍有部分指标有待改进。研究发现，招行存在的问题主要集中为事故数、伤亡人数等未进行披露，并且未设置利益相关方专栏。

2. 渠道维度表现

招商银行股份有限公司在渠道维度上表现良好，得分为 8. 17 分。虽然招商银行发布了年报和社会责任报告，但是未发布专题报告，公众获取企业相关信息的渠道过于单一。

3. 时间维度表现

招商银行股份有限公司在时间维度上表现一般，得分为 2. 1 分。虽然招商银行发布了年报和社会责任报告，但是具体的发布时间不详。

4. 数量维度表现

招商银行股份有限公司在数量维度上表现一般，得分为 9. 18 分。在微博粉丝数量、微博文章数量方面表现良好，但在公司新闻条数、中国重要报纸全文数据库全（简）称信息条数、百度输入全（简）称信息量、出现负面信息条数等方面披露不足。

5. 形式维度表现

招商银行股份有限公司在形式维度上表现一般，得分为 5. 01 分，主要存在的问题是社会责任报告未经过第三方评价、年报未进行设计、官网栏目和年报也未经过设计。

（十五）中国银行股份有限公司

中国银行股份有限公司是五大国有商业银行之一。中国银行的业务范围涵盖商业银行、投资银行、保险和航空租赁。中国银行股份有限公司以客户为中心、以市场为导向、以科技为引领，携手广大利益相关方，为经济、社会、环境的可持续发展贡献金融力量。2015 年中国银行股份有限公司公众透明度得分为 65. 27 分。

1. 内容维度表现

中国银行股份有限公司在内容维度上得分为 40. 13 分。中国银行存在的问题主要集中在事故数、伤亡人数、志愿者人数、志愿者服务时间等内容未进行披露，但是对志愿者活动进行了披露。

2. 渠道维度表现

中国银行股份有限公司在渠道维度上表现一般，得分为 7. 04 分。虽然发布了年报和社会责任报告、专题报告，但是未发布全面风险报告，也未公布具体的公众沟通活动，公众获取企业相关信息的渠道过于单一。

3. 时间维度表现

中国银行股份有限公司在时间维度上表现一般，得分为 4. 2 分。中国银行只公布了年报和社会责任发布时间，虽然发布了专题报告，但是未公布专题报告的发布时间以及社会责任报告发布会的召开时间。

4. 数量维度表现

中国银行股份有限公司在数量维度上表现良好，得分为 9. 79 分。中国银行在微博粉丝数量、微博文章数量、公司新闻条数、百度输入全（简）称信息量、出现负面信息条数方面表现良好，在中国重要报纸全文数据库全称信息条数方面表现欠佳。

5. 形式维度表现

中国银行股份有限公司在形式维度上表现一般，得分为 4. 10 分。中国银行虽然发布了年报和社会责任报告，也对社会责任报告进行了设计，但在评价方式方面未进行第三方评价，年报未进行版式设计。

（十六）中国建设银行股份有限公司

中国建设银行股份有限公司作为五大国有商业银行之一，拥有广泛的客户基础，与多个大型企业集团及中国经济战略性行业的主导企业保持着银行业务联系，营销网络覆盖全国的主要地区，主要经营领域包括公司银行业务、个人银行业务和资金业务，多种产品和服务（如基本建设贷款、住房按揭贷款和银行卡业务等）在中国银行业居于领先地位。2015 年中国建设银行股份有限公司公众透明度得分为 65. 19 分。

1. 内容维度表现

中国建设银行股份有限公司在内容维度上得分为 39. 68 分，表现良好。中国建设银行存在的问题主要集中在：反腐制度政策、反腐教育等信息披露不足，且未设置利益相关方专栏。

2. 渠道维度表现

中国建设银行股份有限公司在渠道维度上表现优秀，得分为 7. 75 分。在渠道维度涉及的指标中建设银行透明度较高，不足的是企业官网上未设置投诉邮箱。

3. 时间维度表现

中国建设银行股份有限公司在时间维度上表现良好，得分为 3. 15 分。虽然中国建设银行在年报、社会责任报告、专题报告方面都有发布时间，但是没有召开企业社会责任报告发布会。

4. 数量维度表现

中国建设银行股份有限公司在数量维度上表现一般，得分为 10. 22 分。中国建设银行尤为注重对企业微博、微信的信息更新，但是中国重要报纸全文数据库全（全）称信息条数较少。

5. 形式维度表现

中国建设银行股份有限公司在形式维度方面表现一般，得分为 4. 38 分。建设银行主要存在的问题是社会责任报告未经过第三方评价以及年报未进行版面设计。

（十七）中国平安保险（集团）股份有限公司

中国平安保险（集团）股份有限公司是中国第一家股份制保险企业，中国平安秉持厚德载物之理念，积极承担对股东的勤谨之德，对客户的诚信之德，对员工的涵养之德和对社会的感恩之德的责任理念，把社会责任根植于企业的日常经营活动中，建立了完备的社会责任体系。2015 年中国平安保险（集团）股份有限公司的公众透明度得分为 64.77 分。

1. 内容维度表现

中国平安保险（集团）股份有限公司在内容维度上得分为 36.16 分。在员工发展方面，职工薪酬、职业发展信息、健康和安全投入等指标信息并未进行公开，环境政策、环境管理、总能耗、“三废”处理信息等内容均未在官网或社会责任报告、年报中进行披露。

2. 渠道维度表现

中国平安保险（集团）股份有限公司在渠道维度上得分为 7.18 分，主要问题在于未设置投诉电话和投诉邮箱，不便于客户及时反馈信息，同时在官网上也未披露企业与公众的沟通活动，可见，公司与利益相关者的沟通渠道有待拓宽。

3. 时间维度表现

中国平安保险（集团）股份有限公司在时间维度上得分为 5.6 分。公司在时间维度上表现较好，年报、社会责任保护、专题报告都是在 2015 年 6 月 30 日之前发布的，较为及时。

4. 数量维度表现

中国平安保险（集团）股份有限公司在数量维度上得分为 9.43 分。虽然公司在微博粉丝数量、微博文章数量方面得分较高，但是对负面信息未予以披露。公司新闻条数较少，更新较慢，在与公众沟通的社交媒体方式上过于单一。

5. 形式维度表现

中国平安保险（集团）股份有限公司在形式维度上表现较好，得分为

6.4 分。公司不仅发布了年报和社会责任报告，而且发布了专题报告，便于利益客户了解企业的信息，丰富了企业与客户的沟通方式。

（十八）中国石油天然气集团公司

中国石油天然气集团公司作为我国境内最大的原油、天然气生产和供应商，业务涉及石油天然气勘探开发、炼油化工、管道运输、油气炼化产品销售、石油工程技术服务、石油机械加工制造、石油贸易等领域。公司始终坚持将社会责任根植于企业文化，以诚信、创新、业绩、和谐、安全为导向，肩负社会责任推进公司的可持续发展。2015 年，中国石油天然气集团公司的公众透明度得分为 64.28 分。

1. 内容维度表现

中国石油天然气集团公司在内容维度上得分为 38.85 分，在员工发展方面，职工薪酬、职业发展信息、健康和安全投入等指标信息并未进行公开，环境政策、环境管理、总能耗、“三废”处理信息等内容均未在官网或社会责任报告、年报中进行披露。

2. 渠道维度表现

中国石油天然气集团公司在渠道维度上得分为 8.59 分，表现较好，但是官网新闻不可评论、未设置微信，从与公众沟通渠道的方式多样化来说，亟待拓宽。

3. 时间维度表现

中国石油天然气集团公司在时间维度上得分为 5.6 分。中国石油天然气集团公司发布年报、社会责任报告较为及时，但未召开社会责任报告发布会。

4. 数量维度表现

中国石油天然气集团公司在数量维度上得分为 5.33 分。中国石油天然气集团从公司新闻条数来看，能够及时的更新，便于客户了解企业的信息，但是微博文章数量较少。公司应加强企业微博文章的更新，便于客户获取企业的相关信息，加强企业与客户的沟通。

5. 形式维度表现

中国石油天然气集团公司在形式维度上表现较好，得分为5.91分。中国石油天然气集团公司无论是年报还是社会责任报告都采用了双语形式，但是社会责任报告缺少了第三方评价人。

（十九）苏宁控股集团

苏宁控股集团是中国民营企业前三强，经营品类涵盖传统家电、消费电子、百货、日用品、图书、虚拟产品等，线下实体门店1600多家，线上苏宁易购居国内B2C前三位，线上线下的融合发展引领了零售发展的新趋势。2015年，苏宁控股集团的公众透明度得分为63.52分。

1. 内容维度表现

苏宁控股集团在内容维度上得分为37分，得分较低的主要原因是未对职业健康投入、安全生产投入等信息进行披露，公司应提升对员工职业健康、生产安全的关注度。同时在环境政策与制度方面，公司表现欠佳，如总能耗、万元产值综合能耗等信息未予以披露。

2. 渠道维度表现

苏宁控股集团在渠道维度上得分为8.03分，表现较好。企业无论是在官网评论上，还是在投诉电话、投诉邮箱等方式上，都能使客户与企业之间有良好的互动，特别是企业专门开展了公众沟通活动，加强了企业与客户的双向沟通。

3. 时间维度表现

苏宁控股集团在时间维度上得分为4.2分。苏宁控股集团在发布年报、社会责任报告方面较为及时，但未召开社会责任报告发布会。

4. 数量维度表现

苏宁控股集团在数量维度上得分为10.12分，在微博粉丝数量与文章数量方面表现较好，但在公司新闻条数、中国重要报纸全文数据库全（简）称信息条数、出现负面信息条数方面表现欠佳。

5. 形式维度表现

苏宁控股集团在形式维度上得分为4.17分。苏宁控股集团的官网栏目设置较为完善。集团社会责任报告有版面的设计但是年报未进行版面设计，社会责任报告也未经过第三方评价。

（二十）交通银行股份有限公司

交通银行股份有限公司是中国近代以来历史最悠久、最古老的银行，也是我国五大国有银行之一。交通银行秉承着“以和谐诚信为基石，不断追求自身的超越，与社会共同发展”的责任理念，通过改革创新，提高企业的可持续发展能力。2015年，交通银行股份有限公司的公众透明度得分为63.21分。

1. 内容维度表现

交通银行股份有限公司在内容维度上得分为40.68分，主要问题为企业对志愿者的具体活动进行了披露，但是未对活动的具体时间和人数进行披露，反腐制度、采购信息的公开、媒体开放日的次数等信息也未予以披露。

2. 渠道维度表现

交通银行股份有限公司在渠道维度上得分为7.32分，表现一般，主要表现在企业没有开通微信、官网不可评论、没有投诉邮箱。公司在利用社交媒体与公众沟通的方面仍有所欠缺，这直接影响了企业与公众的双向沟通。

3. 时间维度表现

交通银行股份有限公司在时间维度上得分为4.2分。交通银行股份有限公司在发布年报、社会责任报告方面较为及时，但未召开社会责任报告发布会，也未发布专题报告。

4. 数量维度表现

交通银行股份有限公司在数量维度上得分为5.44分。交通银行股份有限公司无论是公司新闻条数、中国重要报纸全文数据库全称信息条数、百度输入全称信息量，还是微博粉丝数量与微博文章数量，以及出现负面信息的条数等都明显不足。

5. 形式维度表现

交通银行股份有限公司在形式维度上得分为 5.57 分。交通银行股份有限公司虽然发布了年报与社会责任报告，但是并未对社会责任报告进行版面设计，并且社会责任报告也未经过第三方评价。

200 强企业篇

Report on Top 200 Chinese Corporations

B.2

2015年中国企业200强公众透明度总体评价分析

摘　要：本研究选取中国企业联合会、中国企业家协会发布的 2015 年“中国企业 500 强”排行榜中的前 200 强作为研究对象，从时间维度、内容维度、渠道维度、形式维度、数量维度五个方面，对 2015 年中国企业 200 强公众透明度总体情况进行评价。研究结果表明，2015 年中国企业 200 强公众透明度得分与 2014 年相比略有下降；上市公司公众透明度明显好于非上市公司；企业信息披露的渠道较为单一；企业主动披露信息的意愿不强；企业偏重于日常经营相关的信息披露，对社会、环境影响信息披露较少；企业定量信息披露极少，信息披露实质性有待提高。

关键词：中国企业 200 强　公众透明度　上市公司

2015 年中国企业 200 强由中国企业联合会、中国企业家协会发布的“中国企业 500 强”排行榜中的前 200 强组成（见图 1）。

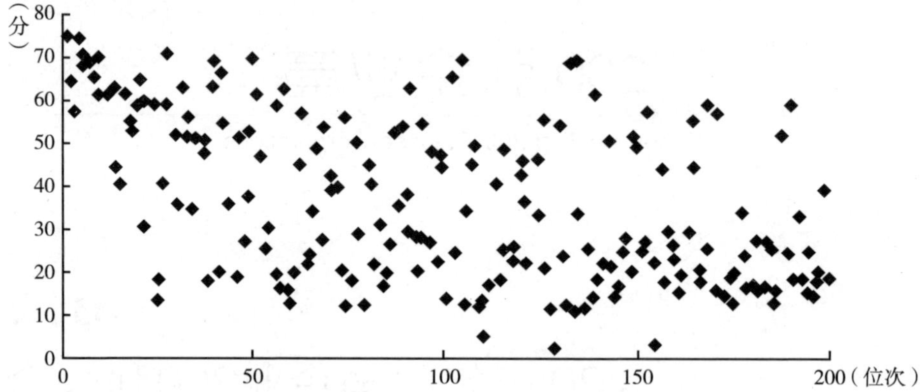

图 1　中国企业 200 强营业收入排名与公众透明度总体得分情况

根据评价得分情况，将 2015 年中国企业 200 强公众透明度得分划分为以下五个等级。

表 1　2015 年中国企业 200 强公众透明度评价等级

评价等级	评价得分	评价等级	评价得分
透明度卓越企业	80～100 分	透明度不良企业	20～40 分
透明度良好企业	60～80 分	黑箱企业	0～20 分
透明度一般企业	40～60 分		

统计显示，2015 年中国企业 200 强中，无得分超过 80 分的企业，60～80分的企业有 31 家，透明度平均得分为 65.77 分；40～60 分的企业有 54 家，透明度平均得分为 50.72 分；20～40 分的企业有 57 家，透明度平均得分为 28.24 分；低于 20 分的企业有 58 家，透明度平均得分为 15.26 分。总之，2015 年中国企业 200 强公众透明度得分分布差异较大，整体情况不理想。透明度等级为“良好”企业占比 15.5%，“一般”企业占比 26.5%，“不良”企业占比 29.0%，“黑箱”企业占比 29.0%（见表 2）。

表 2 2015 年中国企业 200 强公众透明度整体情况

单位：家，分

透明度等级	分数段	企业数	透明度平均分
卓越	80～100 分	0	0
良好	60～80 分	31	65.77
一般	40～60 分	54	50.72
不良	20～40 分	57	28.24
黑箱	20 分以下	58	15.26

2015 年中国企业 200 强中，最高分为 74.01 分，最低分为 2.37 分。大部分企业公众透明度总体得分集中分布在 60 分以下。

一 不同区域企业公众透明度评价情况

2015 年中国企业 200 强总部所在地覆盖了全国 26 个省、自治区、直辖市。中国企业 200 强总部所在地的区域分布不平衡，其中位于三个直辖市的企业有 97 家（占比 48.5%），将近一半（见图 2）。

2015 年中国企业 200 强中，总部所在地分布在东部地区的企业有 170 家（占比 85.0%），中部地区有 16 家（占比 8.0%），西部地区有 14 家（占比 7.0%）（见图 3）。

2015 年中国企业 200 强中，东部地区的企业总体得分情况较好。在 60～80 分的得分区间，有 16.0% 的企业来自东部地区，有 6.3% 的企业来自中部地区，西部企业有 0 家；在得分低于 20 分的区间，东部地区仅有 27.0% 的企业。中部地区企业的总体得分情况尚可，得分在 40 分以上的企业占比为 25.0%。西部地区企业总体得分相对较差，全部分布在 60 分以下区间，最高分仅为 54.04 分。

从东部、中部和西部地区企业总体得分的明显差距中，我们可以发现，地区经济社会发展水平与企业发展环境对企业的公众透明度有着明显的影响，两者呈现对应关系，西部地区企业亟待加强信息披露，提高公众透明度（见图 4）。

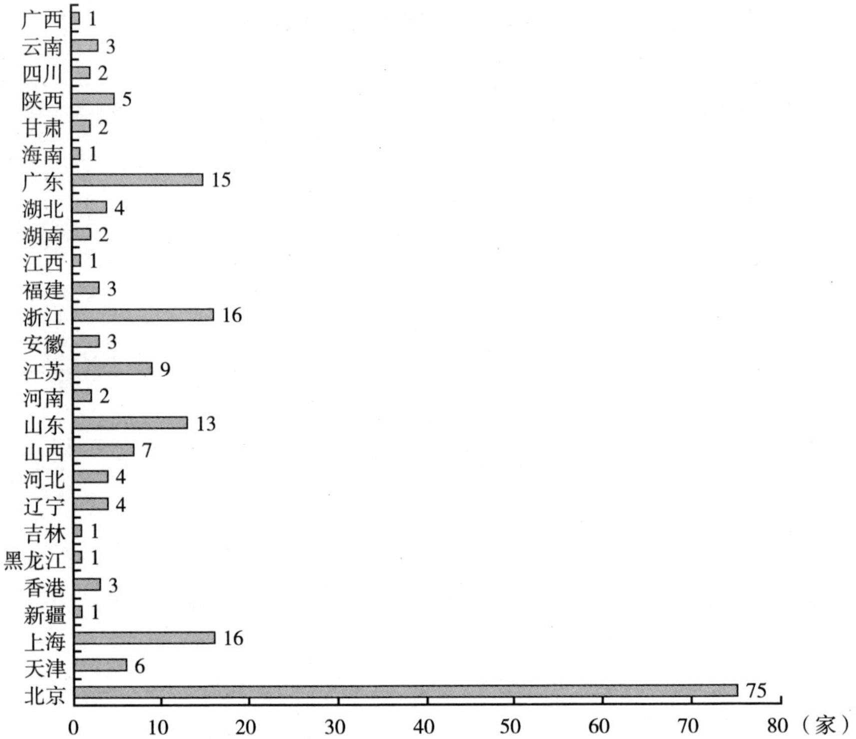

图 2　2015 年中国企业 200 强总部所在地分布情况

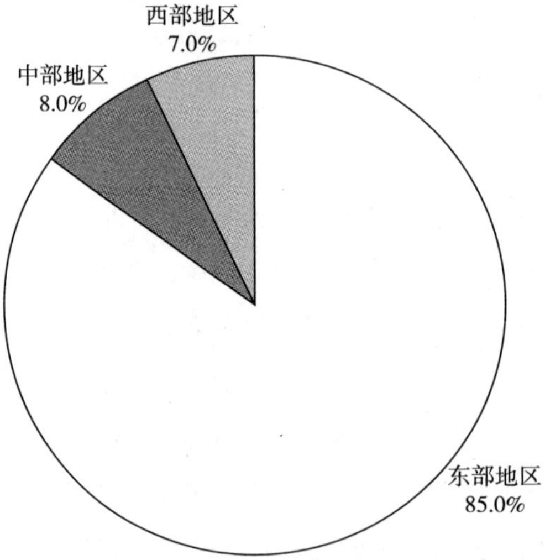

图 3　2015 年中国企业 200 强总部所在地区域分布情况

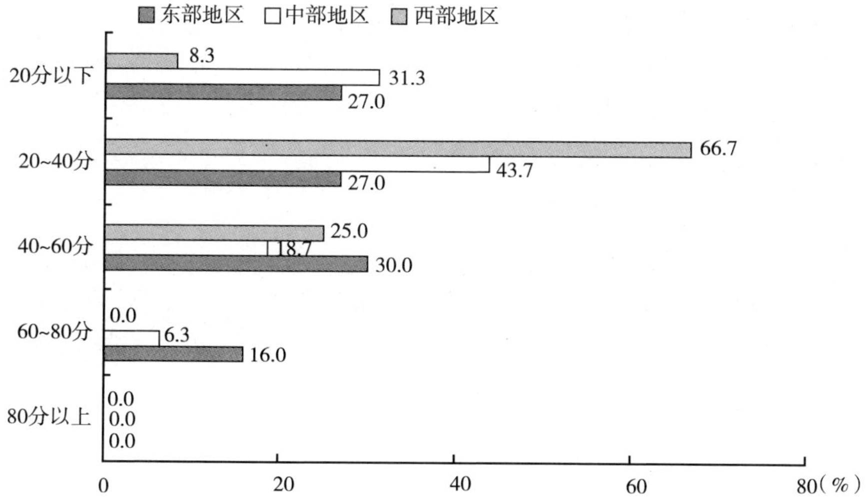

图4　按区域的2015年中国企业200强评价得分等级分布情况

二　不同行业企业公众透明度评价情况

2015年中国企业200强，按照国家统计局的国民经济行业分类标准，共涉及30个行业，分别是：

（1）农、林、牧、渔业；

（2）煤炭采掘及采选业；

（3）石油、天然气开采及加工业；

（4）金属采选业及加工业；

（5）农副食品加工业、食品制造业；

（6）酒、饮料和精制茶制造业；

（7）烟草加工业；

（8）纺织业；

（9）文教、工美、体育和娱乐用品制造业；

（10）化学原料和化学制品制造业；

（11）医药制造、批发、零售业；

（12）化学纤维制造业；

（13）橡胶制品业；

（14）非金属矿物制品业；

（15）金属冶炼和压延加工业；

（16）通用、专用设备制造业；

（17）汽车制造业；

（18）铁路、船舶、航空和其他运输设备制造业；

（19）电气机械和器材制造业；

（20）家用电器及零配件制造业；

（21）计算机、通信和其他电子设备制造业；

（22）电力、热力、燃气生产和供应业；

（23）建筑业；

（24）批发和零售业；

（25）交通运输、仓储和邮政业；

（26）通信服务业；

（27）金融；

（28）房地产；

（29）商贸；

（30）多元化投资控股、商务服务业。

统计显示，2015 年中国企业 200 强中，金属冶炼和压延加工业企业最多，有 24 家，占比为 12.0%；金融企业有 21 家；煤炭采掘及采选业企业有 15 家；交通运输、仓储和邮政业企业有 12 家（见图 5）。

2015 年中国企业 200 强中，60 分以上企业主要分布在金融，建筑业，计算机、通信和其他电子设备制造业，金属冶炼和压延加工业，汽车制造业，交通运输、仓储和邮政业等行业（见图 6）。

三　不同所有制企业公众透明度评价情况

2015 年中国企业 200 强中，国有企业（非中央企业）有 80 家，国有企

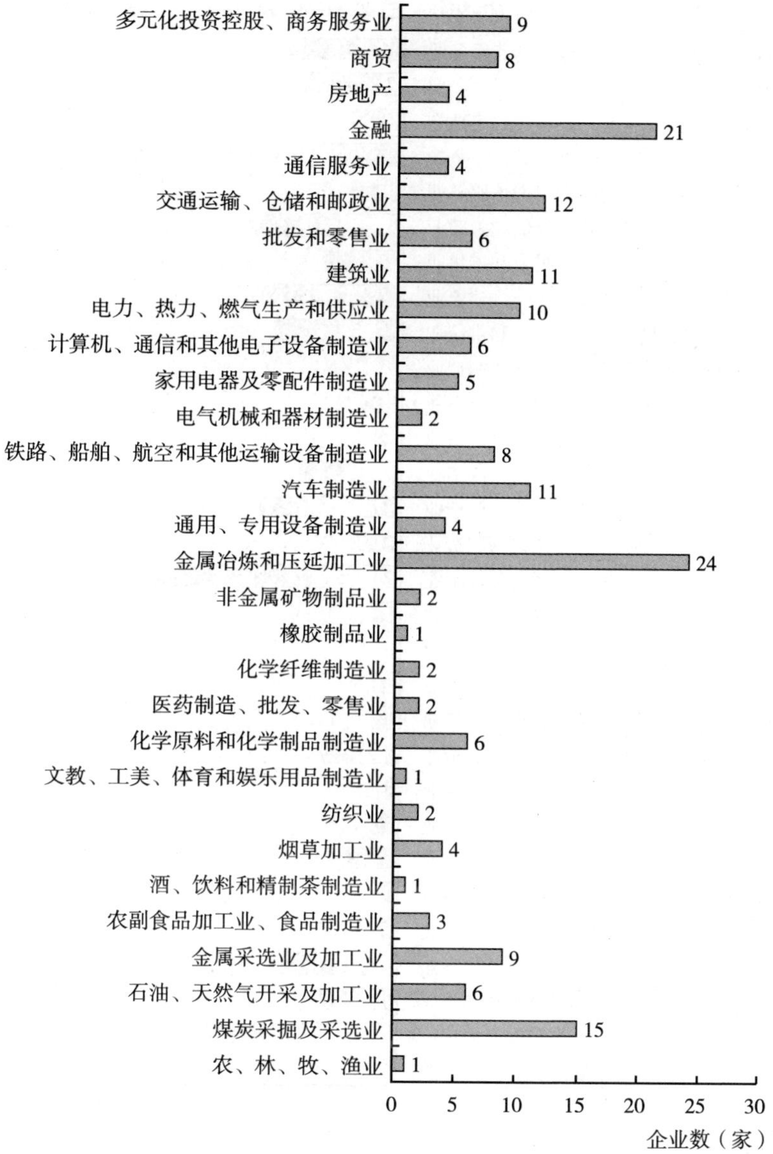

图5　2015年中国企业200强行业分布情况

业（中央企业）有62家，国有企业（中央金融企业）有13家，民营企业有45家。2015年中国企业200强中，国有企业155家，占比77.5%，远远

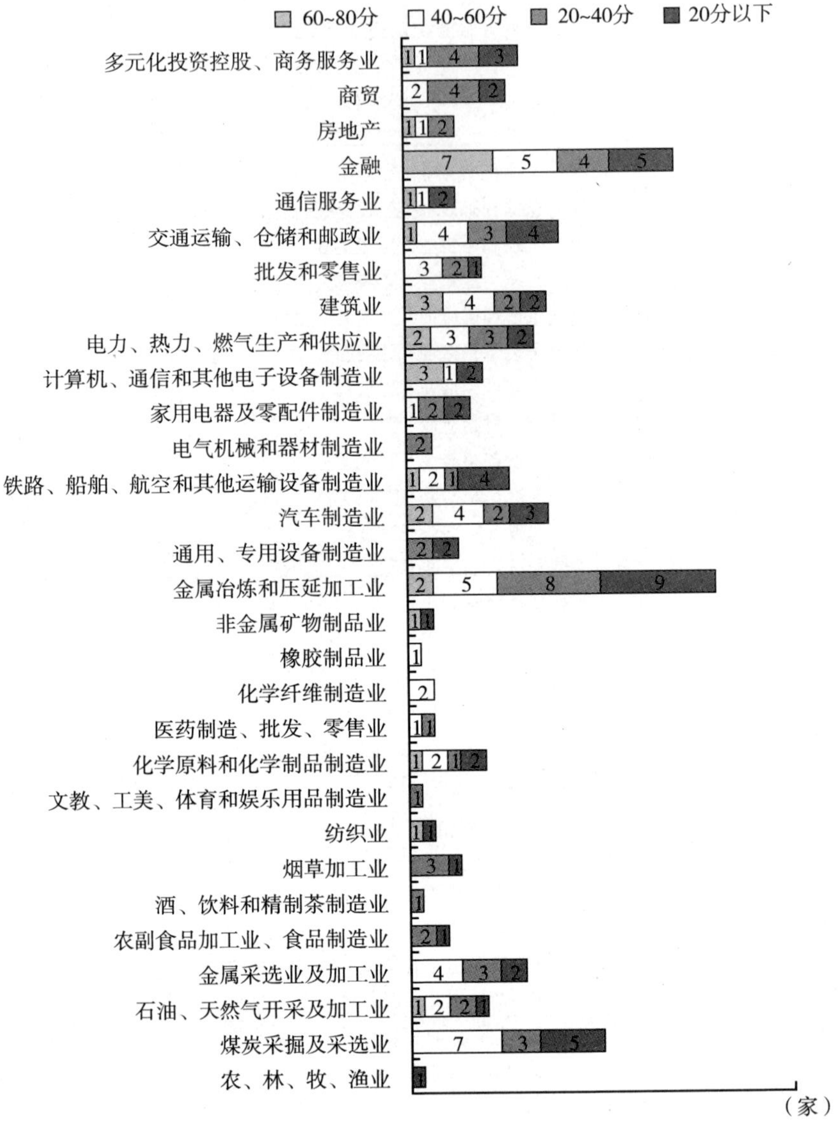

图6　2015年中国企业200强按行业在各分数段的分布情况

高于民营企业（占比22.5%）（见图7）。

2015年中国企业200强中，国有企业155家，占比77.5%；民营企业45家，占比22.5%。得分在40分以上各等级的民营企业占比均低于国有企

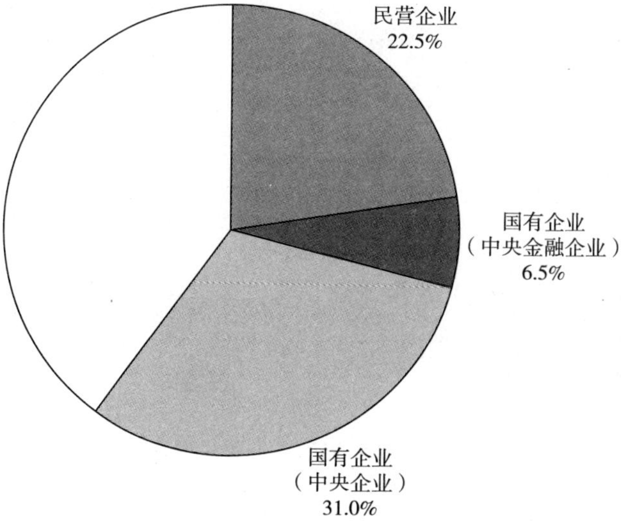

图7　2015 年中国企业 200 强所有制分布情况

业，而得分在 20 ~ 40 分的民营企业占比低于国有企业，得分在 20 分以下的民营企业占比高于国有企业。在企业公众透明度方面，民营企业与国有企业相比在各等级都有所差距，这与社会公众、监管方的要求及企业的社会沟通意识有直接的关系。无论是国有企业还是民营企业要想真正成为具有良好社会影响、受人尊重的企业，都需要加强社会沟通意识、提高对公众的信息披露水平（见图 8）。

四　上市与非上市公司公众透明度评价情况

2015 年中国企业 200 强中，上市企业有 67 家（占比 33.5%）（见图 9）。

2015 年中国企业 200 强中，上市公司与非上市公司相比，上市公司总体得分相对较高，得分在 60 ~ 80 分的企业中，上市公司占 89.3%；得分在 40 ~ 60 分的企业中，上市公司占 46.4%；得分在 20 ~ 40 分的企业中，上市

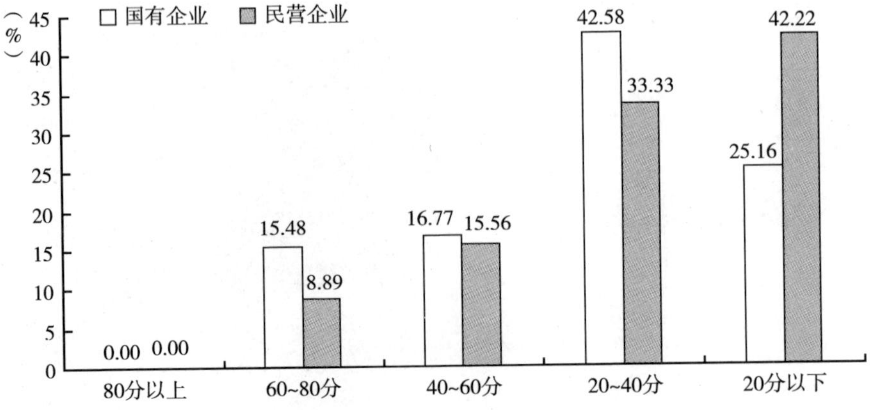

图 8　2015 年中国企业 200 强国有企业与民营企业在各评价等级的分布情况

企业仅占 15.5%；得分在 20 分以下的企业中，上市公司有 7 家。从上述评价结果可以看出，由于证券交易所对上市公司信息披露有着较为严格的要求，上市公司在信息披露方面做得较好，企业公众透明度普遍较高。这说明监管要求对企业公众透明度有着直接的影响（见图 10）。

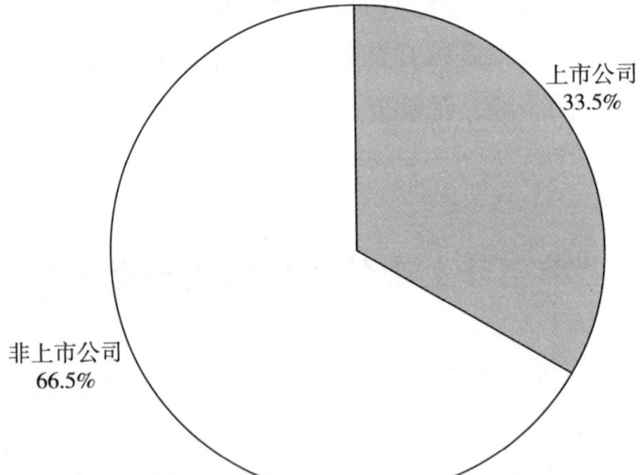

图 9　2015 年中国企业 200 强上市公司占比

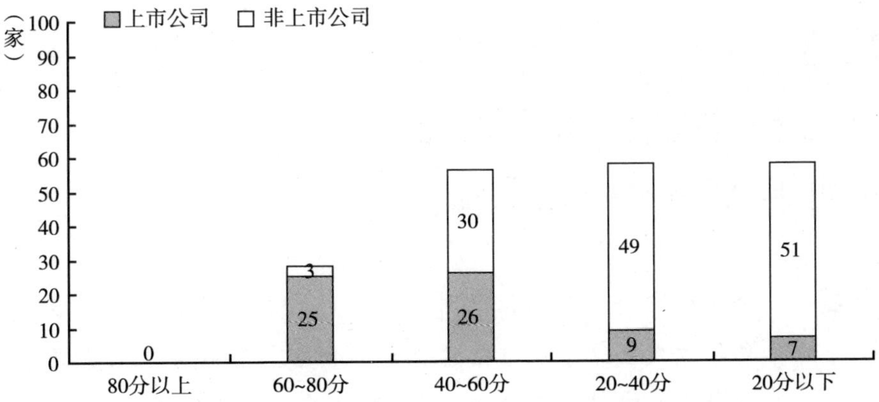

图 10　2015 年中国企业 200 强中上市公司在各等级的分布情况

B.3
2015年中国企业200强时间维度评价分析

摘　要：　企业在向公众披露信息时，主要通过发布各种报告、官网信息等方式，除了注重信息公开的内容、形式等之外，还要重点考虑及时性。通过对2015年中国企业200强的研究发现，企业发布年报与社会责任报告较为及时，发布专题报告与召开社会责任报告发布会的较少。

关键词：　中国企业200强　时间维度　公众透明度　及时性

及时性是信息披露的重要质量特征之一，信息披露及时与否会直接影响企业信息披露质量。在时间维度上，我们主要考虑的是企业是否及时披露相关信息。本文主要从及时性原则出发，对2015年中国企业200强的信息披露情况进行评价和统计分析。

一　时间维度总体评价结果

2015年中国企业200强中，信息披露的时间维度评价得分分布较为分散，5.6~7.0分企业为16家（占比8.0%），其中2家企业为7分；4.2~5.6分企业有34家，占比17.0%；4.2分以下企业为150家，占比75.0%，时间维度信息披露总体评价结果欠佳（见图1）。

从是否上市来看，2015年中国企业200强中，时间维度得分4.2分以下的企业中，非上市公司占88.7%。上市公司与非上市公司相比，上市公

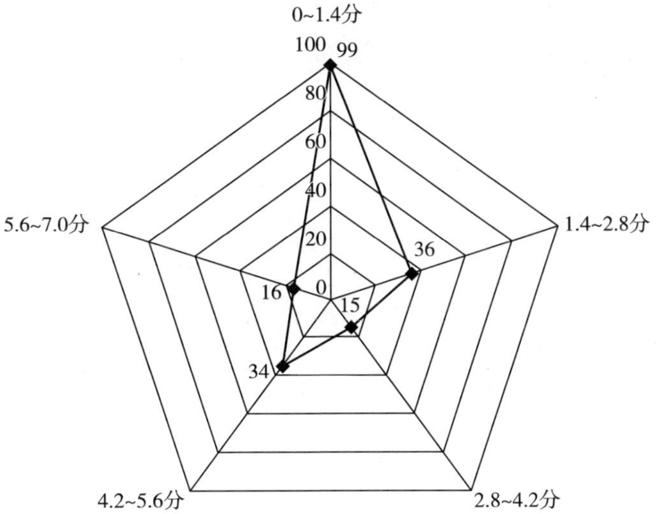

图1　2015 年中国企业 200 强时间维度得分分布

司在时间维度方面得分较高，信息披露更为及时，表明监管机构的要求对企业信息披露的及时性有直接的影响。比如，中国证监会和原国家经贸委于 2002 年 1 月发布的《上市公司治理准则》中规定，“上市公司除按照强制性规定披露信息外，应主动、及时地披露所有可能对股东和其他利益相关者决策产生实质性影响的信息，并保证所有股东有平等的机会获得信息”。这是上市公司信息披露及时性较强的重要原因之一。

二　具体信息披露情况评价分析

定期发布年报、社会责任报告等是企业对外公布综合信息的主要方式。企业通过发布年报可以准确、及时地将公司治理、财务等相关信息告知投资者。通过发布社会责任报告可以将员工、社区、公益慈善、环境等方面的信息与各利益相关方共享，及时与利益相关方进行互动。

（一）企业年报发布较为及时

统计显示，2015 年中国企业 200 强中，74 家企业发布了 2014 年年报，其中在2015年6月30日之前发布年报的有73家（占比98.6%），只有1家企业在2015年6月30日之后发布年报（见图2）。但总体来看，发布年报的企业未过半数，表明我国大型企业在财务信息披露方面仍有很大的提升空间。

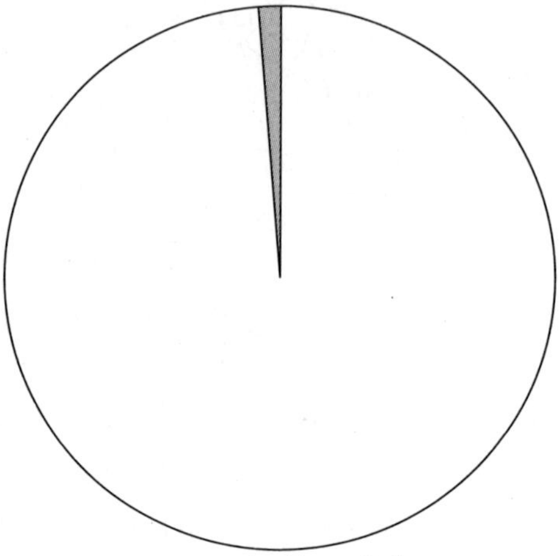

图2　2015年中国企业200强中发布年报的企业的发布时间统计

从是否上市来看，统计显示，2015年中国企业200强中，上市公司中有1家在2015年6月30日之后发布年报。非上市公司中有19家在2015年6月30日之前发布年报。各交易所对年报发布时间都有明确的规定，如上海证券交易所发布的《上海证券交易所股票上市规则》中规定，“公司应当在法律、行政法规、部门规章、其他规范性文件以及本规则规定的期限内完成编制并披露定期报告。其中，年度报告应当在每个会计年度结束之日起四个月内披露”。因此，上市公司与非上市公司相比，不仅通过发布年报进行信息披露的行为更普遍，而且年报发布得更为及时。

（二）社会责任报告发布相对及时

统计显示，2015 年中国企业 200 强中，89 家企业发布了社会责任报告（可持续发展报告或类似报告），其中 71 家（占比 79. 8%）企业在 2014 年 7 月 1 日至 2015 年 6 月 30 日期间发布了社会责任报告（可持续发展报告或类似报告），20. 2% 的企业在 2015 年 6 月 30 日之后发布社会责任报告（可持续发展报告或类似报告）。可见，在 2014 年 7 月 1 日至 2015 年 6 月 30 日期间发布社会责任报告的企业所占比重较大，信息披露较为及时，便于利益相关方获得企业相关信息（见图 3）。

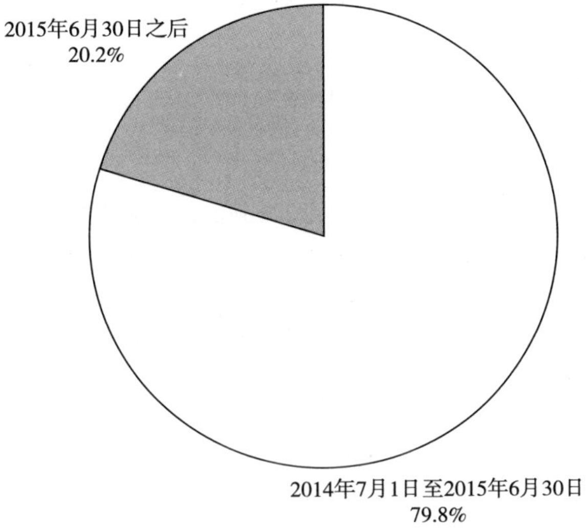

图 3　2015 年中国企业 200 强中发布社会责任报告（可持续发展报告或类似报告）的企业的发布时间统计

（三）专题报告发布较少

统计显示，2015 年中国企业 200 强中，22 家企业发布了专题报告，其中 178 家未在 2014 年 7 月 1 日至 2015 年 6 月 30 日期间发布专题报告。企业较少披露相关信息，不便于利益相关方获得相关信息（见图 4）。

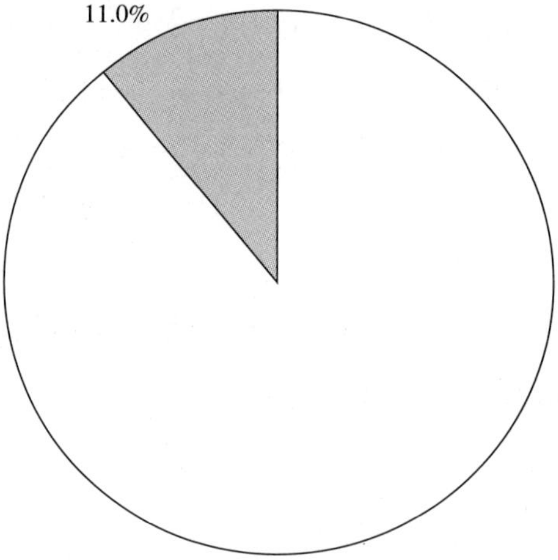

图4　2015年中国企业200强发布专题报告情况

（四）较少召开企业社会责任报告发布会

统计显示，2015年中国企业200强中，在89家发布社会责任报告（可持续发展报告或类似报告）的企业中，有19家（占比21.3%）企业召开了社会责任报告（可持续发展报告或类似报告）发布会，其中在2015年6月30日之前召开发布会的企业有10家，9家企业在2015年6月30日之后召开发布会，表明我国大型企业仍需加强在社会责任信息披露方面的工作。

三　小结

通过对2015年中国企业200强公众透明度的时间维度的研究分析，发现中国企业信息披露渠道相对单一、信息披露及时性不够、发布专题报告企业数量较少。

（一）信息披露渠道相对单一

大部分企业主要通过官网和报告形式披露相关信息，没有考虑到不同利益相关方对信息的不同需求。统计显示，很多企业只是发布了年报和企业社会责任报告（可持续发展报告或类似报告），并未发布专题报告，而利益相关方需要通过专题报告了解相关信息。总体而言，企业信息披露渠道过于单一。

（二）信息披露及时性不够

2015 年 6 月 30 日之后发布企业社会责任报告的企业占到了相当大的比重，说明企业信息披露得不够及时。

（三）发布专题报告的企业较少

企业在经营过程中，对于信息的披露，并非局限于以年报和企业社会责任报告（可持续发展报告或类似报告）的形式，有些企业采用专题报告的形式对信息进行披露，如国家电网公司通过发布《促进新能源发展白皮书》向公众披露其在新能源领域所取得的成绩。

B.4
2015年中国企业200强内容维度评价分析

摘　要：　随着经济的发展，企业应为所有利益相关方提供决策所需要的各类信息，以保证与其形成互惠合作及相互信任的关系。本文以公司治理、经济、环境与社会四个方面的信息为重点，从实质性、完整性、真实性、准确性、平衡性五项原则出发，对2015年中国企业200强的信息披露内容进行评价和统计分析，结果显示，企业除在经济信息方面的披露较为完整外，其他方面的信息披露均有待加强。

关键词：　中国企业200强　内容维度　透明度

一　内容维度评价结果

2015年中国企业200强中，信息披露的内容维度得分大都在36分以下（满分60分），占比78.5%；信息披露完全符合完整性、实质性等原则要求的企业并不多，得分在48分以上（满分60分）的企业仅2家。总体上看，中国企业200强在内容维度方面的信息披露还有较大的提升空间，尤其是对定量数据的披露更应该引起重视。

从企业总部所在地来看，内容维度得分跻身前100名的企业中，东部地区的企业占87%，中部与西部地区的企业分别仅占10%和3%。其中，北京的企业占比达51.0%。总体来看，东部地区的企业在信息披露内容维度方面整体处于领先位置，尤其以北京的企业居多。这与东部地区经济发展状况、企业国际化程度等因素密切相关。一般来讲，经济发达地区的企业运营更加开放，更愿意与社会公众等利益相关方进行沟通，因此，运营透明度相对较高。当然，中、西部地区的企业也并非都表现欠佳，如在13家中、西部地区的企业中，有6家是来自山西的企业，来自湖北的企业在内容维度上的得分排第1位。

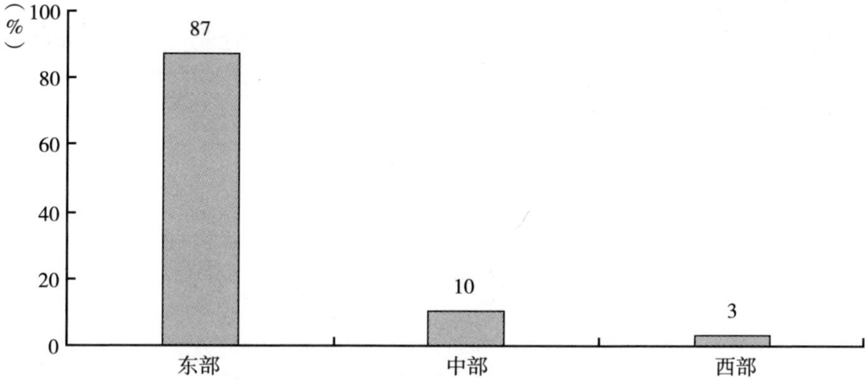

图1 内容维度得分前100名企业区域分布

从企业行业属性来看，内容维度得分排名前100名的企业中，入围企业数量最多的行业依次为：金融和保险业，煤炭采掘及采选业，金属冶炼和压延加工业，电力、热力、燃气生产和供应业，建筑业，交通运输、仓储和邮

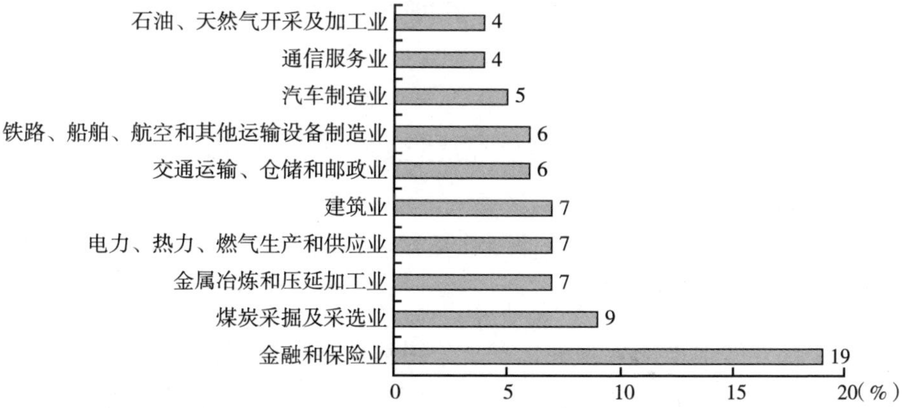

图2 内容维度得分前100名企业行业分布

政业，铁路、船舶、航空和其他运输设备制造业，汽车制造业，通信服务业，石油、天然气开采及加工业。其中，金融和保险业占比最高，为19.0%，其他行业均未达到10.0%。可以看出，越是与公众生活密切相关的行业，其信息披露的内容维度表现得越好，说明内容维度方面的信息披露与公众期望也有很大的关联。

从企业性质来看，前100名中，国有企业（中央企业）占42.0%，占比最高；其次为国有企业（非中央企业）；占比最低的是国有企业（中央金融企业）。

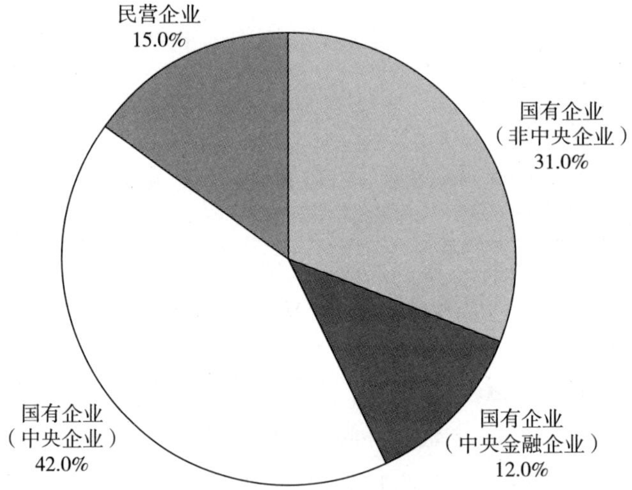

图3　内容维度得分前100名企业性质分布

二　内容维度信息披露情况分析

统计显示，2015年中国企业200强在公司治理、经济、社会与环境方面的信息披露情况有明显的差异。经济、社会信息披露率最高，有98.5%的企业不同程度地披露了相关信息；公司治理信息披露率次之，有97.5%的企业不同程度地披露了相关信息。其中，公司经营信息披露情况较好，责任理念等责任治理信息披露情况较差；员工发展信息披露情况一般，相关的定量数据的披露有待进一步加强；社区参与信息方面需要加强对定量数据的披露。环境信息披露情况最差，有45.5%的企业未披露任何环境相关的信息。

（一）公司治理信息

高质量的信息披露是进行公司治理和科学决策的前提条件。公司治理信息的披露有助于提高公司治理水平，同时有效的信息披露有利于投资者了解企业治理情况，帮助其做出理性的判断。本文所指的公司治理信息主要涉及责任治理、利益相关方管理、公司治理架构及企业文化。

1. 责任治理信息披露意识整体较弱，中央企业、中央金融企业处于领先位置

责任治理信息是公司向外部传达自身承担企业社会责任方面的定位与管理体系，披露的信息至少应包括社会责任理念与责任推进管理两个方面。

统计显示，2015年中国企业200强中，有67.0%（134家）的企业披露了社会责任理念。虽然披露社会责任理念的企业占多数，但从信息披露的实质性来看，多数企业未明确提出独立的社会责任理念，即尚未提出可供广泛传播的理念、口号，只是各企业披露的理念都蕴含了社会责任的要义，如对利益相关方负责、与环境和谐共融等。当然，个别企业如中国五矿集团公司披露的将“珍惜有限　创造无限”作为其社会责任理念，值得其他企业学习和借鉴，该理念既传达出资源行业面临的可持续发展难题，又体现了行业特色。

从企业性质来看，53.8%（43家）的国有企业（非中央企业）、83.9%（52家）的国有企业（中央企业）、92.3%（12家）的国有企业（中央金融企业）以及60.0%（27家）的民营企业披露了社会责任理念（见图5）。

其中，信息披露情况较好的为国有企业（中央企业）与国有企业（中央金融企业）。这与政府及监管机构大力推动企业履行社会责任是分不开的。其中，国务院国资委陆续发布了《关于中央企业履行社会责任的指导意见》《中央企业“十二五”和谐发展战略实施纲要》等，为中央企业推进社会责任工作奠定了政策基础。中国银监会、中国银行业协会发布了《关于加强银行业金融机构社会责任的意见》《中国银行业金融机构企业社

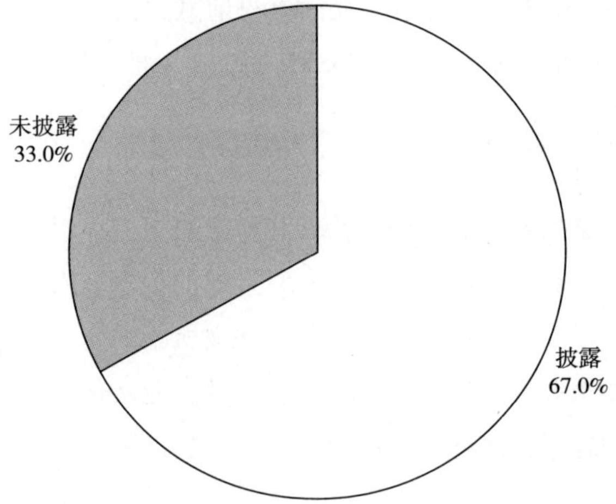

图 4　2015 年中国企业 200 强社会责任理念披露情况

会责任指引》等，为金融企业树立社会责任意识、推进社会责任工作提供了重要指导。

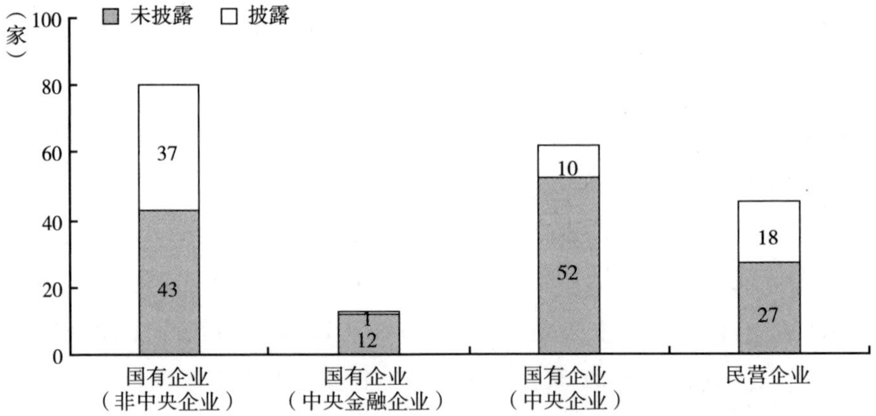

图 5　2015 年中国企业 200 强社会责任理念披露情况（按企业性质分）

统计显示，2015 年中国企业 200 强中，有 41.5%（83 家）的企业披露了责任推进管理相关信息，比披露社会责任理念的企业数量少。这在一定程度上说明中国企业 200 强中还有相当部分企业仍停留在普及理念阶段，尚未建立责任推进的组织、制度与运行机制。

就信息披露完整性、实质性来看，各企业的表现差异较大。9.0%（18家）的企业完整地披露了责任推进的组织、制度、运行机制及培训信息，且多数是中央企业；10.5%（21家）的企业披露的内容较为完整，披露了责任推进的组织、制度、运行机制；8.0%（16家）的企业信息披露情况一般，在不同程度上披露了两个方面的内容；14.0%（28家）的企业信息披露情况较为一般，仅披露了组织体系一个方面的内容。

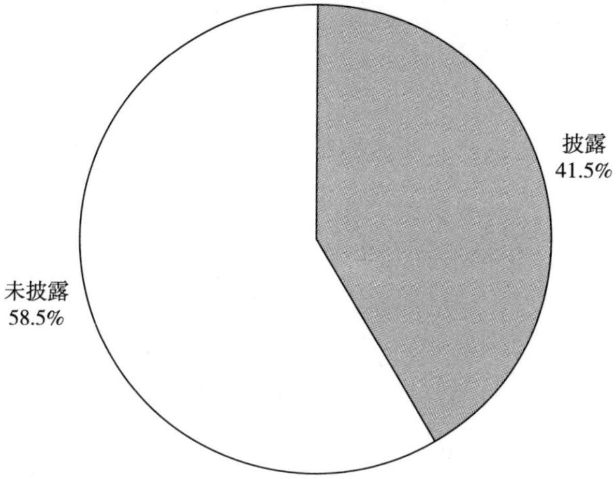

图6　2015年中国企业200强社会责任推进信息披露情况

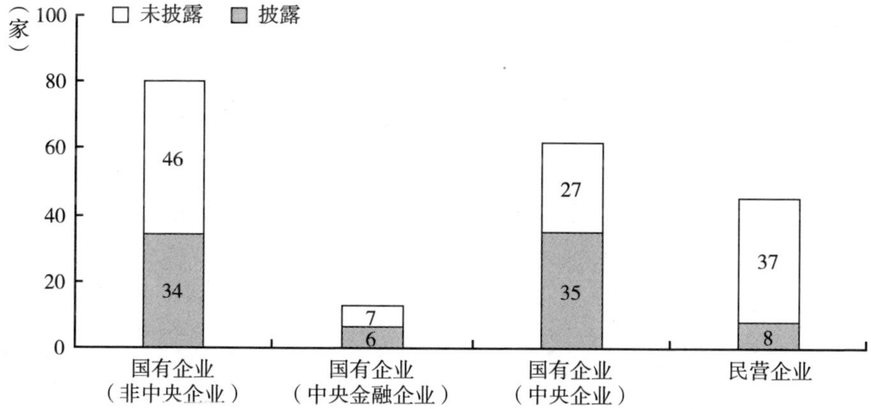

图7　2015年中国企业200强责任推进信息披露情况（按性质分）

从企业性质来看，在披露责任推进管理信息的企业中，国有企业（中央企业）占比最高，为56.5%，同时其信息披露完整性较好；而国有（中央金融企业）占比次之，为46.2%，但大都只披露了某个方面的相关信息，在完整性方面有待加强。中央企业之所以有如此高的信息披露率，离不开外部的要求，国资委的发文中就要求中央企业要明确归口管理部门，建立健全工作体系，逐步建立和完善企业社会责任指标统计和考核体系，加强社会责任全员培训和普及教育，不断创新管理理念和工作方式。

案例一：华为积极推进社会责任管理

华为于2010年成立了可持续发展（CSD）委员会。作为公司可持续发展管理的专门机构，CSD委员会主要职责是统筹公司CSD管理体系的运作，在业务中规划、制定和监督可持续发展战略的有效执行，引领华为可持续发展方向。

华为CSD委员会主任由华为质量与流程IT管理部总裁、公司监事会成员邓飚先生担任，20多名委员来自公司的研发、制造、采购、人力资源、行政等多个部门。华为自2013年基于ISO26000建立CSD管理体系以来，制定和发布了政策、流程、基线等一系列管理方法和工具。2014年，华为继续夯实可持续发展管理体系，从而确保管理体系在业务领域得到落实和执行。

该公司充分运用CSD管理流程系统策划、实施、监控和改进可持续发展工作。2014年CSD管理流程已经在各业务部门得到了运用，2015年公司将基于实际运行效果进行流程优化，使之更加匹配业务，为业务增值。

公司还开发了CSD管理体系成熟度评估工具，从战略、风险管理、指标管理、组织、紧急事件管理等11个维度开展成熟度评估，全面了解各业务模块的成熟等级，找出改进点，以推动业务持续改进。

2. 利益相关方信息披露缺乏，整体水平有待加强

利益相关方识别、利益相关方列表、沟通方式及利益相关方专栏四个方

面的信息是企业在利益相关方管理中应对外披露的。

统计显示，2015 年中国企业 200 强中，仅有 2%（4 家）的企业完整地披露了利益相关方识别、利益相关方列表、沟通方式及利益相关方专栏四个方面的信息；14.5%（29 家）的企业较完整地披露了利益相关方识别、利益相关方列表、沟通方式；32.5%（65 家）的企业一般性地披露了利益相关方识别或利益相关方列表。从披露的情况来看，超过一半的企业未披露有关利益相关方的任何信息，仅有 2.0% 的企业完整地披露了相关信息，这在一定程度上表明利益相关方管理还未引起企业的足够重视。

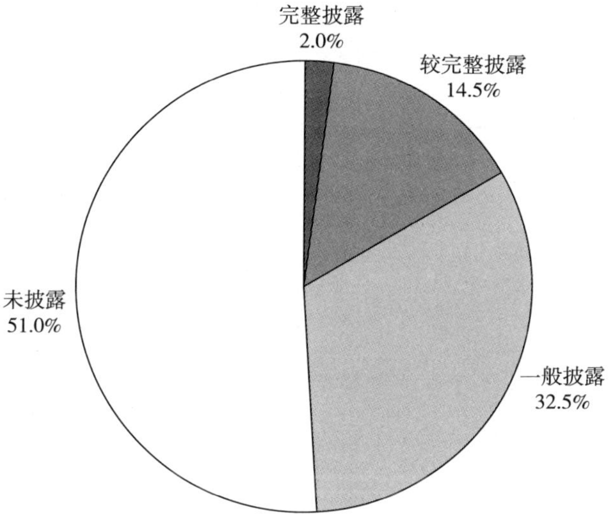

图 8　2015 年中国企业 200 强利益相关方信息披露情况

从企业性质来看，中央企业披露利益相关方相关信息的情况较好，其他性质的企业则表现一般。研究发现，利益相关方信息的披露渠道主要为社会责任报告或可持续发展报告，因此，已经发布社会责任报告或可持续发展报告的企业在利益相关方信息披露方面占据优势。然而，2015 年指标新增了利益相关方专栏，对企业官网披露利益相关方信息进一步提出了要求，因此各类企业总体表现与往年相比欠佳。

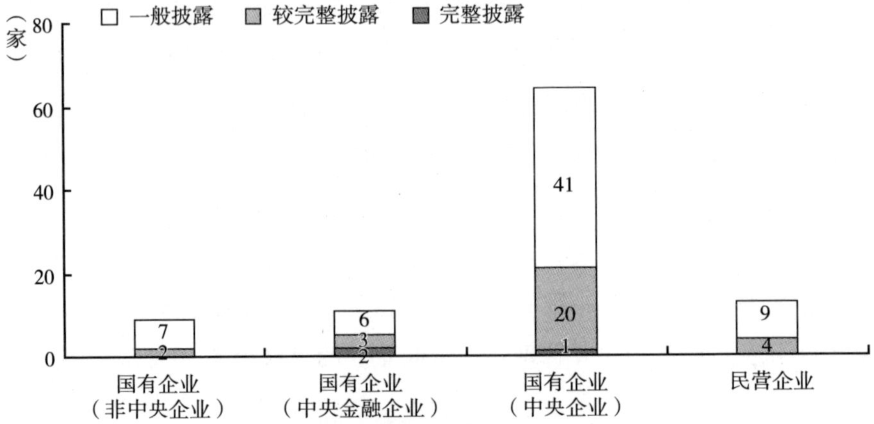

图9　2015年中国企业200强利益相关方信息披露情况（按性质分）

案例二：中国一汽重视利益相关方管理

中国一汽重视各利益相关方对一汽集团的期望，负责任地处理涉及各相关方利益的事项，采用更加积极主动的沟通方式，用实际行动促进一汽集团与各利益相关方的共同成长。2014年，一汽轿车公司继续完善相关方管理体系，通过梳理流程和完善文件，编制《相关方管理手册》，实现供应商等相关方的管理指导有据可依，进一步推动相关方管理工作的开展。作为中国汽车制造行业的重要成员，一汽集团重视自身对行业发展的推动作用，积极参与相关组织及社会责任相关活动，与同行业成员共同推进中国汽车行业健康可持续发展。

3. 公司治理架构信息披露情况总体一般，上市公司信息披露情况良好

公司治理架构的信息披露应包括是否建立“三会一层”、三会具体人员名单及董事会、监事会工作情况。

统计显示，2015年中国企业200强中，28.5%（57家）的企业完整地披露了建立“三会一层”及相关人员名单、董事会与监事会工作情况等所有信息；10.0%（20家）的企业披露较为完整，不同程度地披露了其中两个方面的信息；12.0%（24家）的企业一般性地披露了其中一个方面的内容，且多为建立“三会一层”。这在一定程度上表明中国200强企业还未对

披露公司治理架构信息给予足够的重视。当然，这也与监管机构的强制性要求有关。一般来看，上市公司对公司治理架构相关信息的披露较为全面。

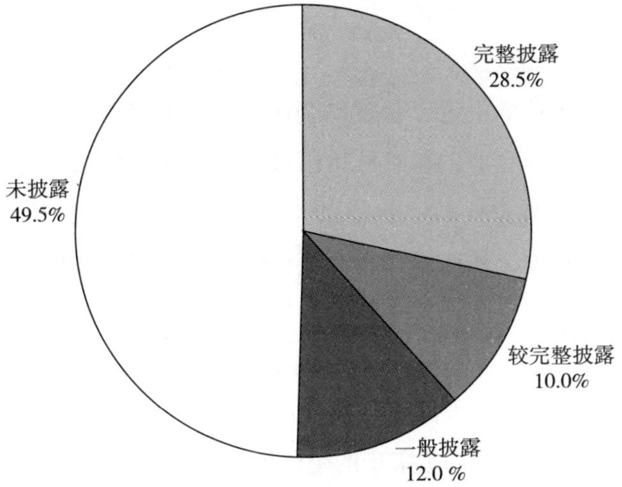

图 10　2015 年中国企业 200 强公司治理架构信息披露情况

证监会发布的《上市公司信息披露管理办法》对上市公司及其他信息披露义务人的所有信息披露行为做了具体要求，上市公司应在年度报告中披露董事、监事、高级管理人员的任职情况。

在 57 家完整披露公司治理架构信息的企业中，有 47 家为上市公司，可见，上市公司在公司治理架构信息披露方面的表现明显优于非上市公司。

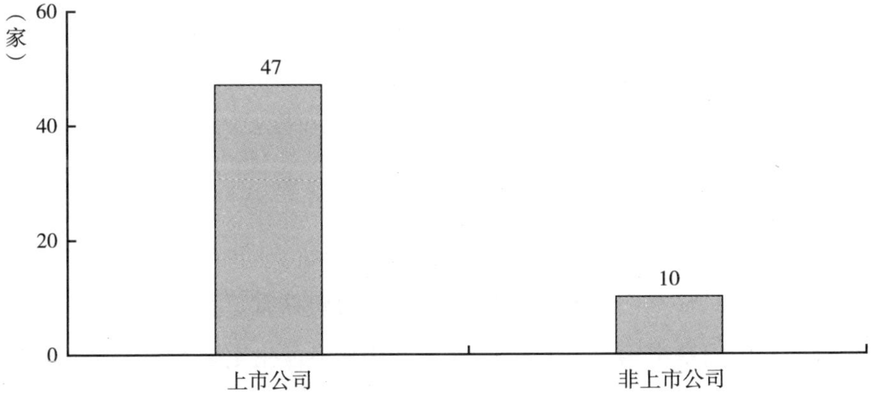

图 11　2015 年中国企业 200 强公司治理架构信息披露情况（按上市分）

2014 年 8 月，国务院发布《企业信息公示暂行条例》，使企业信息公示以法律的形式固化下来，这进一步强化了对企业的信用约束，使企业公众透明度有所提升。

4. 企业文化信息披露情况良好，但实质性有待加强

企业文化是企业的灵魂，是推动企业发展的不竭动力。它包含着非常丰富的内容，其核心是企业的精神和价值观。企业文化信息的有效披露，有利于增进利益相关方对企业核心价值的了解。企业文化信息除公司使命、愿景、价值观等内容外，还应涉及具有实质性的文化建设活动。

统计显示，2015 年中国企业 200 强中，60.5%（121 家）的企业完整地披露了公司使命、愿景、价值观及文化建设活动相关信息；32.0%（64 家）的企业信息披露较为完整，披露了公司使命、愿景、价值观或文化建设活动中的某个方面；仅有 7.5%（15 家）的企业未披露有关企业文化的任何信息。

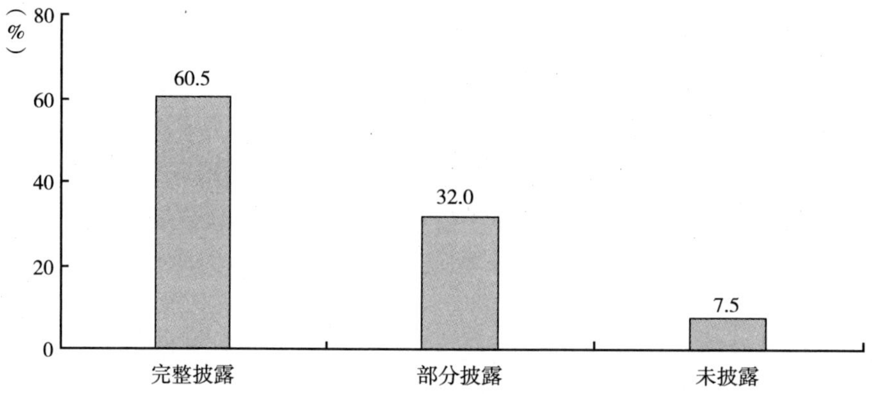

图 12　2015 年中国企业 200 强企业文化信息披露情况

（二）经济信息

信息披露对资本市场的价值发现和价格均衡具有重要意义。尤其是企业在经营过程中的基本信息，对投资者及公众都会产生重要影响。经济信息主要包括企业运营信息与企业业务经营信息。

1. 企业运营信息披露较为充分，上市公司优于非上市公司

企业运营信息主要包括营业收入、总资产、利润及主营业务经营情况，完整的信息披露有利于增进投资者及社会公众对企业经济情况的了解。

统计显示，2015 年中国企业 200 强中，49.5%（99 家）的企业完整地披露了企业经营的所有信息；11.5%（23 家）的企业披露了三个方面的信息，大都为营业收入、总资产及主营业务经营情况，信息披露较为完整；32.5%的企业（65 家）披露了两个方面的信息，且集中为营业收入与主营业务经营情况；6.5%（13 家）的企业只披露了主营业务经营情况的一个方面。从结果来看，企业运营信息的披露情况较为理想，主要原因是营业收入、总资产等是企业的基本信息，通过信息披露可展现企业经济规模，因此披露得较为充分，但其中利润信息披露相对较少，有待进一步加强。

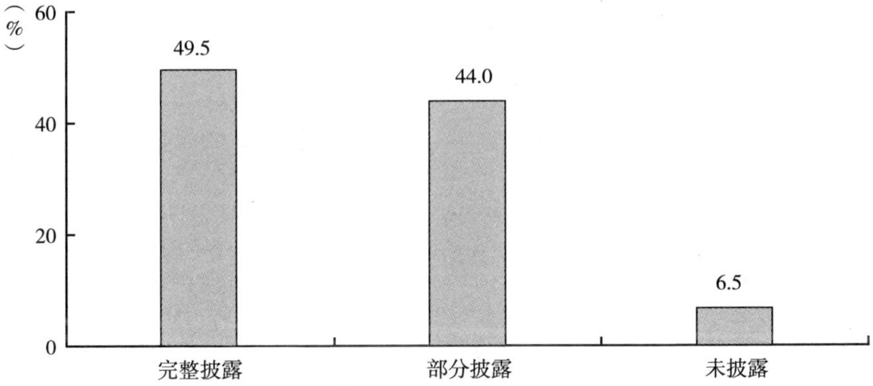

图 13　2015 年中国企业 200 强的企业运营信息披露情况

从企业上市情况来看，上市公司与非上市公司的企业运营信息披露情况差异显著。从完整地披露信息的企业来看，上市公司完整地披露信息的比重显著高于非上市公司。从未披露企业运营信息的企业来看，非上市公司未披露企业运营信息的比重明显高于上市公司。不难看出，上市公司在企业运营信息披露方面明显好于非上市公司，这与监管机构的强制性政策密切相关。2007 年 1 月，中国证券监督管理委员会发布的

《上市公司信息披露管理办法》规定，公司的定期报告中需披露主要会计数据和财务指标。

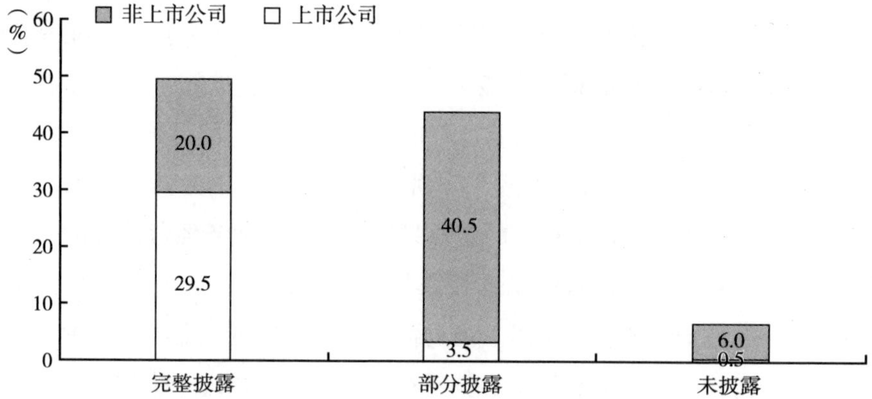

图 14　2015 年中国企业 200 强的企业运营信息披露情况（按上市分）

2. 企业业务经营信息披露情况较好，行业之间差异显著

企业公布业务经营信息是公众了解企业最直接的途径，对企业发展至关重要，主要包括业务范围、主要业务所在地及产品信息。

统计显示，2015 年中国企业 200 强中，81.5%（163 家）的企业完整地披露了业务范围、主要业务所在地及产品信息；16.5%（33 家）的企业披露了部分信息；2%（4 家）的企业未披露任何企业业务经营信息。对于未披露相关信息的企业，无论从监管部门的角度还是从企业自身的发展来看，都是不可取的。监管部门应约束企业披露必要的基本信息，企业也应主动向社会披露基本的业务经营信息，这样才能增进企业与社会的相互了解和信任。

从行业类型来看，首先化学原料和化学制品制造业与通用、专用设备制造业表现最好，均完整地披露了业务经营信息；其次为金属冶炼和压延加工业，铁路、船舶、航空和其他运输设备制造业，煤炭采掘及采选业，汽车制造业，这些行业都未出现完全不披露业务经营信息的情况。

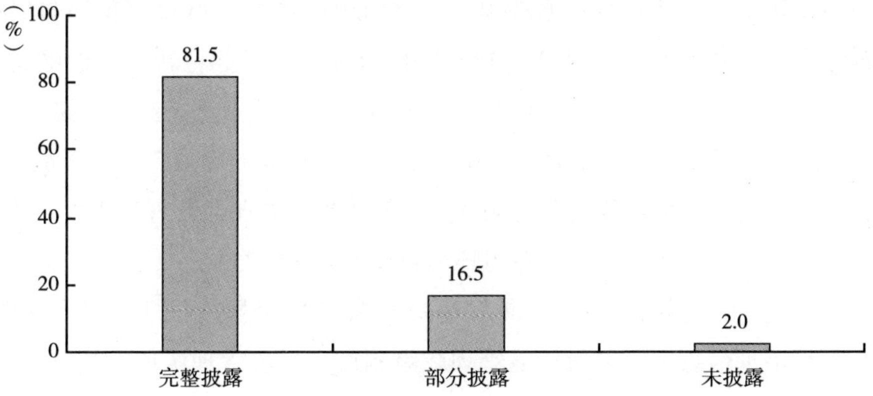

图15 2015年中国企业200强的企业业务经营信息披露情况

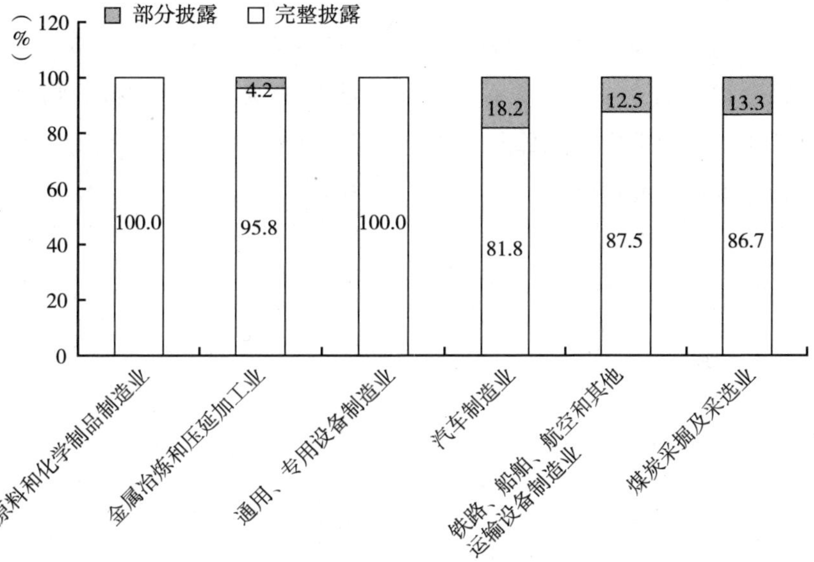

图16 2015年中国企业200强的企业业务经营信息披露情况（部分行业）

（三）环境信息

随着环境保护成为全球性议题，我国政府对环境保护给予了高度重视。2014年3月，环保部常务会议审议并原则通过《土壤污染防治行动计划》；

2014 年 9 月下旬，发改委、环保部、能源局联合印发《煤电节能减排升级与改造行动计划（2014～2020 年）》；2015 年 1 月 1 日起，新《环保法》正式施行。一系列法律法规的出台，给企业带来了环境信息披露的外部压力。作为社会的一员，企业有责任和义务披露自身对环境的影响，通过环境信息披露，了解自身环境行为及其影响，这有利于提升企业经营管理水平，改善企业的外部形象，实现经济效益与环境效益的有机结合。

1. 环境治理信息披露整体表现有待提升，中央企业表现优于其他类型企业

环境治理信息主要包括环境管理政策制度、环境管理认证。统计显示，2015 年中国 200 强企业的环境治理信息披露情况并不理想，仅有 14.5%（29 家）的企业完整地披露了环境治理信息；35.0%（70 家）的企业披露了其中一个方面的信息；超过一半（101 家）的企业未披露环境治理信息。这说明中国企业 200 强在环境政策、制度建设等方面未给予足够的重视，缺乏与公众沟通的主动性。随着新《环保法》的实施，企业将面临自身环境管理的压力，短期内会给部分企业造成经营困难，但从长期来看，有利于企业与社会的协调发展。

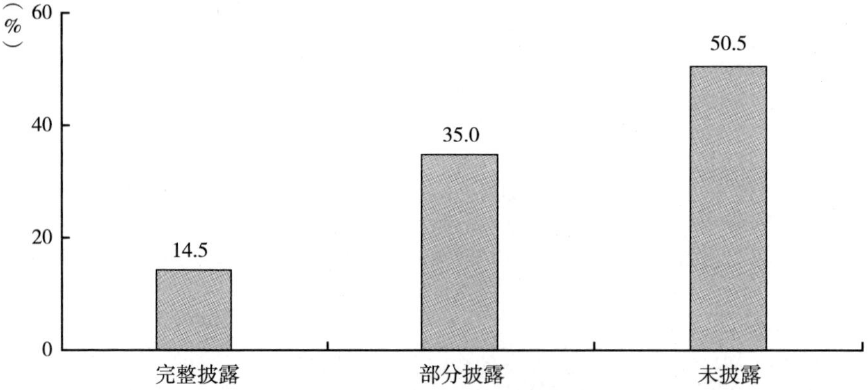

图 17　2015 年中国企业 200 强的环境治理信息披露情况

从企业性质来看，国有企业（中央企业）环境治理信息披露情况好于国有企业（非中央企业）、民营企业，在绿色管理方面起到了表率作用。在

29家完整地披露环境治理信息的企业中，国有企业（中央企业）有17家，占58.6%；国有企业（中央金融企业）有1家，占3.4%。这一方面说明国有企业（中央企业）在环境管理尤其是环境治理信息披露方面处于领先地位，另一方面也体现出金融行业环境治理的特性，即金融行业本身对环境的影响相对小于一般制造业。

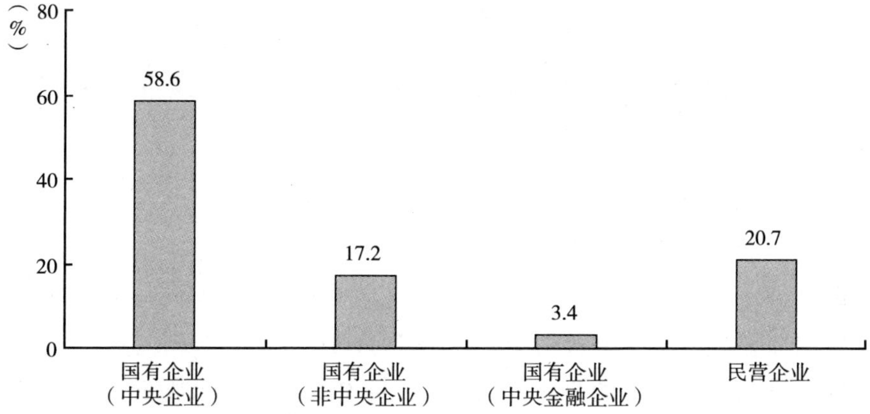

图18　2015年中国企业200强的企业环境治理信息完整披露情况（按企业性质分）

案例三：中航工业积极建设环境管理体系

除前期已推行ISO14001环境管理体系认证工作外，2014年，中航工业组织编制并发布《中航工业绿色航空工业评价标准》（Q/AVIC 09301.2－2015和Q/AVIC 09302.2－2015），并在中航工业成飞、沈飞、黎明、西航、宝成和新航六家试点成员单位开展标准试点工作，截至年底，中航工业成飞通过专家评审，成为首家通过上述标准评价的单位。上述行业标准的制定和试点单位的推进，为建设“绿色航空工业”奠定了基础。

2014年，中航工业组织编制并发布了《中国航空工业集团公司突发环境事件应急预案（2014年）》（航空质〔2014〕1691号），强化了对突发环境事件的监管。同时，开展对所属直属单位和成员单位环境突发事件应急预案的评审备案工作，各级单位建立了完备的应急预案体系，有效防范了环境突发事件。

到2014年底，中航工业成员单位中有65家以上企业通过了环境管理体系认证；中航工业积极推进节能减排统计、检测、考核三大系统建设，统计系统已覆盖所有所属单位；通过建立“中航工业节能环保管理平台”，各成员单位已基本具备较为完善的节能减排管理系统；中航工业制订了《航空行业清洁能源审核要求》等多项行业标准，已对62家成员单位开展了能源审计和清洁生产审核工作。

2. 环保实践信息披露整体表现有待提升，企业环保之路任重道远

环保实践信息包括节能减排、技术改造、清洁生产、绿色创新、绿色办公五个方面。企业披露环保实践信息能够体现企业为保护环境所做出的努力和取得的成绩，有利于提升企业的品牌形象。

统计显示，2015年中国企业200强的环保实践信息披露情况并不乐观，近一半的企业未披露任何信息；完整披露所有环保实践信息的企业占17.0%。出现这种情况的原因可能是：一是中国企业200强在环保实践方面未采取积极有效的措施，如清洁生产、节能技术改造等；二是中国企业200强采取了措施，开展了节能技术改造等实践，但未将信息向公众披露。无论是哪种原因，都会使公众对企业的环保认知产生偏差，不利于企业外部良好的发展环境的形成。随着新《环保法》的实施，企业环保工作面临着巨大的机遇与挑战，能够将自身经营优势与解决环保问题有机结合的企业将获得竞争优势，反之，部分高污染、高耗能企业将被淘汰。

案例四：国机集团推行绿色制造

国机集团在生产过程中，综合考虑环境影响和资源效率，持续改进工艺和流程，通过开展技术创新及系统优化，实施产品全生命周期过程的污染物控制，实现对环境的影响最小、资源能源利用率最高、对人体健康与社会危害最小，努力促进集团经济效益与环境效益、社会效益的协调优化。2014年，集团旗下中国第二重型机械集团公司深入实施“工业炉窑全面节能改造项目”，完成了铸钢车间、电炉车间两台炉子的改造工作；新建两台

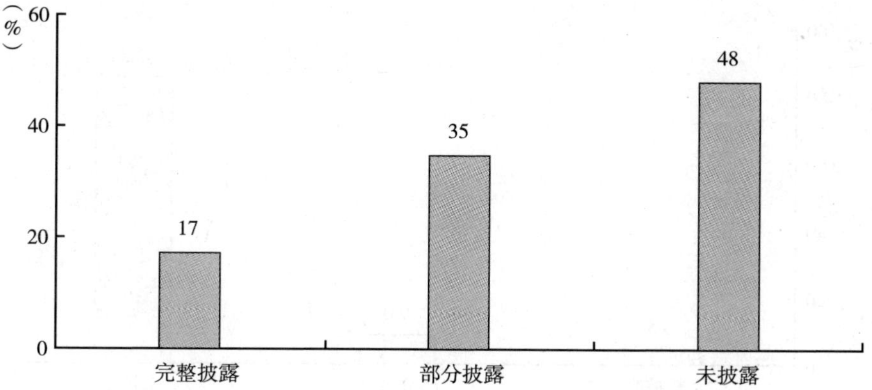

图 19　2015 年中国企业 200 强企业环境实践信息披露情况

35 吨/时天然气锅炉；首次采用“合同能源管理模式”实施了电炉车间 20t－VOD精炼炉蒸汽喷射泵系统改机械真空泵系统项目，并正式投入使用，其节能效益显著。

3. 能源使用与消耗信息披露情况欠佳，国有企业表现略好

能源使用与消耗信息是环境信息披露的重要组成部分，无论是政府部门还是社会公众，都对企业的能源使用与消耗情况给予了极大的关注。

统计显示，2015 年中国企业 200 强中，仅有 5.5%（11 家）的企业披露了能源使用与消耗的定量数据，85.5%（171 家）的企业完全没有披露能源使用与消耗的定量数据，整体披露情况很不理想。

从企业性质来看，国有企业（中央企业）在能源使用与消耗信息披露方面优于其他类型的企业。在 11 家完整地披露该方面信息的企业中，国有企业（中央企业）有 8 家，国有企业（非中央企业）有 3 家。

4. “三废”排放与处理信息披露情况较差，信息实质性有待提高

“三废”排放与处理信息主要包括企业针对废水、废气及固体废物所采取的措施，以及 COD 排放量、二氧化硫排放量、“三废”处理具体数据等定量数据。

统计显示，2015 年中国企业 200 强中，有 3.0%（6 家）的企业完整地

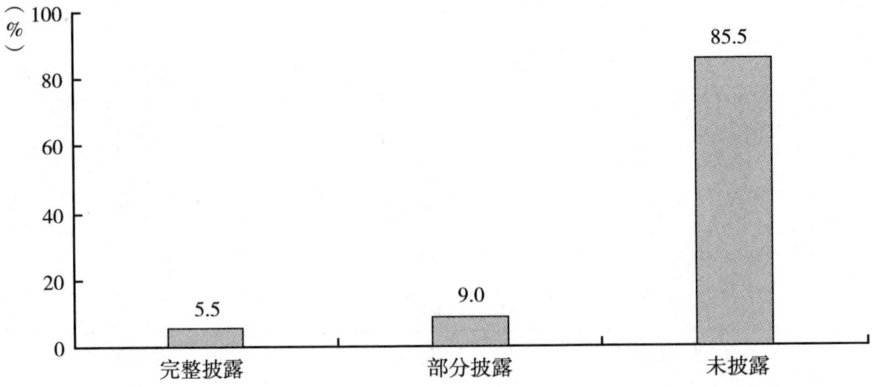

图 20　2015 年中国企业 200 强的能源使用与消耗信息披露情况

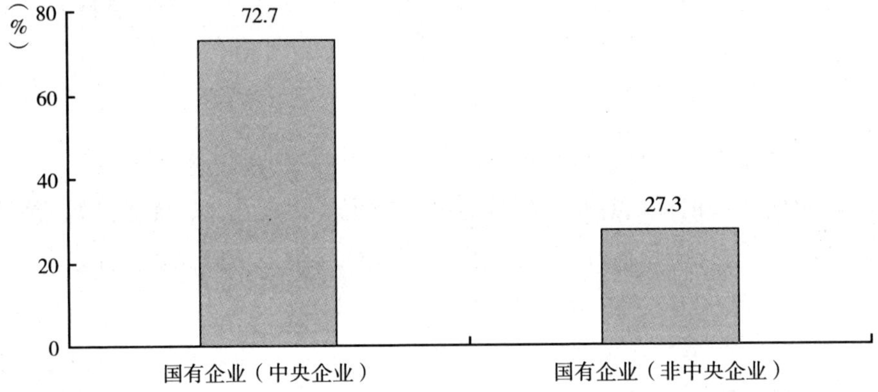

图 21　2014 年中国企业 200 强的能源使用与消耗信息披露情况（按企业性质）

披露了针对废水、废气及固体废物所采取的措施，以及 COD 排放量、二氧化硫排放量、“三废”处理具体数据等定量数据；近 70% 的企业未披露任何“三废”有关的信息。这说明中国 200 强企业的“三废”排放与处理信息披露还远远不够，无法达到社会公众对其的要求。

从行业来看，在未披露“三废”排放与处理信息的企业中，金属冶炼和压延加工业有 18 家，占 13.1%，其次为交通运输、仓储和邮政业，占

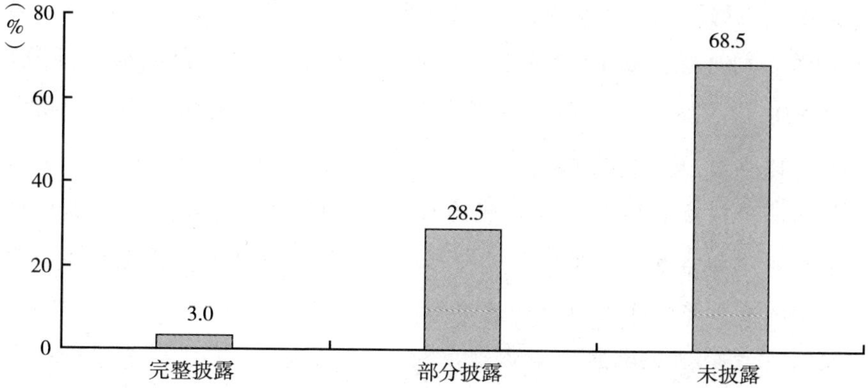

图 22　2015 年中国企业 200 强“三废”排放与处理信息披露情况

7.3%。这些行业作为“三废”排放量较大的行业，却未披露任何“三废”相关信息，显然不能满足公众的期望和诉求。

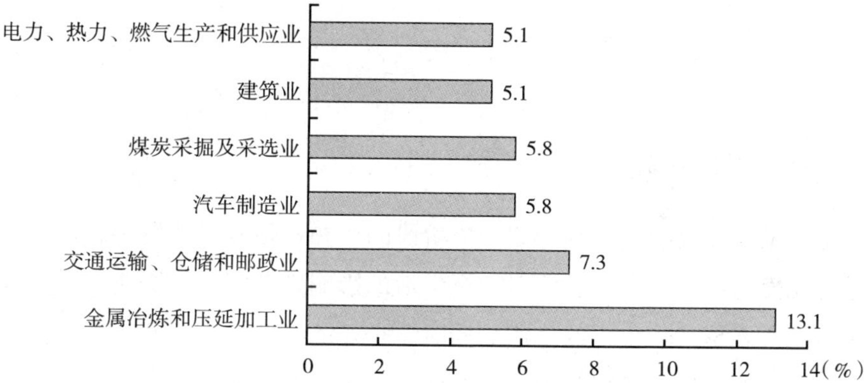

图 23　2015 年中国企业 200 强“三废”排放与处理信息披露情况（部分行业）

案例五：国家电力投资集团公司积极推进节能降耗

集团公司加强节能降耗管理，开展机组节能综合治理和升级改造工作，实现了供电煤耗和厂用电率等指标的持续改善。

2014 年，供电煤耗完成 309.73 克/千瓦时，同比降低 3.77 克/千瓦时，完成值和同比降幅在五大集团中均排名第一，相当于节约发电成本 5.54 亿元。发电厂用电率完成5.94%，同比降低0.21个百分点，综合厂用电率完成5.72%，同比降低0.19个百分点，相当于增加上网电量4.24亿千瓦时，增加收益1.49亿元。全年机组A/B级检修后汽轮机热耗持续下降，供电煤耗平均降低2~3克/千瓦时。

集团公司持续加强对二氧化硫的治理，2014年，加大力度对现役机组取消烟气脱硫旁路改造，推广脱硫增容改造，同时加快对小火电机组的脱硫升级改造，有效降低了二氧化硫排放量。

2014年，取消脱硫烟气旁路机组60台，容量2334万千瓦，脱硫增容改造机组11台（同时或之前取消脱硫烟气旁路），容量426万千瓦；原来无脱硫设施的小火电机组100%安装湿法脱硫设施。截至2014年底，中电投集团脱硫机组占火电机组容量的100%。

2014年，集团公司单位发电量二氧化硫排放量下降0.35克/千瓦时，同比下降18.2%，提前一年完成“十二五”国家下达的二氧化硫减排任务。

（四）社会信息

企业是社会经济发展到一定历史阶段的产物，随着经济发展、社会进步和企业规模的不断扩大，企业对社会生活的影响日益深入，企业在经济社会发展中发挥着越来越重要的作用。同时，企业的经营也离不开社会，企业的发展需要良好的外部环境，因此，企业披露客户服务、员工发展、公益慈善等方面的信息显得尤为重要。

1. 披露的客户服务信息整体偏少，金融、保险业优势明显

客户服务是社会公众评价企业的重要标准。企业通过开展满意度调查、争议处理等，不断提升客户体验，赢得客户的认可。

统计显示，2015年中国企业200强中，有10.0%（20家）的企业完整地披露了客户服务信息；23%（46家）的企业披露了客户满意度调查或争议处理相关信息；67%的企业未披露客户服务的相关信息，主要原因可能

是中国 200 强企业中直接面向终端客户的企业不多，使得完整披露客户服务信息的企业所占比重偏低。

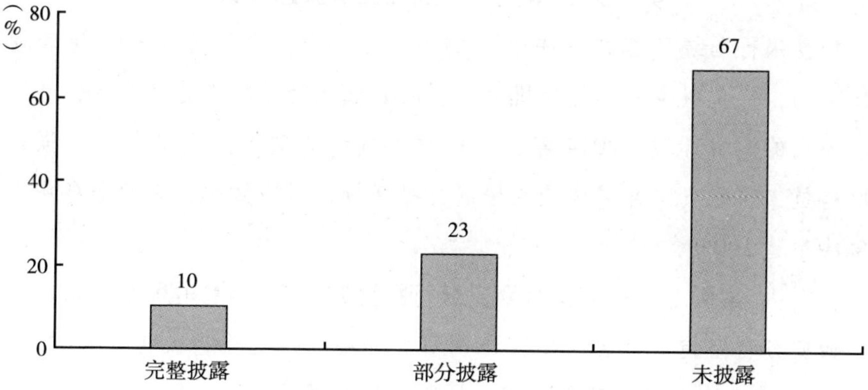

图 24　2015 年中国企业 200 强客户服务信息披露情况（部分行业）

从行业类型来看，未披露任何客户服务信息的行业主要集中为：金属冶炼和压延加工业，煤炭采掘及采选业，电力、热力、燃气生产和供应业，汽车制造业等。其中大部分行业企业并不直接面向个体消费者，因此在客户服务方面的信息披露情况较其他行业有所差别。

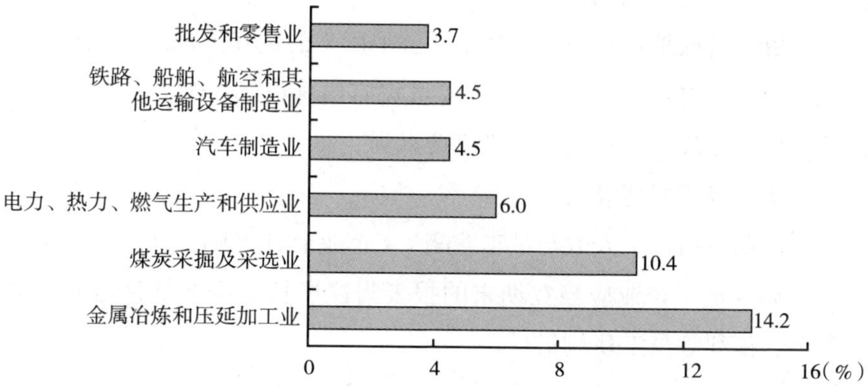

图 25　2014 年中国企业 200 强客户服务信息披露情况（按行业分）

在完整披露客户服务信息的 20 家企业中，金融和保险业企业有 9 家，占完整披露客户服务信息企业的近一半，说明金融和保险业等服务业企业在披露客户服务信息方面具有明显优势。

案例六：华夏银行加强投诉渠道建设

华夏银行围绕“客户为中心”的核心服务思想，搭建全行投诉管理的工作架构，优化服务联动处理机制，建立并优化疑难投诉处理流程，营造公平、公正的消费环境。2014 年，该行建立投诉管理专业人员队伍，强化投诉联络员工作职责，开展体验式培训，提高投诉解决效率，客户服务中心投诉解决率达 100%。

案例七：招商银行西安分行拓宽客户意见收集渠道

西安分行坚持进行满意度回访调研，开展分、支行行长值守大堂活动，现场递送《“聆听您的声音”营业厅服务满意度调查问卷》。该行还根据客户需求变化，依托总行电话银行平台，每月坚持开展零售银行客户、个贷客户回访工作，每季度开展公司客户的满意度回访工作，并将回访结果纳入机构平衡积分卡考核，进一步夯实了金融消费者权益保护工作的基础。

2. 员工发展信息披露表现一般，整体有待提高

（1）招聘信息披露情况

披露招聘信息是企业公开、公正、公平用工的良好体现。统计显示，仅有 4.0%（8 家）的企业未通过公开渠道披露招聘信息，绝大多数企业的相关招聘信息可在公司官网或公开渠道搜索到。

（2）雇用信息披露情况

雇用信息包括员工人数与员工薪酬，《企业会计准则第 9 号——职工薪酬》中明确规定了企业应当在期末的报表附注中披露企业支付给职工的工资、奖金、福利等员工薪酬信息。

统计显示，2015 年中国企业 200 强中，26.0%（52 家）的企业完整地披露了员工人数与员工薪酬信息，50.5%（101 家）的企业只披露了员工人数或员工薪酬其中一个方面的信息，且大多为员工人数。总体来看，企业在披露员工雇用信息方面表现较好，对员工薪酬信息的披露工作有待加强。

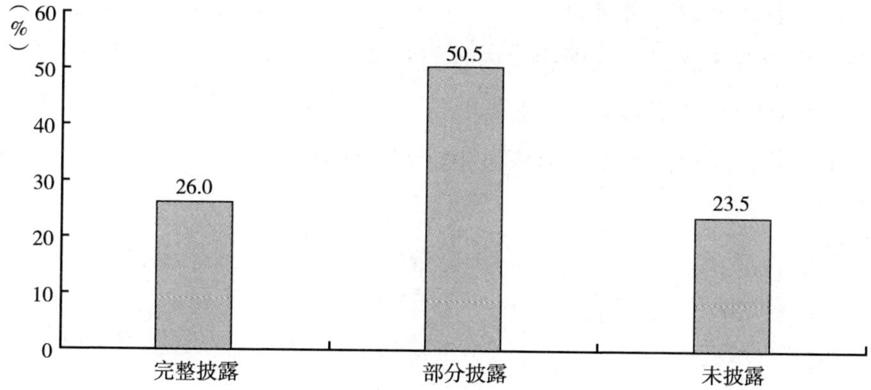

图26　2015年中国企业200强雇用信息披露情况

从企业上市情况来看，上市公司与非上市公司在员工雇用信息披露方面差异明显。在完整披露员工雇用信息的企业中，上市公司占71.2%，这与监管机构对上市公司员工雇用相关信息的强制性披露要求有一定的关系。

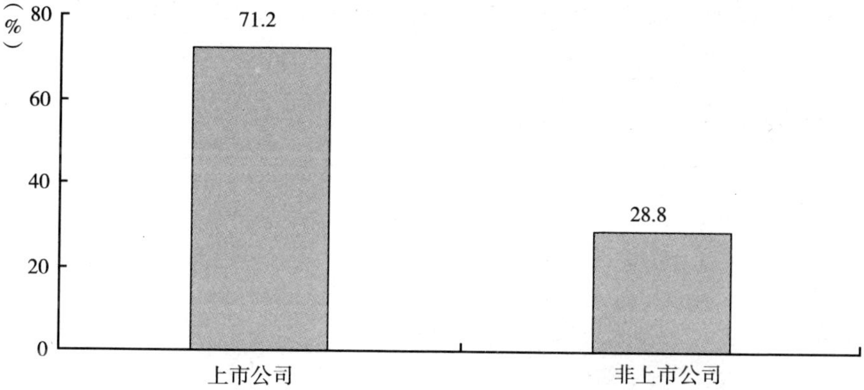

图27　2015年中国企业200强员工雇用信息完整披露情况（按上市分）

（3）员工培训及职业发展信息披露情况

披露员工培训及职业发展信息是企业重视员工成长的体现，既包括定性的文字信息，又包括定量数据。

统计显示，2015 年中国企业 200 强中，6.5%（13 家）的企业完整地披露了员工培训及职业发展相关内容与相关定量指标，43.0%（86 家）的企业未披露任何员工培训及职业发展信息。总体来看，员工培训及职业发展信息的披露情况很不理想，应该引起企业的重视。

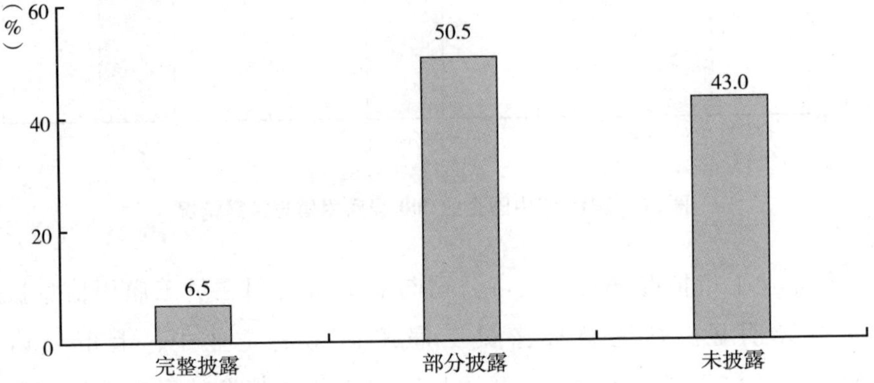

图 28　员工培训及职业发展信息披露情况

其中，披露定性信息的企业数量明显高于披露定量信息的企业数量。这在一定程度上说明企业披露员工培训及职业发展信息的实质性不够，能够体现成效的数据披露偏少。

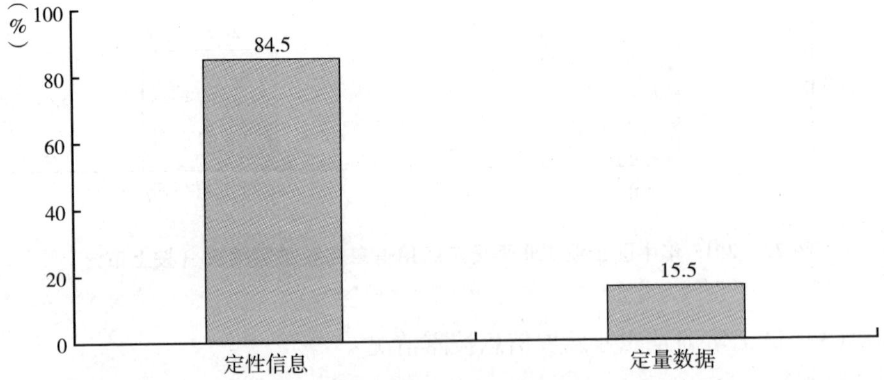

图 29　员工培训及职业发展信息完整披露情况（按指标类型分）

案例八：太平洋保险完善教育培训体系

太平洋保险以员工的培训需求为导向，统筹教育培训资源，开展培训模式的创新，并持续深化教育培训体系建设，推动员工职业能力的提升，实现职业生涯发展。

在产险方面，通过每年定期的员工培训需求调查，了解员工对各类知识的需求程度和学习情况，确保制定的培训计划能够切合员工的实际需求。针对不同类别和不同岗位员工，公司推出了面授、网络培训、移动培训、外派培训、专业资格培训等多样化的培训形式，以及覆盖通用职业能力、专业技能及领导管理能力的课程体系。2014 年，太平洋产险先后开展了两期核保、核赔、风险查勘工程师初级岗位资格认证考试，累计有 5651 人参加考试，2041 人获得相关岗位的专业资格认证。

在寿险方面，为了进一步加强师资队伍的建设，公司实施了“万人训练师”培训计划，提升兼职讲师和培训主管的培训能力。讲师们通过系统培训、通关考试、追踪验收等为期四个月的训练，在考核通过后可获得统一颁发的单课程授权证书。2014 年 4~5 月，太平洋寿险 38 家分公司共对 9350 名兼职讲师进行了授权训练师培训及单课程授权通关考试，8955 人取得了单课程授权证书。公司还通过现场调研、视频抽查等方式对万人训练师授权工作进行追踪和验收，确保讲师授课质量达到要求。

（4）员工职业健康安全信息披露情况

员工职业健康安全信息包括职业健康投入、安全生产投入、事故数、伤亡人数等定量数据。根据《中华人民共和国安全生产法》，生产经营企业应建立社会监督机制，因此良好的信息披露符合法律与公众要求，也有益于企业安全生产的持续开展。

统计显示，2015 年中国企业 200 强中，仅有 1.5%（3 家）的企业完整地披露了所有定量数据；23.0%（46 家）的企业部分披露了员工职业健康安全信息，且集中为安全生产投入、职业健康投入；绝大多数企业未披露员工职业健康安全的任何信息。总体来看，企业对员工职业健康安全的信息披露严重不足，有较大改进空间。这一方面可能是由于企业对员工职业健康管理欠缺，相关数据不到位，无定量数据可披露；另一方面可能是由于员工职业健康安全信息如伤亡人数等比较敏感，企业缺乏主动披露负面信息的意愿，从而使得此类信息披露严重不足。

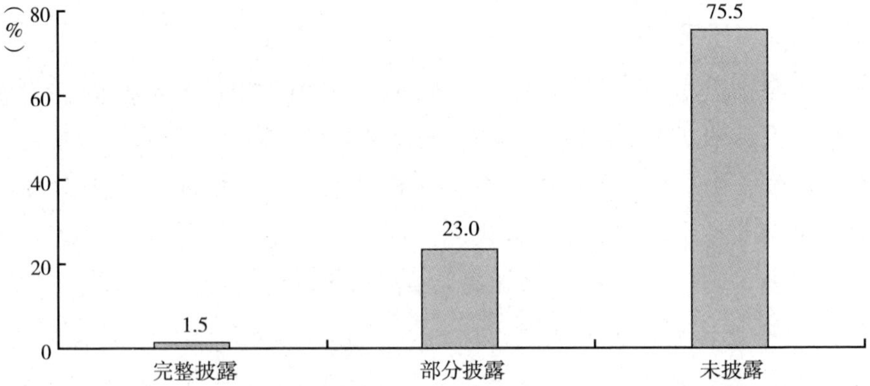

图 30　2015 年中国企业 200 强员工职业健康安全信息披露情况

案例九：中国中冶重视职业健康安全管理

公司十分注重对员工个体防护措施和防护意识的管理。为现场工作人员配备合格的劳保用品，定期组织员工进行职业健康体检，对存在一定职业危害的工作场所采取加强通风、使用不产生职业危害因素的设备、定期调换员工岗位等措施，确保员工不会因工作而导致职业病及其他职业危害。同时，公司开展经常性应急演练活动，最大限度地降低安全生产事故造成的人员伤害和经济损失。

3. 公平交易信息披露情况尚可，应加强反腐相关信息披露

公平交易信息包括采购信息公开、反腐制度政策、反腐教育三个方面，企业通过披露相关信息做出公开承诺，能够体现其为公平运营所做出的努力。

统计显示，2015 年中国企业 200 强中，17.5%（35 家）的企业完整地披露了公平交易相关信息；近一半的企业部分披露了公平交易相关信息，33.5%（67 家）的企业未披露任何公平交易相关信息。

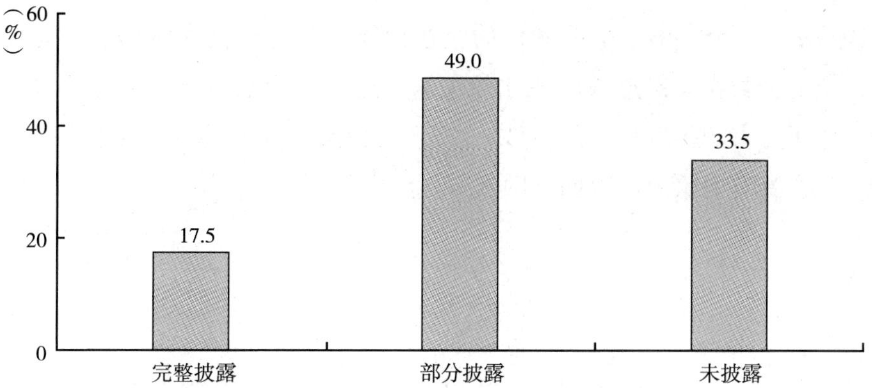

图 31　2015 年中国企业 200 强公平交易信息披露情况

案例十：宝钢集团全面推进阳光采购

2014 年，集团公司全面推进公开采购，制定了以物料分类为基础的差异化采购定价策略，建立了公开采购的运行规则和信息系统功能，形成了“物料梳理、分类打包、寻源策划、配套保障”四位一体的公开采购模式。运用“产供研”项目平台，将公开采购与用户降本需求紧密契合，推动了一批重要物料引入竞争、打破垄断，使公开采购与现场成本改善形成良性互动。全年公开采购合计 46 亿元、占比 38%，信息公开比例为 77%。通过公开采购，吸引新供应商 336 家参与竞争，新供应商供应额达到 2 亿元，流通商供应比例从 9.7% 下降到 8.3%，不增值环节逐步减少。

4. 社区参与信息披露情况不理想，披露信息的实质性有待加强

（1）公益慈善信息披露情况

公益慈善是当前企业履行社会责任最直接的手段，项目实施相对简

单，且见效快，能够显著提升企业的品牌形象。披露公益慈善信息可塑造企业的良好形象，信息透明化也有益于接受公众监督，是企业、社会双赢的实践。

统计显示，2015 年中国企业 200 强中，39.5%（79 家）的企业披露公益项目名称，55.5%（111 家）的企业披露了公益捐赠相关信息。总体来看，企业公益相关信息披露还比较欠缺。这一方面是由于有些企业较为低调，做了好事却不进行宣传；另一方面可能是由于有些企业较少参与公益活动，没有具有说服力的数据可供披露。

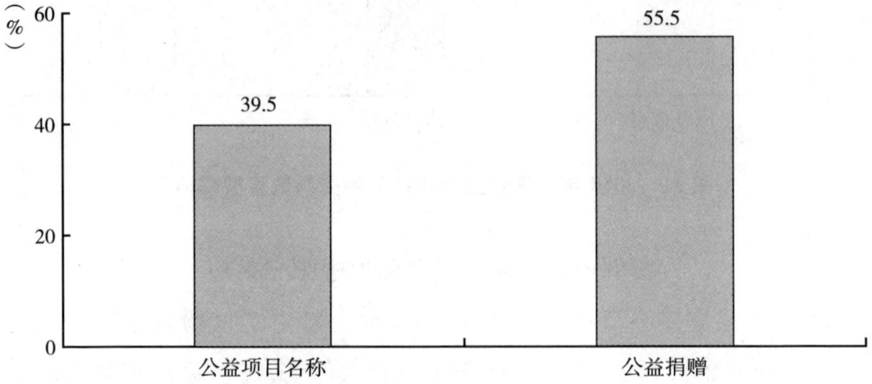

图 32　2015 年中国企业 200 强公益慈善信息披露情况

（2）员工志愿服务信息披露情况

员工志愿服务是企业参与社区建设、服务社会的主要形式之一。员工志愿服务信息的披露既能展示企业为参与社会建设及发展所做的努力，也给员工开展公益活动搭建了重要平台。

统计显示，2015 年中国企业 200 强中，有 9.0%（18 家）的企业完整地披露了员工志愿服务信息，包括志愿者人数、志愿服务时间、志愿服务活动。有超过一半的企业未披露任何员工志愿服务信息。在披露部分员工志愿服务信息的企业中，主要披露的是志愿服务活动信息，披露志愿者人数、志愿服务时间的企业很少。总体来看，企业在员工志愿服务信息方面的披露工作有待进一步加强，尤其是要注意搜集定量数据并适时进行披露，提升信息的实质性。

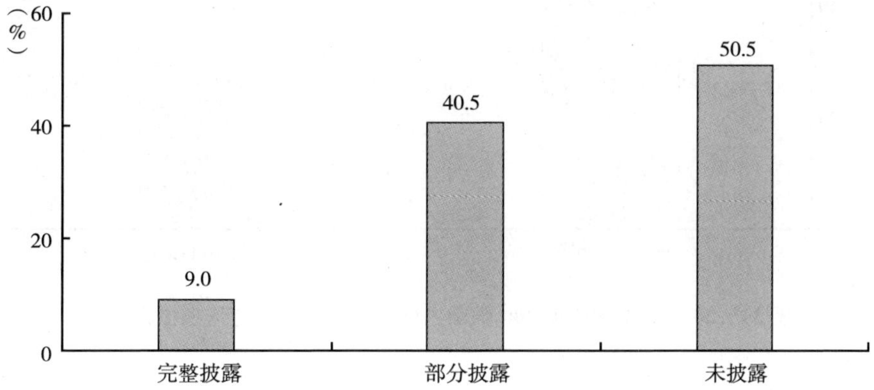

图 33　2015 年中国企业 200 强员工志愿服务信息披露情况

案例十一：中国平安热衷参与支持教育公益活动

2014 年，是平安希望小学援建项目开展的第 20 年，也是希望小学支教行动开展的第 7 年，截至目前，中国平安已完成对全国 111 所平安希望小学的布点援建。7 年来，累计 3471 名志愿者参与到希望小学支教行动中。2014 年，该公司借助互联网平台招募支教志愿者，共有 770 名志愿者参与到 40 所希望小学的支教工作中，志愿服务时间共计 26950 个小时，创下历史之最。公司把与壹基金共同发起的“儿童平安”减灾小课堂带进校园，让孩子们学习到专业、实用的防灾自救技能。

5. 参与国内外组织、协会的信息披露不足，整体需加强

企业积极参与国内外组织是发挥自身影响力的重要手段，对此类信息的披露能够彰显企业参与社会组织的积极性。

统计显示，有 54. 5%（109 家）的企业披露了参与国内组织的相关信息，有 22. 5%（45 家）的企业披露了参与国外组织的相关信息。该类信息披露的渠道较为单一，大都体现在社会责任报告中。

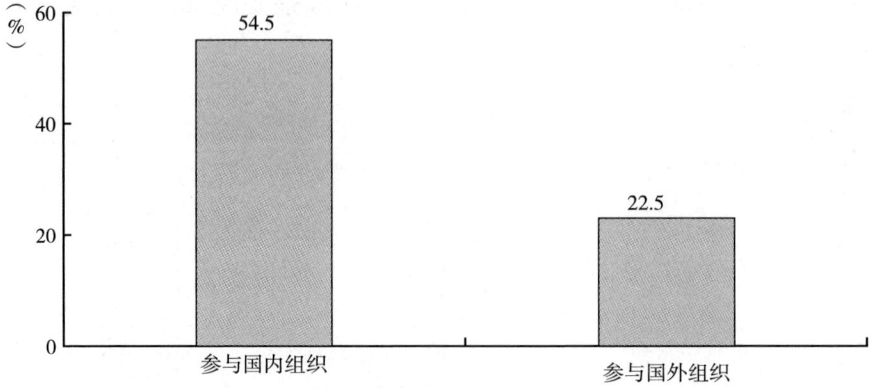

图 34　2015 年中国企业 200 强国内外组织、协会参与信息披露情况

三　小结

通过对中国企业 200 强信息披露内容的统计分析，发现中国企业主动披露信息的意识较为薄弱，披露的内容以定性描述为主，定量数据较为缺乏，这在一定程度上影响了信息披露的实质性。由于有强制性规定，上市公司信息披露整体表现好于非上市公司，但就非强制性披露的信息来看，上市公司与非上市公司信息披露情况无显著差异。

从公司治理信息的披露情况来看，公司治理架构信息披露情况总体表现相对较好、责任治理信息披露意识整体较弱、利益相关方管理信息披露缺乏。统计显示，多数企业不同程度地披露了建立“三会一层”及相关人员名单、董事会与监事会工作情况等信息，这与监管机构的强制性要求有关，也与这类信息容易搜集有关。不同性质企业在责任治理信息披露方面差异明显，社会责任管理工作起步早的如中央企业、中央金融企业，在责任治理信息披露方面表现较好，有的企业还提炼出了自身独具特色的社会责任理念，有的企业建立了社会责任管理专职部门，有的企业注重利益相关方参与实践、开展利益相关方满意度调查等。

从经济信息披露情况来看，整体表现较好，企业运营信息披露较为充分，业务经营信息披露情况较好。营业收入、总资产及主营业务经营情况等信息都属于企业经营所必须披露的信息。统计显示，上市公司与非上市公司的企业运营信息披露情况差异显著。从完整地披露信息的企业来看，上市公司完整地披露信息的比重显著高于非上市公司。从未披露企业运营信息的企业来看，非上市公司未披露企业运营信息的比重明显高于上市公司。从行业类型来看，首先化学原料和化学制品制造业与通用、专用设备制造业表现最好，全部完整地披露了业务经营信息；其次为金属冶炼和压延加工业，铁路、船舶、航空和其他运输设备制造业，煤炭采掘及采选业，汽车制造业。

从环境信息披露情况来看，整体表现有待进一步提升，尤其是定量指标的披露，还有很大的提升空间，企业环保之路任重道远。统计显示，完整披露环保实践信息的企业很少，尤其是披露能源消耗与“三废”排放等定量数据的企业较少。从企业性质来看，中央企业的环境治理信息披露表现好于其他性质的企业。从行业类型来看，一些公众期望披露更多环保信息的行业反而表现较差，如金属冶炼和压延加工业与交通运输、仓储和邮政业都是能源消耗、“三废”排放量较大的行业，其中大多数企业未披露任何相关信息，这显然不能满足公众的期望和诉求。

从社会信息披露情况来看，整体表现尚可，但仍有较大提升空间。在客户服务信息披露方面，除金融和保险业等服务业之外，其他行业披露情况都不太理想，这与服务业直接面向客户有关。从员工发展信息披露情况来看，招聘、雇用等相关法律法规要求的信息的披露情况较好，但员工职业健康安全尤其是事故数等信息的披露情况较差。从公平交易信息披露情况来看，采购信息公开方面表现较好，但反腐相关信息方面表现较差。企业应在进一步提高采购透明度的同时，加强对反腐相关信息的披露。从公益慈善信息披露情况来看，公益慈善项目、活动等定性描述的信息的披露情况较好，涉及志愿者服务人数、志愿服务时间、慈善捐赠金额等定量数据的信息的披露情况欠佳。从参与的组织的信息披露情况来看，企业参与国内组织的信息披露情况表现稍好，参与国外组织的信息披露情况表现较差。

B.5
2015年中国企业200强渠道维度评价分析

摘 要: 信息披露渠道为公众提供了认知、了解企业，并与其进行沟通的基本途径。不断加强信息披露渠道建设，搭建公平、可获得的披露渠道是提升企业公众透明度的重要手段。通过对2015年中国企业200强渠道维度的评价分析可以发现，不同性质、类型、行业的企业在信息披露渠道建设上存在较为显著的差异，企业官网、年报、社会责任报告等单向披露渠道已逐渐成为信息披露渠道的主力军，而在互动沟通渠道建设方面多数企业仍存在明显不足。

关键词: 中国企业200强　渠道维度　公众透明度

目前企业主要的信息披露渠道有两种：一种是单向沟通渠道，如企业官网、年报、社会责任报告等，另一种是互动沟通渠道，如电话、电子邮箱、在线服务、社交网络工具等。本文从公平性、可获得性两项原则出发，在渠道维度对2015年中国企业200强的信息披露情况进行评价分析。

一 渠道维度评价结果

企业透明度评价指标体系渠道维度共包含二级指标29个，根据熵值法赋权，维度满分为10分，计算可得渠道维度的最终计算结果（见表1）。本维度最高得分为9.15分（中国石油化工集团公司）；最低得分为0分（山东大王集团有限公司、天津渤海轻工投资集团有限公司、冀中能源集团有限责任公司、天津中环电子信息集团有限公司）；平均得分为 3.84 分，共 87 家企业在平均分之上。

表 1　2015 年中国企业 200 强渠道维度得分分布

单位：家，分

分数段	企业数量	平均得分	分数段	企业数量	平均得分
0～2 分	59	1.34	6～8 分	38	7.01
2～4 分	55	2.92	8～10 分	9	8.44
4～6 分	39	4.90			

通过对渠道维度的得分情况进行统计分析，可以发现 2015 年中国企业 200 强渠道维度得分集中在 0～2 分的企业较多（59 家），占比 29.5%，得分超过 8 分的企业仅有 9 家，得分超过 4 分的企业有 86 家（见图 1）。总体来说，2015 年中国企业 200 强在信息披露渠道维度方面需要大幅度地进行提升。

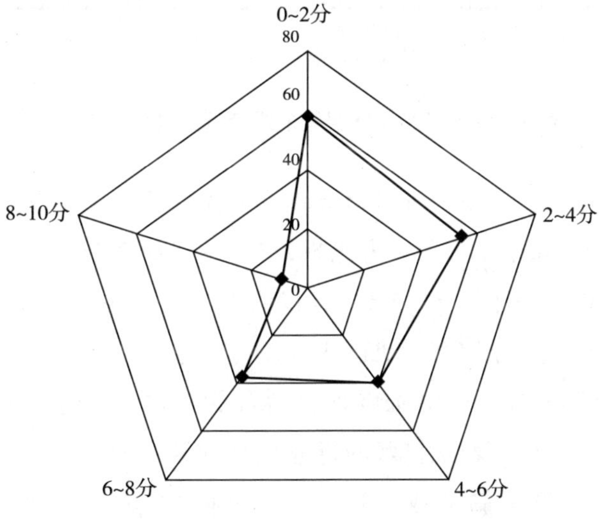

图 1　2015 年中国企业 200 强渠道维度得分分布

从企业性质来看，渠道维度得分处于领先地位的企业（指渠道维度评价得分排名在前 100 名的企业，下文同）主要是国有企业（82 家）。其中，有 12 家中央金融企业入围渠道维度前 100 名，占中央金融企业总数的 92.3%；而中央企业和非中央企业分别为 46 家和 24 家，占据了各自类型企业总数的 74.2% 和 30%。民营企业在前 100 名中占据了 18 个席位，达到其总数的 40%。总体来看，国有企业渠道维度的整体表现要优于民营企业，尤其是中央金融企业在信息披露渠道维度建设方面表现较为突出（见图 2）。

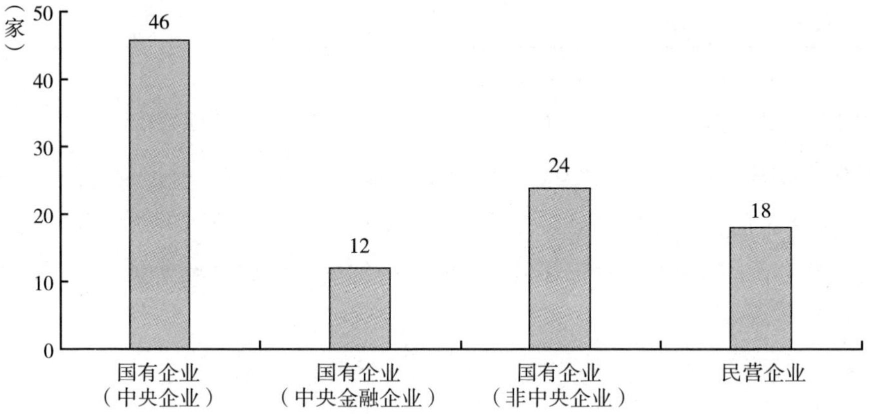

图 2　2015 年中国企业 200 强渠道维度得分（按企业性质分布）

从企业类型来看，渠道维度得分较为领先的企业中，有 54 家企业属于上市公司，在 67 家上市公司中占比 80.6%，有 46 家企业属于非上市公司，在 133 家非上市公司中占比 34.6%，说明上市公司在信息披露渠道建设方面较非上市公司更趋于完善（见图 3）。

从行业分类来看，渠道维度评价得分领先的企业中，金融企业数量最多，达 21 家；其他表现较好的行业包括建筑业（8 家），铁路、船舶、航空和其他运输设备制造业（7 家）；而电力、热力、燃气生产和供应业，煤炭采掘及采选业，交通运输、仓储和邮政业等均有 6 家企业进入排名领先行列。

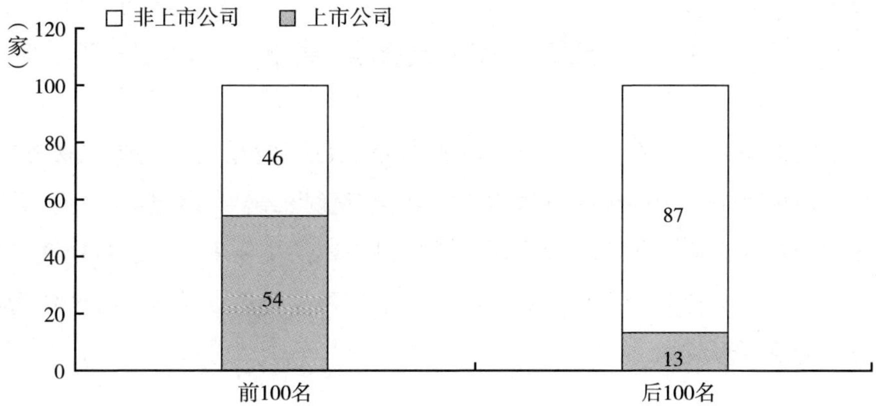

图3　2015年中国企业200强渠道维度得分（按是否上市分布）

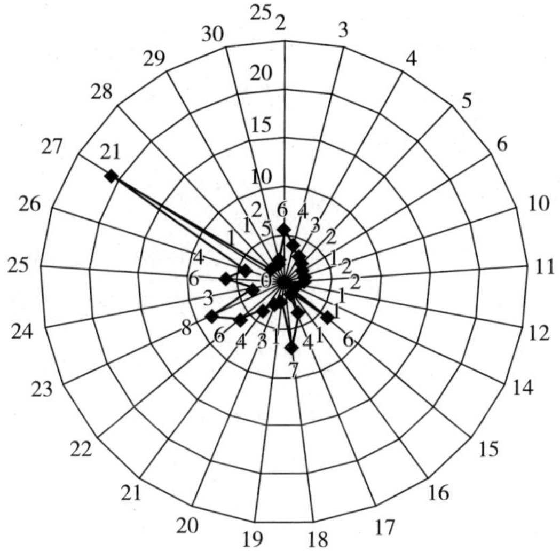

图4　2015年中国企业200强渠道维度得分（按行业分布）

注：2. 煤炭采掘及采选业；3. 石油、天然气开采及采掘业；4. 金属采选业及加工业；5. 农副产品加工业、食品制造业；6. 酒、饮料和精制茶制造业；10. 化学原料和化学制品制造业；11. 医药制造、批发、零售业；12. 化学纤维制造业；14. 非金属矿物制造业；15. 金属冶炼和压延加工业；16. 通用、专用设备制造业；17. 汽车制造业；18. 铁路、船舶、航空和其他运输设备制造业；19. 电气机械和器材制造业；20. 家用电器及零配件制造业；21. 计算机、通信和其他电子设备制造业；22. 电力、热力、燃气生产和供应业；23. 建筑业；24. 批发和零售业；25. 交通运输、仓储和邮政业；26. 通信服务业；27. 金融；28. 房地产；29. 商贸；30. 多元化投资控股、商务服务业。

二 单向披露渠道

单向披露渠道是企业对社会公众披露信息的传统渠道，主要包括官网、年报、内控报告、全面风险管理报告、社会责任报告、专题出版物等。近年来越来越多的企业不仅将企业官网作为信息披露的重要平台，也将定期发行关于企业运营、财务、管控、社会责任实践以及企业重点领域的报告作为披露信息的重要形式。

（一）社会责任专栏的建立亟待重视

企业官网的社会责任专栏是企业向公众展示社会责任管理、实践最直接和最便捷的方式，一方面，社会责任主页可以方便公众随时随地接入企业主页，了解企业最新的 CSR 信息；另一方面，企业设立专门的社会责任专栏不仅维护成本低，可以及时更新网页内容，还可以通过视频、语音等媒体形式丰富信息沟通形式，增进公众对企业的了解。

2015 年中国企业 200 强中，有 65 家企业未建立专门的社会责任专栏（占企业总数的 32.5%）；有 135 家企业在官网上设置了社会责任专栏，占总数的 67.5%（见图 5）。建立社会责任专栏的企业包括上市公司 57 家，设立比例达到了 85%；而 78 家非上市公司在官网设立了社会责任专栏，占其类型总数的 58.6%。总体来看，上市公司在企业社会责任专栏建设方面表现更为优秀。

（二）企业报告的发布仍显不足

企业报告主要包括年报、内控报告、全面风险管理报告、社会责任报告等，是企业对其整体运行、财务状况、社会责任及重点领域方面的信息总结。一般来说，报告对企业信息的公布比较完整，是公众获取企业信息的重要载体。

2015 年，在中国企业 200 强中，74 家企业（37%，指占 200 强企业总

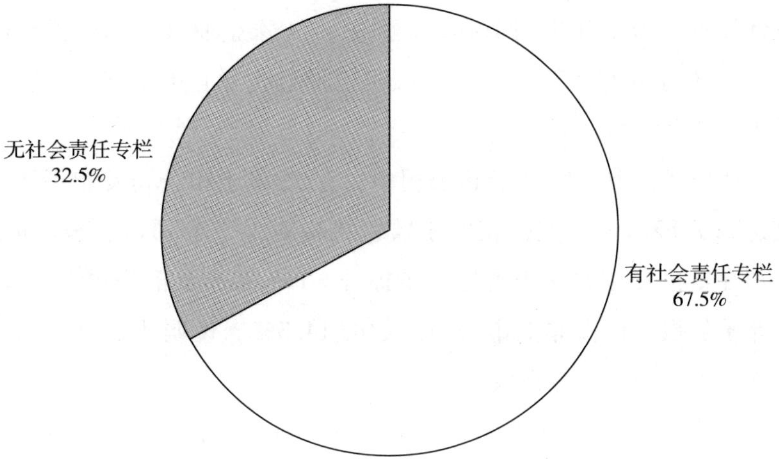

图5　2015 年中国企业 200 强社会责任专栏设置情况

数的百分比，下同）发布了2014年年报，89家企业（44.5%）发布了社会责任报告（或同类报告），64家企业（32%）发布了内控报告（或在年报中对内控信息有所体现），有34家企业（17%）发布了全面风险管理报告，仅有22家企业（11%）发布了专题报告（见图6）。

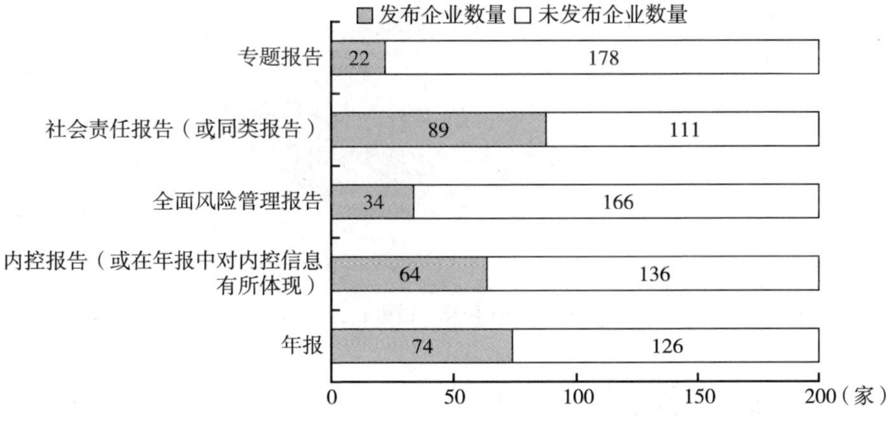

图6　2015 年中国企业 200 强各类报告发布情况

1. 年报

统计显示，2015 年中国企业 200 强中，74 家企业（占 200 强企业总数的 37%）发布了年报，72 家企业年报可以通过企业官网下载，在发布年报的企业中占比 97.3%。

从企业类型来看，67 家上市公司中，有 55 家上市公司发布了年报，发布比例达到了 82.1%，但是相对于监管机构对上市公司信息披露的要求，上市公司在年报发布方面仍需进一步提升。133 家非上市公司中，有 19 家企业发布了年报，仅占非上市公司总数的 14.3%，说明非上市公司在年报发布方面与上市公司还存在较大差距。

在 55 家发布了年报的上市公司中，包括国有企业（中央企业）18 家、国有企业（非中央企业）16 家、国有企业（中央金融企业）10 家、民营企业 11 家（见图 7）。

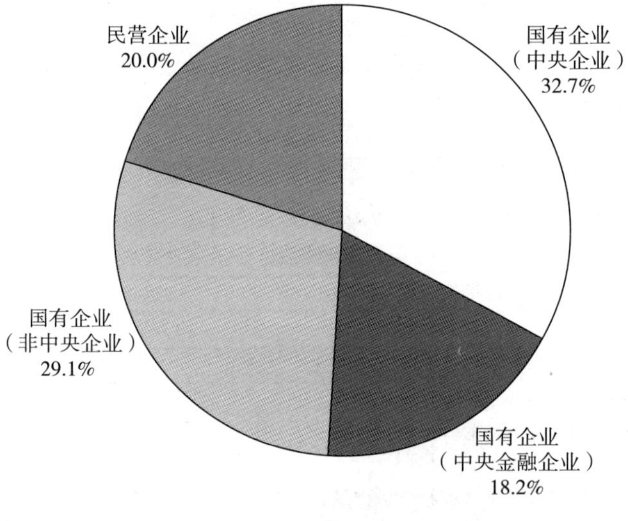

图 7　2015 年中国企业 200 强中上市公司发布年报情况（按企业性质分）

2. 社会责任报告（或同类报告）

2015 年中国企业 200 强中，有 89 家企业（占比 44.5%）发布了社会责任报告（或同类报告），其中，81 家企业的社会责任报告可在其官方网站上下载。而从企业类型来看，67家上市公司中有50家公司发布了此类报告，占其类型总数的74.6%；133家非上市公司中有39家公司发布了此类报告，占比29.3%，说明相较于非上市公司，上市公司对发布社会责任报告更为重视（见图8）。

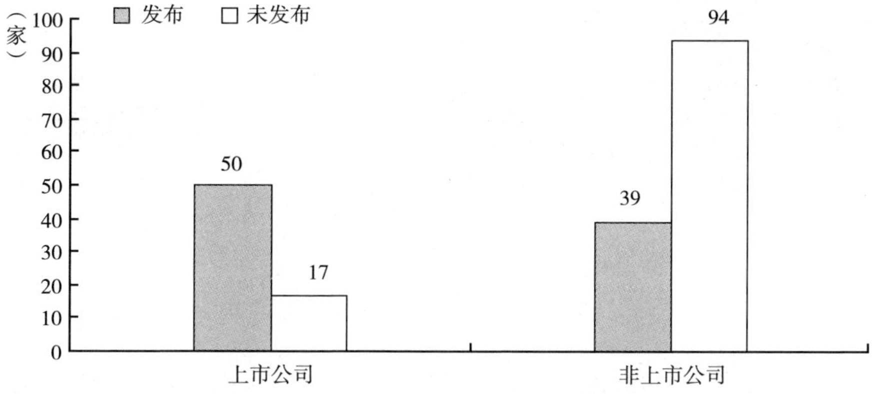

图8　2015年中国企业200强发布社会责任报告（或同类报告）情况（按是否上市）

从企业性质来看，发布了社会责任报告（或同类报告）的国有企业（76家）、民营企业（13家）分别占各自类型总数的49.0%、28.9%。其中，有41家国有企业（中央企业）发布了社会责任报告（或同类报告），占其类型总数的66.1%；有9家国有企业（中央金融企业）发布了社会责任报告（或同类报告），占其类型总数的69.2%；有26家国有企业（非中央企业）发布了社会责任报告（或同类报告），占其类型总数的32.5%。因此，相较于其他类型的企业，国有企业（中央金融企业）发布社会责任报告（或同类报告）的整体表现相对更为突出（见图9）。

3. 内控报告（或在年报中对内控信息有所体现）

2015年中国企业200强中，有64家企业发布了内控报告（或在年报中对内控信息有所体现）。从企业类型来看，67家上市公司中，48家企业发布了此类报告，占比72%；133家非上市公司中，16家企业发布了此类报告，占比

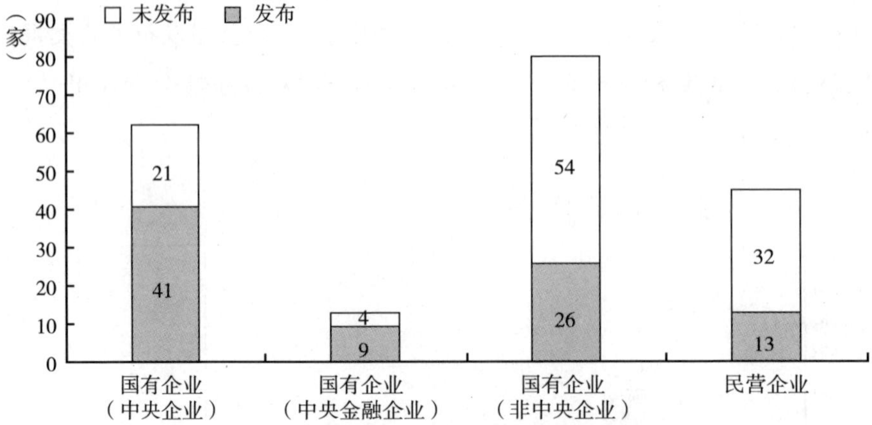

图 9　2015 年中国企业 200 强发布社会责任报告（或同类报告）情况（按企业性质分）

12%。这说明上市公司对公布内部控制信息更加重视（见图 10）。另外部分企业还通过社会责任报告公布一系列合规经营与内部控制方面的信息（63 家）。

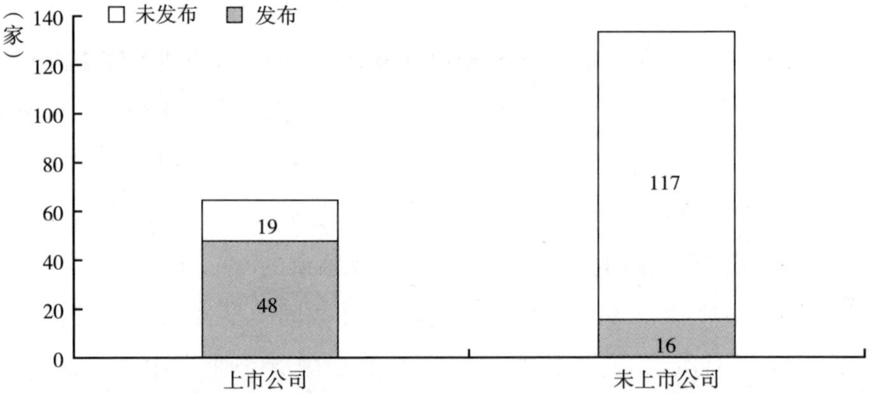

图 10　2015 年中国企业 200 强发布内控报告（或在年报中对内控信息有所体现）情况（按是否上市分）

从行业分类来看，在发布内控报告（或在年报中对内控信息有所体现）的企业中，有 17 家属于金融行业（见图 11），这主要是由金融行业重视内部控制管理的要求决定的，而对于其他行业企业来说，强化内部控制是其未来需要加强的环节。

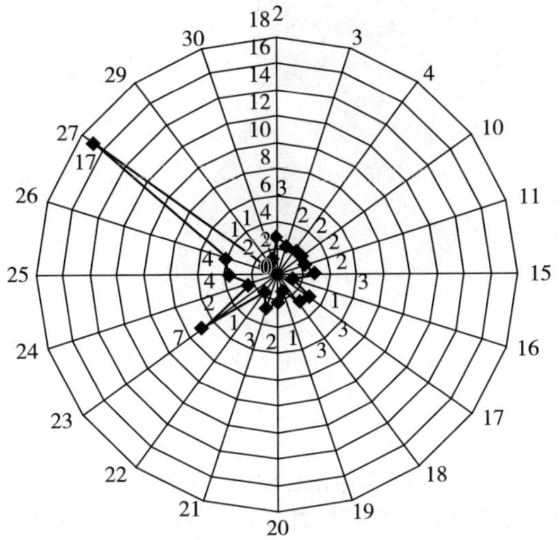

图11　2015年中国企业200强发布内控报告（或在年报中对内控信息有所体现）情况（按行业分）

注：2. 煤炭采掘及采选业；3. 石油、天然气开采及采掘业；4. 金属采选业及加工业；10. 化学原料和化学制品制造业；11. 医药制造、批发、零售业；15. 金属冶炼和压延加工业；16. 通用、专用设备制造业；17. 汽车制造业；18. 铁路、船舶、航空和其他运输设备制造业；19. 电气机械和器材制造业；20. 家用电器及零配件制造业；21. 计算机、通信和其他电子设备制造业；22. 电力、热力、燃气生产和供应业；23. 建筑业；24. 批发和零售业；25. 交通运输、仓储和邮政业；26. 通信服务业；27. 金融；29. 商贸；30. 多元化投资控股、商务服务业。

从企业性质来看，发布内控报告（或在年报中对内控信息有所体现）的企业分布较为均衡，包括27家国有企业（中央企业）、10家国有企业（中央金融企业）、16家国有企业（非中央企业）、11家民营企业。同时可以发现国有企业（中央企业）、国有企业（中央金融企业）发布此类报告的情况明显优于其他类型的企业，主要原因是国资委在2012年发文要求各中央企业在2013年起每年5月31日前向国资委发布内部控制报告，该项规定对中央企业、中央金融企业发布内控报告发挥了重要的督促作用（见图12）。

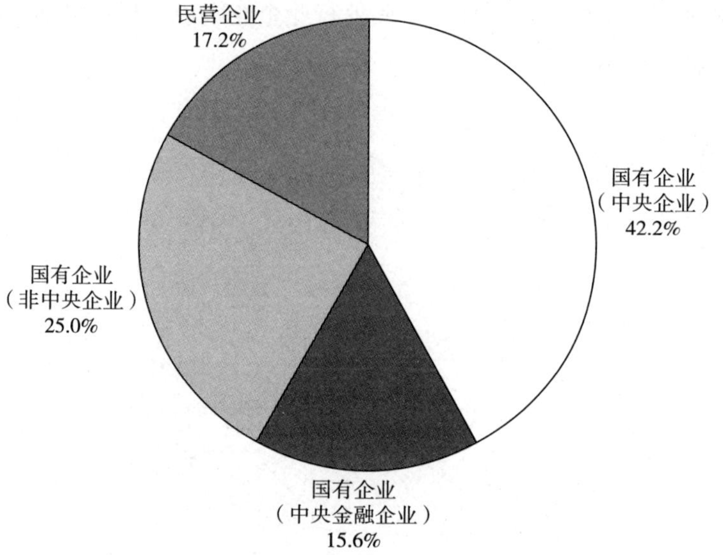

图 12　2015 年中国企业 200 强发布内控报告
（或在年报中对内控信息有所体现）情况（按企业性质分）

4. 全面风险管理报告

2015 年中国企业 200 强中，仅有 34 家企业发布了全面风险管理报告，从企业类型来看，分别有 22 家上市公司和 12 家非上市公司发布了全面风险管理报告，占各自类型的 33% 和 9%（见图 13）。

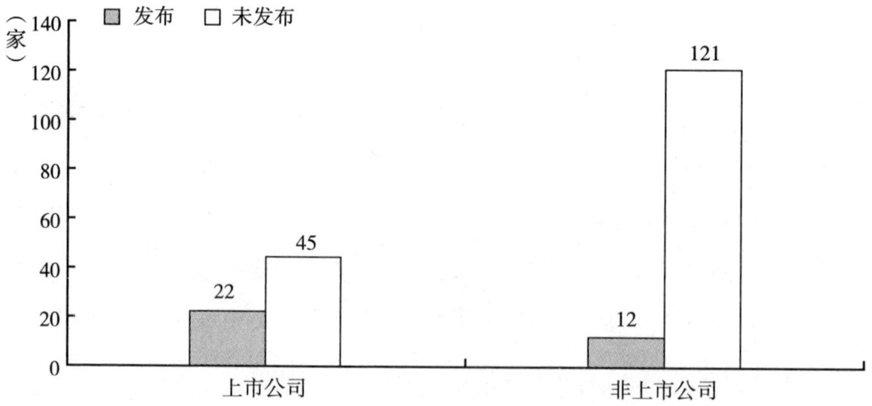

图 13　2015 年中国企业 200 强中全面风险管理报告发布情况（按是否上市分）

从行业分布来看，不同行业企业分布较为平均；而从企业性质来看，发布全面风险管理报告的企业包括21家国有企业（中央企业）、9家国有企业（非中央企业）、4家民营企业。相对于内控报告，中央企业在全面风险管理报告发布数量方面相对不足，主要原因是国资委对中央企业全面风险管理报告的要求是“自愿报送”，中央企业在全面风险管理报告发布方面的积极性稍显不足，与民营企业发布状态无太大差异。

（三）企业专题出版物重视程度较差

企业专题报告是企业就其面临的部分实质性议题或者热点议题进行的信息披露，但该渠道尚未成为信息披露的主要渠道，2015年仅有22家企业发布了专题报告，仅占200强企业的11%，因此企业在通过专题报告发布信息方面仍有较大的进阶空间。

三　互动沟通渠道

在Web2.0时代，越来越多的企业认识到，仅仅依靠单向沟通渠道传递信息是远远不够的，不断开拓与社会公众的互动沟通渠道是增进社会公众对企业了解、促进企业了解公众期望进而更好地服务社会的必要手段。目前企业的互动沟通渠道愈发丰富，电话、电子邮箱已经被诸多企业采纳，成为互动沟通的主要工具；与此同时，部分Web2.0时代的社交工具如微博、微信也以其便捷、互动性强的特征逐渐成为企业发布信息、与公众交流的重要渠道，同时部分企业还通过一系列沟通活动来增进公众对企业的了解。

（一）电子化沟通渠道较为丰富

企业采取的电子化沟通渠道主要包括电话、电子邮箱、在线服务、社交工具（微信、微博）等。2015年中国企业200强中，182家企业提供了联系电话，118家企业提供了电子邮箱，91家企业开通了在线服务，同时分别有48家企业和24家企业开通了投诉电话和投诉邮箱；另外开通了微博和微信的企业分别有114家和121家。

1. 电话

电话是最直接、最便捷的电子化互动沟通渠道，2015年中国企业200强中，有182家企业公开了联系电话，占企业总数的91%（见图14）。

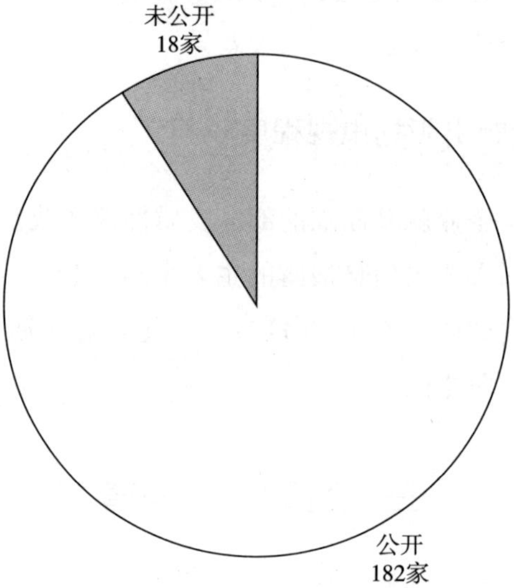

图14　2015年中国企业200强提供联系电话情况

部分企业（48家）还结合自身产品服务特点提供了投诉电话，从企业性质来看，公布投诉电话的企业包括国有企业（中央企业）（11家）、国有企业（中央金融企业）（11家）、国有企业（非中央企业）（16家）和民营企业（10家），分别占各自类型比重的17.7%、84.7%、20%、22.2%，可见中央金融企业在投诉电话方面较为领先，其他性质企业在投诉电话渠道建设方面并无较大差距（见图15）。

另外，从行业来看，有18家金融行业企业设置了专门的投诉电话，占该行业类型企业总数的86%，说明金融企业对客户的沟通反馈较为重视，这也是由金融业的行业特点决定的（见图16）。

2. 电子邮箱

从中国企业200强来看，电子邮箱作为重要的沟通渠道，其普及程度稍

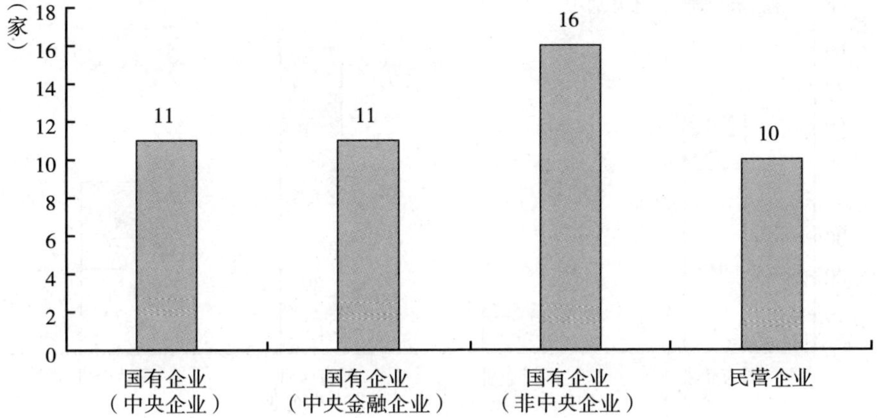

图 15　2015 年中国企业 200 强设置投诉电话情况

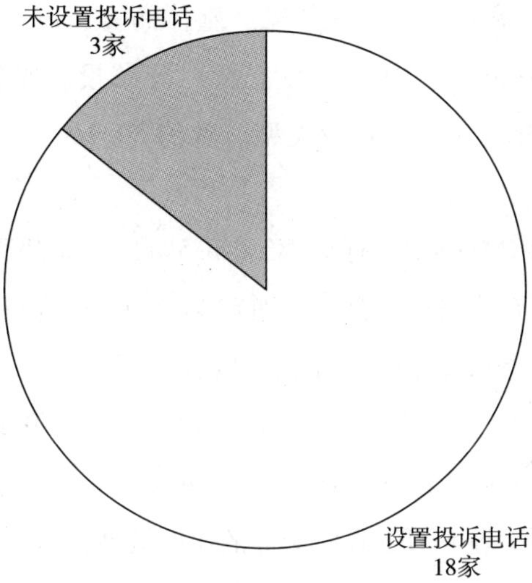

图 16　2015 年金融企业设置投诉电话情况

逊于电话，59% 的企业（118 家）提供了电子邮箱。从不同企业性质来看，国有企业（非中央企业）中未开通电子邮箱的企业最多，达到 51.25%（41 家）（见图 17）。

为了更好地提升企业服务质量，部分企业（24 家）还公开了投诉邮箱，包括国有企业（中央企业）7 家、国有企业（中央金融企业）4 家、国有企

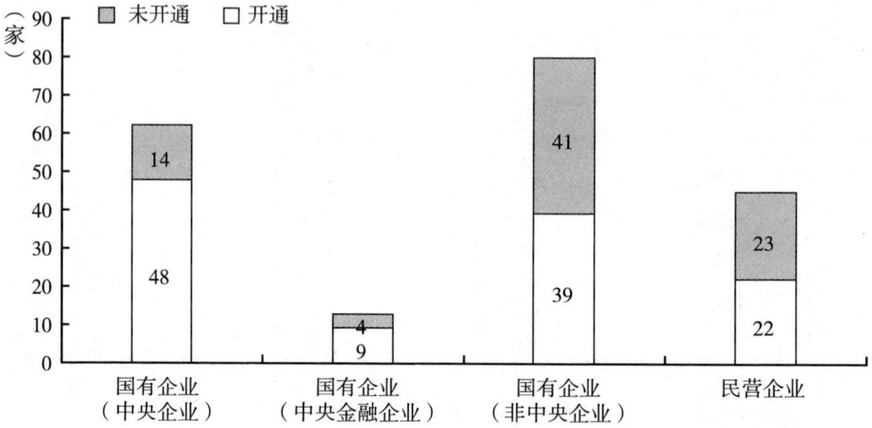

图 17　2015 年中国企业 200 强设置电子邮箱情况（按企业性质分）

业（非中央企业）6 家、民营企业 7 家。整体而言，设置投诉邮箱的企业数量相对不足，而国有企业（中央金融企业）公布投诉邮箱的比例相对于其他类型的企业而言较高（占其企业类型总数的 30.7%）。

3. 在线服务

2015 年中国企业 200 强中，有 91 家（45.5%）企业开通了在线服务。从企业类型来看，开通了在线服务的企业分别有 43 家上市公司和 48 家非上市公司，占各自类型的 64% 和 36%，说明上市公司的在线服务建设情况明显好于非上市公司。从企业性质来看，有 27 家国有企业（中央企业）、9 家国有企业（中央金融企业）、31 家国有企业（非中央企业）、24 家民营企业开通了在线服务，其中国有企业（中央金融企业）开通在线服务的比例最高，达到 69.2%（见图 18）。

4. 微博

2015 年中国企业 200 强中，114 家企业通过社交网站开通了官方微博，占比 57%。从企业类型来看，分别有 47 家上市公司、67 家非上市公司设立了微博，占各自类型总数的 70.1% 和 50.3%（见图 19）。

从企业性质来看，有 58.1% 的国有企业（中央企业）（36 家）、84.6% 的国有企业（中央金融企业）（11 家）、47.5% 的国有企业（非中央企业）（38 家）开通了官方微博，开设微博的民营企业有 29 家，占其总数的 64.4%。

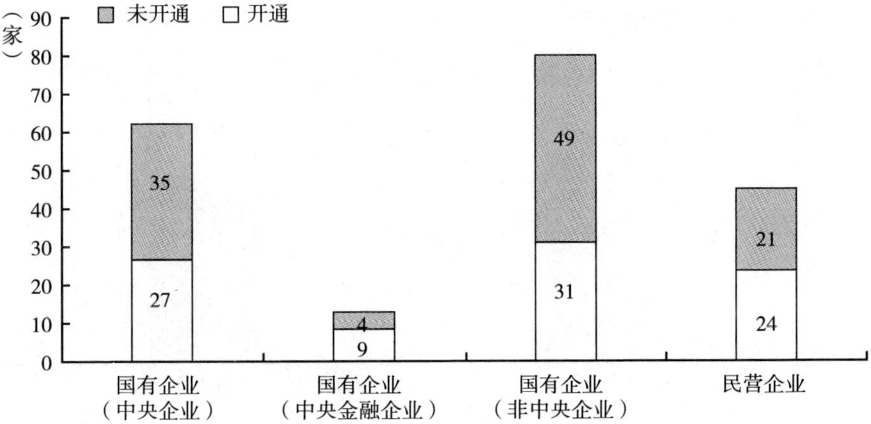

图 18　2015 年中国企业 200 强开通在线服务情况（按企业性质分）

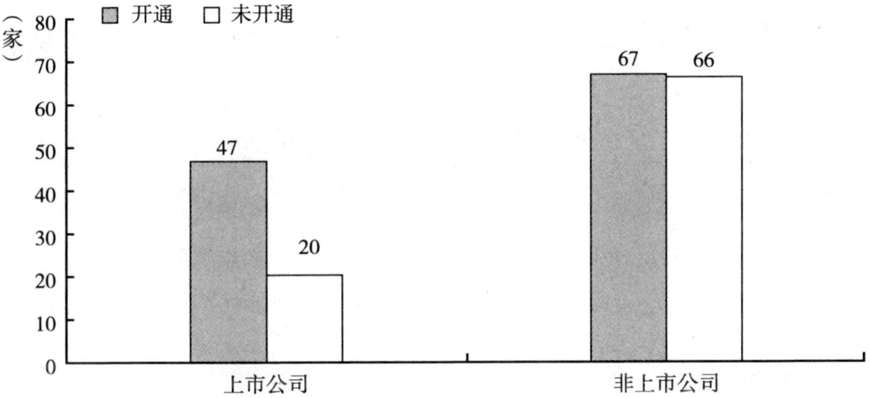

图 19　2015 年中国企业 200 强开设微博情况（按是否上市分）

5. 微信

2015 年中国企业 200 强中，121 家企业开通了微信公众号，占比 60. 5%。从企业类型来看，分别有 45 家上市公司、76 家非上市公司开设了微信公众号，占各自类型的 67. 2% 和 57. 1%（见图 20）。

（二）公众沟通活动不够普遍

公众沟通活动为企业与公众进行互动开辟了新途径，这种沟通形式在近

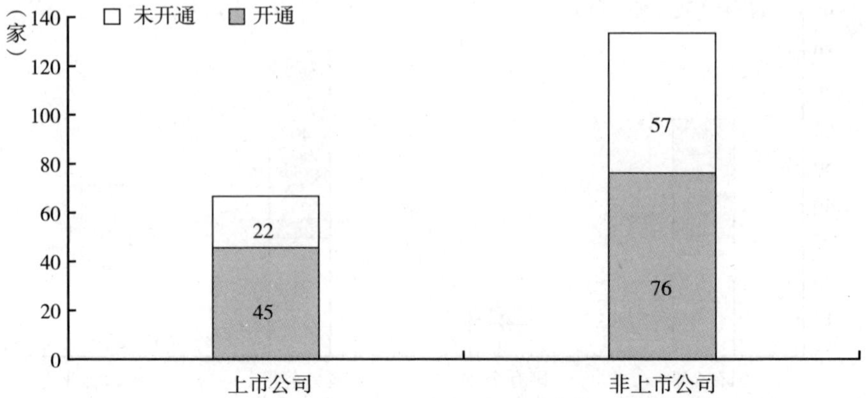

图 20　2015 年中国企业 200 强开通微信情况（按是否上市分）

年来虽然逐渐受到了企业的重视，但从 2015 年中国企业 200 强举办的公众沟通活动的情况来看，仅有 71 家企业举办了公众沟通活动，占企业总数的 35.5%，说明举办公众沟通活动仍不具有普遍性。

从企业类型来看，举办公众沟通活动的企业包括了上市公司 33 家、非上市公司 38 家（见图 21）。

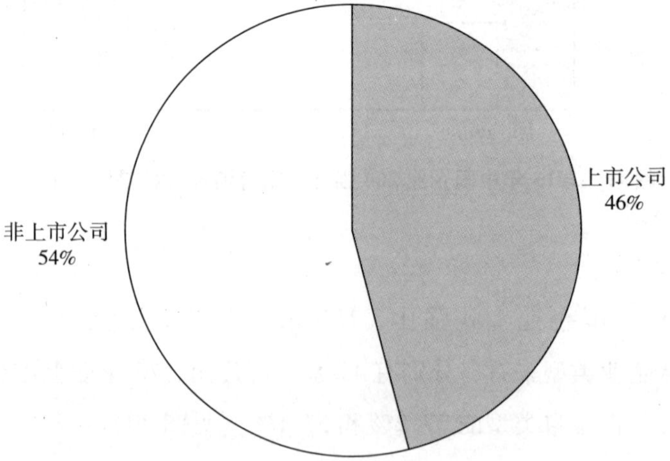

图 21　2015 年中国企业 200 强举办公众沟通活动情况（按是否上市分）

从企业性质来看，国有企业（中央金融企业）更为重视企业的公众沟通活动，举办活动的企业数量达10家，占该性质企业总数的76.9%；而国有企业（中央企业）、国有企业（非中央企业）、民营企业分别有30家、21家、10家举办了沟通活动，占各自类型总数的48.4%、26.3%和22.2%（见图22）。

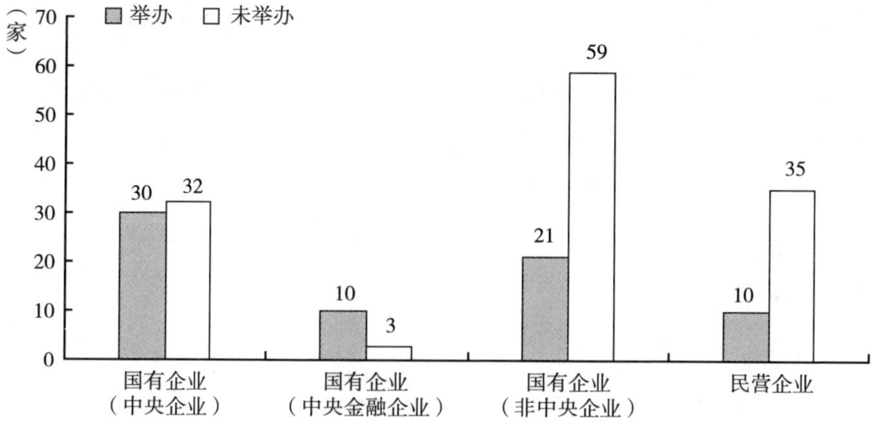

图22　2015年中国企业200强举办公众沟通活动情况（按企业性质分）

四　小结

根据2015年企业200强公众透明度渠道维度的总体评价和分析，可以得到以下结论：一是目前企业的单向沟通渠道仍以企业官网、年报、社会责任报告为主，企业专题报告和刊物相对较少；二是相对于单向沟通渠道，互动沟通渠道建设的普及程度依然较低，同时电话、电子邮箱等沟通方式比微博、微信、公众沟通活动等方式更为普遍。总体来说，2015年中国企业200强在公众透明度渠道维度建设方面仍有较大的提升空间。

B.6
2015年中国企业200强形式维度评价分析

摘　要：　公众对企业信息的接收程度与企业信息披露形式密切相关。信息披露形式主要包括信息的语言形式、组织形式、评价形式等，通过对2015年中国企业200强形式维度的分析和评价，发现目前企业对于信息披露形式的关注度仍显不足，只有少数企业可以灵活运用多种信息披露形式来增进公众对企业信息的了解。

关键词：　中国企业200强　形式维度　公众透明度

信息披露形式是信息传递的重要载体，它不仅决定了公众对于企业信息的接受程度，更直接关系到企业与公众的沟通效果。信息披露形式主要包括信息的语言形式、组织形式和评价形式，本文从公平性和可获得性两项原则出发，在形式维度上对2015年中国企业200强的信息披露情况进行了评价和分析。

一　形式维度评价结果

企业公众透明度评价指标体系中形式维度包括9个二级指标，维度满分为8分，计算得到形式维度最终结果（见表1）。本维度最高得分为7.79分，平均得分为2.97分，81家企业在平均分之上。

表 1　2015 年中国企业 200 强形式维度得分分布

单位：家，分

分数段	企业数量	平均得分	分数段	企业数量	平均得分
0～1.5 分	33	1.10	4.5～6 分	33	5.19
1.5～3 分	86	1.90	6 分以上	14	6.77
3～4.5 分	34	3.78			

通过对形式维度的 9 个指标进行统计和评价，可以发现 2015 年中国企业 200 强中形式维度得分集中在 1.5～3 分的企业较多（86 家），占比 43%，得分超过 6 分的企业有 14 家，占比 7%；得分超过 3 分的企业有 81 家（见图 1），总体来说，2015 年中国企业 200 强在信息披露的形式维度上整体表现一般。

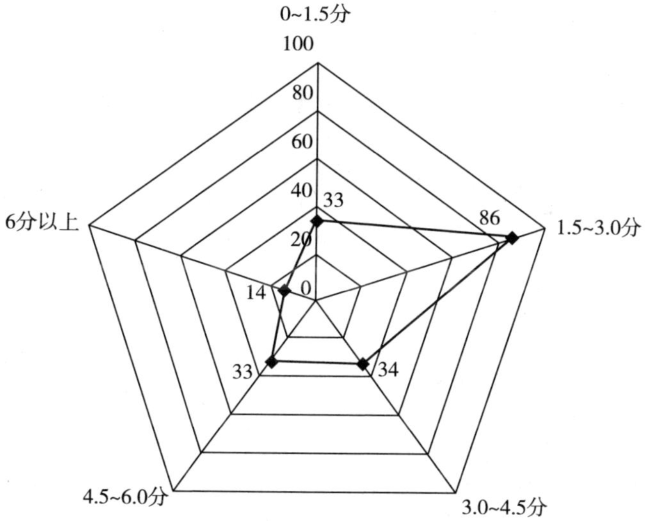

图 1　2015 年中国企业 200 强形式维度得分分布

从企业性质来看，在形式维度上得分领先的企业（指形式维度评价得分排名在前 100 名的企业，下文同）以国有企业为主（85 家）。其中，包括中央金融企业 12 家，占据该性质企业总数的 92.3%；而中央企业和非中央企业分别为48家和25家，占据了各自类型企业总数的77.4%和31.3%。民营企业有15家，占据了该性质企业总数的33.3%。总体来看，中央金融企业在形式维度上得的表现明显优于民营企业和其他类型的国有企业（见图2）。

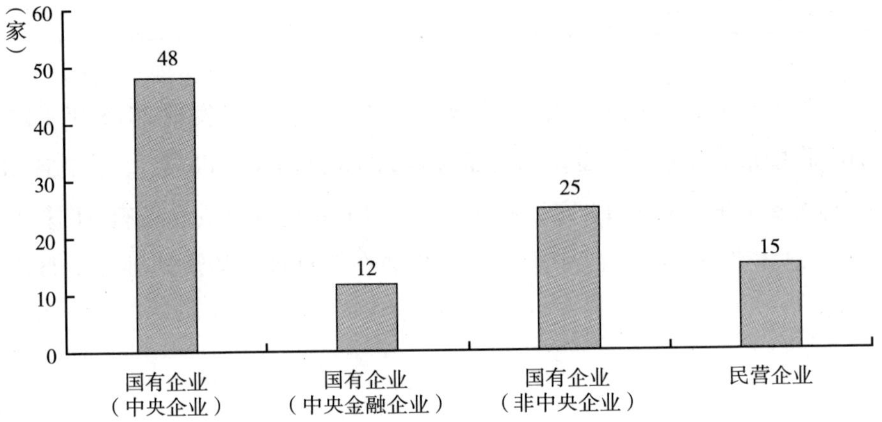

图2　2015年中国企业200强形式维度得分分布（按企业性质分）

从企业类型来看，在形式维度上得分较为领先的企业中，有56家企业属于上市公司，在67家上市公司中占比83.6%；有44家企业属于非上市公司，在133家非上市公司中占比33.1%，说明上市公司在信息披露的形式维度建设方面整体优于非上市公司。

从行业分类来看，在形式维度上得分领先的企业中，数量最多的是金融企业（19家）；其他表现较好的行业分别是电力、热力、燃气生产和供应业（8家），金属冶炼和压延加工业（7家）。同时，2015年中国企业200强中有8个行业未能进入前100名，包括农、林、牧、渔业，纺织业，文教、工美、体育和娱乐用品制造业，酒、饮料和精制茶制造业，化学纤维制造业，商贸，医药制造、批发、零售业，橡胶制品业，这些行业在形式维度建设方面亟待进一步加强。

二　信息的语言形式

受企业国际化趋势的影响，众多企业将生产运营拓展到了海外，企业在海外运营地进行信息披露应该选取当地公众习惯的语言类型，从而增进当地公众对企业的了解，降低企业的沟通成本。

根据统计显示，2015 年中国企业 200 强中，总计 195 家企业的官网具有两种（中英文）及以上的语言形式，占比 97.5%，说明目前企业对官网的语言形式较为注重。年报和社会责任报告采取两种及以上语言形式的企业分别有 19 家和 40 家，各占 200 强企业总数的 9.5% 和 20%，因此可以发现目前企业对报告语言形式的多样性还不够重视，而相对于年报，社会责任报告语言形式的多样性表现相对较好（见图 3）。

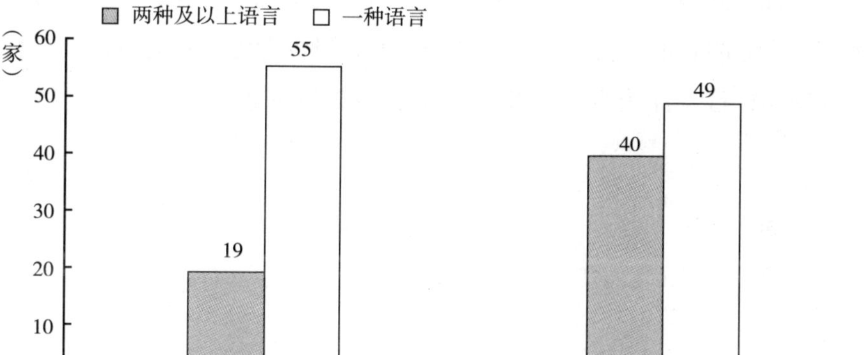

图 3　2015 年中国企业 200 强社会责任报告、年报的语言形式

三　信息的组织形式

企业结合自身行业特点、发展战略规划，按照公众易于接受的形式对信息进行组织和加工，可以有效提升信息的可理解性，增强信息的传播效果，进而提升企业的公众透明度。

在信息的组织形式层面，对于一般企业主要从企业官网栏目设置和企业报告设计两个方面进行考察。统计显示，在企业官网栏目设置层面，大多数的企业官网栏目设置内容完整，主题鲜明；而在企业报告设计方面，对年报进行设计的企业占比 17.5%，而对社会责任报告进行设计的企业占比 42.5%。

（一）官网栏目设置较多，但互动性栏目设计较少

在企业官网栏目设置方面，主要考察栏目设置的完整性。首先观察官网“关于我们”“公司新闻”“产品/服务”“人力资源”“联系我们”五项基本内容设置是否完整，根据统计结果，2015 年中国企业 200 强中有 56 家企业官网栏目设置完整的包含以上五项内容，占比为 28%（见图 4），但同时发现大部分企业的官网栏目设置均从自身出发，极少考虑读者的兴趣及信息需求，互动性栏目设计较少，因此中国企业 200 强在此方面的工作仍需不断加强。

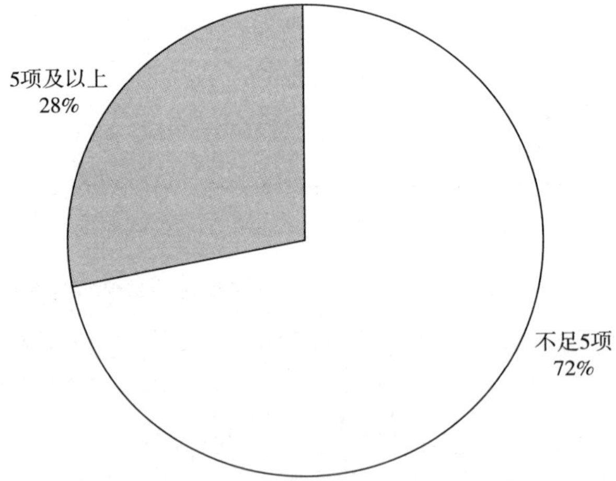

图 4　2015 年中国企业 200 强官网栏目设置情况

（二）年报美化设计的普及度需大幅度提升

2015 年中国企业 200 强中，对年报进行美化设计的企业有 35 家，仅占发布年报企业总数（74 家）的 47.3%；对社会责任报告进行美化设计的企业有 85 家，占发布社会责任报告企业总数的 95.5%（见图 5），说明年报美化设计的普及度明显低于社会责任报告。

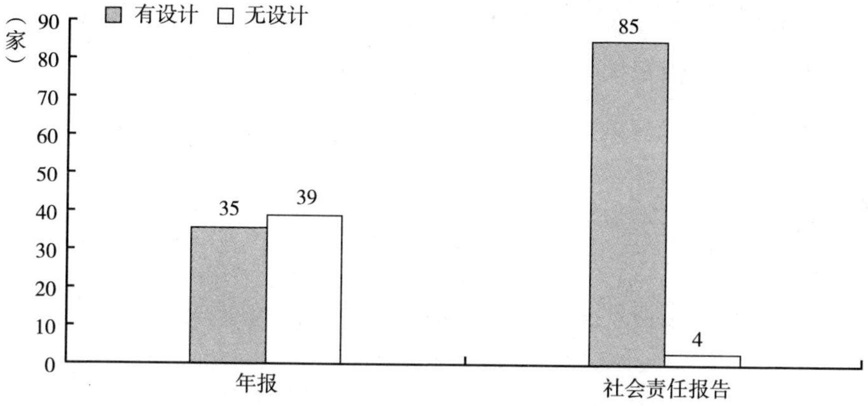

图 5　2015 年中国企业 200 强社会责任报告、年报设计总体情况

对年报进行美化设计的企业中，有 30 家上市公司，占上市公司总数的 44.8%；有 5 家非上市公司，占非上市公司总数的 3.8%；而对社会责任报告进行美化设计的企业中，有 43 家上市公司，占据其类型的 64.2%；有 42 家非上市公司，占据了其类型总数的 31.6%。可见在年报设计和社会责任报告设计方面，上市公司的重视程度高于非上市公司。

按企业性质来看，对于年报、社会责任报告进行美化设计的企业中，国有企业分别占比 77.1% 和 84.7%，民营企业分别占比 22.9% 和 15.3%。其中，分别有 15 家国有企业（中央企业）、9 家国有企业（中央金融企业）、3 家国有企业（非中央企业）对年报进行了版式设计。

而对社会责任报告进行设计的企业中，有 40 家国有企业（中央企业）、9 家国有企业（中央金融企业）、23 家国有企业（非中央企业）。

由此可知，在年报设计方面，不同性质的企业之间差距较小，但在社会责任报告设计方面，国有企业（中央企业）、国有企业（中央金融企业）处于较为领先的地位（见图6）。

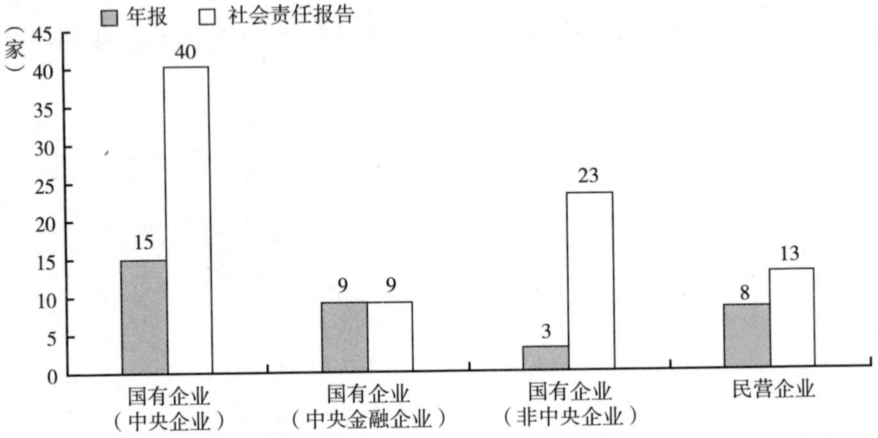

图6　2015年中国企业200强社会责任报告、年报设计情况（按企业性质分）

四　信息的评价形式

信息评价主要包括审计、审验、第三方评价等形式，是指通过以上几种方式对企业发布的信息进行独立、客观的评价。一方面信息评价可以促进公众准确、快速地了解企业信息内容，另一方面第三方对信息真实性的担保增强了企业信息的可信度，进而提升了企业信息的公开性和透明度。

（一）年报审计情况亟待改善，可信度有待提高

2015年，中国企业200强中有53家企业对年报进行了独立审计，并明确标注了审计公司/事务所，占发布年报企业总数的71.6%，说明年报审计的普及程度还有待提升，企业需要引入第三方独立机构的审计来不断提高年报的准确度与可信度。

（二）社会责任报告的审验、评价有待加强

2015 年中国企业 200 强中，有 37 家企业对社会责任报告进行了审验，有 29 家企业邀请第三方对报告进行了评价，各占发布社会责任报告总数的 42% 和 33%，总体来看，相对于年报审计行为，企业对于邀请第三方评价、审验社会责任报告的行为还不够重视。

从企业类型来看，67 家上市公司中，社会责任报告通过审验的企业有 22 家，通过第三方评价的企业有 10 家，分别占上市公司总数的 32.8% 和 14.9%；133 家非上市公司中，社会责任报告经过审验和第三方评价的企业分别有 15 家和 19 家，占非上市公司总数的比重分别为 11.3% 和 14.3%。整体来看，上市公司对社会责任报告的审验和评价行为较非上市公司更为普遍。

五　小结

通过分析 2015 年中国企业 200 强的形式维度可知，目前多数企业在信息披露形式维度建设方面还存在很大的进步空间。首先在信息的语言形式上，年报语言形式较单一，而社会责任报告的语言形式虽然较丰富，但以中文和英文为主，有必要根据企业业务运营需求进一步调整、丰富语言形式；其次是信息的组织形式，企业在官网栏目设置以及社会责任报告尤其是年报的版式设计方面需要进一步加强，增加官网栏目的互动性，提升报告的可读性；最后是信息的评价形式，针对第三方评价社会责任报告以及审验社会责任报告的做法，多数企业还处于探索起步阶段，信息的评价形式需要不断地完善。

B.7
2015年中国企业200强数量维度评价分析

摘　要：　企业披露信息数量是衡量其透明度的重要标准之一。通过从企业自身披露信息数量和公众从公开渠道获取的信息数量两个方面来监测分析2015年中国企业200强的数量维度，可以发现目前企业对信息的主动披露数量仍显不足，而公众通过公开渠道获取的信息数量远远超过前者。

关键词：　中国企业200强　数量维度　公众透明度

对于企业披露信息数量的评估一般从两个方面入手：一方面是企业自身所公布的信息数量，包括企业在报告期内通过官网公开的企业新闻、定量指标数量；另一方面是公众通过公开渠道获取的企业信息数量，主要通过百度搜索和中国重要报纸全文数据库（CNKI）搜索到的企业相关新闻数量。本文基于实质性、完整性、准确性、平衡性、可获得性五项原则，从企业性质、行业分类、企业类型等角度入手，在数量维度上对2015年中国企业200强的信息披露情况进行评价和分析。

一　数量维度评价结果

企业公众透明度评价指标体系的数量维度包括8个二级指标，满分为15分，计算可得数量维度最终结果（见表1）。本维度最高得分为11.94分（中国太平保险集团有限责任公司），最低得分为0.81分（兖矿集团有限公

表 1　2015 年中国企业 200 强数量维度得分分布

单位：家，分

分数段	企业数量	平均得分	分数段	企业数量	平均得分
0 ~ 3 分	55	2. 49	7 ~ 9 分	14	7. 80
3 ~ 5 分	77	3. 86	9 分以上	14	10. 19
5 ~ 7 分	40	5. 76			

司)，平均得分为 4. 58 分，共计 77 家企业高于平均得分。

对数量维度的 8 个指标进行统计和评价，可以发现 2015 年中国企业 200 强中得分处于 3 ~ 5 分的企业数量最多（77 家，占比 38. 5%），而得分在 0 ~ 3 分和 5 ~ 7 分的企业分别占比 27. 5% 和 20%，得分在 7 ~ 9 分和 9 分以上的企业数量相同，均为 14 家（见图 1）。

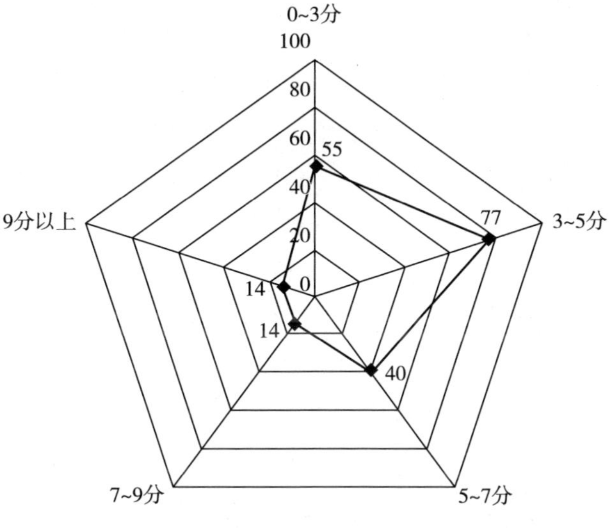

图 1　2015 年中国企业 200 强数量维度得分分布

从企业性质来看，在数量维度上得分领先的企业（指数量维度评价得分排名在前 100 名的企业，下文同）主要是国有企业（76 家）。其中，包括中央企业 32 家、非中央企业 32 家及中央金融企业 12 家，分别占据了各自类型企业总数的 51. 6% 、40% 和 92. 3% 。民营企业在领先企业中占据了 24

个席位，达到其总数的 53.3%。可以发现国有企业（中央金融企业）在数量维度上得分的整体表现优于其他类型的企业（见图 2）。

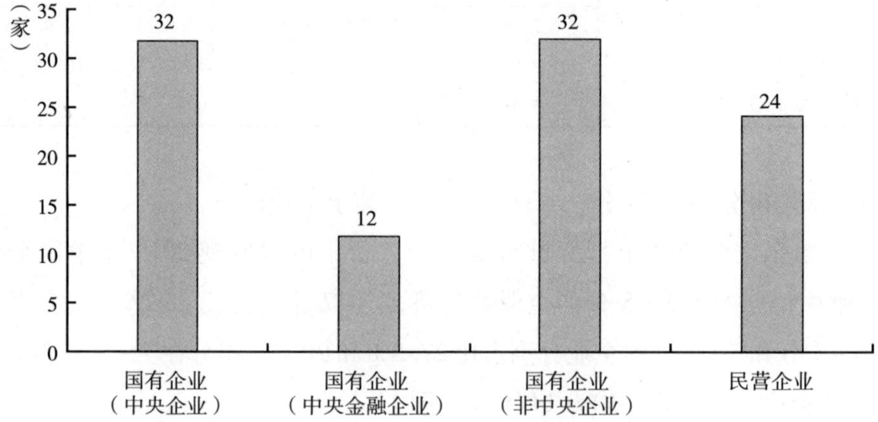

图 2　2015 年中国企业 200 强数量维度得分（按企业性质分布）

从企业类型来看，在数量维度上得分领先的企业中，有 40 家企业属于上市公司，在 67 家上市公司中占比 59.7%；有 60 家企业属于非上市公司，在 133 家非上市公司中占比 45.1%（见图 3），因此在数量维度方面，上市公司略为领先于非上市公司。

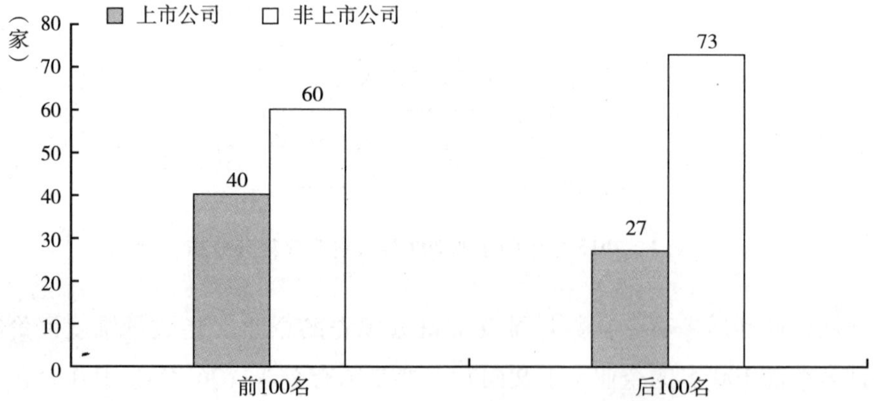

图 3　2015 年中国企业 200 强数量维度得分（按是否上市分布）

从行业分类来看，在数量维度上得分领先的企业中，金融企业数量最多，达17家，另外30个行业中，有6个行业的企业得分未进入前100名，包括农、林、牧、渔业，农副产品加工业、食品制造业，烟草加工业，纺织业，文教、工美、体育和娱乐用品制造业，橡胶制品业。

二　主动披露信息数量

企业主动披露信息数量主要从3个指标进行评价分析，即"官网企业新闻数量"、"微博文章数量"和"微博粉丝数量"。

2015年中国企业200强中，有15家企业在报告期内未发布任何新闻，而发布新闻数量超过1000条的企业仅有19家。总体来看，企业新闻数量披露仍显不足。

微博是Web 2.0时代的重要沟通工具，已经逐渐成为企业发布资讯、与公众沟通的重要平台之一，而微博的粉丝数量与企业披露信息数量呈正相关关系，企业通过微博披露的信息数量越多，粉丝数量越多，因此微博的粉丝数量也是企业主动披露信息数量的反映指标之一。通过微博发布的文章数量方面，发布文章的企业占57%，其中，发布微博文章总数超过了10000篇的企业有9家，而大部分企业发布微博文章数量主要集中在1000~10000篇和1~500篇，占比分别为24%和22.5%，12家企业发布微博文章数量集中为500~1000篇。同时有86家企业未发布任何文章，占据了企业总数的43%（见图4）。

而从微博粉丝数量指标来看，有115家企业有微博粉丝，占57.5%，85家企业粉丝数为0，占比42.5%，微博粉丝数量与微博文章数量情况基本吻合。有18家企业的微博粉丝数量过百万。整体来看，200强企业通过微博向外界传递信息、交流资讯的情况整体尚可，但仍存在较大的进步空间。

从企业类型来看，67家上市公司中，有48家企业发布了微博文章，

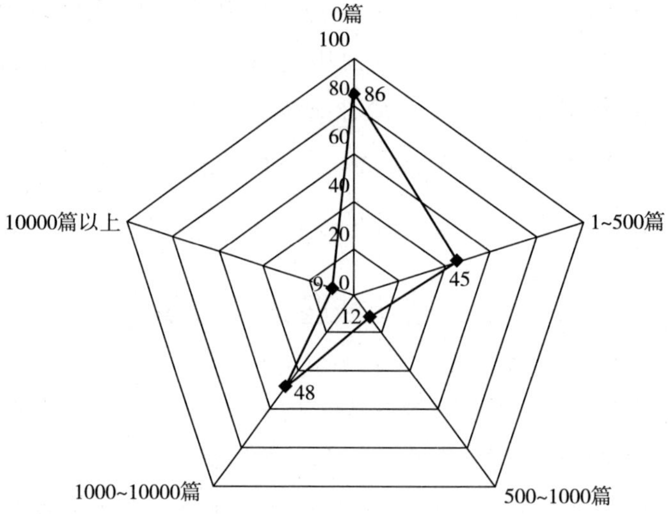

图4　2015年中国企业200强微博文章数量

占比71.6%，同时可以发现发布微博文章数量超过10000篇的9家公司均为上市公司；而在133家非上市公司中，有66家企业发布了微博文章，占比49.6%，其中文章数为1~1000篇的有42家企业，占比31.6%（见图5）。

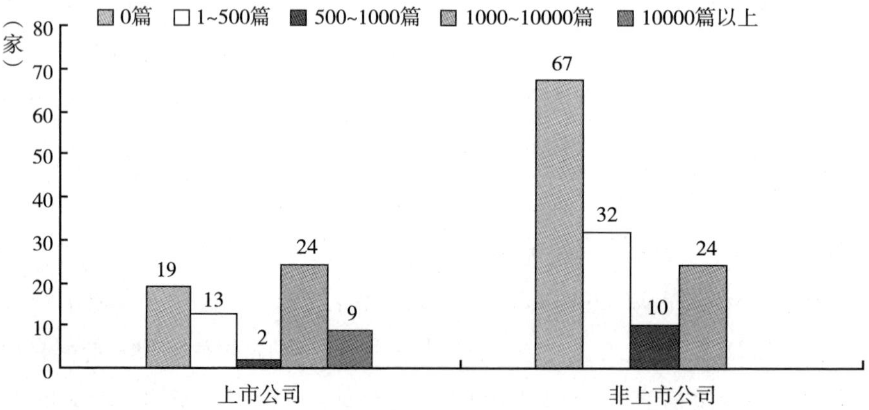

图5　2015年中国企业200强微博文章数量的分布（按是否上市分）

从企业性质来看，发布微博文章数量超过1000篇的企业主要是国有企业（41家），包括中央企业16家、中央金融企业8家、非中央企业17家，分别占据各自企业类型的25.8%、61.5%、21.3%。未发布微博文章的企业，国有企业有70家，民营企业有16家，分别占各自类型企业总数的45.1%和35.6%。整体来看，国有企业（中央金融企业）在发布微博文章数量方面有领先优势（见图6）。

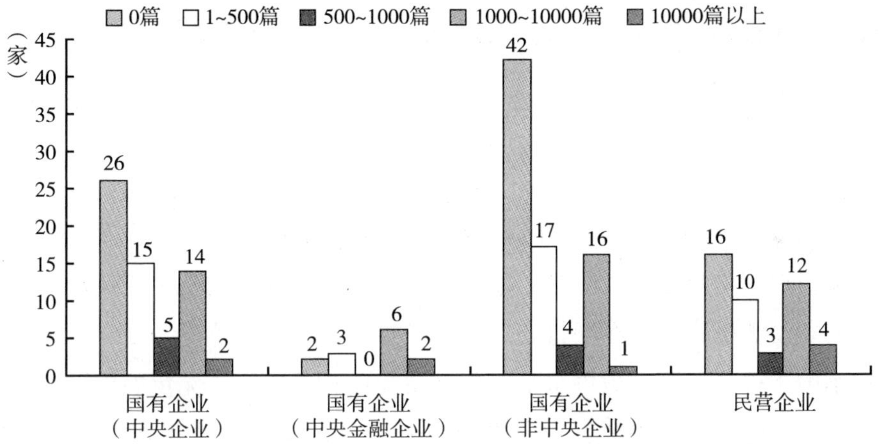

图6　2015年中国企业200强发布微博文章数量的分布（按企业性质分）

三　公开渠道获取信息数量

对于公众在公开渠道可以获取的企业信息数量，主要从以下5个指标展开评价：百度搜索企业全称的信息量、百度搜索企业简称的信息量、中国重要报纸全文数据库（CNKI）输入企业（全称）获取的信息量、中国重要报纸全文数据库（CNKI）输入企业（简称）获取的信息量、企业出现负面信息数量。

在此以指标平均值所在的数量级为居中水平，根据统计可知，百度搜索新闻数量（全称、简称总数）居中水平的企业数量远高于处于较少和较多水平的企业数量。另外，在中国重要报纸全文数据库（CNKI）按企业全称、简称搜索得到的信息数量中，低于居中水平的企业数量（分别为127家和98家）要远远超过较多水平（分别为27家和30家）和居中水平（分别为46家和72家）的企业数量。

企业出现的负面信息数量指标方面，有9家企业（4.5%）出现的负面信息数量不少于5条，而有93家企业（46.5%）并未出现负面信息，而49%的企业（98家）出现的负面信息数量集中为1~4条。

四 小结

根据2015年中国企业200强公众透明度在数量维度上的总体评价和分析，可以得到结论如下：一是企业主动披露的新闻数量远远少于从公开渠道获取的新闻数量；二是在通过公开渠道获取的企业新闻数量方面，200强企业多集中于较少水平和居中水平，出现负面信息的企业与无负面信息的企业数量基本持平。总体来说，2015年中国企业200强在公众透明度数量维度上仍有较大的进步空间。

重点行业篇

Report on Key Industries

B.8
2015年中国银行业公众透明度评价分析

摘　要：银行业在经济发展中发挥的重要作用使得银行透明运营尤为重要。2015 年，中国银行业公众透明度评价更加侧重于银行业在 2014 年评价过程中表现较为薄弱的方面，包括负面事件回应及时性、社会责任管理、客户沟通与服务、绿色信贷，同时，关注透明度较低的城市商业银行的整体信息披露情况。通过统计分析发现，各类型银行在负面事件及时回应方面依然存在不足，社会责任管理信息披露的实质性没有明显提升，但在绿色信贷政策制度与实践方面信息披露水平明显提升。大型商业银行在客户沟通与服务方面信息披露情况良好，但客户满意度得分、投诉处理率等数据披露不足。城市商业银行发布的社会责任报告数量有所增加，但在各维度信息披露方面提升并不显著，基本信息如产品信息仍存在披露不充分的问题。政策性银行或通过官网设立社会责任专栏发布相关信息，或发布社会责任报告，信息披露透明度在一定程度上有所提高。外资银行因未能及时发布社会责任报告和年度报告，其透明度明显下降。根据上述问题，本文提出了提高信息披露的及时性、增强信息可获取性、丰富信息披露形式、增加定量数据披露四个方面的建议。

关键词： 公众透明度 银行业 金融消费者

一 评价结果

2015年中国银行业公众透明度评价与2014年一致，选取41家银行业协会会员单位作为评价对象，包括国家开发银行、2家政策性银行、5家大型商业银行、中国邮政储蓄银行、12家股份制银行、18家城商行及2家外资银行。

我们主要通过银行的官网及公开发布的报告、网络搜索引擎等公开渠道，收集银行基本情况、信息披露及时性、社会责任管理、公司治理与合规、客户沟通与服务、员工发展、环境保护、社区公益、供应商采购9个方面共计113个指标的定性与定量信息。

在评价过程中，剔除国家开发银行、2家政策性银行不涉及的个人客户相关指标，包括投诉电话和投诉邮箱、投诉处理规定、投诉事件数量、投诉处理率、特殊客户群体服务等指标。针对银行官方微博和微信，新增微信、微博粉丝数量以及微博发文更新数量。

2015年进一步关注银行业负面事件回应及时性、社会责任管理信息发布、实施绿色信贷的政策与实践信息披露、客户投诉与处理的制度及处理结果、系统性开展公益项目与志愿服务的信息披露。聚焦政策性银行、城市商业银行在社会责任报告发布、社会责任管理、客户沟通与服务等多个维度的信息披露情况。总体上，依据实质性、完整性、真实性、准确性、及时性、平衡性、公平性、可获得性8项原则，从时间、内容、渠道、形式、数量5个维度进行统计分析。

表1　银行业公众透明度信息主要披露指标

一级指标	二级指标
企业运行情况	营业收入(亿元) 资产(亿元) 净利润(亿元)
业务经营情况	业务范围 业务经营情况介绍
编制报告	企业社会责任报告 各类专题报告
报告发布会	企业社会责任报告 各类专题报告
报告下载情况	年报 企业社会责任报告 各类专题报告
及时回应重大负面事件	
企业报道信息数	公司新闻/动态、媒体报道新闻条数 重要报纸全文数据库信息条数
公司治理	“三会一层”治理结构 “三会一层”人员名单 “三会一层”主要工作情况
责任推进管理	
利益相关方管理	利益相关方识别(识别过程) 利益相关方列表 利益相关方沟通(日常和专项)
合规与内控	内控报告 年报－内控报告
风险管理	社会责任报告－风险管理 社会责任报告－环境风险管理
企业文化	公司愿景、价值观
环境管理	绿色信贷政策与制度 绿色金融产品创新 绿色产业 城市治理 绿色办公

续表

一级指标	二级指标
客户沟通渠道	客服电话 客服(公司)邮箱 官网留言 在线服务 营业网点信息 电子银行渠道
客户投诉与反馈	投诉处理流程说明或规定 投诉电话 投诉邮箱 投诉事件数量 投诉处理率
优质服务	产品信息 服务收费 客户满意度调查 电子渠道建设 特殊群体服务 金融知识普及
招聘信息	招聘信息披露 搜索引擎中招聘信息
员工人数	
员工薪酬	
员工培训和教育	培训总小时(小时) 培训总投入金额(万元)
员工职业发展	
职业健康与安全	员工体检 员工心理健康服务
员工志愿服务	志愿者人数(人) 志愿服务时间(小时) 志愿服务活动
公益慈善	官网公益项目专栏 公益项目名称 教育项目 医疗项目 文化项目 抗震救灾 定点扶贫
采购	集中采购 采购信息

续表

一级指标	二级指标
官网语言	中/英文
社会责任报告语言	中/英文
年报是否审计	
社会责任报告是否审验	
企业官方微博/微信	微博粉丝数量 微博文章数量 微信公众账号
报告发布的数量	
互联网上的企业新闻量	

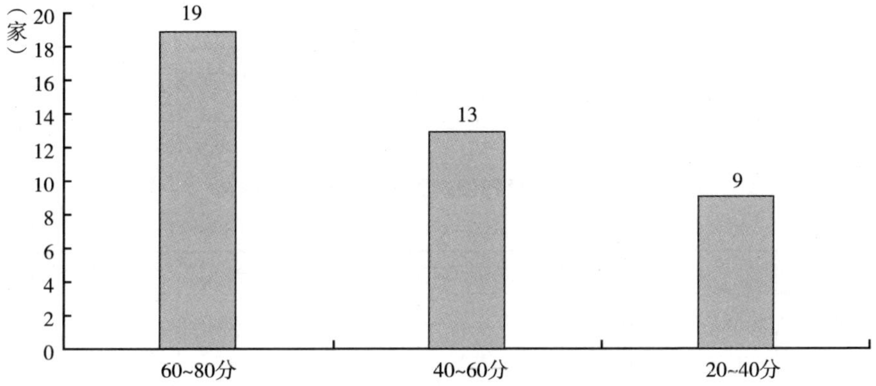

图 1　2015 年中国银行业公众透明度得分分布

表 2　国家开发银行公众透明度评价得分排名

单位：分

排名	银行名称	透明度得分	透明度等级
3	国家开发银行股份有限公司	73.50	良好

表 3　政策性银行公众透明度评价得分排名

单位：分

排名	银行名称	透明度得分	透明度等级
25	中国农业发展银行	47.72	一般
28	中国进出口银行	41.98	不良

表4　大型商业银行公众透明度评价得分排名

单位：分

排名	银行名称	透明度得分	透明度等级
1	中国农业银行股份有限公司	74.21	良好
4	中国工商银行股份有限公司	72.68	良好
6	中国银行股份有限公司	71.72	良好
11	中国建设银行股份有限公司	67.26	良好
17	交通银行股份有限公司	63.15	良好

表5　中国邮政储蓄银行公众透明度评价得分排名

单位：分

排名	银行名称	透明度得分	透明度等级
10	中国邮政储蓄银行股份有限公司	67.34	良好

表6　股份制银行公众透明度评价得分排名

单位：分

排名	银行名称	透明度得分	透明度等级
2	招商银行股份有限公司	74.03	良好
5	中信银行股份有限公司	71.95	良好
7	华夏银行股份有限公司	70.96	良好
8	中国民生银行股份有限公司	70.20	良好
9	兴业银行股份有限公司	68.93	良好
12	上海浦东发展银行股份有限公司	66.53	良好
13	中国光大银行股份有限公司	65.97	良好
16	广发银行股份有限公司	64.21	良好
20	平安银行股份有限公司	58.64	一般
21	渤海银行股份有限公司	56.54	一般
29	恒丰银行股份有限公司	41.44	一般
37	浙商银行股份有限公司	33.34	不良

表 7　城市商业银行公众透明度评价得分排名

单位：分

排名	银行名称	透明度得分	透明度等级
14	北京银行股份有限公司	65.67	良好
15	重庆银行股份有限公司	64.40	良好
18	江苏银行股份有限公司	61.63	良好
19	上海银行股份有限公司	60.60	良好
22	杭州银行股份有限公司	55.62	一般
24	南京银行股份有限公司	50.11	一般
26	兰州银行股份有限公司	47.25	一般
30	成都银行股份有限公司	41.43	一般
31	徽商银行股份有限公司	40.97	一般
32	华融湘江银行股份有限公司	40.58	一般
33	天津银行股份有限公司	37.86	不良
34	广州银行股份有限公司	37.09	不良
35	富滇银行股份有限公司	37.04	不良
36	唐山银行股份有限公司	35.15	不良
38	包商银行股份有限公司	32.66	不良
39	西安银行股份有限公司	28.92	不良
40	大连银行股份有限公司	24.82	不良
41	乌鲁木齐市商业银行股份有限公司	22.79	不良

表 8　外资银行公众透明度评价得分总分排名

单位：分

排名	银行名称	透明度得分	透明度等级
23	汇丰银行(中国)有限公司	52.19	一般
27	花旗银行(中国)有限公司	44.40	一般

评价发现，整体上，各类型银行针对负面事件回应不及时、利益相关方管理及社会责任推进管理信息披露缺乏实质性依然是2015年明显存在的问题，较2014年并没有明显改善，其中贪腐事件在2015年负面事件中占比最高。在2014年的评价中信息披露透明度较低的城市商业银行，2015年在产品信息披露的充分和完整方面，以及官网新闻更新、客户满意度调查、员工培训与发展、特殊客户群体服务等方面都没有显著改善。

与此同时，与2014年相比，披露社会责任报告的股份制银行和城市商业银行数量均有所增加，以社会责任报告为发布渠道的绿色信贷政策制度与实践信息的披露水平也在一定程度上有所提升。随着互联网金融的快速发展，披露互联网金融产品和服务信息的银行数量也有较大幅度的上升，如开设微信银行的数量由2014年的16家增至2015年的27家。

此外，大型商业银行、股份制银行整体信息披露情况保持良好，但部分银行特别是股份制银行存在不披露投诉处理率、客户满意度调查得分、志愿服务等相关信息的问题。

国家开发银行和政策性银行剔除“特殊客户群体服务”等适用于个人客户的指标外，总体评价得分在一定程度均有所提升。

外资银行有1家未发布社会责任报告，有1家未发布年报，相较于2014年的及时发布年报和社会责任报告进行财务和非财务信息披露，透明度有所下降。

二　时间维度评价分析

（一）时间维度评价结果

本部分主要从负面事件发生与及时回应、公司新闻更新情况、年报发布时间、社会责任报告发布时间、专题报告发布时间五个维度来考察银行业信息披露的及时性，其中负面事件发生与及时回应、年报发布时间、社会责任报告发布时间为重要的评价指标。2015年，银行出现的负面事件中贪污受贿占比最高（55.88%）。统计显示，有51.2%的银行不同程度地出现了负面事件。出现负面事件的21家银行中，有61.9%（13家）的银行未能就负面事件做出及时回应。

与2014年相比，2015年大型商业银行、政策性银行和中国邮政储蓄银行的官网新闻更新情况良好，而城市商业银行没有明显改善。

在年报和社会责任报告发布方面，上市公司中，中国建设银行及重庆银行均于4月末发布年报，及时性较差；非上市公司中，新增4家银行发布社会责任

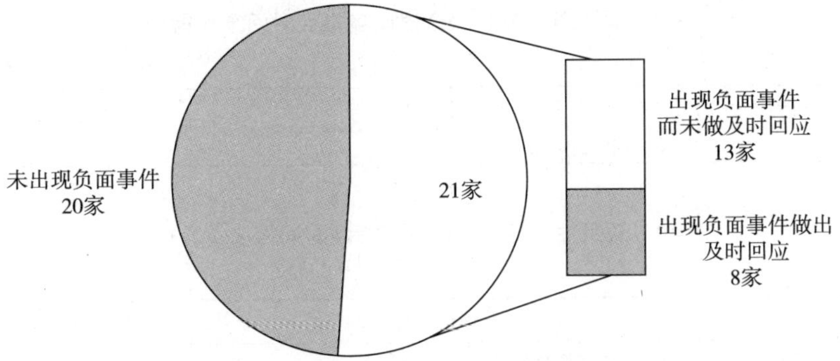

图2　2015 年银行业回应负面事件情况

报告，时间均在 2015 年上半年，及时性较好；外资银行中仅有 1 家发布年报，相比 2014 年均及时发布年报和社会责任报告，报告发布的及时性大幅下降。

银行业中仅有 2 家银行发布了专题报告，专题报告名称为《中国农业银行 2014 年度小微企业金融服务报告》《中国邮政储蓄银行 2014 年普惠金融报告》，与 2014 年相比专题报告的数量保持不变。

从得分排名来看，由于及时发布社会责任报告和年度报告、新闻更新及时、出现负面事件较少，大型商业银行、国家开发银行、中国邮政储蓄银行排名靠前。有部分城商行未发布企业社会责任报告，且官方新闻更新不及时，排名较 2014 年没有明显提升。

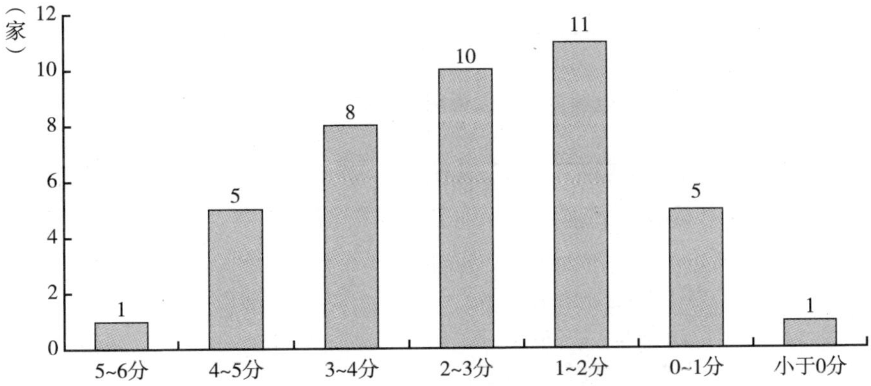

图3　2015 年中国银行业公众透明度指数时间维度得分分布

表 9　国家开发银行公众透明度指数时间维度得分

单位：分

排名	银行名称	时间维度得分
8	国家开发银行股份有限公司	3.78

表 10　政策性银行公众透明度指数时间维度得分排名

单位：分

排名	银行名称	时间维度得分
17	中国农业发展银行	2.70
38	中国进出口银行	0.22

表 11　大型商业银行公众透明度指数时间维度得分排名

单位：分

排名	银行名称	时间维度得分
1	中国银行股份有限公司	5.40
3	中国建设银行股份有限公司	4.32
7	中国农业银行股份有限公司	3.96
14	中国工商银行股份有限公司	3.19
19	交通银行股份有限公司	2.69

表 12　中国邮政储蓄银行公众透明度指数时间维度得分

单位：分

排名	银行名称	时间维度得分
10	中国邮政储蓄银行股份有限公司	3.78

表 13　股份制银行公众透明度指数时间维度得分排名

单位：分

排名	银行名称	时间维度得分
2	中国光大银行股份有限公司	4.53
3	上海浦东发展银行股份有限公司	4.32
8	中信银行股份有限公司	3.78
13	中国民生银行股份有限公司	3.36
15	平安银行股份有限公司	2.83
16	华夏银行股份有限公司	2.76

续表

排名	银行名称	时间维度得分
26	兴业银行股份有限公司	1.88
28	恒丰银行股份有限公司	1.85
29	招商银行股份有限公司	1.72
32	渤海银行股份有限公司	1.08
39	广发银行股份有限公司	0.16
40	浙商银行股份有限公司	0.15

表14 城市商业银行公众透明度指数时间维度得分排名

单位：分

排名	银行名称	时间维度得分
3	南京银行股份有限公司	4.32
6	重庆银行股份有限公司	4.14
11	北京银行股份有限公司	3.67
12	江苏银行股份有限公司	3.59
17	兰州银行股份有限公司	2.70
20	唐山银行股份有限公司	2.51
21	广州银行股份有限公司	2.16
21	华融湘江银行股份有限公司	2.16
23	徽商银行股份有限公司	2.10
24	天津银行股份有限公司	2.06
25	富滇银行股份有限公司	1.94
27	成都银行股份有限公司	1.87
31	西安银行股份有限公司	1.62
32	乌鲁木齐市商业银行股份有限公司	1.08
32	包商银行股份有限公司	1.08
36	杭州银行股份有限公司	0.39
36	上海银行股份有限公司	0.39
41	大连银行股份有限公司	(0.54)

注：括号内为负值，出现负面事件而未及时回应的企业得分为负值。

表15 外资银行公众透明度指数时间维度得分排名

单位：分

排名	银行名称	时间维度得分
30	汇丰银行(中国)有限公司	1.66
32	花旗银行(中国)有限公司	1.08

（二）专项指标分析

1. 银行业负面事件中贪污受贿占比较高

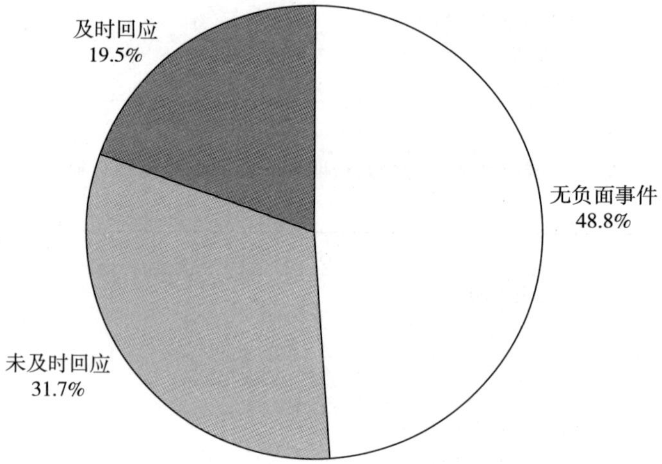

图 4　2015 年中国银行业负面事件披露情况

统计显示，48.8%（20 家）的银行未出现过负面事件，31.7%（14 家）的银行不同程度地出现过负面事件且未及时回应，其中，包括 4 家大型商业银行、中国邮政储蓄银行、4 家城商行、5 家股份制银行。出现 3 件负面事件的银行有中国建设银行、交通银行、广发银行、平安银行，上述 4 家银行均未就负面事件进行及时回应。

在统计到的 34 件负面事件中，55.88%（19 件）的事件为贪污受贿，17.65%（6 件）的事件涉及金融欺诈，此外还涉及内幕交易、误导消费、洗钱、逃税等。

部分银行针对负面事件通过官方网站进行主动披露或者借助媒体对负面事件进行回应。中国银行通过证券交易所网站发布公告主动对负面信息进行及时回应。兴业银行、恒丰银行、天津银行及汇丰银行通过媒体报道对事件背景及进展进行披露。其中恒丰银行针对“刚性兑付”、领导层违纪违法事

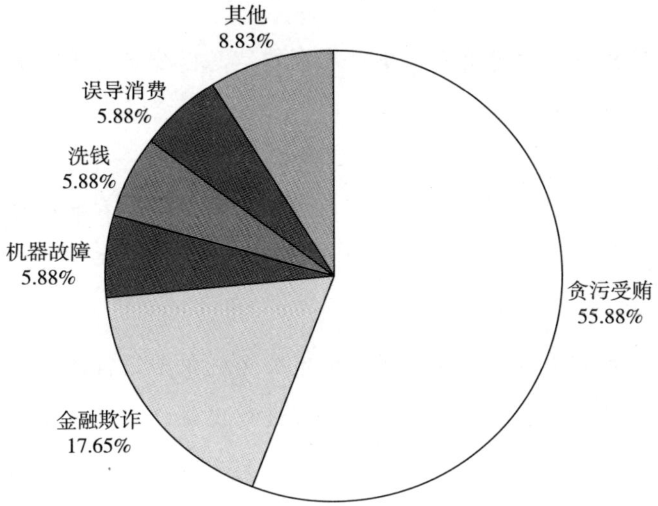

图5　2015 年中国银行业负面事件分布情况

件在两日内就通过媒体访问做出及时回应，汇丰银行则针对私人银行涉嫌帮助客户逃税事件在两日内就通过向媒体发出邮件的方式做出及时回应。

案例一：中国银行股份有限公司澄清公告①

中国银行股份有限公司（以下简称“本行”）已注意到近日相关媒体的报道，事件缘于本行米兰分行于2012年收到意大利司法机构的通知，要求其就所办理的向中国转汇款业务的合规性配合调查。

本行始终坚持依法合规经营，要求各海内外机构严格遵守中国及经营所在地国家或地区的监管规定。在反洗钱方面，不断完善反洗钱管理和防控制度，积极履行法定的尽职调查、可疑交易的监控和举报等反洗钱义务和责任，持续提升反洗钱风险管理能力。

目前，本行没有收到意大利司法机构有关上述合规性调查的任何正式起诉的文件。本行将关注相关司法程序的进展情况并根据相关法律法规及时予

① 资料来源：上海证券交易所，http：//www. sse. com. cn/disclosure/listedinfo/announcement/c/2015 -06 -23/601988_ 20150623_ 1. pdf，最后访问时间：2015 年9 月21 日。

以披露。

本行郑重提醒广大投资者，本行发布的信息以公告为准，请广大投资者理性投资，注意风险。

特此公告

中国银行股份有限公司董事会

二〇一五年六月二十三日

点评：针对有关媒体报道，作为上市公司，中国银行通过上海证券交易所网站发布澄清公告，对事件背景和进展进行说明，向投资者及时告知相关信息。

案例二：天津银行回应“3亿元存款消失”报道：未曾办理该业务①

日前，网上关于“天津银行3亿元存款被非法转走”的报道，引发公众对银行存款安全的质疑。记者联系天津银行总行办公室了解相关情况，工作人员称，天津银行济南分行没有办理过该报道所称的“3亿元人民币一年期定期存款”业务。

日前有媒体报道，合众资管曾将委托资产3亿元人民币投资于天津银行济南分行一年期定期存款，其后被告知，存款被自然人张承康等人非法转走。

记者联系天津银行总行，银行向记者提供的一份声明上称：“江苏银行、邮储银行、合众资管三方共同订立的《委托资产管理及托管合同》，不涉及天津银行济南分行，天津银行济南分行在此合同的订立和执行中，没有与订立合同的任何一方有过接触和洽谈，更没有任何的利益和责任”；“天津银行济南分行没有办理过合众资管3亿元人民币一年期定期存款业务”；“报道中提到的‘张承康’不是天津银行济南分行员工”。

天津银行向记者透露，济南市公安机关根据有关线索正全力侦办此案。

---

① 资料来源：新华网，http：//www.tj.xinhuanet.com/news/2015-05/05/c_1115184362.htm，最后访问时间：2015年9月21日。

点评：天津银行通过媒体对报道进行了声明，澄清相关信息，但存在未在官网对报道进行正面回应的情况，信息披露主动性还有进一步提升的空间。

2. 城市商业银行官网新闻更新速度没有明显提升

针对银行新闻更新问题，主要通过统计银行官网新闻数量与全国重要报纸全文数据库相关数据进行评价。与 2014 年相比，城市商业银行和外资银行新闻更新速度没有明显提升。统计显示，5 家大型商业银行、2 家政策性银行、12 家股份制银行在过去 12 个月的信息更新数量较多，总量为 400 ~ 800 条；国家开发银行及中国邮政储蓄银行的信息更新数量居中，总量为 200 条左右；18 家城商行的信息更新数量较少，其中 50% 的银行信息数量为60 ~ 150 条，50% 的银行信息数量不足 40 条；2 家外资银行信息数量为 18 ~ 34 条。

全国重要报纸全文数据库使用公司全称检索的数据显示，仅有 9.8%（4 家）的银行在过去 12 个月中新闻数量超过 1000 条，其中有 1 家大型商业银行、1 家政策性银行及 2 家城商行；1 家股份制银行新闻数量在 800 条以上，其余 11 家股份制银行及 88.9% 的城商行新闻数量均在 40 条以下。

相比全称检索，全国重要报纸全文数据库使用公司简称检索的数据显示，34.1%（14 家）的银行在过去 12 个月中新闻数量为 1000 ~ 10000 条，包括 4 家大型商业银行、5 家股份制银行、2 家城商行等。仅 7.3%（3 家）的银行新闻数量超过 10000 条，相比 2014 年 29.3% 的银行新闻数量超过 10000 条，占比明显降低。

官网新闻更新方面，国家开发银行、政策性银行、大型商业银行、中国邮政储蓄银行、股份制银行的新闻更新情况整体较好，资产规模较小的城商行以及聚焦高端私人零售客户的外资银行新闻更新量总体较少。2015 年相较于 2014 年全国重要报纸全文数据库新闻检索量整体水平明显下降。

3. 非上市公司发布社会责任报告的比例明显增加

较 2014 年相比，未上市公司发布社会责任报告的比例明显提升。统计显示，银行业上市公司均在规定时间内及时披露年报。24 家未上市公司中，

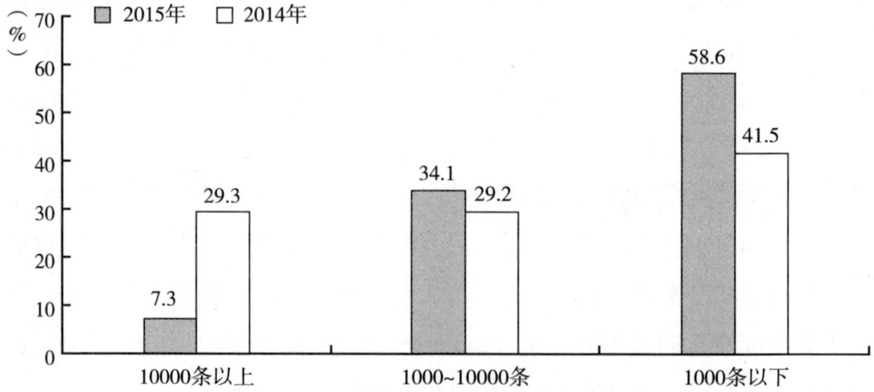

图6　中国银行业全国重要报纸全文数据库使用公司简称检索的新闻数量情况

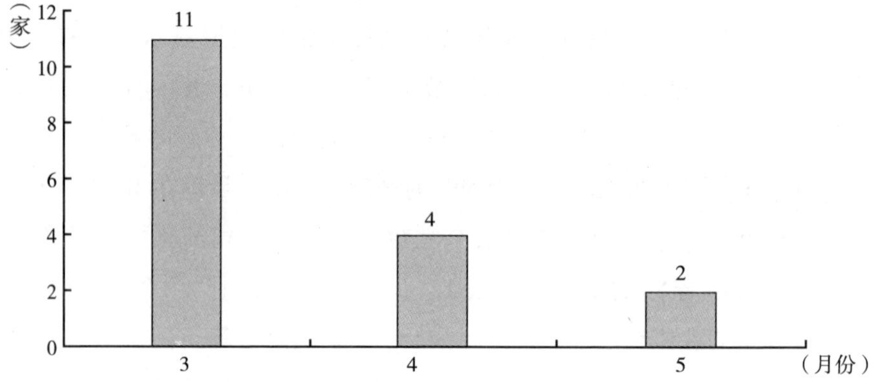

图7　2015 年 3 ~ 5 月中国银行业上市公司年度报告发布时间分布

13 家于 6 月前发布年报，7 家未能找到年报发布时间。

社会责任报告披露方面，17 家上市公司中有 1 家在规定时间内未发布报告。41.7%（10 家）的未上市公司于上半年发布了社会责任报告，与 2014 年同期相比约增加一倍（见图 8）。截至 2015 年 9 月末，新增的发布社会责任报告的银行包括广发银行、渤海银行、兰州银行、杭州银行，暂未发布社会责任报告的银行为汇丰银行。

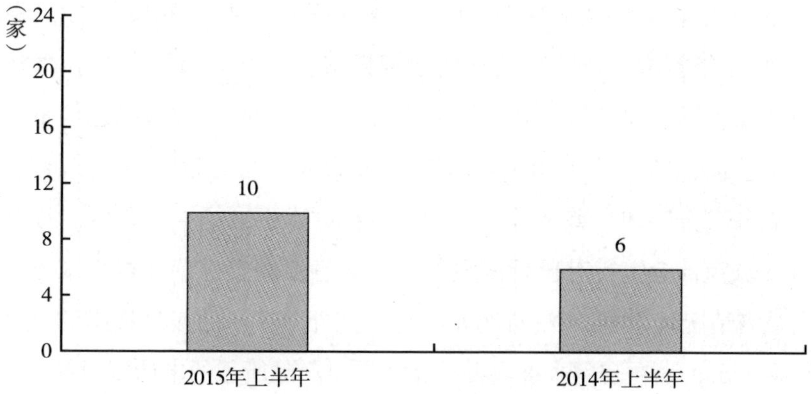

图 8　中国银行业未上市公司社会责任报告发布情况

三　内容维度评价分析

（一）内容维度评价结果

2015 年的评价进一步关注各类型银行在公司治理、社会责任管理及经济、社会、环境、客户等方面的信息披露程度，重点考察社会环境风险管理、社会责任管理、客户满意度调查、投诉处理、志愿服务、绿色信贷、公益项目等指标。

统计显示，整体上 2015 年各类型银行相比 2014 年，在社会责任管理方面，利益相关方识别、利益相关方沟通、社会责任推进管理等信息披露的实质性和完整性没有明显改善；而在绿色信贷政策、支持绿色产业、发展电子银行渠道方面的信息披露水平有显著提升。

针对银行业上市和非上市公司，上市公司主要是大型商业银行、股份制银行，其通过年报和社会责任报告、官网披露公司治理、风险管理、产品信息、客户服务、绿色信贷、员工发展、采购、公益等方面的信息情况总体保持良好，但相比 2014 年，客户投诉处理、特殊人群服务、公益项目长效开展、志愿服务等信息的披露水平没有明显提升。

非上市公司主要涉及政策性银行、城市商业银行和外资银行，相比2014年，2015年新增4家银行发布社会责任报告，此外未发布社会责任报告的银行，如中国进出口银行在官网设立社会责任专栏，披露绿色信贷、公益等信息。总体而言，非上市公司在报告发布及时性，以及绿色信贷、公益、客户服务、金融知识普及等方面的信息披露水平有了一定程度的提升。

2015年城市商业银行对投诉渠道、客户满意度调查、特殊客户服务等相关信息的披露情况较2014年没有明显改善。此外，在产品信息披露的充分性上依然存在不足，如在官网未披露办理相关金融产品所需的申请资料等。

从得分来看，3家大型商业银行、5家股份制银行、2家城商行在内容维度上排前10名。上述10家银行在社会责任报告中披露了公司治理、责任管理、客户服务、员工权益及发展、环境保护、公益等内容，并在官网上较为完整且充分地发布了产品信息等。国家开发银行、中国邮政储蓄银行、2家大型商业银行、4家股份制银行、2家城商行排第11至第20名，均在不同程度上存在责任管理、产品信息、客户服务、绿色信贷、公益慈善等方面信息披露不足的问题。排第31~41名的城市商业银行以及1家外资银行多数未发布社会责任报告或年报，在企业运营情况、公司治理、责任管理、客户、员工、环境、公益等方面信息缺乏，且官网对产品信息披露不足。

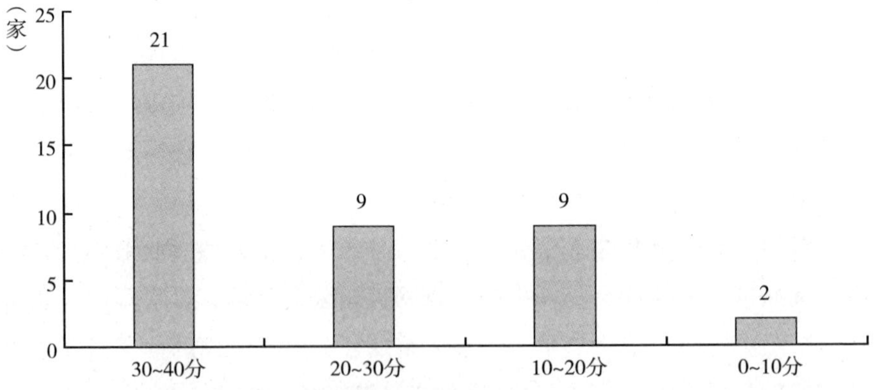

图9　2015年中国银行业公众透明度内容维度得分分布

表16　国家开发银行公众透明度指数内容维度得分

单位：分

排名	银行名称	内容维度得分
15	国家开发银行股份有限公司	34.19

表17　政策性银行公众透明度指数内容维度得分排名

单位：分

排名	银行名称	内容维度得分
24	中国进出口银行	27.33
27	中国农业发展银行	23.55

表18　大型商业银行公众透明度指数内容维度得分排名

单位：分

排名	银行名称	内容维度得分
3	交通银行股份有限公司	38.11
4	中国农业银行股份有限公司	37.46
8	中国银行股份有限公司	35.86
13	中国建设银行股份有限公司	34.30
14	中国工商银行股份有限公司	34.25

表19　中国邮政储蓄银行公众透明度指数内容维度得分

单位：分

排名	银行名称	内容维度得分
19	中国邮政储蓄银行股份有限公司	32.07

表20　股份制银行公众透明度指数内容维度得分排名

单位：分

排名	银行名称	内容维度得分
1	中国民生银行股份有限公司	38.55
5	中信银行股份有限公司	37.34
7	上海浦东发展银行股份有限公司	36.46
9	兴业银行股份有限公司	35.66
10	招商银行股份有限公司	35.37

续表

排名	银行名称	内容维度得分
11	华夏银行股份有限公司	34.97
12	中国光大银行股份有限公司	34.43
16	渤海银行股份有限公司	33.58
17	平安银行股份有限公司	32.58
21	广发银行股份有限公司	31.47
29	恒丰银行股份有限公司	21.12
32	浙商银行股份有限公司	18.32

表21 城市商业银行公众透明度指数内容维度得分排名

单位：分

排名	银行名称	内容维度得分
2	上海银行股份有限公司	38.35
6	北京银行股份有限公司	36.90
18	重庆银行股份有限公司	32.10
20	江苏银行股份有限公司	31.98
22	杭州银行股份有限公司	28.71
25	南京银行股份有限公司	25.32
26	华融湘江银行股份有限公司	24.79
28	兰州银行股份有限公司	22.14
30	富滇银行股份有限公司	20.60
33	成都银行股份有限公司	17.81
34	包商银行股份有限公司	17.72
35	徽商银行股份有限公司	16.14
36	广州银行股份有限公司	15.97
37	天津银行股份有限公司	15.54
38	唐山银行股份有限公司	14.82
39	西安银行股份有限公司	13.81
40	大连银行股份有限公司	9.57
41	乌鲁木齐市商业银行股份有限公司	7.53

表22 外资银行公众透明度指数内容维度得分排名

单位：分

排名	银行名称	内容维度得分
23	汇丰银行(中国)有限公司	27.98
31	花旗银行(中国)有限公司	19.03

（二）公司治理机制建设情况

1. 社会责任报告渠道披露的公司治理信息增幅明显

银行业一方面为公众提供金融产品和金融服务，另一方面为经济社会的发展注入资金，这样一种与公众生活密切相关同时深刻影响着经济社会发展的特性，使得银行业的公司治理显得尤为重要，银行对外及时发布公司治理信息更为关键。

（1）“三会一层”治理结构。统计显示，通过年报、社会责任报告、官网披露“三会一层”治理结构的银行分别占总数的 63.4%、53.7%、82.9%，2014 年相应的占比分别为 82.9%、43.9%、78.0%。相比 2014 年，通过年报披露相关信息的银行数量有所下降。

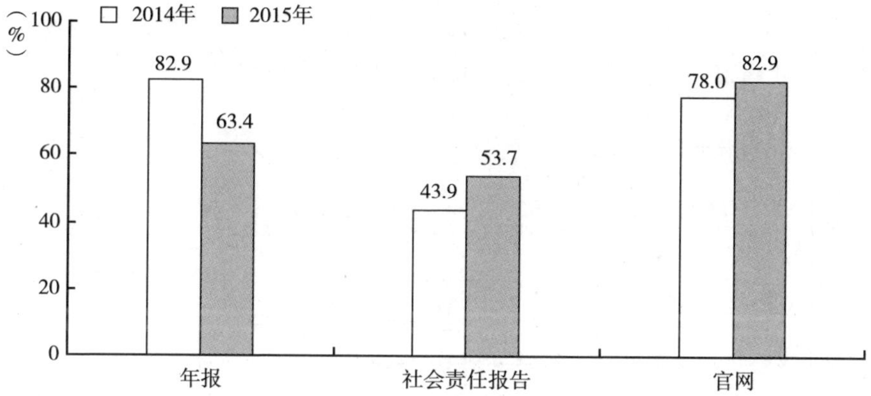

图 10　中国银行业“三会一层”治理结构披露情况

（2）“三会一层”具体成员名单。统计显示，2015 年通过年报、社会责任报告、官网披露“三会一层”具体成员名单的银行分别占总数的 85.4%、85.4%、51.2%，2014 年相应的占比分别为 85.4%、22.0%、53.7%。由于银行业未上市公司发布社会责任报告的数量明显增多，通过社会责任报告披露相关信息的银行占比也有明显提升。

（3）“三会一层”主要工作情况。统计显示，通过年报、社会责任报

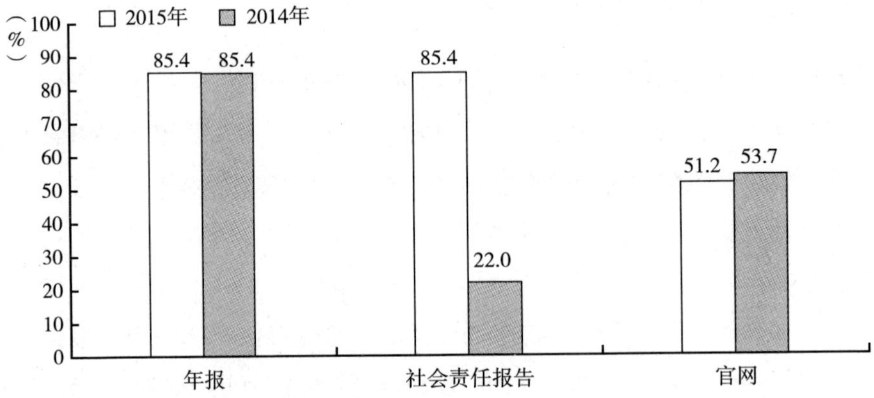

图 11　中国银行业"三会一层"具体成员名单披露情况

告、官网披露"三会一层"主要工作情况的银行分别占总数的 80.4%、48.8%、73.2%，2014 年相应的占比分别为 87.8%、39.0%、65.9%。通过年报和社会责任报告披露相关信息的银行数量有所增加。

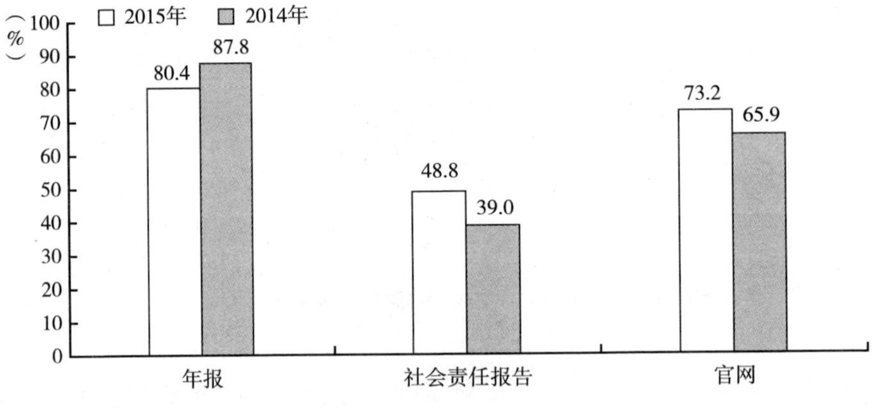

图 12　中国银行业"三会一层"主要工作情况披露

2015 年仅有 2 家银行通过年报、社会责任报告、官网同时披露"三会一层"治理结构、具体成员名单及主要工作情况，银行业公司治理信息的披露渠道需进一步丰富，以便于公众获取相关信息。

2. 银行业非上市公司风险管理披露水平有所提升

统计显示，85.4%（35家）的银行在年报中披露内控及风险管理信息（见图13）。有8家银行单独发布内部控制报告，其中包括2家大型商业银行，占全部大型商业银行的40%；4家股份制银行，占全部股份制银行的33.3%；2家城商行，占全部城商行的11.1%（见图14）。

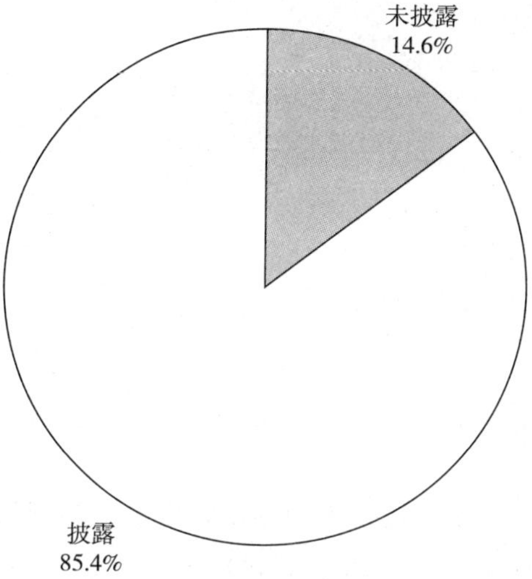

图13　2015年中国银行业在年报中披露内控及风险管理信息的情况

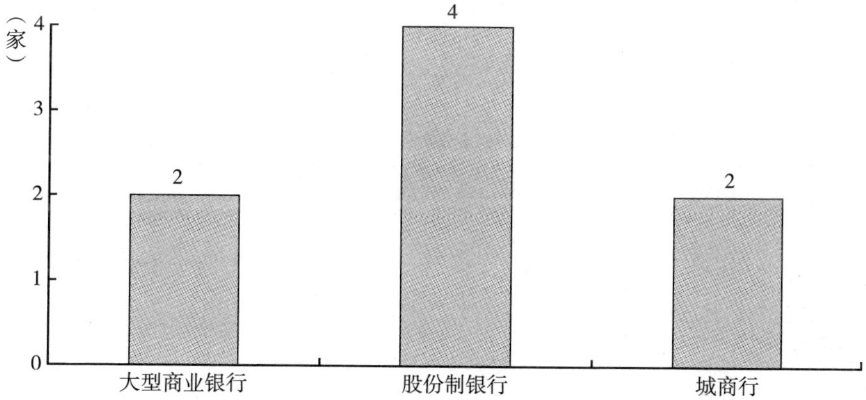

图14　2015年中国银行业单独发布内控报告的情况

39%（16家）的银行在社会责任报告中披露风险管理信息（见图15）。由于发布社会责任报告的城商行较上年增多，通过社会责任报告披露风险管理信息的银行比例由2014年的22.2%增至2015年的38%。

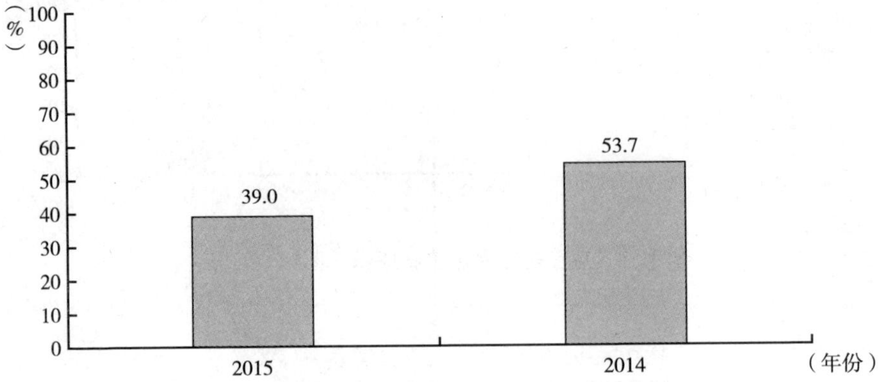

图15　2015年中国银行业在社会责任报告中风险管理披露情况

案例三：华夏银行重视环境和社会风险管理机制①

2014年，华夏银行建立授信客户环境与社会中风险分类管理机制，分层级对客户的环境和社会表现进行评价并分档，对不同类型的客户实施差异化的管理策略。加强分类结果的应用，做好相应的贷后管理以及风险预警，并制定相应的风险化解措施，有效控制由环境和社会因素造成的风险。同时，华夏银行重点加强应急管理能力，预防由社会风险造成的客户资产安全问题。

表23　华夏银行授信客户环境与社会风险分类管理机制

第一层分类 根据客户所属行业的环境和社会风险敏感度不同，将客户分为A、B、C三大类	⇨明确重点，优化配置
第二层分类 对具体客户进行环境和社会表现评价，分为合格、需关注、不合格三档	⇨发现风险状况，及时采取措施

① 资料来源：《华夏银行2014年社会责任报告》。

续表

不合格:不给予新增授信,存量续做,制定风险控制措施和压缩推出计划
需关注:若拟批准授信,在风险审查中揭示该类风险,制定风险缓释措施,明确贷后管理要求
结果应用+动态监控

点评: 华夏银行通过社会责任报告向公众披露环境与社会风险管理机制，以表格的方式展示银行对客户的分类、采取的措施，便于客户与公众了解银行在防范社会和环境风险方面的管理机制和具体做法。

案例四：花旗银行环境与社会风险管理①

遵循中国银监会的绿色信贷方针，花旗中国的政策是拒绝向那些经营活动会对境和/或社会造成严重负面影响的现有客户或新客户提供信贷，具体根据银监会绿色信贷方针确定。对于在获批阶段之后对环境和/或社会造成严重负面影响的现有客户，我们将要求其提前偿还贷款，直至问题解决为止。花旗中国也实施了具体的控制流程。作为新贷款审批、年度或中期贷款实施情况评估和贷款提取时的强制性尽职调查的一部分，花旗中国将就客户的环境和社会责任方面展开审查，包括从中国人民银行征信系统中检索相关信用记录。对于项目融资/固定资产贷款，客户经理或贷款分析员确保所属项目不属于发改委最新颁布的《产业结构调整指导目录》下的“限制”或“淘汰”类别，并且满足或获得所有相关的政府审批。

花旗中国采用了集团的环境和社会风险管理（ESRM）政策，确保以对环境和社会负责的方式开展业务。该政策适用于符合特定财务门槛的交易，且这些交易的收益将用于特定的资产、投资或业务，尤其是那些涉及物理设施或设备工业、自然资源开采或基础设施的投资。ESRM 单元由 ESRM 专家评论每个事务分类，然后与银行家和客户妥善管理和缓解这些风险。自

① 资料来源：《花旗银行 2014 年社会责任报告》。

2013年6月以来，花旗中国每年撰写绿色信贷年度报告，并将其提交给风险管理委员会（该委员会向董事会报告）进行审核。

点评： 花旗银行遵循监管机构的方针，在社会责任报告中披露了环境与社会风险管理政策、流程和具体举措，易于客户和公众了解外资银行在开展金融业务过程中对于绿色信贷的关注和具体实践。

（三）责任管理信息披露的实质性没有明显提升

1. 银行逐渐重视责任推进管理工作

社会责任管理通过明确责任理念、制定责任规划、推进责任管理，服务于企业的可持续发展和战略目标的实现。统计显示，61%（25家）的银行在社会责任报告中披露了社会责任理念，包括5家大型商业银行、10家股份制银行（占全部股份制银行的83.3%）和6家城商行（占全部城商行的33.3%）。2014年股份制银行披露相关信息的比例为41.7%（5家），城商行未披露相关信息。与2014年相比，2015年披露社会责任理念的银行数量明显增多，其中股份制银行和城商行尤为突出。银行业的责任理念中多数以企业经营理念、客户服务理念为主，可持续发展的思想内涵不足，这与银行

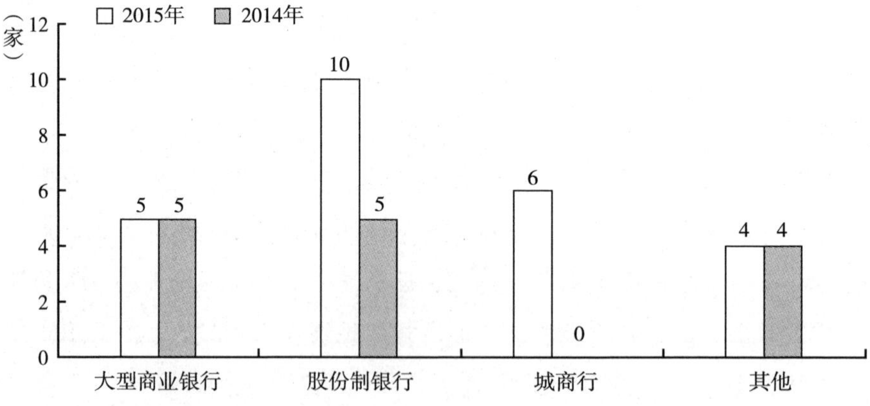

图16　中国银行业责任理念披露情况

对社会责任与可持续发展的认知不足有密切关系。

36.6%（15 家）的银行披露了推进责任管理信息，相比 2014 年增加了 1 家股份制银行（渤海银行）。

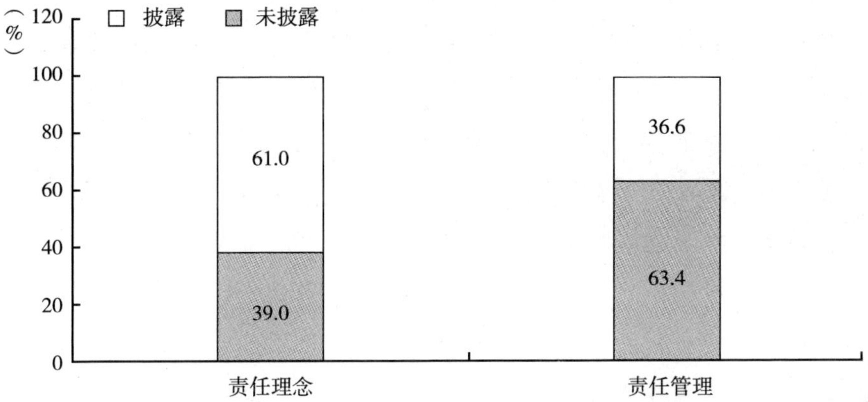

图 17　2015 年中国银行业责任管理信息披露情况

案例五：中信银行推动社会责任管理[①]

完善组织架构。2014 年，本集团引入人力资源组织架构及岗位职责咨询，根据社会责任岗位职责要求，在党群监保部下设“企业文化处”，负责本集团社会责任管理工作。截至 2014 年末，本行共有 73 名社会责任工作人员，包括 2 名专职人员负责社会责任管理工作、40 名分行社会责任工作对口岗位人员及 31 名总行部门兼职人员。本集团组织了 1 次面向分行社会责任工作专岗人员的社会责任管理专业培训，进一步提升了专岗人员的社会责任工作能力。

设立考核指标。本集团积极履行社会责任，首次将“社会责任”纳入分行考核指标。该指标包括服务质量和小微企业“两个不低于”两项指标，其中“服务质量”主要是考核分行零售服务质量，以加强对提升客户服务质量的考核引导，包括“第三方神秘客户监测”和“千佳示范单位获奖数

① 资料来源：《中信银行 2014 年社会责任报告》。

量”两项子指标；小微企业贷款增速不低于全部贷款增速、增量不低于上年（即“两个不低于”），指标重点引导分行加强对小微企业的信贷投放支持力度。

统一捐赠管理。本行依照《中信银行对外捐赠管理办法》和《中信银行对外捐赠管理实施细则》，进一步加强对外捐赠行为的统一管理。2014年，本行继续执行全行统一的对外捐赠预算管理，进一步规范了全行的对外捐赠行为。截至2014年末，本行共审批通过对外捐赠项目11个，否决了不符合要求的捐赠项目3个。

全覆盖数据收集。本集团进一步加强社会责任管理工作，首次面向系统内所有分支机构和附属公司收集社会责任报告数据。依照《中信银行社会责任报告工作管理办法》，本集团进一步优化了社会责任数据的渠道管理、统计口径规范和流程管理，将各分支机构按季度向总行报送社会责任数据的模式制度化和常规化，提升了本集团社会责任数据的真实性和可追溯性。

坚持第三方鉴证。本集团从2009年起定期披露社会责任报告，聘请毕马威华振会计师事务所（特殊普通合伙）对本集团社会责任报告进行独立有限鉴证，对报告中的重要陈述及关键性数据进行真实性审验，并对本集团社会责任管理提出意见和建议。2014年，毕马威华振会计师事务所（特殊普通合伙）向本集团提出社会责任管理意见和建议共计16条，本集团均已在日常工作中给予改进和回应。

参与编制评级。本集团自2010年起连续4年聘请GRI官方机构对本集团社会责任报告进行应用等级检查，分别获得一次B+、三次A+的等级评定。

点评：中信银行通过社会责任报告披露推进责任管理的相关信息，例如建立总分行组织机制，但未披露相关岗位的具体职责。同时，披露社会责任相关考核指标，但存在将银行经营管理指标直接应用为社会责任工作考核指标的问题。

2. 利益相关方信息披露依然不足

利益相关方管理是银行推进社会责任管理的重要组成部分，通过建立利益相关方参与机制，以会议、调研等多种沟通渠道了解内外部利益相关方的期望和诉求，并将其纳入企业战略制定、经营决策，服务于银行的日常运营和持续发展。统计显示，2015 年，银行均未披露利益相关方识别过程；51.2%（21 家）的银行披露了利益相关方列表，较 2014 年增加 1 家银行；仅有 1 家银行（中信银行）披露了利益相关方责任沟通方面的实践。

总体而言，发布社会责任报告的银行基本披露了利益相关方列表。在实践中，银行业对利益相关方管理认知普遍不足，在很大程度上将利益相关方列表的信息披露等同于利益相关方责任沟通的信息披露，同时较少关注利益相关方的识别。

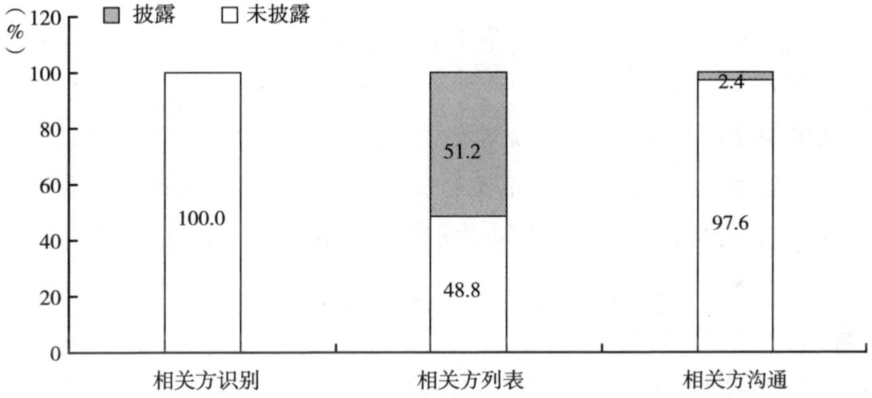

图 18　2015 年中国银行业利益相关方信息披露情况

案例六：中信银行与利益相关方沟通行动①

主动拜访。2014 年，本行行长李庆萍带队深入省、自治区、市，与浙江、河北、吉林、江苏、广西、福建省的省（自治区）委、省（自治区）政府及深圳、青岛、保定以及北京部分区（市）委及区（市）政府的领导

① 资料来源：《中信银行 2014 年社会责任报告》。

加强联系，主动拜访，与17家政府机构充分交流沟通，交换意见，不断改进本集团各项工作，提升服务实体经济的能力和水平。

公告路演。2014年，本集团召开了2013年度业绩、2014年中期业绩现场发布会和2014年第三季度业绩电话发布会，在中国香港、美国、欧洲、中东四地举行了年度业绩路演，向本集团股票持有人/机构及重要潜在投资者介绍了本集团经营情况。本集团在上海证券交易所发布临时公告92项，发布定期报告4项，及时向市场披露了本行财务业绩、控股股东增持、债券发行、定向增发等重要信息。本集团共举办投资者见面会70余场，与会投资者超过400人次，受邀参加了9场大型投资者论坛。本集团主动发起POS网贷推介会，邀请境内外机构开展座谈交流。

开展活动。本集团举办全行性、区域性公司客户营销活动约3579场，8万余人次的员工为超过183万人次的客户提供了专业金融服务，包括产品内容宣传、产品推广、上门服务、客户关怀活动、客户联谊活动、金融政策和金融知识宣传等。

内部沟通。本集团在内网及时发布各类信息，并建立“社会责任管理”专栏，加强与员工的沟通；设立行长信箱，随时听取各级员工的意见与建议。截至2014年末，本集团内网访问数量近960万人次。

媒体发布。本集团在官方网站开设“社会责任报告”专栏，向公众披露本集团社会责任信息。2014年，本集团在全国（含地方）各类媒体共刊发媒体报道42000余篇，增幅约40%；在官方网站发布新闻超过1300篇，发布理财产品公告超过3000个。在《第一财经日报》《经济日报》《证券时报》《经济参考报》等4家媒体上刊发了《〈中信银行2013年度社会责任报告〉摘要》。

访谈交流。2014年，本集团与国际评级机构开展了密切交流，接待由穆迪和惠誉开展的年度访谈各1次，协助中信集团完成了标准普尔和R&I的年度访谈。本集团主动邀请评级公司参加业绩发布会，向其提供公开动态信息，促进双方相互了解。

创新体验。2014年，本集团首次开发并上线了APP版2013年度社会责任报告，创新与各利益相关方的沟通方式，并将该报告 APP 版上挂官方网站、官方微信、微博，以及通过在全行 1000 多家网点滚动播放广告，增进了本集团社会责任报告的可读性和客户体验的便捷性。

点评：中信银行在社会责任报告中披露了与利益相关方的沟通活动，涵盖政府、股东、客户、员工、媒体、国际评级机构等相关方，这在一定程度上将已有的交流沟通工作等同于社会责任沟通工作，可行性有待商榷。

（四）经营绩效信息披露较充分

统计显示，有 3 家银行未披露主营业务经营情况、营业收入、资产及净利润，包括大连银行、乌鲁木齐市商业银行、花旗银行。

其他银行通过年报及社会责任报告披露了营业收入、总资产、净利润、主营业务经营情况，通过不同渠道披露了公众关注的信息。

案例七：大连银行简介①

大连银行前身是大连市商业银行，成立于 1998 年 3 月 28 日，是一家由大连市国有股份、中资法人股份及个人股份共同组成的地方性股份制商业银行。经中国银行业监督管理委员会批准，大连市商业银行于 2007 年 2 月 17 日更名为大连银行。2007 年 7 月 19 日，大连银行在天津设立了第一家异地分行，迈出了从地方银行向全国性银行转型的第一步。2008 年 7 月 18 日，大连银行第二家异地分行——北京分行正式开门纳客，标志着大连银行实现了自身发展的又一次重大跨越。2009 年 1 月 18 日沈阳分行开门纳客，为大连银行东北地区战略布局落下了一颗重要的棋子。2009 年 9 月成都分行、10 月营口分行相继开业，大连银行全国性战略布局提速。2010 年，成功设

① 资料来源：大连银行官网，http：//www. bankofdl. com/Channel/17309，最后访问时间：2015 年 10 月 7 日。

立了上海分行、丹东分行和重庆分行，异地分行已达8家，成为唯一在全部四个直辖市均设有分行的城商行，大连银行作为全国性股份制商业银行的架构粗具雏形。

全行现有员工近5000人，总行下设27个管理部门，4家中心支行，8家分行，共130多个营业网点。

近年来，大连银行资产质量不断提高，盈利能力持续增强，各项经营指标实现了历史性突破。截至2012年末，大连银行资产规模达到2506亿元，一般性存款余额1747亿元，贷款余额1016亿元。在2012年7月出版的英国杂志《银行家》全球前1000家大银行排名中，大连银行列第468位，在中国内地的银行中排第39位。

点评：大连银行相关经营信息更新不及时，一方面表现在官网“我行概况”中，尚未对相关数据进行更新，数据显示为截至2012年末，另一方面在本次评价截稿前尚未从公开渠道收集到大连银行发布的年报。整体上，大连银行在财务信息披露方面滞后性较明显。

（五）环境管理信息披露情况有所改善

统计显示，75.6%（31家）的银行披露了绿色信贷政策，包括5家大型商业银行、12家股份制银行、9家城商行等，相比2014年的24家，数量明显增加。各类银行披露的环境管理信息包括制定分层分类绿色信贷政策、关注环境和社会风险管理、进一步修订分行业信贷政策等。

70.7%（29家）的银行披露了支持绿色经济的具体举措，如支持绿色产业、限制“两高一剩”行业发展等。85.4%（35家）的银行披露了绿色金融产品的信息。26.8%（11家）的银行披露了绿色金融产品创新的情况。

与2014年相比，银行业更加关注绿色信贷发展，通过社会责任报告以及官网等渠道发布绿色信贷政策及制度，其中城商行披露绿色信贷政策与举措信息的占比为50%，较2014年的44.4%有所提升，但整体落后于大型商业银行及股份制银行。

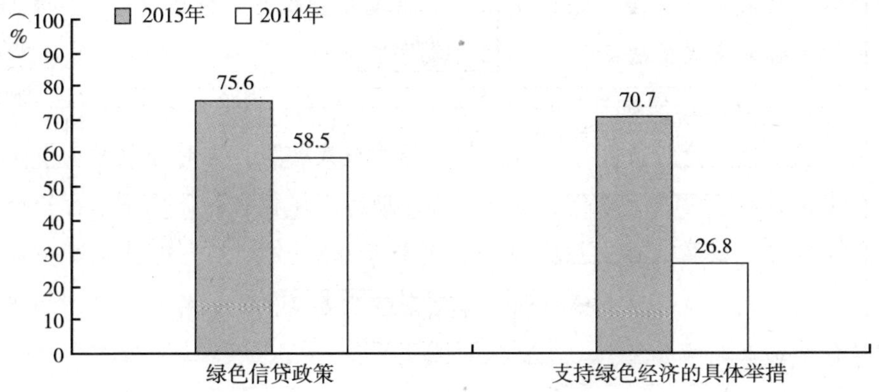

图 19　中国银行业环境管理信息披露情况

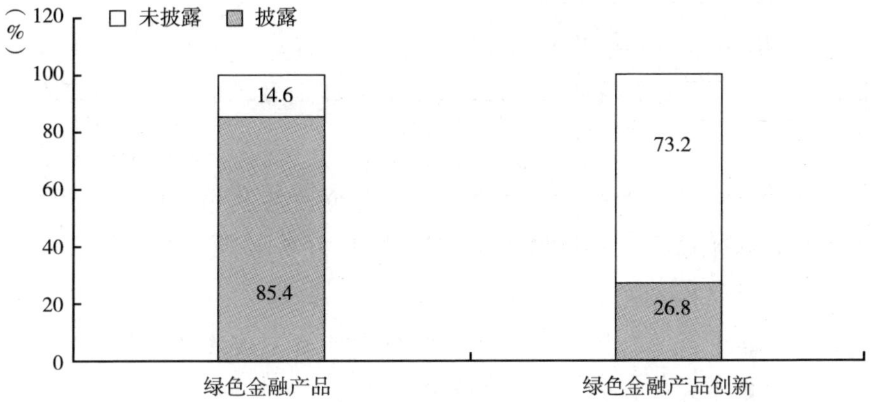

图 20　2015 年中国银行业披露绿色金融产品相关信息的情况

案例八：兴业银行首发绿色债券，助力环境保护①

2014 年 9 月 16 日，由本行发行的国内首单绿色金融信贷资产支持证券——“兴元 2014 年第二期绿色金融信贷资产支持证券”在全国银行间债券市场招标成功，发行金额为 34. 94 亿元，引起市场各方的高度关注。作为国内首家赤道银行、绿色金融业务市场领先者，本次绿色证券的发行，充分

① 资料来源：《兴业银行 2014 年社会责任报告》。

表明本行全面贯彻“全国银行业化解产能过剩暨践行绿色信贷会议”精神，加快绿色金融发展的决心。

“寓义于利”，创新可持续社会责任实践方式。绿色债券的发行，进一步拓展了本行资产负债管理渠道，加快经营模式转型，同时释放绿色金融贷款额度，并继续投资于绿色金融类项目，助力环境保护，体现了本行长期以来倡导的节能减排、赤道原则理念，创新了本行“寓义于利”的社会责任理念实践方式，也为商业银行开展绿色金融业务提供了一种新思路，加速我国绿色金融产业的升级。

精选优良基础资产，与投资者携手共赢。本期信贷资产支持证券对应的基础资产由本行层层筛选确定，均为优质的绿色金融类贷款。入池贷款借款人分布在16个省市，地区分布较为广泛，基础资产均匀分布于电力、热力生产和供应业及生态保护和环境治理业等16个行业，地域分散度及行业分散度较高，同时通过突破性的引入部分抵质押类贷款，进一步保障客户投资利益。

助力环保，贯彻落实可持续发展理念。本期证券化产品的成功发行，将使本行释放绿色信贷规模近35亿元，该信贷额度将重新投放到以水资源利用和保护领域为首的节能环保重点领域。由此，从信贷产品到资产证券化，再到信贷产品，构建了一个绿色金融产品完美的“闭环”。本次绿色金融项目可实现境内每年节约标准煤36万吨，年减排二氧化碳106万吨，年节水量394万吨，节能减排量相当于11万公顷森林每年所吸收的二氧化碳总量。

随着本行在绿色金融发展理念、组织架构、产品服务方面的不断探索与逐步完善，本行绿色金融的专业能力、市场影响、品牌效应日益显现且不断提升，本次本行在国内成功发行首单绿色金融信贷资产支持证券，开创了同类产品之先河，可谓水到渠成。

点评：兴业银行通过可持续发展报告披露了绿色金融产品创新的实践和社会影响，有利于银行向公众展示在推进绿色信贷方面所做出的努力。

案例九：南京银行打造绿色信贷，响应低碳号召①

公司秉持高度的社会责任感，积极顺应绿色经济发展潮流，大力实践绿色金融，推动经济、环境和社会可持续发展。2014 年，以合同能源管理为切入点，引进国际金融公司（IFC）的技术，开展绿色金融业务。积极支持节能工程建设、资源循环利用、城镇污水垃圾处理、水污染治理等领域的项目和企业。截至 2014 年末，绿色金融余额达 93 亿元，较年初增幅显著。完善管理制度，积极推广合同能源管理融资模式，为能源回收利用、扩大能源使用效率的改造项目提供融资服务。针对 LED21 照明节能改造项目，成功开展首笔合同能源管理业务，项目还款来源主要为合同能源管理减少的照明电费。截至 2014 年末，合同能源贷款余额 5.4 亿元，较年初增幅显著。借鉴国际金融公司（IFC）在绿色信贷领域的先进经验，开展“环境和社会风险管理体系建设咨询”项目，有效推动本行的绿色信贷相关工作。

点评：南京银行披露了与国际同业合作开展绿色金融业务的相关信息，便于公众了解银行在推进绿色信贷方面独具特色的做法。

（六）客户服务信息披露情况整体较好

1. 客户服务信息披露较为全面

（1）城商行客户满意度调查信息披露不足

客户服务是银行业经营发展的重要内容，通过多元的渠道，提供满足于不同客户需求的信息，以及有效评估客户对金融产品和金融服务的体验，是提升客户服务质量的重要基础，也是银行实现持续价值创造的核心。

统计显示，各类型银行除提供客服电话、客服邮箱外，70.7%（29 家）的银行提供在线服务，超过 90% 的银行开通网上银行（参照渠道维度），客

① 资料来源：《南京银行 2014 年社会责任报告》。

户服务信息的可获得性良好。

41.5%（17家）的银行在报告期披露了客户满意度调查分数。与2014年相比，华夏银行尚未披露满意度调查信息，新增7家银行披露了相关数据，包括国家开发银行、中国进出口银行、广发银行、上海银行、富滇银行、兰州银行、华融湘江银行。其中城商行有8家对满意度调查信息进行了披露，其中3家未披露调查分数。多数银行暂未对客户满意度调查发现的主要问题进行披露，透明度有待进一步提升。

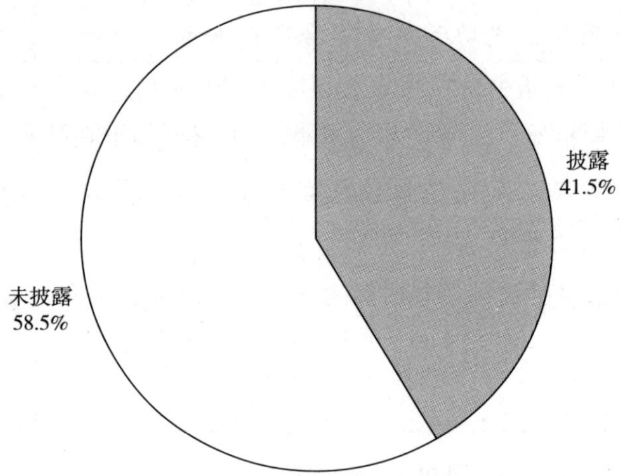

图21　2015年中国银行客户满意度调查分数披露情况

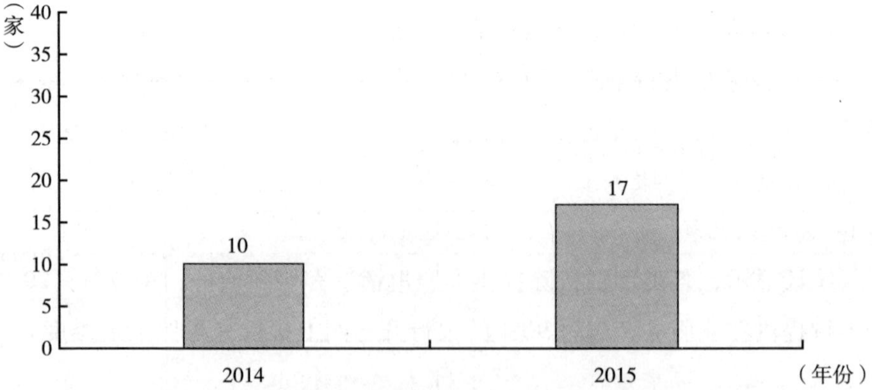

图22　中国银行业客户满意度调查分数披露情况

表 24　中国银行业客户满意度调查一览

银行类型	银行名称	客户满意度调查
	国家开发银行	95%
政策性银行	中国进出口银行	未披露分数
政策性银行	中国农业发展银行	98.21%
大型商业银行	中国工商银行	98.41%
大型商业银行	中国农业银行	未披露分数
大型商业银行	中国银行	92.50%
大型商业银行	中国建设银行	个人客户 75.3%
大型商业银行	交通银行	J. D. Power 808 分
	中国邮政储蓄银行	93%
股份制银行	中信银行	未披露分数
股份制银行	招商银行	未披露分数
股份制银行	中国民生银行	未披露分数
股份制银行	中国光大银行	99.62%
股份制银行	上海浦东发展银行	85%
股份制银行	华夏银行	未披露分数
股份制银行	兴业银行	99.72%
股份制银行	平安银行	零售客户 71 分
股份制银行	广发银行	无
股份制银行	恒丰银行	无
股份制银行	浙商银行	无
股份制银行	渤海银行	97%
城市商业银行	北京银行	99.5%
城市商业银行	上海银行	99.7%
城市商业银行	天津银行	无
城市商业银行	重庆银行	90%
城市商业银行	成都银行	无
城市商业银行	富滇银行	未披露分数
城市商业银行	西安银行	无
城市商业银行	南京银行	无
城市商业银行	乌鲁木齐市商业银行	无

续表

银行类型	银行名称	客户满意度调查
城市商业银行	兰州银行	未披露分数
城市商业银行	广州银行	无
城市商业银行	徽商银行	无
城市商业银行	包商银行	无
城市商业银行	江苏银行	98%
城市商业银行	杭州银行	98%
城市商业银行	唐山银行	无
城市商业银行	大连银行	无
城市商业银行	华融湘江银行	未披露分数
外资银行	汇丰银行(中国)	无
外资银行	花旗银行(中国)	未披露分数

案例十：招商银行开展客户满意度测评①

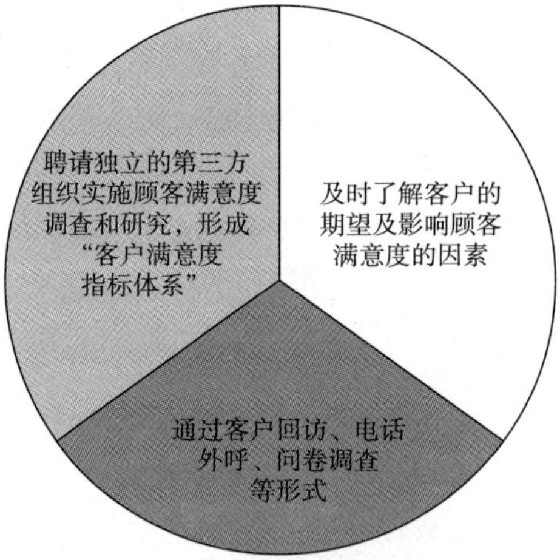

图23 “您的意见，我们的动力”
开展客户满意度测评

① 资料来源：《招商银行2014年社会责任报告》。

点评：招商银行在社会责任报告中披露由第三方开展客户满意度调查，并列举了调查开展形式，但未披露客户满意度测评分数。

（2）银行业对特殊人群服务信息披露不足

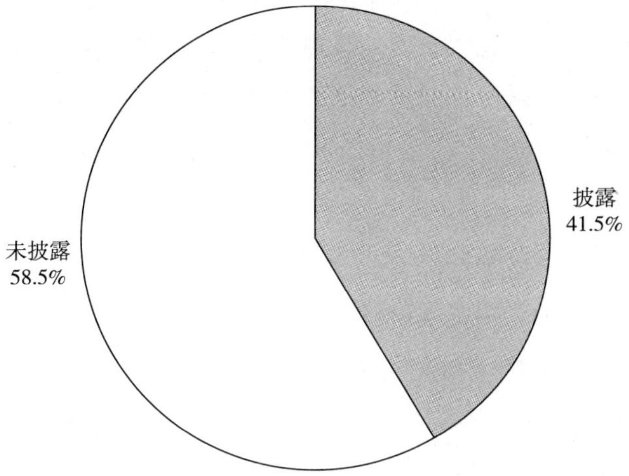

图 24　2015 年中国银行业对特殊人群服务信息披露情况

为特殊人群提供便利的金融服务是银行业服务改进的重要内容。统计显示，41.5%（17 家）的银行主要通过社会责任报告披露了针对特殊人群提供的服务信息，较 2014 年比例并没有提升，包括 4 家大型商业银行、中国邮政储蓄银行、7 家股份制银行、4 家城商行、1 家外资银行。多数银行缺乏对"加强特殊人群服务相关政策制度"的信息披露，主要披露了为行动不便特殊群体提供上门金融服务的相关案例。

案例十一：重庆银行贴心服务特殊群体[①]

2014 年，本行持续推进全行文明服务工作，通过强机制、定标准、严考核等工作措施，建立了全面的服务管理体系。与此同时，本行还不断完善

① 资料来源：《重庆银行 2014 年社会责任报告》。

特殊群体金融服务制度体系建设，建立对残障人士服务应急处理等服务保障机制，提高一线员工服务残障人士的应急处理能力。设立了专门的银行“绿色通道”，制定了针对书写障碍、重度肢体残障等残障客户的服务标准，在新设及重新装修的营业网点设置了标准残疾人通道，部分网点提供手语服务，充分尊重和满足残障人士的金融服务需求。

点评：重庆银行通过社会责任报告披露了针对残障客户制定的服务标准和绿色通道，体现了银行自身对特殊客户群体的关注并向公众发布了相关的信息。

2. 争议处理信息披露情况有所改善

统计显示，新增中国民生银行、上海银行两家股份制银行对外公布了其对客户投诉的处理流程办法及相关规定，披露该项信息的银行累计达 9 家，占比 21.95%，包括 1 家大型商业银行（中国银行）、中国邮政储蓄银行、5 家股份制银行、1 家城商行及 1 家外资银行。

仅 24.4%（10 家）的银行披露了投诉事件处理率相关数据，相比 2014 年的 34.1% 有所下降，包括 7 家股份制银行及 3 家城商行，五大商业银行均未对投诉事件处理数据进行披露。

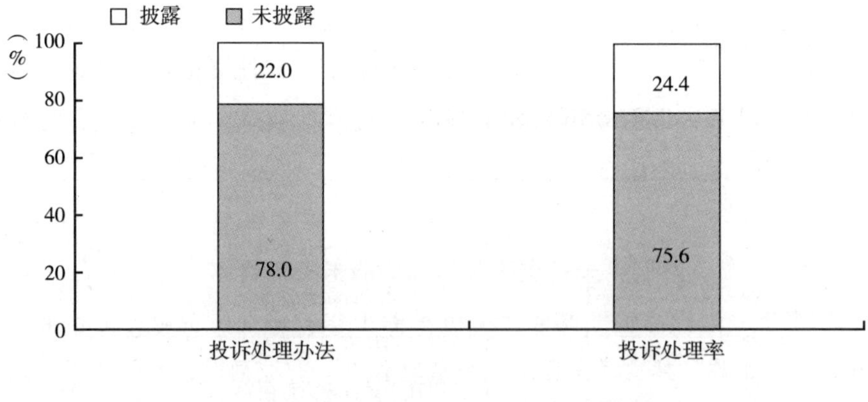

图 25　2015 年中国银行业争议处理信息披露情况

案例十二：上海银行客户服务投诉渠道及处理程序①

表 25　上海银行客户服务投诉处理相关信息

投诉渠道	联系方式	受理时间	处理程序
投诉电话	95594	7×24 小时	当场受理，一般情况受理后5个工作日内给予回复
投诉邮箱	webmaster@bankofshanghai.com	7×24 小时	3个工作日内受理，一般情况受理后5个工作日内给予回复
投诉传真	021－20620825	7×24 小时	3个工作日内受理，一般情况受理后5个工作日内给予回复
书面投诉	上海银城中路168号 上海银行信访办邮编：200120	工作日 8:30～17:00	3个工作日内受理，一般情况受理后5个工作日内给予回复

点评：上海银行通过官网披露了投诉渠道及处理程序所需时间，便于公众获取银行投诉处理的相关信息。

案例十三：渤海银行客户投诉处理机制改进②

2014 年，本行通过多项措施进一步改进客户投诉处理机制。一是及时收集、分析全行客户投诉情况，要求各分行按月上报投诉管理报告，总行服务管理部门逐笔跟进客户投诉的处理和客户满意情况。二是加强对客户投诉电话公示、免拨直通电话安装及客户意见簿使用情况的监督检查，确保投诉渠道畅通。三是通过投诉管理培训、现场督导、案例分析，提升分、支行的投诉管理水平，通过总结推广“投诉处理八步法”，提升一线员工投诉处理的技巧。四是加大对客户投诉的考核力度，强化投诉预防和潜在投诉化解。通过多种措施并举和有效落实，在全行营业网点和客户数量大幅增加的情况下，本行始终保持较低的客户投诉水平。在近年来营业网点和客户数量不断

① 资料来源：上海银行官网，http://www.bankofshanghai.com/zh/khfw/khfw_khtscl/7087.shtml。

② 资料来源：《渤海银行 2014 年社会责任报告》。

增加的情况下，本行客户投诉量一直保持在网均0.3笔以内，多家分行保持零投诉。

点评：渤海银行通过社会责任报告披露了针对客户投诉处理机制的改进措施，明确说明了具体改进的工作内容。

3. 城商行需进一步提升产品信息披露水平

产品信息是各类型银行官网信息的重要内容，规模较大的银行由于开展的业务种类繁多，相比规模较小的银行，往往披露更多种类的产品信息。在信息透明度评价方面，按照个人金融、银行卡、公司金融、电子银行四类进行数据收集，并从各家银行的四类产品中各随机抽取1个产品按标准进行分析评估。个人金融产品及银行卡类产品根据产品定义、基本功能、提供的服务、收费（利率）、申请条件、申请资料6个维度进行评价。公司金融及电子银行类产品和服务根据产品定义、基本功能、提供的服务、申请条件、申请资料5个方面进行评价。在评价过程中，主要考察银行在介绍产品中是否充分列示了客户关注的信息。

17.1%（7家）的银行通过官网完整地披露了个人金融产品6个方面的信息，银行普遍披露较少的信息为收费（利率）、申请条件及申请资料，涉及1家政策性银行、2家大型商业银行、中国邮政储蓄银行、11家股份制银行（占所有股份制银行的91.7%）、17家城商行（占所有城商行的94.4%）及2家外资银行；51.2%（21家）的银行通过官网完整地披露了银行卡类产品6个方面的信息，银行披露较少的信息为申请资料，涉及1家政策性银行、3家大型商业银行、中国邮政储蓄银行、9家股份制银行（占所有股份制银行的75%）、17家城市商业银行（占所有城商行的94.4%）及2家外资银行；63.4%（26家）的银行通过官网完整地披露了公司金融类产品5个方面的信息，银行披露较少的信息为申请条件；70.7%（29家）的银行通过官网完整地披露了电子银行类产品5个方面的信息，银行披露较少的信息为申请资料。产品信息披露较完整的项目为产品定义、基本功能、提供的服务。

评价发现，2015年，各类银行依然未对相关金融产品及服务如信用卡

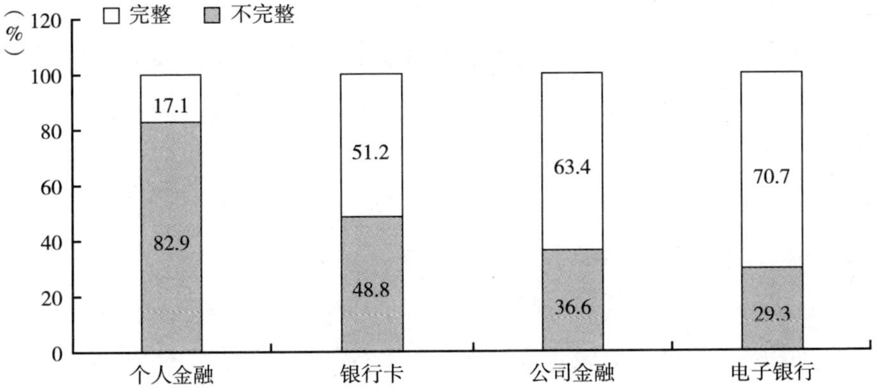

图 26　2015 年中国银行业产品信息披露情况

不良用卡习惯导致的潜在负面影响做出信息提示。从公众便捷获取信息的角度来看，绝大多数银行在官网进行了统一的价格公示，但涉及单一金融产品方面，剔除部分产品存在价格竞争不便披露具体收费的因素外，多数未提供价格信息的银行未提供价格目录链接或公布相关的提示信息，如咨询当地分行具体的工作人员。此外，未披露申请资料、申请条件的银行主要集中为城市商业银行，这不利于公众获知所需的信息。

案例十四：江苏银行一手房贷款①

消费类：一手房贷款。

产品功能：用于客户从开发商处购买一手住房或商业用房。

产品特色：成数高，最高可贷 7 成；期限长，住房最长 30 年，商业用房最长 10 年；分期还款，办理存抵贷更优惠；还款方式灵活，多种还款方式，灵活选择。

您需提供的贷款申请资料：身份证明、婚姻证明、收入证明、用途证明等。

办理流程：客户申请→银行审批→落实担保等→银行放款。

① 资料来源：江苏银行官网，http：//www. jsbchina. cn/news/gryw/gdyw/201387/n93124756. html#5，最后访问时间：2015 年 10 月 14 日。

常见问题解答：欢迎致电江苏银行营业网点。

点评：江苏银行的个人金融产品介绍简洁、内容清晰，同时对常见问题进行了提示——致电银行营业网点，方便客户直观地了解办理相关产品所需的信息。

4. 服务收费信息披露情况进一步改善

统计显示，95.1%的银行通过官网公布了全行产品与服务收费目录，未披露目录的银行包括2家城商行，即兰州银行、徽商银行，该方面信息披露的占比较2014年的85.4%有所提升。部分银行依然存在价格目录布放不明显，公众获取便捷度低的问题。

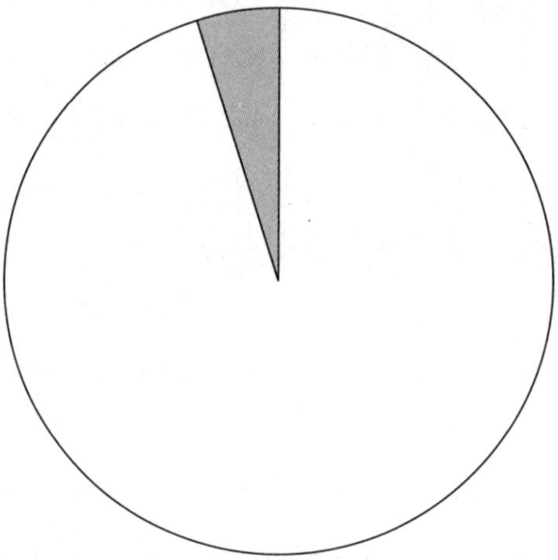

图27　2015年中国银行业服务收费信息披露情况

5. 金融知识的普及等信息披露水平进一步提高

金融知识的普及对于丰富公众金融知识、提高消费者金融权益保护意识起着积极的作用。统计显示，92.7%的银行披露了开展金融知识普及的相关工作，较2014年的80.5%有一定程度的提升，仍有3家银行未进行披露。

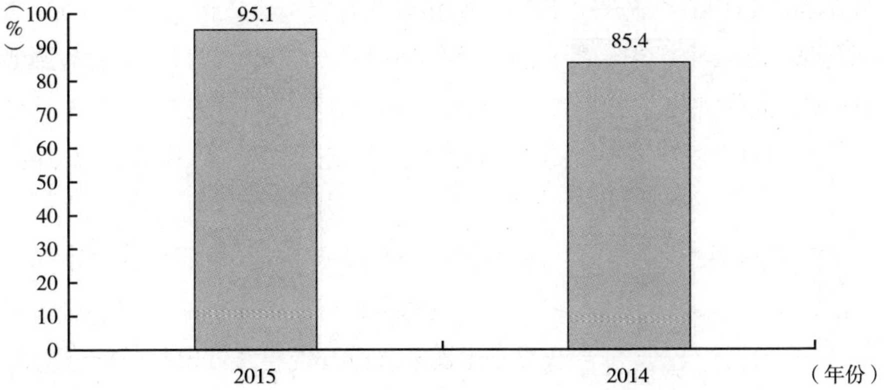

图 28　中国银行业服务收费信息披露情况

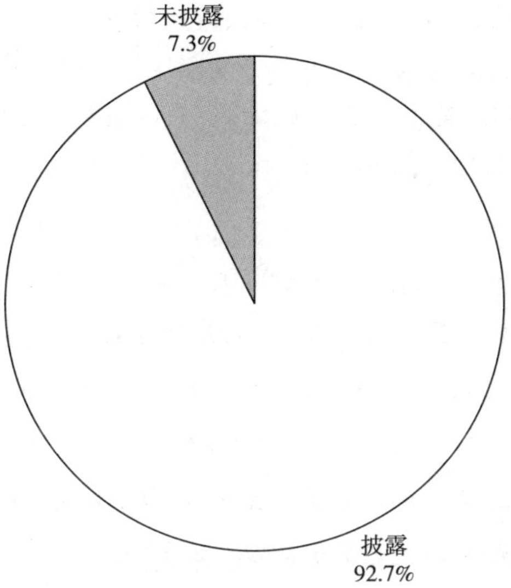

图 29　2015 年中国银行业普及金融知识信息披露情况

已发布的相关信息涉及互联网金融及信用卡安全、反假币、反洗钱等领域。其中逾 2/3 的银行通过已经发布的社会责任报告披露了相关信息，如开展的不同主题的金融知识活动、参加活动的群体等，多数银行还通过除官网外的微信公众账号、微博等新媒体渠道发布相关信息。

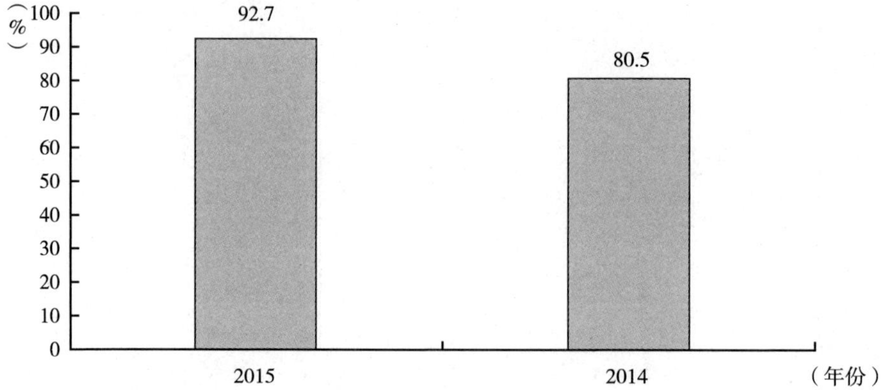

图 30　中国银行业普及金融知识信息披露情况

案例十五：中国邮政储蓄银行大力开展知识普及①

我们制定了《2014 年度中国邮政储蓄银行“普及金融知识万里行”活动方案》，先后开展了“金融知识伴你同行服务月”、“电子银行多元化服务宣传月”、“珍视个人信用宣传服务月”活动，让广大百姓在进一步了解金融知识的同时，提升信用与风险防范意识。

- “金融知识伴你同行服务月”

宁夏回族自治区中卫市分行结合“法制宁夏大讲堂”活动，邀请法律服务工作者组成普法讲师团，在社区、学校、农村、企业，以流动讲堂的形式，大力宣传国家金融法律法规。

河南省济源市分行利用邮储银行信用卡微信平台，普及理财产品、信用卡分期付款、个人贷款等业务产品和相关金融消费知识。

- “电子银行多元化服务宣传月”

甘肃省分行员工深入农村、市场、街道和乡镇，就客户使用网上银行服务的重点注意事项进行宣传。在登录网址方面，告知客户不要随意点击陌生人通过邮件、即时通信工具提供的网银链接；在保护密码方面，告知客户在任何情况下，不轻信任何套取网上银行用户名、密码或 U 盾密码

① 资料来源：《中国邮政储蓄银行 2014 年社会责任报告》。

的行为等。

湖南省长沙分行开展网点阵地宣传，利用网商大赛组成的大学生团队积极向客户推荐使用电子银行，通过激励政策，为表现优异者颁发奖状。

- “珍视个人信用宣传服务月”

北京分行东区支行走进校园，参加了中央财经大学 MBA 入学仪式，并向高校师生宣传个人征信的重要性。通过讲解，告知大家如何查询个人信用报告、提升自身信用重要性等相关内容。

福建省分行通过《财经这些事》栏目组，以“珍视信用身份证”为主题，进行专题宣导，使公众了解个人信用已成为个人在生活中的“第二张身份证”，一旦留下“污点”记录，将会在贷款、保险等方面“寸步难行”，进一步提升公众征信意识。

表 26　中国邮政储蓄银行开展知识普及活动情况

项目	“金融知识伴你同行服务月”	“电子银行多元化服务宣传月”	“珍视个人信用宣传服务月”	合计
参与网点数(个)	14154	14351	13284	41789
累计活动次数(次)	11551	11056	9629	32236
参与员工(人)	54488	53142	48965	156595
受众客户量(万人)	693	618	537	1849
发放宣传资料(万册)	407	380	350	1137

点评：中国邮政储蓄银行在社会责任报告中详细披露了普及金融知识的主题、具体举措、渠道、分行案例及各渠道开展活动的相关数据，信息丰富、完整。

（七）社会影响信息披露情况良好

1. 劳动用工信息披露情况较好

（1）普遍披露员工招聘与薪酬信息

统计显示，各大银行在官网发布招聘信息的比例为 95.1%（39

家），通过专业的招聘网站发布招聘信息的比例为100%；87.8%（36家）的银行对外披露了员工数量，未披露员工数量的银行有中国农业发展银行、大连银行、乌鲁木齐市商业银行、汇丰银行、花旗银行；80.5%（33家）的银行披露了员工薪酬总额（以应付员工薪酬形式），未披露员工薪酬的银行有中国农业发展银行、中国农业银行、中国工商银行、中国邮政储蓄银行、西安银行、大连银行、乌鲁木齐市商业银行、花旗银行。

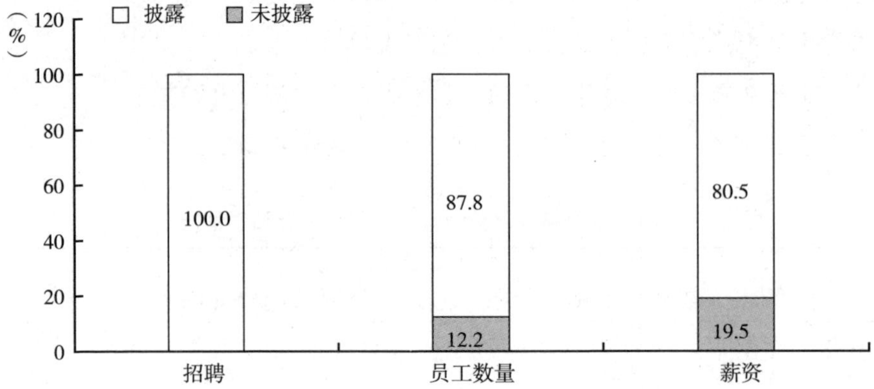

图31　2015年中国银行业劳动用工信息披露情况

（2）员工培训信息披露水平有所下降

统计显示，46.3%（19家）的银行通过社会责任报告披露员工参加培训的相关信息，较2014年的56.1%（23家）下降约10个百分点。从银行类型来看，城商行仅有6家披露，占城商行总数的33.3%；股份制银行仅有7家披露，占股份制银行总数的58.3%。

披露培训投入的银行占比31.7%（13家），与2014年（12家）基本持平，包括4家大型商业银行、中国邮政储蓄银行、4家股份制银行及3家城商行；63.4%（26家）的银行披露了员工职业发展的相关信息，其中，股份制银行数量较多，占比38.5%。

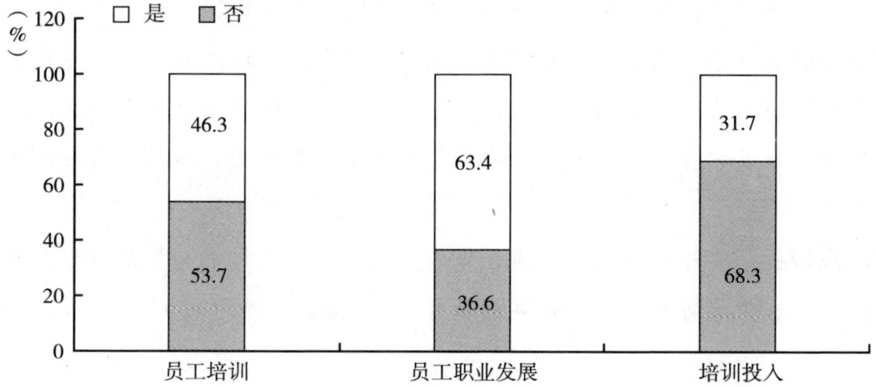

图 32　2015 年中国银行业员工培训与职业发展信息披露情况

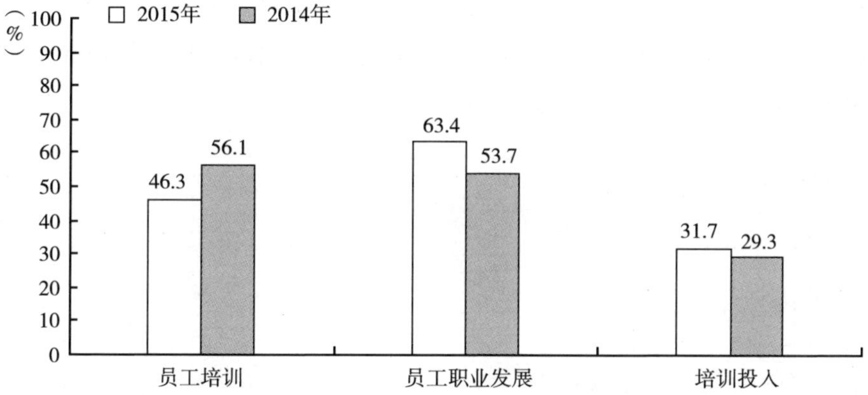

图 33　中国银行业员工培训与职业发展信息披露情况

案例十六：平安银行职业发展[①]

本行推出“综合金融管理培训生发展计划”，为优秀应届毕业生设计了为期 18 个月的集中化、专属化、精细化培养计划。2014 年，通过该计划，104 名综合金融管理培训生通过“学习知识、导师辅导、实践业务、拓展视野”四种模式，历经“集中培训、银行实习、综合金融轮训”三个培养阶段，在银行、保险、投资等平安集团专业公司不同的岗位上接受综合金融全

① 资料来源：《平安银行 2014 年社会责任报告》。

面轮训。银行安排成长导师、业务导师及HR伙伴进行辅导及跟进，为每位综合金融管理培训生度身制作“人才发展档案”，同时提供更多的发展空间和自我实现的机会，帮助其快速成长。持续为本行的发展注入新鲜血液，搭建综合金融人才梯队，全面提升我行综合金融服务能力，支持综合金融业务发展。

点评：平安银行通过社会责任报告披露了新员工培养与发展计划，将人才的培养作为服务银行持续发展的最重要基础。

（3）员工职业健康信息披露水平没有明显提升

统计显示，41.5%（17家）的银行披露了关爱员工身体健康的信息，包括2家大型商业银行、8家股份制银行、5家城商行及2家外资银行，较2014年的43.9%（18家）有所减少。部分银行还向员工提供心理健康方面的服务，帮助员工更好的调节工作压力。

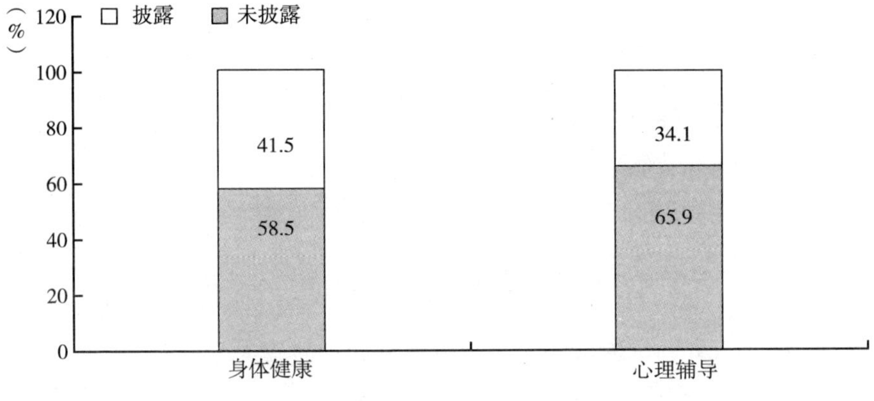

图34　2015年中国银行业员工关爱信息披露情况

2. 反腐倡廉

统计显示，银行在年报、社会责任报告、官网中披露了反腐败相关信息的比例分别为24.4%（10家）、53.7%（22家）、46.3%（19家），各类型银行主要披露相关培训、廉洁从业制度建设考试等信息，未对已发生贪污腐败事件进行披露。

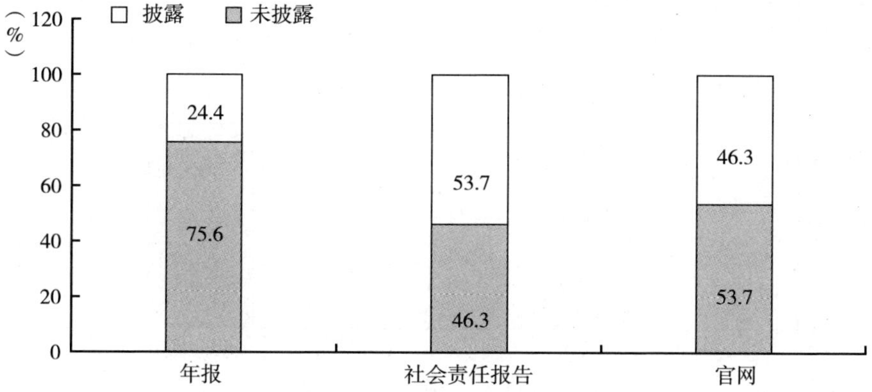

图 35　2015 年中国银行业反腐倡廉信息披露情况

案例十七：重庆银行强化合规管理[①]

2014 年，本行加强内控组织结构和运行机制的总体设计，将原稽核部的内控评价、案防管理等职能分离出来，与合规部共同组成一个集内控、合规、案防于一体的内控合规部，实现了内控、案防与合规的有机结合。本行制发了《重庆银行工作人员廉洁从业规定》、《关于进一步加强督导工作的规定》等，推进廉洁从业制度建设；通过会议、培训等多种形式开展廉洁从业教育，强化法纪、案例警示教育。

点评：重庆银行在社会责任报告中披露了针对反腐倡廉采取的系列举措，包括制定相关文件、推进制度建设、开展教育培训等。

3. 集中采购信息披露情况良好

34.1%（14 家）的银行制定了集中采购制度，其中包括国家开发银行、1 家政策性银行、4 家大型商业银行、中国邮政储蓄银行、3 家股份制银行及 4 家城商行；26.8%（11 家）的银行虽未建立集中采购制度，但通过官网披露了采购信息，做到采购信息公开透明。

① 资料来源：《重庆银行 2014 年社会责任报告》。

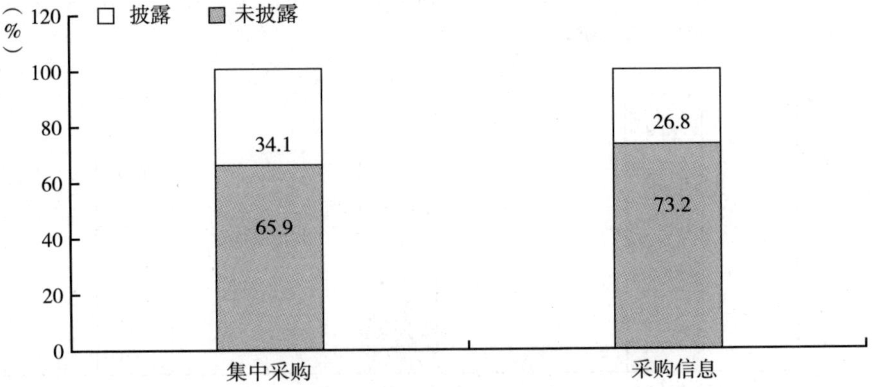

图 36　2015 年中国银行业集中采购信息披露情况

4. 普遍开展社区参与

（1）少数银行建立公益项目长效运作机制

银行业普遍开展了形式多样的公益活动。统计显示，92.7%（38 家）的银行披露了公益活动信息，其中，涉及教育、医疗、文化、扶贫、赈灾 5 项实践的占 19.5%，涉及 4 项实践的占 26.8%，涉及 3 项实践的占 31.7%。各类型银行的公益实践主要涉及教育、赈灾、文化，涉及医疗公益项目的银行有 13 家。

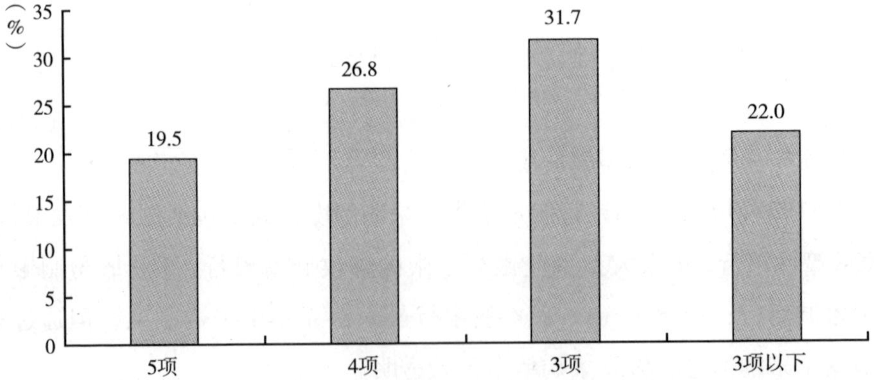

图 37　2015 年中国银行业公益活动实践情况

14.6%（6家）的银行在官网中设置了公益项目专栏，详细展示了开展公益活动的情况，其中包括中国进出口银行、招商银行、中国光大银行、上海浦东发展银行、兴业银行、华融湘江银行。招商银行、中国光大银行在官网披露了开展的具体公益项目信息，多数银行以公益活动新闻的方式披露了自身捐赠信息，如中国进出口银行、上海浦东发展银行、兴业银行、华融湘江银行。

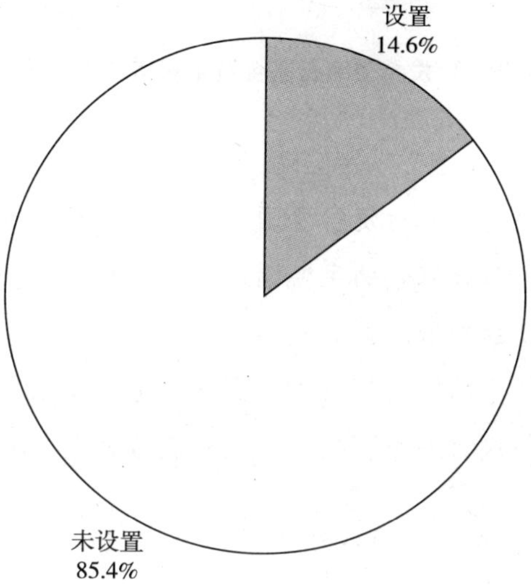

图38　2015年中国银行业官网设置公益项目专栏情况

案例十八：广发希望慈善基金①

广发希望慈善基金是国内首个利用信用卡做慈善捐款的慈善基金，也是国内首个倡导“阳光下做慈善”的慈善基金。经过7年的努力，广发已基本实现了基金运作的良性循环，形成多方参与、各尽其力、多维受益的可持续慈善力量。

- 点滴爱心，汇聚慈善力量

① 资料来源：《广发银行2014年社会责任报告》。

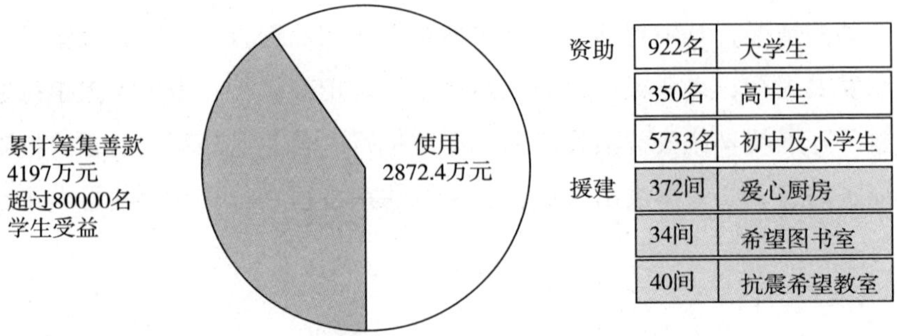

图 39　广发希望慈善基金资金筹措及使用情况

"汇聚爱心　共行慈善"是我们在汶川大地震之后形成的慈善价值观。为了践行这样的价值观，我行发行了国内第一张慈善主题信用卡——广发希望卡，作为广发希望慈善基金的主要捐助渠道。时至今日，广发所有的信用卡均具备了慈善捐赠的功能。同时我们还邀请社会各界人士作为爱心大使加入到广发希望慈善基金的公益活动中，并吸纳多家企业共同开发慈善项目，让广发希望慈善基金成为一个汇聚持卡人善款、社会各界人士爱心和商业伙伴慈善力量的平台。

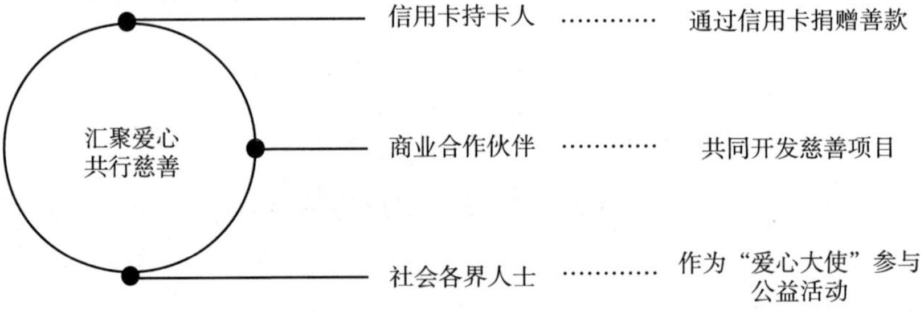

图 40　广发希望慈善基金

• 透明开放，打造阳光慈善

透明运作是赢得捐赠人和受助者信任的基础，是慈善的根本。我们出台了一系列举措保证基金的阳光透明。在广发希望慈善基金官网及其新浪官方微博上均清晰列明基金善款的筹款及使用情况，主动通过各类宣传渠道向公众及广大持卡人告知查询基金明细的方法及网址；邀请多位知名媒体人士担任见证大使，进一步推进慈善基金的“阳光”进程；定期组织媒体及志愿者代表一起前往贫困地区，对项目的进展及现状进行回访。

- 坚持创新，推动慈善永续

“慈善不是一年两年的努力，而是一辈子的践行”。为了推动广发慈善基金的可持续发展，我行将创新和坚持作为慈善事业的核心。在募捐方面，推出“慈善礼券”、“乐善乐捐”助学礼券等活动，不断吸引广大用户参与公益捐赠；在善款的管理方面，我们发挥银行的理财能力对款项进行专业化管理；在公益活动方面，我们坚持不懈地在全国开展“慈善中国行”项目，目前该活动已走过四川、云南、宁夏、贵州、广西、湖南、甘肃的诸多贫困地区，为当地孩子们送去了“亲情屋”、“希望厨房”等一系列的捐助，让近万贫困孩子受益。

点评：广发银行在社会责任报告中披露了银行慈善基金的运营理念、筹款机制、筹得款项、款项使用情况以及开展的系列活动，有利于公众系统地了解银行在公益方面的实践。

（2）员工志愿服务相关数据统计尚待加强

统计显示，仅24.4%（10家）的银行通过官网或社会责任报告披露了志愿服务活动的相关情况，披露员工志愿服务人数和服务时长的银行比重分别为19.5%（8家）和17.1%（7家），2014年相应的数据分别为65.9%（27家）、24.4%（10家）和22.0%（9家）。相比2014年，披露该方面信息的银行数量有一定程度下降。

案例十九：中国银行热心参与社区公益①

中行注重加强员工志愿者队伍建设，支持社会福利事业发展。截至2014年末，共有17家分行建立了青年志愿者协会。

① 资料来源：《中国银行2014年社会责任报告》。

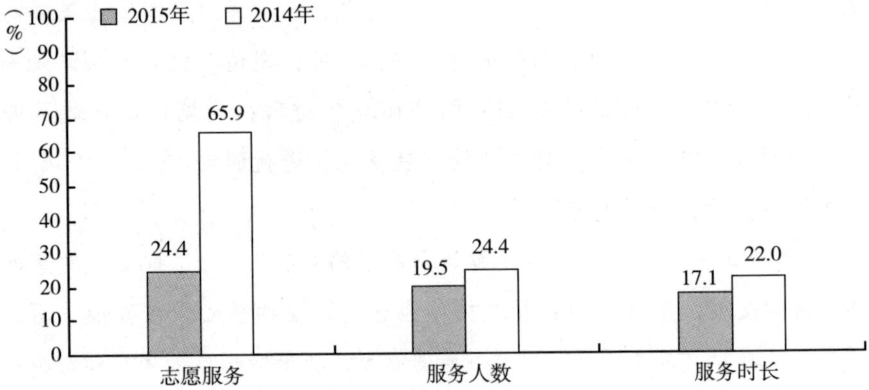

图 41　中国银行业员工志愿服务信息披露情况

表 27　中国银行员工志愿服务的相关数据

指标	2014 年	2013 年	2012 年
志愿者活动参与人数(人次)	28200	27300	21470
志愿服务累计时间(小时)	203000	170000	50300
公益捐款投入(万元)	6628.56	6084.72	4457.9

• 心手相连，助力快乐成长

"安琪之家"是广西第一家专门帮助脑瘫儿童的民间公益机构。长期以来，中行广西区分行南宁城北支行的志愿者们利用休息时间到"安琪之家"与孩子们做游戏，教孩子们唱歌、识字、绘画。

点评：中国银行在社会责任报告中披露了近 3 年员工志愿服务的详细数据，并以案例形式展示分行支行员工参与志愿者活动的情况，使公众可以直观地了解中国银行近年公益捐款及志愿者活动的情况，但中国银行未对志愿服务理念、志愿服务机制等进行披露。

（八）年度报告发布数量减少

92.7%（38 家）的银行年报可从官网下载获得，和 2014 年相比减少 2

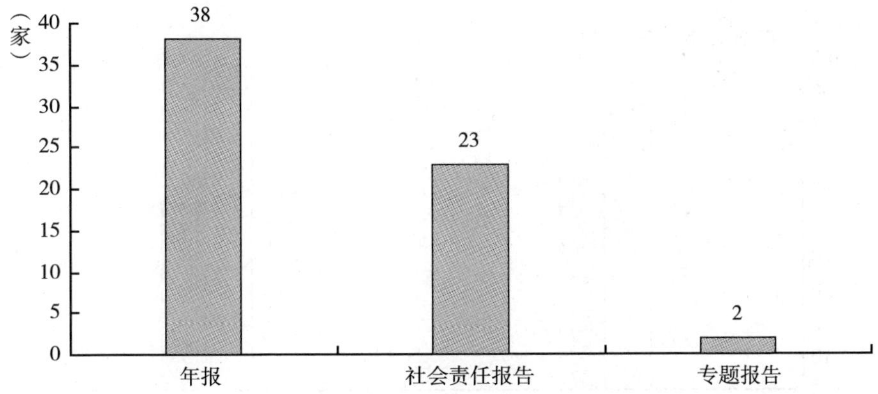

图 42　2015 年中国银行业报告可获得性情况

家，56.1%（23 家）的银行社会责任报告可从官网下载获得。北京银行的社会责任报告无法从官网下载，但可通过其他网站下载。仅中国农业银行、中国邮政储蓄银行发布了专题报告。68.3%（28 家）的银行网站设立了社会责任专栏，社会责任报告主要从责任专栏下载。少数银行如中国邮政储蓄银行召开了社会责任报告发布会，并在公司官网上进行了信息披露。总体而言，银行各类报告的可获得性较好，但举办社会责任报告发布会的银行非常少。

四　渠道维度评价分析

（一）渠道维度评价结果

本部分从产品服务渠道、意见反馈渠道、网络沟通渠道三个方面进行了数据收集和评价分析。

统计显示，银行业设立网上银行、手机银行、电话银行的占比均超过 90%，新兴渠道如微信银行占比超过 60%，在线服务银行由 15 家增至 29 家。总体而言，使用电子银行渠道的银行相比 2014 年有较大幅度的增加。随着新媒体的普及，越来越多的银行拥有了官方微博及微信公众账号，分别

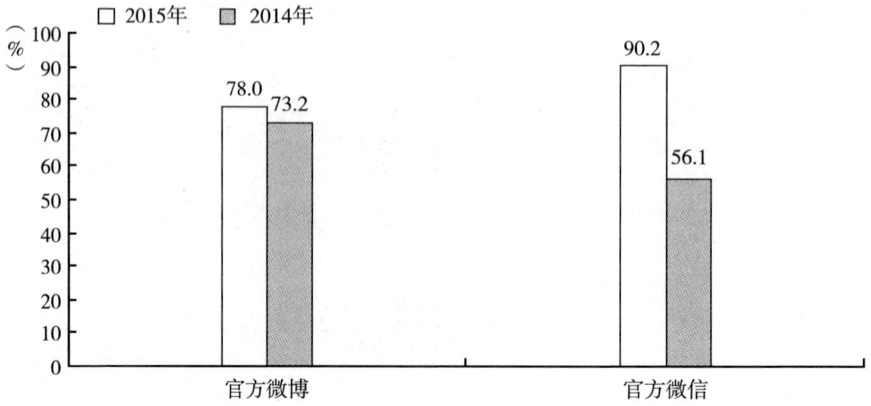

图 43　中国银行业电子银行渠道占比情况

达 78.0%（32 家）和 90.2%（37 家）。

从得分来看，大型商业银行及大多数股份制银行的排名明显高于城市商业银行。股份制银行中恒丰银行和浙商银行未主动发布社会责任报告，且官网未设置社会责任专栏，因此得分较低。城商行普遍存在未设置社会责任专栏、客户服务信息披露不充分等问题。此外，大多数银行在提供客服电话的同时未说明是否有投诉功能。

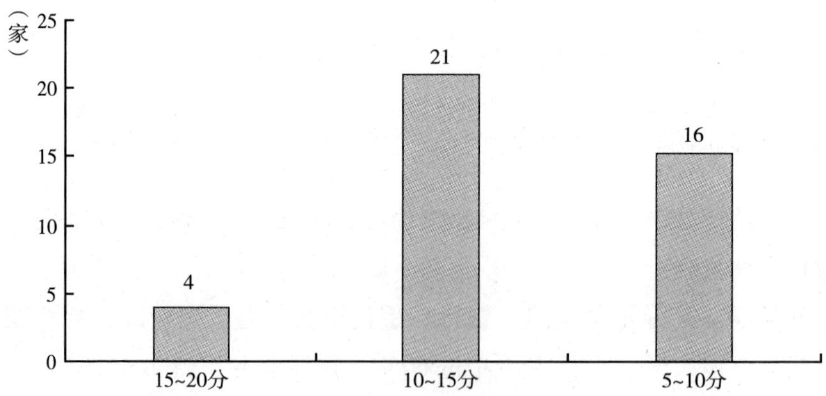

图 44　2015 年中国银行业公众透明度渠道维度得分分布

表 28　国家开发银行公众透明度指数渠道维度得分

单位：分

排名	银行名称	渠道维度得分
10	国家开发银行股份有限公司	13. 54

表 29　政策性银行公众透明度指数渠道维度得分排名

单位：分

排名	银行名称	渠道维度得分
34	中国农业发展银行	7. 48
40	中国进出口银行	6. 41

表 30　大型商业银行公众透明度指数渠道维度得分排名

单位：分

排名	银行名称	渠道维度得分
2	中国建设银行股份有限公司	16. 03
4	中国农业银行	15. 31
5	中国银行股份有限公司	14. 25
7	中国工商银行股份有限公司	13. 89
7	交通银行股份有限公司	13. 89

表 31　中国邮政储蓄银行公众透明度指数渠道维度得分

单位：分

排名	银行名称	渠道维度得分
16	中国邮政储蓄银行股份有限公司	12. 82

表 32　股份制银行公众透明度指数渠道维度得分排名

单位：分

排名	银行名称	渠道维度得分
1	招商银行股份有限公司	17. 10
3	华夏银行股份有限公司	15. 32
5	中国光大银行股份有限公司	14. 25
7	中国民生银行股份有限公司	13. 89
10	渤海银行股份有限公司	13. 54

续表

排名	银行名称	渠道维度得分
13	广发银行股份有限公司	13.18
16	兴业银行股份有限公司	12.82
19	上海浦东发展银行股份有限公司	12.47
21	平安银行股份有限公司	12.11
24	中信银行股份有限公司	11.75
26	恒丰银行股份有限公司	9.98
34	浙商银行股份有限公司	7.48

表 33　城市商业银行公众透明度指数渠道维度得分排名

单位：分

排名	银行名称	渠道维度得分
10	兰州银行股份有限公司	13.54
13	重庆银行股份有限公司	13.18
13	杭州银行股份有限公司	13.18
16	北京银行股份有限公司	12.82
19	南京银行股份有限公司	12.47
21	江苏银行股份有限公司	12.11
21	上海银行股份有限公司	12.11
25	天津银行股份有限公司	10.69
27	徽商银行股份有限公司	9.62
27	成都银行股份有限公司	9.62
27	唐山银行股份有限公司	9.62
31	富滇银行股份有限公司	8.91
32	广州银行股份有限公司	8.19
34	包商银行股份有限公司	7.48
34	华融湘江银行股份有限公司	7.48
38	大连银行股份有限公司	7.13
39	乌鲁木齐市商业银行股份有限公司	6.42
40	西安银行股份有限公司	6.41

表 34　外资银行公众透明度指数渠道维度得分排名

单位：分

排名	银行名称	渠道维度得分
30	花旗银行(中国)有限公司	9.26
33	汇丰银行(中国)有限公司	7.84

（二）专项指标分析

1. 线上产品服务渠道丰富

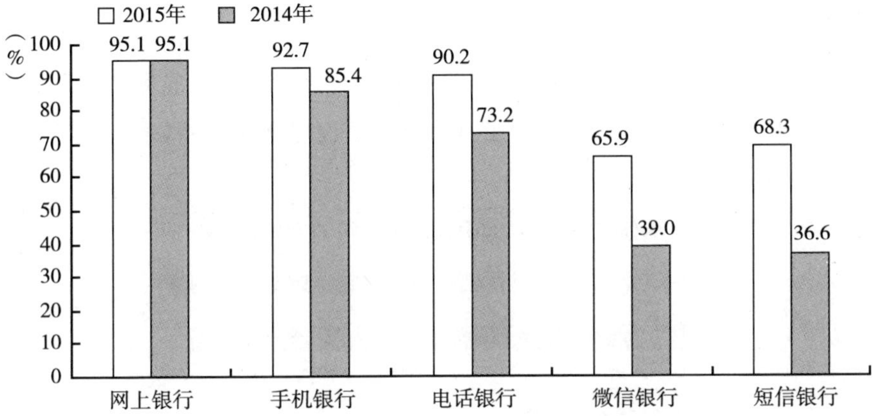

图 45　2015 年中国银行业产品服务渠道情况

互联网金融的蓬勃发展为银行业务开展提供了全新的平台和渠道，各类型银行通过官网以及新媒体渠道发布各类产品信息。统计显示，95.1%（39 家）的银行开设网上银行；92.7%（38 家）的银行开设手机银行（2014 年银行数量为 35 家，占比 85.4%）；90.2%（37 家）的银行开设电话银行（2014 年银行数量为 30 家，占比 73.2%）；3 家银行开设电视银行，分别是中国邮政储蓄银行、上海银行及大连银行；65.9%（27 家）的银行开设微信银行（2014 年银行数量为 16 家，占比 39.0%）；68.3%（28 家）的银行开设短信银行（2014 年银行数量为 15 家，占比 36.6%）。其中，开设手机银行、电话银行、微信银行及短信银行的数量有大幅增加。

案例二十：上海浦东发展银行电子银行服务渠道①

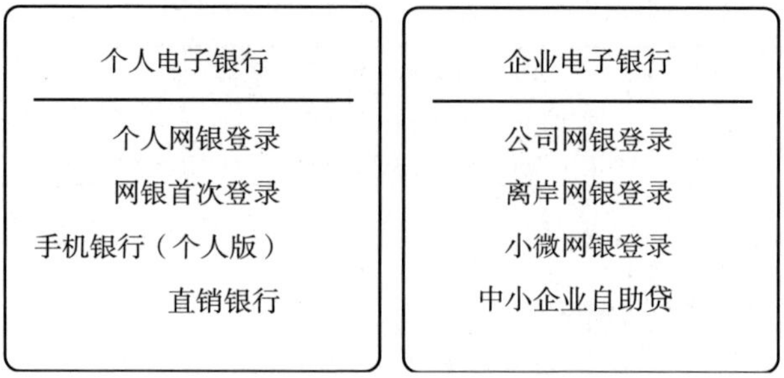

图 46　上海浦东发展银行服务渠道

点评：上海浦东发展银行按业务类型区分，为个人客户提供个人网银及直销银行服务，为企业银行提供公司网银、离岸网银、小微网银及中小企业自助贷网上服务，在官网显著位置设计图形链接，方便客户查找所需要的服务类型。

案例二十一：中国建设银行在线客服②

图 47　中国建设银行在线客服截图

---

① 资料来源：上海浦东发展银行官网。

② 资料来源：中国建设银行官网。

点评：中国建设银行在官网首页设立了在线客服，点击图标后即显示以上窗口，客户可根据不同需求选择具体服务。中国建设银行的在线服务涵盖了在线咨询、留言（包括投诉）、网上调查、论坛资讯分享、自助查询相关方面的常见问题以及公布了24小时境内外客服电话，多方面披露银行相关业务信息并为客户提供多种沟通渠道，方便客户获取并反馈信息。

统计显示，本次评价的各类型银行均在官网上公布了物理渠道的相关信息，各类型银行一般选用地图定位的方式来显示需要查找的城市及地区各级营业网点地址、联系方式、办公时间，便于公众查找所需的相关信息。

2. 意见反馈渠道信息披露水平提升显著

统计显示，所有银行在官网首页或相关链接页面显示了客服电话。36.6%（15家）的银行公布了客服邮箱。设立在线服务的银行占比70.7%（29家），较2014年增加14家，包括4家大型商业银行、中国邮政储蓄银行、11家股份制银行、12家城商行、1家外资银行。客户可通过在线服务咨询银行业务、提出建议、进行投诉等。

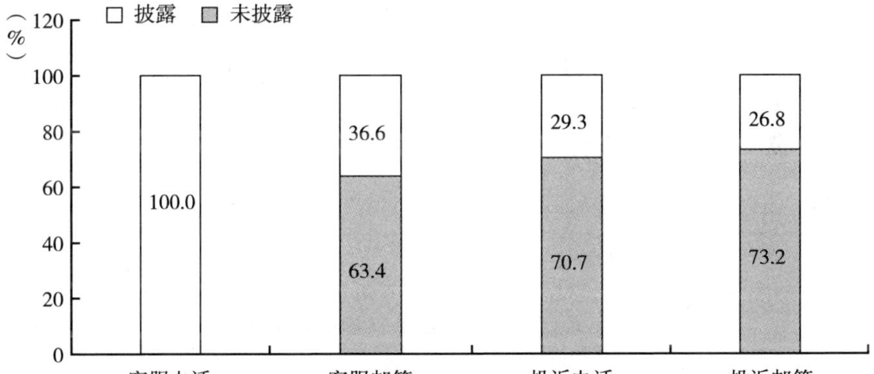

图48　2015年中国银行业客户服务渠道信息披露情况

29.3%（12家）的银行在官网公布了投诉电话，其他大多数银行均只公布了客户服务电话，并未注明是否有投诉功能，较2014年的23家减少近

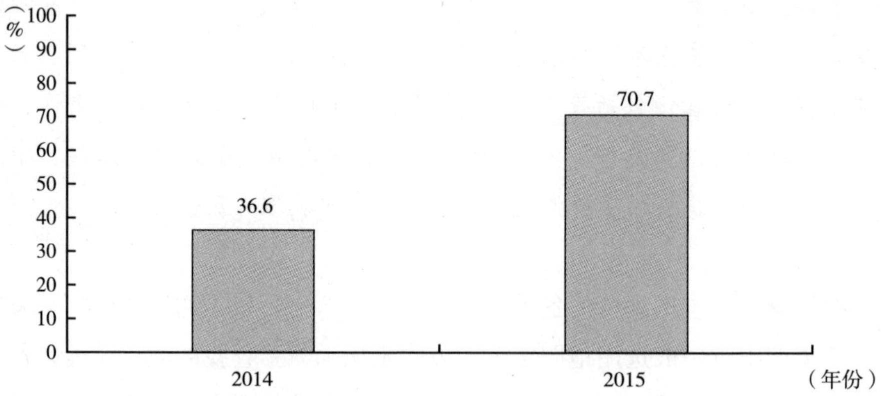

图 49　中国银行业在线服务设置情况

一半。26.8%（11 家）的银行公布了投诉邮箱，包括 2 家政策性银行、5 家股份制银行、2 家城商行、1 家外资银行等，比 2014 年增加 4 家。

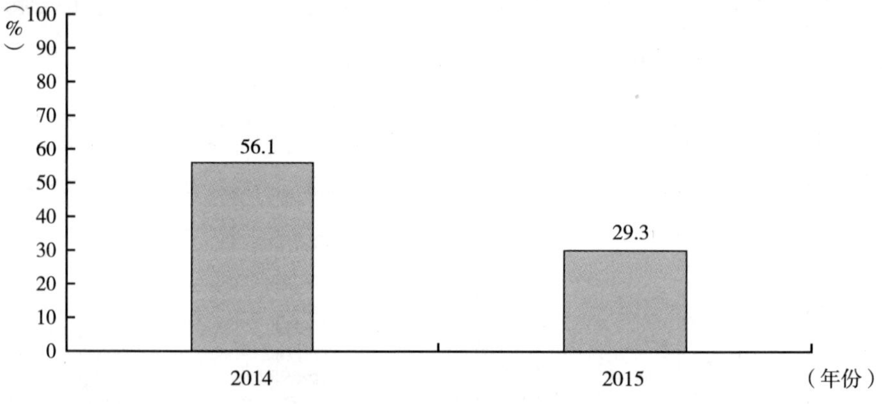

图 50　中国银行业投诉电话信息披露情况

案例二十二：中国民生银行客户投诉渠道及处理基本流程①

点评：中国民生银行在官网中披露了 4 种客户投诉渠道，分别为网点现

① 资料来源：中国民生银行官网。

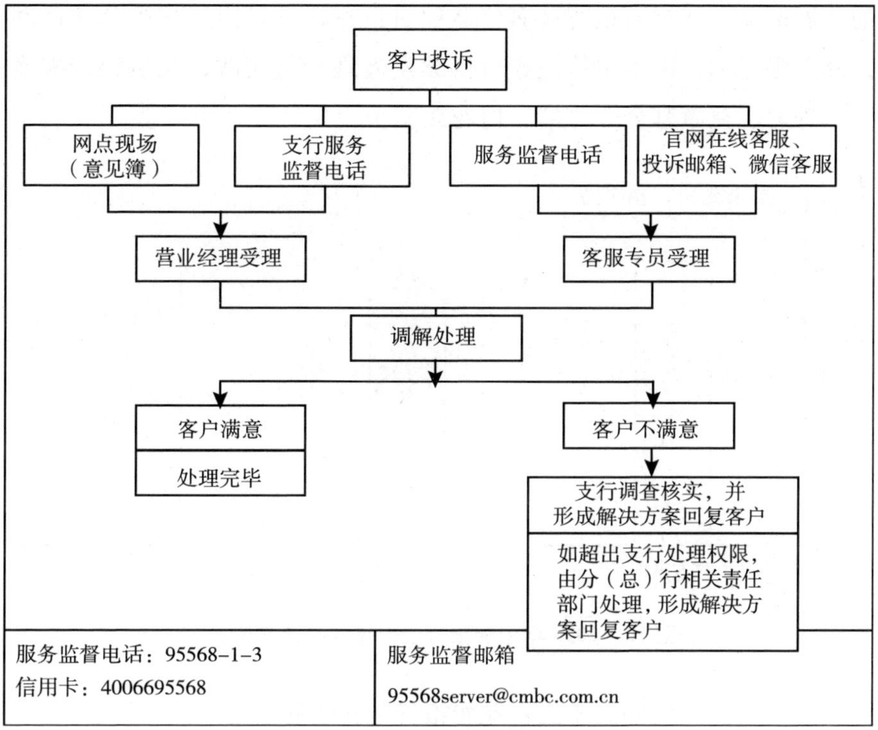

图 51　客户投诉处理基本流程

场填写意见簿，拨打支行服务监督电话，拨打服务监督电话，向官网在线客服、投诉邮箱或微信客服进行投诉，并说明了 4 种渠道接到投诉后的处理基本流程，方便客户及公众获取相关信息，选择所需服务。但银行并未披露相关处理基本流程的受理时间。

3. 新媒体信息沟通进一步完善

统计显示，78%（32 家）的银行设立了官方微博，90.2%（37 家）的银行设立了官方微信，包括所有大型商业银行、股份制银行及城商行，反映了银行积极发展互联网金融，推动金融消费者的消费方式转变。

65.9%（27 家）的银行官网设立了社会责任专栏。绝大多数银行在社会责任专栏中公布了社会责任报告，仅有少数银行披露了社会责任相关工作的开展情况。如招商银行披露公益项目信息，华夏银行披露公益活动动态；外资银行中，汇丰银行披露可持续发展理念与实践，花旗银行披露社会责任理念、花旗基金会详情，但花旗基金会仅有英文版信息。

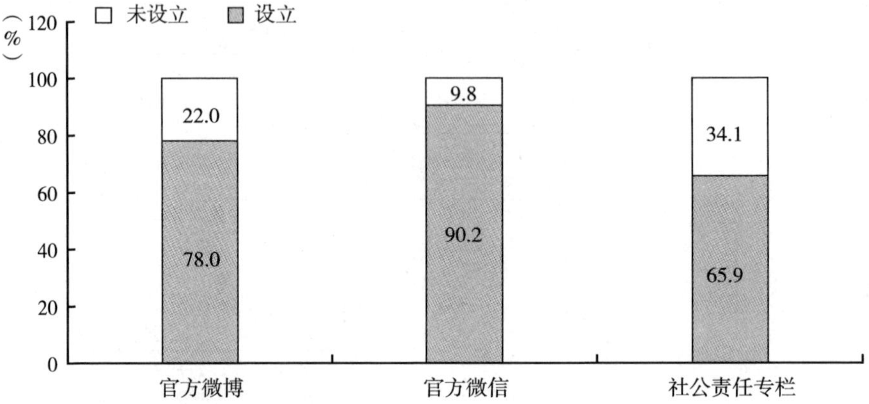

图 52　2015 年中国银行业网络沟通渠道情况

案例二十三：花旗银行社会责任专栏①

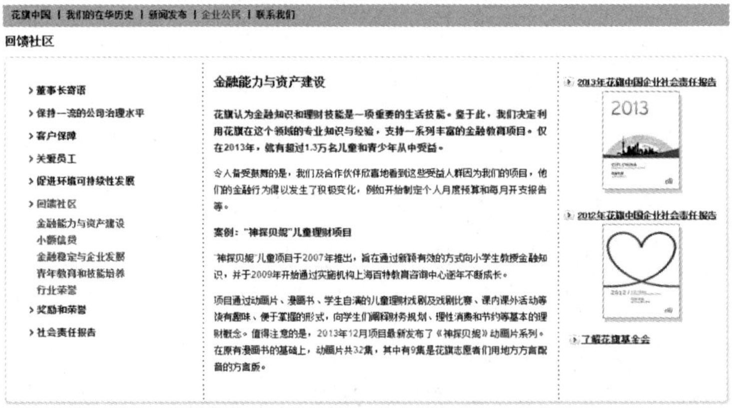

图 53　花旗银行社会责任专栏截图

① 资料来源：花旗银行官网，http://www.citi.com.cn/html/cn/about_us/Corporate_citizenship.html，最后访问时间：2015 年 10 月 15 日。

点评：花旗银行在官网设置的社会责任专栏标题为“企业公民”。此专栏将社会责任报告中与各利益相关方相关的重点内容及案例进行展示，便于公众获取信息。

五　形式维度评价分析

（一）形式维度评价结果

本部分从报告、官网两大维度收集数据进行评价分析。所有银行均以年报形式披露财务信息，在香港上市的银行均以中英文双语发布年报。近2/3的银行以社会责任报告的形式披露非财务信息，近1/3的银行以中英文双语披露信息。

从得分来看，国家开发银行、大型商业银行及大多数股份制银行在官网语言、社会责任报告语言、社会责任报告的设计及审验等方面明显优于城商行。由于发布社会责任报告的城商行数量较少，城商行在本部分的总体得分较低。

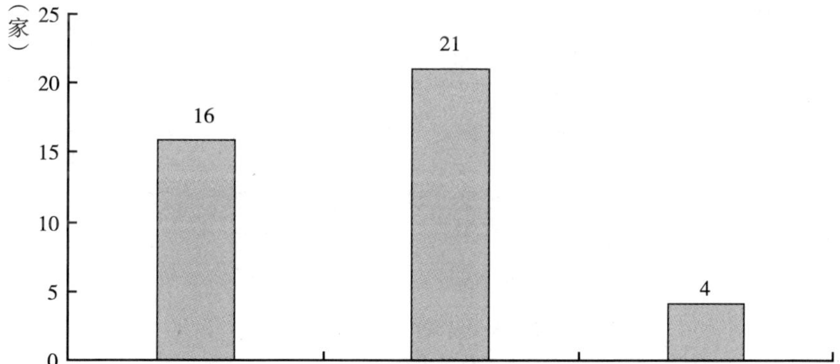

图54　2015年中国银行业公众透明度指数形式维度得分分布

表 35　国家开发银行公众透明度指数形式维度得分

单位：分

排名	银行名称	形式维度得分
1	国家开发银行股份有限公司	7.99

表 36　政策性银行公众透明度指数形式维度得分排名

单位：分

排名	银行名称	形式维度得分
19	中国进出口银行	5.33
38	中国农业发展银行	3.99

表 37　大型商业银行公众透明度指数形式维度得分排名

单位：分

排名	银行名称	形式维度得分
1	中国工商银行股份有限公司	7.99
1	中国建设银行股份有限公司	7.99
1	中国农业银行股份有限公司	7.99
9	中国银行股份有限公司	7.33
16	交通银行股份有限公司	6.00

表 38　中国邮政储蓄银行公众透明度指数形式维度得分

单位：分

排名	银行名称	形式维度得分
26	中国邮政储蓄银行股份有限公司	4.67

表 39　股份制银行公众透明度指数形式维度得分排名

单位：分

排名	银行名称	形式维度得分
1	中信银行股份有限公司	7.99
1	上海浦东发展银行股份有限公司	7.99
9	招商银行股份有限公司	7.33
9	广发银行股份有限公司	7.33
9	中国民生银行股份有限公司	7.33

续表

排名	银行名称	形式维度得分
9	中国光大银行股份有限公司	7.33
15	华夏银行股份有限公司	6.66
17	兴业银行股份有限公司	5.99
19	平安银行股份有限公司	5.33
26	浙商银行股份有限公司	4.67
26	恒丰银行股份有限公司	4.67
26	渤海银行股份有限公司	4.67

表 40　城市商业银行公众透明度指数形式维度得分排名

单位：分

排名	银行名称	形式维度得分
1	重庆银行股份有限公司	7.99
1	北京银行股份有限公司	7.99
14	杭州银行股份有限公司	6.67
19	徽商银行股份有限公司	5.33
19	成都银行股份有限公司	5.33
19	江苏银行股份有限公司	5.33
19	唐山银行股份有限公司	5.33
19	上海银行股份有限公司	5.33
26	广州银行股份有限公司	4.67
26	兰州银行股份有限公司	4.67
26	西安银行股份有限公司	4.67
26	富滇银行股份有限公司	4.67
26	包商银行股份有限公司	4.67
26	天津银行股份有限公司	4.67
26	华融湘江银行股份有限公司	4.67
37	南京银行股份有限公司	4.00
40	大连银行股份有限公司	2.67
40	乌鲁木齐市商业银行股份有限公司	2.67

表 41　外资银行公众透明度指数形式维度得分排名

单位：分

排名	银行名称	形式维度得分
17	汇丰银行(中国)有限公司	5.99
38	花旗银行(中国)有限公司	3.99

（二）专项指标分析

1. 通过社会责任报告披露信息的银行数量有所增加

本次评价主要分析了年报、社会责任报告、专题报告三种报告传播形式。统计显示，38 家银行通过年报披露公司治理及财务信息、26 家银行通过社会责任报告披露非财务信息；61%（25 家）的银行同时通过企业社会责任报告、年报披露财务和非财务信息；7 家银行同时通过社会责任报告、年报、专题报告披露财务、非财务及专题领域信息，主要为中国工商银行、中国农业银行、中国银行、中国建设银行、中国光大银行、华夏银行及广发银行。

在传播的语言版本方面，统计显示，31.7%（13 家）的银行以中英文双语发布社会责任报告，主要为国家开发银行、1 家政策性银行、3 家大型商业银行、4 家股份制银行、2 家城商行及 2 家外资银行。

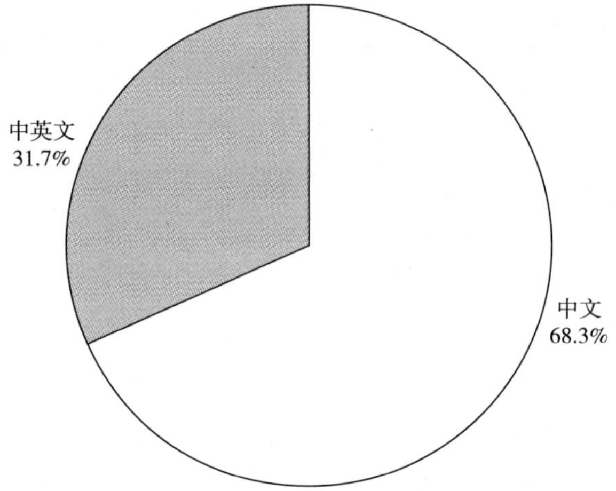

图 55　2015 年中国银行业社会责任报告语言情况

2. 官方网站日常信息披露的主要形式

65.9%（27 家）的银行以中英文双语披露信息，部分在香港上市的银行同时采用了繁体中文，主要为 4 家大型商业银行、4 家资产规模较大的股份制银行、2 家城商行及 1 家外资银行。

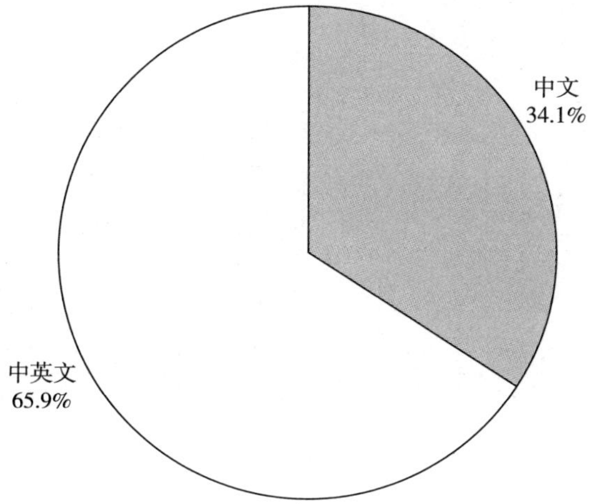

图 56　2015 年中国银行业官网语言情况

3. 社会责任报告形式多样

各类银行对发布的社会责任报告均进行了设计，通过图片、表格、各章节颜色分类等丰富的形式增强了报告的可读性。但其中有 3 家银行尚未对社会责任报告进行设计，如交通银行、中国民生银行、南京银行等。

六　数量维度评价分析

（一）数量维度评价结果

本部分选取了发布相关报告数量、互联网披露信息量进行评价。31.7%（13 家）的银行发布 1 本报告，61%（25 家）的银行发布 2 本报告。14.6%（6 家）的银行通过百度搜索引擎搜集的信息超过 1000 万条，相较于 2014 年整体信息量超过 1 亿条的数量大幅下降。

从得分来看，大型商业银行由于通过百度引擎搜索的新闻数量普遍减少，得分并不具备优势，只有 1 家大型商业银行进入前 10 名。大多数城市商业银行仅发布年报，互联网信息数量较少，得分总体较低。

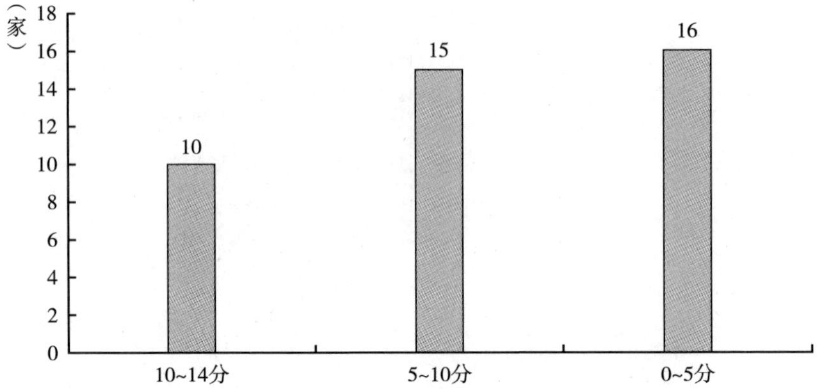

图57　2015年中国银行业公众透明度指数数量维度得分分布

表42　国家开发银行公众透明度指数数量维度得分

单位：分

排名	银行名称	数量维度得分
1	国家开发银行股份有限公司	14.00

表43　政策性银行公众透明度指数数量维度得分排名

单位：分

排名	银行名称	数量维度得分
10	中国农业发展银行	10.00
36	中国进出口银行	2.69

表44　大型商业银行公众透明度指数数量维度得分排名

单位：分

排名	银行名称	数量维度得分
3	中国工商银行股份有限公司	13.36
11	中国农业银行股份有限公司	9.49
12	中国银行股份有限公司	8.88
27	中国建设银行股份有限公司	4.62
37	交通银行股份有限公司	2.46

表 45　中国邮政储蓄银行公众透明度指数数量维度得分

单位：分

排名	银行名称	数量维度得分
1	中国邮政储蓄银行股份有限公司	14.00

表 46　股份制银行公众透明度指数数量维度得分排名

单位：分

排名	银行名称	数量维度得分
4	兴业银行股份有限公司	12.58
5	招商银行股份有限公司	12.51
6	广发银行股份有限公司	12.07
7	华夏银行股份有限公司	11.25
8	中信银行股份有限公司	11.09
16	中国民生银行股份有限公司	7.07
22	平安银行股份有限公司	5.79
23	中国光大银行股份有限公司	5.43
24	上海浦东发展银行股份有限公司	5.29
32	恒丰银行股份有限公司	3.82
33	渤海银行股份有限公司	3.67
35	浙商银行股份有限公司	2.72

表 47　城市商业银行公众透明度指数数量维度得分排名

单位：分

排名	银行名称	数量维度得分
14	江苏银行股份有限公司	8.62
15	徽商银行股份有限公司	7.78
17	重庆银行股份有限公司	6.99
18	成都银行股份有限公司	6.80
19	杭州银行股份有限公司	6.67
20	广州银行股份有限公司	6.10
21	大连银行股份有限公司	5.99
25	乌鲁木齐市商业银行股份有限公司	5.09
26	天津银行股份有限公司	4.90
28	上海银行股份有限公司	4.42

续表

排名	银行名称	数量维度得分
29	北京银行股份有限公司	4.29
30	兰州银行股份有限公司	4.20
31	南京银行股份有限公司	4.00
34	唐山银行股份有限公司	2.87
38	西安银行股份有限公司	2.41
39	包商银行股份有限公司	1.71
40	华融湘江银行股份有限公司	1.48
41	富滇银行股份有限公司	0.92

表 48　外资银行公众透明度指数数量维度得分排名

单位：分

排名	银行名称	数量维度得分
9	花旗银行(中国)有限公司	11.04
13	汇丰银行(中国)有限公司	8.72

（二）专项指标分析

1. 社会报告发布数量有所增加

31.7%（13家）的银行发布1本报告，为年度报告；61%（25家）的银行发布2本，即社会责任报告与年报；4家银行发布3本报告；2家银行发布5本报告；1家银行发布8本报告，包括资本充足率信息披露报告、履职情况报告、独立董事述职报告、内部控制评价报告、内部控制审计报告、年度会计报表及审计报告、分行年度财务信息报告、小微企业金融服务报告。2015年，除了部分银行按照监管机构要求发布内控报告、述职报告等，仅有中国农业银行发布小微企业金融服务报告、中国邮政储蓄银行发布普惠金融报告，各类型银行尚未单独发布客户服务改进报告、客户价值沟通报告等专项报告。

2. 互联网信息量与银行规模直接相关

官网信息更新数量详见时间维度评价分析。

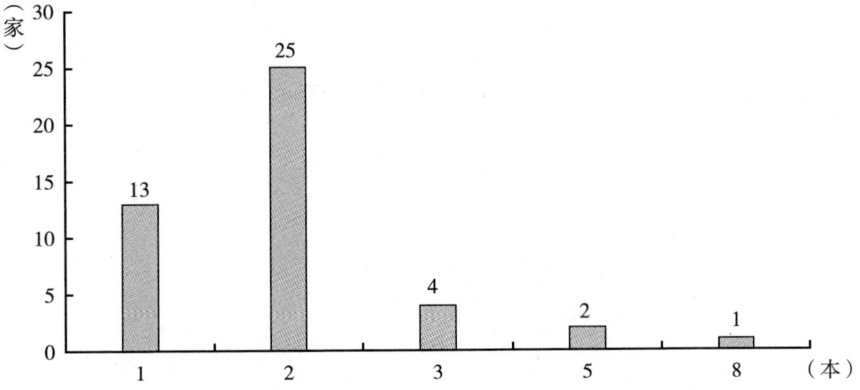

图 58　2015 年中国银行业报告发布情况

统计显示，14.6%（6 家）的银行通过百度引擎搜索简称得到的信息超过 1000 万条，包括国家开发银行、1 家政策性银行、1 家大型商业银行、1 家股份制银行、2 家城商行；17.1%（7 家）的银行为 500 万～1000 万条信息，包括 3 家大型商业银行、3 家股份制银行、1 家城商行；26.8%（11 家）的银行为 100 万～500 万条信息，包括 1 家大型商业银行、中国邮政储蓄银行、4 家股份制银行、5 家城商行；41.5%（17 家）的银行信息少于 100 万条，包括 1 家政策性银行、4 家股份制银行、10 家城商行及 2 家外资银行。

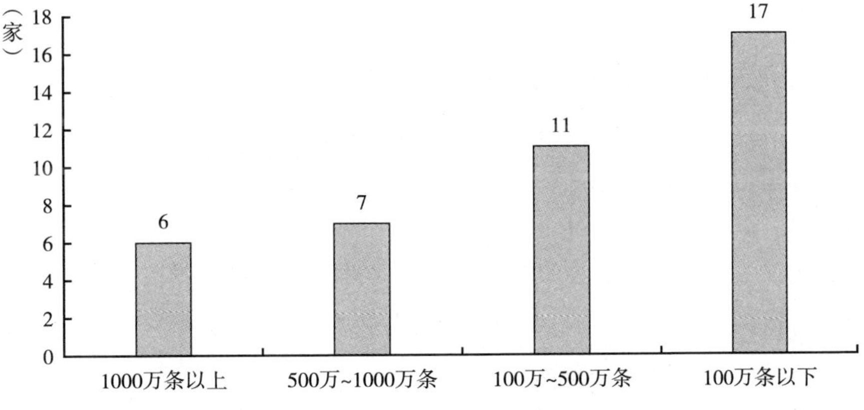

图 59　2015 年中国银行业通过百度搜索引擎搜集的信息情况

七 主要发现与改进建议

（一）主要发现

1. 银行业公众透明度提升的主要方面

（1）绿色信贷信息披露水平显著提升

在监管机构大力推动绿色信贷发展的背景下，各类型银行针对绿色信贷的信息披露水平较2014年有明显提升，披露的内容主要包括绿色信贷制度、政策与实践。

（2）新媒体渠道披露的信息量增速迅猛

在互联网金融快速发展的趋势下，各类型银行加快了布局互联网金融业务的步伐，银行业通过微信银行等新媒体渠道披露的信息量显著增加。

（3）银行业新增4家非上市公司发布社会责任报告

银行业未上市公司包括2家股份制银行、2家城市商业银行于2015年首次发布社会责任报告，非上市公司的公众透明度在一定程度上有所提高。

（4）部分银行设立公益项目专栏

少数银行，主要是股份制银行建立了公益项目专栏，不仅建立了公益项目的系统化运作机制，同时通过官网发布相关信息。

2. 银行业公众透明度存在的主要问题

（1）负面事件回应不及时

银行对负面事件的回应较少，及时性不足依然是2015年存在的突出问题。部分银行对负面事件进行了回应，但并未通过官方渠道对事件相关信息进行发布，主动与公众沟通的机制需完善。2015年负面事件中的贪污腐败占比较高，主要经由媒体曝光，银行官网或社会责任报告等公开渠道中并未回应或披露相关信息。

（2）传统领域信息披露依显不足

总体上，较2014年银行对社会责任推进管理、利益相关方管理、客户满意度调查、特殊人群服务、投诉处理流程、贪腐事件、公益项目管理机制及志愿服务管理机制等信息的披露情况没有明显改善，透明度不足。如银行业对公益项目投入较多，但从官网及社会责任报告等来看，大部分银行仍停留在直接捐赠，未能从开展体系化的公益项目角度来提升公益项目的长效社会影响力。

城市商业银行除上述存在的共性问题之外，在产品信息披露等基础工作环节，仍存在信息披露不充分的问题。

（3）政策性银行社会责任信息披露水平提升

政策性银行或通过发布社会责任报告，或通过在官网设立社会责任专栏来披露经济、社会、环境等方面的信息，透明度有一定程度的提升，但均未发布年报。

（4）外资银行报告发布不及时

外资银行发布年报和社会责任报告的及时性显著下降，与2014年同时发布年报和社会责任报告相比，2015年汇丰银行仅发布年度报告，花旗银行仅发布社会责任报告。

（5）社会责任专栏信息披露的实质性较差

总体上银行业设置官网社会责任专栏及公益专栏的情况欠佳。已设立社会责任专栏的银行主要提供社会责任报告下载链接，部分银行增加了相关业务类的新闻动态，或者将社会责任报告披露的经济、社会、环境等信息直接放入网页，未能从社会责任理念、利益相关方管理、特色的社会责任项目与实践的角度披露社会责任相关信息，反映出银行业对社会责任的认知依然存在偏差，在很大程度上将社会责任报告等同于社会责任工作。

（二）改进建议

1. 提高信息披露的及时性

银行业应建立和完善信息披露机制、危机处理机制，尤其在处理负面事件时应提高回应的及时性。

第一，经由媒体发布信息的同时应通过官方网站及时、充分地披露负面事件处理的相关信息，体现企业主动沟通的良好机制。

第二，上市银行还应当通过交易所网站对相关具有重大影响的负面事件及其他重大事件进行披露。

第三，各类型银行应加强社会责任报告等渠道的信息披露力度，及时发布社会责任报告。

第四，进一步完善与媒体的沟通机制，建立媒体开放日，进一步提升银行信息的透明度。

2. 增强信息可获取性

银行业应从公众便捷与高效获取信息的角度出发，改进信息披露方式，便于公众查找并准确理解。

第一，针对客户需要查看的产品信息，应全面的提供办理相关产品所需的信息，对于涉及行业竞争的价格因素，应提供咨询渠道提示。

第二，对于价格目录，银行应当在官网明显的位置布放监管机构规定披露的完整价格信息。

第三，对于投诉电话，各类型银行应当在官网发布的客服电话信息中清晰的列示所提供的服务，方便公众了解并在需要的时候使用。

第四，针对与经营相关的信息，银行应当及时更新官网的相关信息，如在年报发布后，同步更新官网相关信息。

3. 丰富信息披露渠道

2015 年虽然新增 4 家非上市公司发布社会责任报告，使得公众能够从社会责任报告的渠道了解更多关于银行的财务和非财务信息，但是就城市商业银行通过社会责任报告的渠道提升信息披露透明度而言，其还存在较大的提升空间。银行业需从以下几个方面完善披露渠道。

第一，完善社会责任报告披露渠道。各类型银行特别是城市商业银行进一步丰富社会责任报告披露渠道，以提高客户服务、员工发展、公益开展等信息的透明度。

第二，建立和完善社会责任专栏。通过丰富官网的专栏内容，方便公众通过网络了解银行的责任理念、责任管理、责任实践，特别是常态化开展的社会责任项目，如责任理念融入公益项目，形成战略公益的发展机制，一方面促进社会公众对银行理念的认知和认同，另一方面提升银行业负责任的形象。

第三，适应新媒体信息传播趋势，银行业应进一步开设社会责任公众微信账号或微博，拓宽公众获取银行社会责任工作信息的渠道。例如开设与企业文化、品牌、公益、绿色相关的公众账号，增设社会责任报告微信版本等。

4. 强化定量数据披露

银行业大多以文字内容披露开展的相关工作，定量的信息披露较少。银行应逐步建立信息统计机制，提升信息披露的实质性，进而增强信息透明度。

第一，针对客户满意度调查，银行应交由第三方独立调查公司对银行的客户进行满意度调查，并公布满意度得分，同时披露客户满意度调查中客户反映的主要问题，银行业应该从问题出发，在社会责任报告中主动回应主要的改进计划。

第二，针对投诉与争议处理，各类型银行应进一步加强对相关数据的披露，包括投诉事件、投诉处理时效、投诉处理率，这一方面可以提升信息披露的透明度，另一方面可以更好地回应客户关注的重要信息。

第三，针对特殊人群服务，银行业除了需进一步披露推进特殊人群服务的相关政策文件外，还需披露与特殊人群服务相关的数据。例如针对老年客户，多数银行提供爱心信息发送提醒服务，告知老年客户错时办理柜台服务，尽可能减少老年客户等候时间。银行也应在社会责任报告中披露相关的数据，例如发送的信息条数、覆盖的老年客户群体数等，提升银行在客户服务精细化管理方面的信息透明度。

第四，针对志愿服务，各类型银行应逐步建立志愿服务工作机制，在为员工参与志愿服务提供机制保障的同时，进一步培养员工的志愿服务精神。银行应定期统计员工参与志愿服务时长、参与人员数量等，方便公众更直观的了解银行在志愿服务方面所做出的努力。

B.9

2015年中国省级电网公司公众透明度评价分析

摘　要：　企业公众透明度是指企业针对社会公众进行的信息披露、信息传递与信息接收等活动及其满足社会公众信息需求的总体情况。2015 年，各电网公司的透明度管理取得了不同程度的发展，与政府、客户、合作伙伴等利益相关方的沟通方式逐步丰富，对于缓解公众疑虑、提升公司责任品牌形象起到了重要作用。

为了更加有针对性地研究省级电网公司公众透明度管理情况，本文收集了 34 家省级电网公司在 2014 年 7 月 1 日至 2015 年 6 月 30 日期间通过公开渠道公布的信息，设置了 90 个指标，从目的、时间、内容、渠道、形式、数量、效果七大维度进行分析，得到了 34 家省级电网公司透明度管理的总体情况，并通过对七大维度分项指标的具体分析指出了各省级电网公司的强项与不足，为电网公司改善透明度管理提出了改进的建议与方向，以期促进省级电网公司整体透明度管理水平与能力的提升。

关键词：　电网公司　公众透明度　信息披露

一　评价结果

（一）分析说明

1. 样本选择

本研究选择国家电网公司 27 家省级电网公司与中国南方电网有限责任公司 7 家二级单位共 34 家省级电网公司作为样本，样本选择如表 1 所示。

表1　样本选择情况

总部公司名称	省级电网公司名称
国家电网公司	国网北京市电力公司
	国网天津市电力公司
	国网河北省电力公司
	国网冀北电力有限公司
	国网山西省电力公司
	国网山东省电力公司
	国网上海市电力公司
	国网江苏省电力公司
	国网浙江省电力公司
	国网湖南省电力公司
	国网安徽省电力公司
	国网福建省电力有限公司
	国网湖北省电力公司
	国网河南省电力公司
	国网黑龙江省电力有限公司
	国网江西市电力公司
	国网四川省电力公司
	国网重庆市电力公司
	国网辽宁省电力有限公司
	国网陕西省电力公司
	国网吉林省电力有限公司
	国网内蒙古东部电力有限公司
	国网甘肃省电力公司
	国网青海省电力公司
	国网宁夏电力公司
	国网新疆电力公司
	国网西藏电力有限公司
中国南方电网公司	广州供电局有限公司
	广东电网有限责任公司
	广西电网有限责任公司
	海南电网有限责任公司
	云南电网有限责任公司
	贵州电网有限责任公司
	深圳供电局有限公司

注：以《国家电网公司2014社会责任报告》《中国南方电网2014企业社会责任报告》作为省级电网公司名称和展现顺序的依据。

2. 指标设定

在指标设定中，本研究共设定一级指标 39 项，在部分一级指标下分别设定二级指标，共 90 项，部分指标在 2014 年报告的基础上进行了调整。指标主要涉及企业运行情况、业务经营情况、是否发布社会责任报告、是否及时回应重大负面事件、采购信息披露、客户沟通与投诉、服务信息披露、安全供电、员工职业发展、公益环保等内容，具体指标设定如表 2 所示。

表 2　省级电网公司公众透明度信息披露指标

一级指标	二级指标
企业运行情况	中国南方电网公司营业收入(亿元)
	资产(亿元)
	利润(亿元)
	售电量(亿千瓦时)
	利税(亿元)
	电网建设投资(亿元)
业务经营情况	业务范围
	地理范围
	业务经营情况介绍
编制报告	企业社会责任报告
	各类专题报告
报告发布会	企业社会责任报告
	各类专题报告
报告下载情况	企业社会责任报告
	各类专题报告
及时回应重大负面事件	负面事件发生情况
	回应情况
企业报道信息数	公司新闻/动态、媒体报道新闻条数
	重要报纸全文数据库信息条数
责任推进管理	
利益相关方管理	利益相关方识别(识别过程)
	利益相关方列表
	利益相关方沟通(日常和专项)
合规与内控	
三公调度	

续表

一级指标	二级指标
采购信息披露情况	供应商管理
	采购标准
	招标信息
	中标信息
	废标信息
	供应商服务热线
	供应商服务微信
	废旧物资处置披露
	质量监督信息
电力交易信息	
客户沟通渠道	邮箱
	公司地址
	客户满意度调查
	营业网点信息
客户投诉与反馈	投诉电话
	投诉邮箱
	投诉处理流程说明或规定
优质服务	客户服务渠道
	缴费渠道
	特殊群体服务
	电价、电费政策说明
	停电公告
安全供电	安全生产投入(万元)
	开展应急演练次数(次)
	一般及以上电力安全事故数
	电力人身伤亡责任事故伤亡人数
	抗灾保电
可靠供电	城市用户平均停电时间(小时)
	农村用户平均停电时间(小时)
	用户平均停电时间(城市+农村)(小时)
重大保供电	
招聘信息	招聘信息披露
	招聘平台手机客户端
员工人数	

续表

一级指标	二级指标
员工培训和教育	培训总小时(小时)
	培训总投入(万元)
员工职业发展	
员工职业健康	职业健康投入
	心理健康活动
	体检健康档案
公众沟通	公众沟通活动
	电力知识电子渠道普及
员工志愿服务	志愿者人数(人)
	志愿服务时间(小时)
	志愿服务活动
公益慈善	
新能源上网情况	
环保政策制度	
“三废”排放与处理	二氧化碳减排量
	二氧化硫排放量
	六氟化硫回收量
支持电动汽车发展	电动汽车知识
	支持政策
	充换电网点信息
用能服务	提供家庭节能知识
	提供企业节能解决方案
电网线损情况	线损率
	降低线损举措
绿色办公	
企业网站栏目设置	
宣传片	
企业自有对外宣传媒介	
企业官方微博/微信	微博
	微信
互联网上的企业信息量	

3. 数据收集分析

本报告旨在研究 34 家省级电网公司的公众透明度，所依据的资料均为一般公众可以通过公开渠道获取的，这些渠道主要包括企业官方网站、企业公开发布的各项报告（社会责任报告、绿色发展报告等）、媒体的公开报道等。项目组成员针对选择的样本企业，依据设定的特定指标，集中阅读和梳理了样本企业的官网信息、各类综合专项报告、媒体信息等，形成了省级电网公司公众透明度评价信息基础数据库。

本报告沿承中国企业200强公众透明度的赋值原则，对数据库按照“是”“否”披露分别进行“1”“0”赋值；对于“企业报道信息数”等数量型指标采用披露数量最多为“1”，其余数据进行同比转换的方式进行处理，最终形成了报告的分析数据库。

在分析过程中，项目组采用各项指标等权重的统计方法，对各项指标进行求和，并按照90个指标进行百分制转换，最终得到了34家省级电网公司的最终公众透明度评价得分，并按照得分对所评价企业按照卓越（80~100分）、良好（60~80分）、一般（40~60分）、不良（20~40分）、黑箱（0~20分）划分为5个等级。同时，本报告将依据目的维度、时间维度、内容维度、渠道维度、形式维度、数量维度、效果维度7个维度对目标企业公众透明度表现进行具体分析。

（二）分析结果

1. 整体评价结果

（1）省级电网公司公众透明度进步较大

如图1所示，与2014年相比，在社会公众对省级电网公司关注度日益提升的情况下，省级电网公司的公众透明度总体上取得了较大进步。从得分来看，最高分从70.2分上升到77.3分，提升了10.1%；最低分从28.8分上升到31.5分，提升了9.38%；平均分从49.9分上升到52.3分，提升了4.81%。从公众透明度良好企业数量来看，从6家上升到了8家，增长幅度为33.33%。

（2）南方电网公司下属二级单位透明度整体较优

2014年和2015年省级电网公司公众透明度得分最高的依旧是云南电网有限责任公司。南方电网公司下属二级单位公众透明度较好，包揽了前3

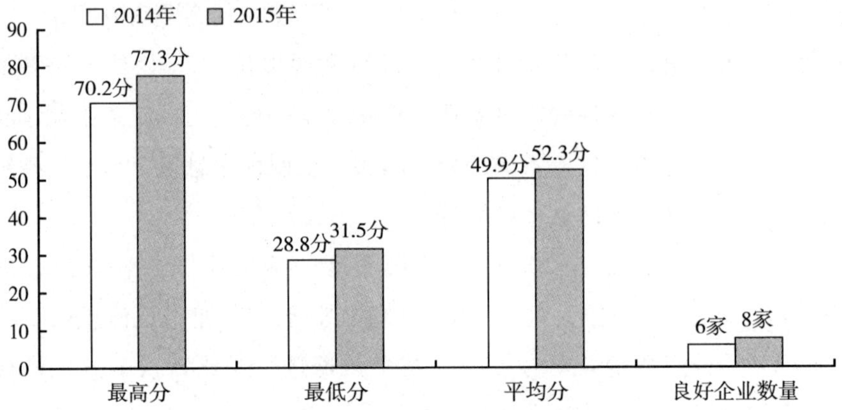

图1　2014 年和 2015 年省级电网公司公众透明度对比

名，这与南方电网公司从总公司到二级单位坚持每年发布社会责任报告，并通过社会责任周等活动及时向外公布信息，与社会公众保持良好的互动有很大的关系。

（3）国家电网公司下属省级电网公司公众透明度有很大提升

如图 2 所示，在公众透明度得分前十名中，国家电网公司入围的二级单位数量从 2014 年的 4 家上升到 2015 年的 5 家，上升幅度为 25%。国网下属所有 27 家省级电网公司的平均分从 2014 年的 46. 7 分上升到 2015 年的 50. 2 分，上升幅度为 7. 49%；最高分从 2014 年的 64. 7 分上升到 2015 年的 66. 5 分，上升幅度为 2. 78%。国家电网公司下属省级电网公司尝试发布专题和综合白皮书，并开展多种类型的社会公众沟通活动。

（4）省级电网公司公众透明度还存在较大提升空间

不同二级单位之间公众透明度得分存在较大差距。排名第一的云南电网有限责任公司与国网吉林省电力有限公司之间存在 45. 77 分的差距。在平均分方面，前十名的平均分是 64. 28 分，中间十名的平均分是 53. 57 分，其余的平均分是 42. 72 分。但即使是在 2015 年的透明度表现方面排名最好的云南电网有限责任公司的分数也仅为 77. 28 分，在披露信息的及时性、内容、渠道、形式、数量方面尚存在较大的提升空间。

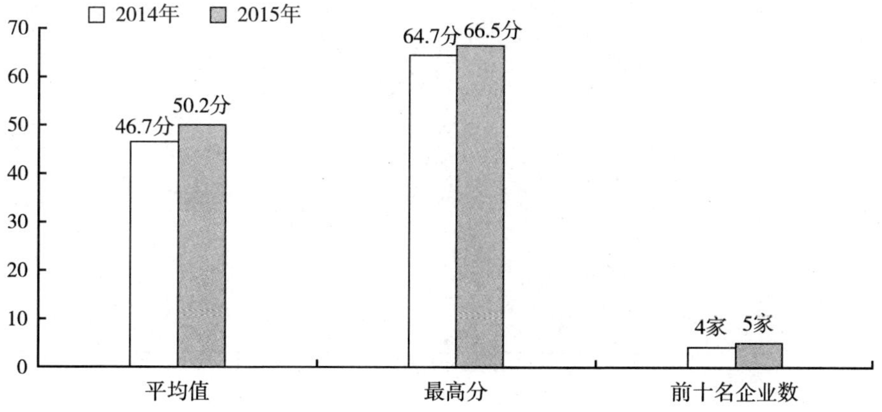

图 2 国网下属省级电网公司公众透明度对比

2. 分阶段评价结果

根据总体得分情况，将 2015 年省级电网公司公众透明度得分划分为五个等级，80～100 分为“卓越”，60～80 分为“良好”，40～60 分为“一般”，20～40 分为“不良”，0～20 分为“黑箱”。电网行业各省级电网公司中有 8 家企业公众透明度处于良好等级，21 家企业公众透明度处于一般等级，5 家企业公众透明度处于不良等级（见表 3）。

表 3 省级电网公司公众透明度总体情况

单位：家，分

透明度等级	分数段	企业数	透明度平均分
卓越	80～100 分	0	0.00
良好	60～80 分	8	66.41
一般	40～60 分	21	50.46
不良	20～40 分	5	37.14
黑箱	0～20 分	0	0.00

（1）省级电网公司的公众透明度基本上符合正态分布

如图 3 所示，良好的企业数占比为 23.5%，一般的企业数占比为 61.8%，不良的企业数占比为 14.7%，省级电网公司为提高透明度还需要进一步努力。省级电网公司还需要进一步提高信息披露能力，进而提升整

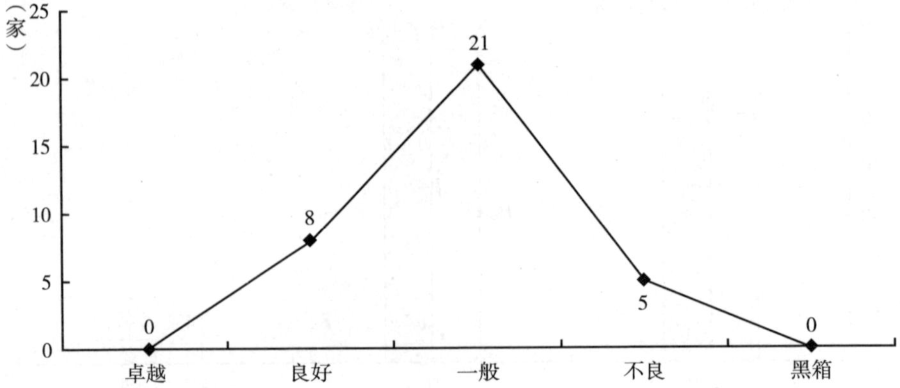

图3　省级电网公司公众透明度分阶段评价结果

体透明等级，对公众做到完全透明的信息披露。

（2）省级电网公司的公众透明度有所提升

如图4所示，省级电网公司公众透明度处于良好等级的企业数占比从2014年的17.6%上升到了2015年的23.5%，公众透明度处于一般等级的企业数从2014年的67.6%下降到2015年的61.8%。这说明省级电网公司在一定程度上认识到了信息披露的重要性，逐步采取各种有效措施提升其公众透明度，并且取得了一定的成效。

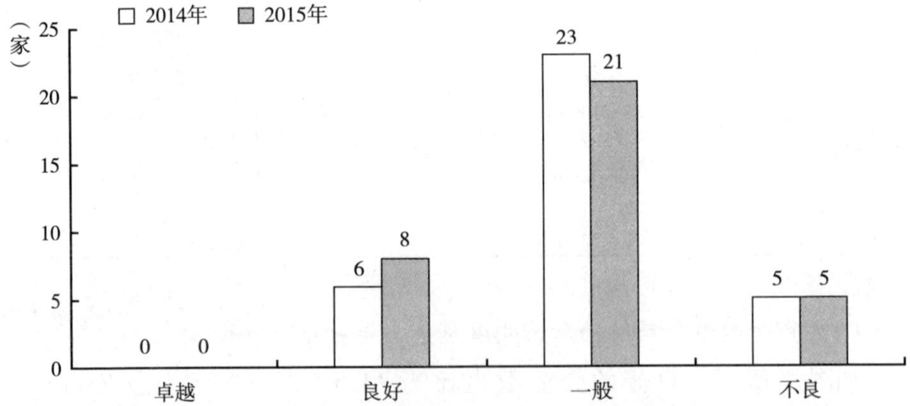

图4　省级电网公司公众透明度分阶段评价对比

3. 各维度评价结果

从目的维度来看，省级电网公司公开披露经营信息，主要来自企业内外两个方面的压力。从外部来说是满足电力监管部门的监管要求，维护公众对于企业信息的知情权，从内部来说是省级电网公司业务发展的客观要求与可持续发展的必然选择。2015 年报告期内，电网企业面临着负面信息增加、社会各界对电力体制改革更加关注、重大保电任务更加繁重等挑战，这对省级电网公司的沟通工作提出了更高的要求。

从时间维度来看，省级电网公司在应对负面新闻方面的工作有待加强，需要增强应对负面新闻的及时性。公司新闻更新速度有待提升，以方便利益相关方能够及时从省级电网公司的官方渠道了解到更多的信息。省级电网公司保持了在停电信息披露方面的及时性，便民服务工作表现较为突出。

从内容维度来看，省级电网公司从企业运行和业务经营状况、责任管理、伙伴合作、优质服务、安全可靠供电、员工相关信息、志愿公益活动、支持节能环保等 8 个方面披露了利益相关方关心的信息。在选择披露的内容时，普遍存在的问题包括：对成绩和亮点披露较多，对事件、事故提及较少；对案例和故事提及较多，对数据提及较少；对外部相关的内容提及较多，对公司管理、员工发展等内部工作提及较少。

从渠道维度来看，省级电网公司完善了报告下载和发布渠道，让更多的利益相关方能够接触到社会责任报告；完善了客户沟通和投诉渠道，提升了客户服务质量；完善了社会公众沟通渠道，提升了社会公众透明度；完善了企业官方信息披露渠道，让利益相关方更加准确、及时地获得信息；完善了招聘和供应商服务渠道，让员工招聘、招投标等工作更加阳光。

从形式维度来看，南方电网公司所属二级单位更注重社会责任报告，国家电网公司下属单位更注重通过发布白皮书来展现成绩和亮点。省级电网公司正在尝试通过拍摄各种类型的宣传片来提升企业形象。

从数量维度来看，省级电网公司整体表现欠佳，说明省级电网公司还不能自如地运用多种宣传途径来展现公司的相关信息。

从效果维度来看，目前各省级电网公司的信息披露基本满足了电力监管机构的监管要求，较为充分的信息披露也支持了公司业务的发展，帮助企业树立起了责任央企的形象。

二 目的维度评价分析

（一）落实监管部门监管要求

省级电网公司的信息披露受到国家发改委、国资委及国家电力监管委员会等机构的监管。为了加强电力监管，规范电力企业、电力调度交易机构的信息披露行为，维护电力市场秩序，2005 年 11 月 9 日国家电力监管委员会主席办公会议通过《电力企业信息披露规定》，自 2006 年 1 月 1 日起施行。规定要求电力企业、电力调度交易机构披露有关电力建设、生产、经营、价格和服务等方面的信息，披露信息要遵循真实、及时、透明的原则。

该规定明确了从事输电业务的企业、从事供电业务的企业、电力调度交易机构应该向社会公布的信息，如表 4 所示。

表 4 输电企业、供电企业、电力调度交易机构公布信息内容

企业类型	公布信息内容
从事输电业务的企业	（一）输电网结构情况，输电线路和变电站规划、建设、投产的情况 （二）电网内发电装机情况 （三）网内负荷和大用户负荷的情况 （四）电力供需情况 （五）主要输电通道的构成和关键断面的输电能力，网内发电厂送出线的输电能力 （六）输变电设备检修计划和检修执行情况 （七）电力安全生产情况 （八）输电损耗情况 （九）国家批准的输电电价；跨区域、跨省（自治区、直辖市）电能交易输电电价；大用户直购电输配电价；国家批准的收费标准 （十）发电机组、直接供电用户并网接入情况，电网互联情况 （十一）电力监管机构要求披露的其他信息

续表

企业类型	公布信息内容
从事供电业务的企业	(一)国家规定的供电质量标准 (二)国家批准的配电电价、销售电价和收费标准 (三)用电业务的办理程序 (四)停电、限电和事故抢修处理情况 (五)用电投诉处理情况 (六)电力监管机构要求披露的其他信息
电力调度交易机构	(一)电网结构情况,并网运行机组技术性能等基础资料,新建或者改建发电设备、输电设备投产运行情况 (二)电网安全运行的主要约束条件,电网重要运行方式的变化情况 (三)发电设备、重要输变电设备的检修计划和执行情况 (四)年度电力电量需求预测和电网中长期运行方式,电网年度分月负荷预测;电网总发电量、最高最低负荷和负荷变化情况;年、季、月发电量计划安排和执行情况 (五)跨区域、跨省(自治区、直辖市)电力电量交换情况 (六)并网发电厂机组的上网电量、年度合同电量和其他电量完成情况,发电利用小时数;实行峰谷分时电价的,各机组峰、谷、平段发电量情况 (七)并网发电厂执行调度指令、调度纪律情况,发电机组非计划停运情况,提供调峰、调频、无功调节、备用等辅助服务的情况 (八)并网发电厂运行考核情况,考核所得电量、资金的使用情况 (九)电力市场运行规则要求披露的有关信息 (十)电力监管机构要求披露的其他信息

该规定还对信息的披露方式提出了具体要求，包括：电力企业的门户网站及其子网站，报刊、广播、电视等媒体，信息发布会，简报、公告，便于及时披露信息的其他方式。电力企业、电力调度交易机构应当保证所披露信息的真实性、及时性，并方便相关电力企业和用户获取。电力企业、电力调度交易机构应当指定具体负责信息披露的机构和人员，公开咨询电话和电子邮箱，并报电力监管机构备案。

（二）深入推进电力体制改革

深化电力体制改革是一项紧迫的任务，事关我国能源安全和经济社会发展全局。党的十八届三中全会提出，国有资本继续控股经营的垄断行业，实行以政企分开、政资分开、特许经营、政府监管为主要内容的改革。《中央全面深化改革领导小组 2014 年工作要点》《国务院转批发展改革委关于 2014 年深化经济体制改革重点任务意见的通知》对深化电力体制改革提出了新使命、新要求。社会各界对加快电力体制改革的呼声也越来越高，推进改革的社会诉求在增加，具备了宽松的外部环境和扎实的工作基础。公开、透明地向社会各界公布改革路径、改革对象、改革方法成为推进电力体制改革、创造良好的外部发展环境的重要保障。

2015 年《关于进一步深化电力体制改革的若干意见》（中发〔2015〕9 号文）进一步对公开、透明、公众参与进行了规定。新电改强调“管住中间、放开两头”，其中有序地向社会资本放开配售电业务，成为本轮电改方案的最大亮点。该文件要求加大监管力度，对企业和个人的违法失信行为予以公开，违法失信行为严重且影响电力安全的，要实行严格的行业禁入措施。提升规划的覆盖面、权威性和科学性，增强规划的透明度和公众参与度，各种电源建设和电网布局要严格规划、有序组织实施。规划经法定程序审核后，要向社会公开，使各类企业的信用状况透明、可追溯、可核查。

（三）主动回应社会公众质疑

人们对电网企业的诟病可以说由来已久，从之前的“电老虎”“抄表工年薪十万（元）”，到 2015 年的“买官卖官”“暗箱操作”等，电网公司每一次负面新闻出来之后都能迅速吸引人们的眼球。国家电网和南方电网每年数千亿元的投资项目，让人们不断联想到腐败、关系、不透明等。尤其是 2015 年中央审计组进驻到国家电网和南方电网以来，不断传出的高层领导被带走的消息，又将两大电网公司推向了风口浪尖。“速度、力度、透明度”，一系列的新气象显示了中央反腐败的坚定决心，鼓舞了群众，聚积了民意，势必不断推动反腐工作的深入。在这种形势下，电网企业如何能够化解公众对于电网企业的不满，消除社会公众的质疑之声，显然，透明运营是其必然的选择。

省级电网公司以运营电网为主要业务，与社会公众的生产和生活息息相关，为经济社会的可持续发展提供了可靠的电力供应。电网公司的各利益相关方在享受电力服务的同时，也希望能够通过公开、合理、合法的渠道更多地了解电网生产、运营等内容。虽然省级电网公司在探寻利益相关方期望、满足利益相关方诉求、加强与利益相关方的沟通等方面有了很大的进步，但是传统的体制影响以及人们对于电网公司根深蒂固的印象，造成了现在利益相关方对电网公司透明度的期望不断提高与电网公司亟待提高的信息披露水平的巨大差距。电网公司需要更多地探索如何拓展信息披露的途径，以更加符合利益相关方的期望，通过提高公众透明度来改善公众心中的电网公司形象。

（四）保障企业的可持续发展

党中央、国务院对央企新闻宣传、舆论引导、形象公关等品牌建设工作高度重视。习近平总书记做出重要批示，要加大国企正面宣传和形象公关力度，增信释疑，促进了解，树立良好形象。中组部、国资委先后多次召开会议，要求中央企业加强正面发声，回应社会关切，强化形象公关和品牌建设。

省级电网公司是自然垄断的公用事业单业，公司重大决策权力很大程度上在企业之外。电网发展受到政府严格管制，公司运营受到社会广泛监督，发展战略、投资规模、电网规划、建设用地、电价水平、服务标准等重大决策，只有得到政府许可、社会认同、公众支持，才能付诸实践并顺利实施。

省级电网公司是高度依存产业上下游企业的利益相关方合作型企业。电能以光速传播，电力生产、输送和消费瞬间完成、实时平衡，电力系统具有高度的整体性和协调性。电网安全稳定高效运行，需要电力系统每一个环节的相互信任、协调配合与通力合作。提高公众透明度是增进企业与社会公众的相互信任、凝聚各方发展合力、打造良好的外部环境的重要基础。

三　时间维度评价分析

（一）时间维度评价结果

在时间维度上，主要考虑的是企业是否及时披露相关信息。本部分从企业披露信息的时间维度出发，结合公众关注需求与行业要求，选取了负面事件发生情况、回应情况、公司官网新闻更新情况、停电公告发布情况4个方面进行评价，结果如表5所示。

表5　省级电网公司公众透明度时间维度评价结果

单位：分

时间维度排名	公司名称	时间维度得分
1	国网湖北省电力公司	88.66
2	国网青海省电力公司	79.43
3	国网陕西省电力公司	78.30
4	国网新疆电力公司	76.83
5	国网山东省电力公司	75.01
6	国网宁夏电力公司	72.61
7	国网四川省电力公司	72.18
8	国网内蒙古东部电力有限公司	70.73
9	国网黑龙江省电力有限公司	70.34
10	国网浙江省电力公司	69.71
11	国网天津市电力公司	68.76
12	国网河北省电力公司	68.04
13	国网冀北电力有限公司	67.86
14	广州供电局有限公司	67.74
15	国网北京市电力公司	67.60
16	国网吉林省电力有限公司	66.69
17	海南电网有限责任公司	66.67
18	国网河南省电力公司	53.80
19	国网甘肃省电力公司	48.11
20	国网辽宁省电力有限公司	42.76
21	国网安徽省电力公司	41.51

续表

时间维度排名	公司名称	时间维度得分
22	国网江苏省电力公司	38.93
23	国网福建省电力有限公司	38.73
24	国网湖南省电力公司	38.53
25	国网西藏电力有限公司	36.37
26	广东电网有限责任公司	35.91
27	广西电网有限责任公司	35.67
28	国网重庆市电力公司	35.28
29	国网上海市电力公司	34.85
30	国网山西省电力公司	34.53
31	国网江西省电力公司	34.46
32	深圳供电局有限公司	33.77
33	云南电网有限责任公司	33.65
34	贵州电网有限责任公司	12.63

（1）省级电网公司在时间维度方面呈现两极分化的局面

如图5所示，2015年，表现“良好”的企业为16家，占比为47.1%，表现不良的企业为12家，占比为35.3%，公众透明度表现良好和不良的企业在省级电网公司中占比较大。

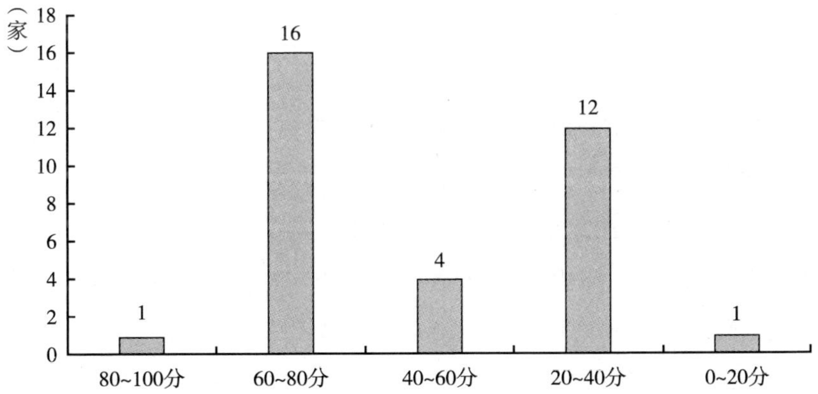

图5　2015年省级电网公司公众透明度时间维度得分分布

（2）出现负面事件的省级电网公司较多且没有进行有效回应

调查显示，2015 年共有 18 家公司出现了“腐败”“公款吃喝”等负面事件，几乎所有的省级电网公司都保持了沉默，没有第一时间对负面事件进行有效的回应。

（3）在及时披露停电信息方面表现较优

保障可靠的电力供应最重要的表现就是不停电、少停电，如果发生停电要在第一时间让相关方获知停电信息，在这方面省级电网公司总体表现较好。同时，在官网信息更新方面，多数企业较为重视将官方网站作为企业信息沟通、展示的窗口，及时将企业的动态向社会公众公布。

（二）专项指标分析

1. 负面事件的回应方面有待提高

该项指标主要评价省级电网公司是否发生重大负面事件和是否及时进行回应两个方面的信息披露情况，考察省级电网公司在应对负面信息时，是否能够迅速、有效地进行回应，在第一时间消除公众对公司负面信息的质疑。

针对及时回应重大负面事件，在评价中共设定“群体性事件”“环境”“安全”“劳动关系纠纷”“腐败”等类似负面词语，通过网络搜索引擎在线搜集相关信息，结合公司的全称与简称进行信息的评价。

如图 6 所示，34 家电网公司中，16 家公司未发生负面事件，18 家公司出现负面信息，负面信息主要涉及贪污腐败、公款吃喝等。18 家发生了负面事件的省级电网公司，均未第一时间在官方网站对负面信息进行回应。

2. 停电公告信息披露及时

及时发布停电公告，便于相关客户能够及时安排生产和生活，是省级电网公司履行社会责任、积极主动服务利益相关方的重要表现。客户通过及时读取停电公告，可以预先做好相应准备，降低不必要的损失或资源浪费。

调查结果显示，34 家省级电网公司中有 33 家都及时公布了停电信息。公告中详细披露了社会公众关心的公变名称、停电线路、停电时间、停电范围。

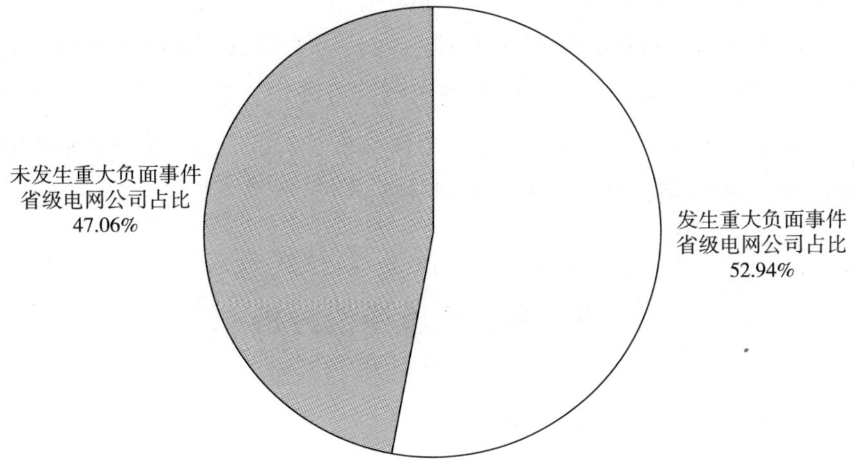

图 6　发生重大负面事件省级电网公司分布情况

案例一：国网重庆市电力公司多举措提升停电信息发布报送质量①

国网重庆市电力公司远程站为保证停电信息发布质量，从规范停电信息报送模板、专人监督重要及一般客户停电信息通知、定期展开停电信息报送流程培训三个方面确保停电信息的及时性和准确性。避免停电通知不及时、发布渠道单一、发布信息不准确等情况发生，提升停电信息发布质量和企业品牌形象。

为了让客户尽早了解计划停电情况，保证供电单位通知到位，减少生产损失和生活不便，该远程工作站开展重要及一般客户通知情况回访，截至 2015 年 3 月 17 日，共计回访主要（高危）客户 233 户、专变客户 767 户、一般客户 744 户。

3. 公司网站新闻更新速度有待提高

公司官方网站是公司相关信息发布的权威窗口，是利益相关方获得公司信息的重要途径，企业在官方网站上及时发布和更新相关信息，有助于利益

① 资料来源于中电新闻网。

相关方更好地了解企业的相关信息和动态。

调查显示，在调查期内 34 家省级电网公司平均发布 599 条信息，然而不同公司之间差距较大，最多的是海南电网有限责任公司发布了 3041 条信息，最少的是国网吉林省电力有限公司只发布了 2 条信息。多数企业的新闻数量为 200～300 条，平均一天还不到 1 条。

四　内容维度评价分析

（一）内容维度评价结果

在内容维度上，主要评价企业披露的信息是不是外部各方所关注的实质性问题，是否完整、真实、准确地披露信息，并且其披露的信息是否具有平衡性。本部分从公司披露信息的内容维度角度，根据电网行业特点设定了 61 项指标，指标中所披露的信息可分为企业运行和业务经营状况、责任管理、伙伴合作、优质服务、安全可靠供电、员工相关信息、志愿公益活动、支持节能环保 8 个类别，评价结果如表 6 所示。

表 6　省级电网公司公众透明度内容维度评价结果

单位：分

内容维度排名	公司名称	内容维度得分
1	云南电网有限责任公司	95.08
2	深圳供电局有限公司	83.61
3	广东电网有限责任公司	77.05
4	国网重庆市电力公司	70.49
5	国网山东省电力公司	67.21
6	广西电网有限责任公司	65.57
7	国网陕西省电力公司	63.93
8	国网浙江省电力公司	60.66
8	广州供电局有限公司	60.66

续表

内容维度排名	公司名称	内容维度得分
10	国网北京市电力公司	59.02
11	国网福建省电力有限公司	57.38
11	海南电网有限责任公司	57.38
13	国网江苏省电力公司	55.74
13	国网安徽省电力公司	55.74
15	国网天津市电力公司	54.10
15	国网四川省电力公司	54.10
15	国网辽宁省电力有限公司	54.10
18	国网青海省电力公司	52.46
19	国网湖南省电力公司	50.82
19	国网内蒙古东部电力有限公司	50.82
19	国网宁夏电力公司	50.82
19	国网新疆电力公司	50.82
23	国网湖北省电力公司	49.18
24	国网河南省电力公司	45.90
24	国网黑龙江省电力有限公司	45.90
26	国网甘肃省电力公司	44.26
27	国网河北省电力公司	40.98
27	国网江西省电力公司	40.98
27	贵州电网有限责任公司	40.98
30	国网冀北电力有限公司	39.34
30	国网山西省电力公司	39.34
30	国网西藏电力有限公司	39.34
33	国网上海市电力公司	34.43
34	国网吉林省电力有限公司	29.51

（1）省级电网公司在内容维度方面表现一般

如图7所示，2015年省级电网公司在内容维度方面表现一般，40～60分的企业数量为20家，占比为58.82%。同时，在内容维度方面有个别企业表现较好，云南电网有限责任公司重视实质性内容的披露，披露内容充实，得分为95.08分。

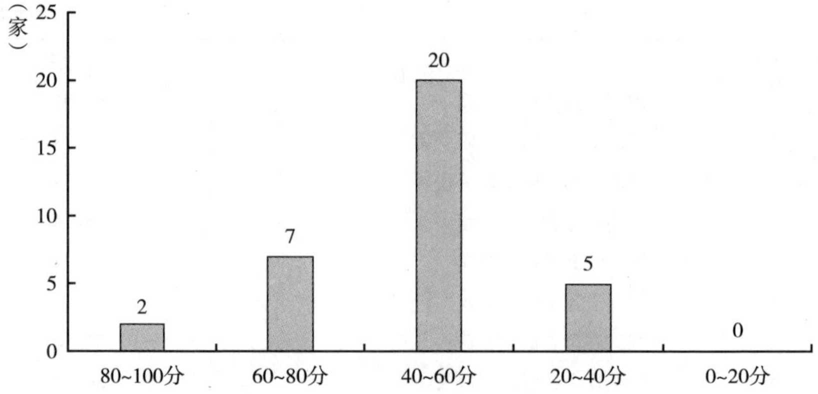

图7　2015年省级电网公司公众透明度内容维度得分分布

（2）披露内容上有选择性地进行取舍

省级电网公司较好地披露了公司运行情况和经营情况，使得社会公众能够较为直观地了解到省级电网公司的相关信息。同时，省级电网公司在披露利润、利税等指标信息方面还有一定的顾虑。

（3）责任管理内容披露较为欠缺

省级电网公司普遍披露了与利益相关方进行沟通的方法、渠道和具体案例，但在利益相关方识别过程和结果方面多数未进行信息披露。省级电网公司对于责任管理方面并没有投入足够的精力进行对外展示和宣传。

（4）重视与合作伙伴相关内容披露

省级电网公司多数认识到了合作伙伴的参与对公司发展的重要作用，积极主动地开展供应商管理，规范采购流程，采取多种途径尽可能地披露供应商应该知道的信息。省级电网公司创造条件发布三公调度信息，适应电力改革中的电力交易披露要求，做好信息披露工作。

（5）电力供应方面披露平衡性有待提升

提供可靠的电力供应是省级电网公司服务经济社会发展的基础。省级电网公司普遍就安全供电、可靠供电的相关信息进行了披露，然而在社会公众比较关心的电力安全事故等方面信息披露并不及时。

(6) 员工相关信息披露较少

省级电网公司普遍认识到了员工是企业最宝贵的财富，推行“以人为本”的理念，在员工招聘、培训、职业发展、职业安全健康保护等方面主动作为。然而省级电网公司并没有将这些内容作为对外披露的重要内容来对待。

(7) 公益活动较好提升了公司形象

省级电网公司积极主动开展志愿公益活动，活动领域覆盖了教育、医疗、文化、扶贫、赈灾等，并且支持企业内部员工开展多种形式的公益活动。省级电网公司主动宣传志愿公益活动的具体举措和各方反馈，得到了社会各界的认可，树立了负责任的品牌形象。

(8) 绿色节能信息披露情况较好

省级电网公司积极发挥能源配置作用，加大对于清洁能源的消纳力度，在电网建设、运营、维护过程中积极推行低碳环保理念，并与客户合作推动用电侧节能，取得了较好的社会反响。省级电网公司也主动披露在发电侧、电网侧、用电侧等方面的节能环保举措、案例和成效，取得了较好的社会效益。

(二) 专项指标分析

1. 运行经营情况披露

在企业简介中，将企业运行情况和经营情况进行充分的介绍，有助于让社会公众对省级电网公司有一个初步、直观的认识和了解。企业每年更新展现经营情况的数据，也能够让社会公众了解企业的发展，增进利益相关方对企业的好感。

(1) 企业运行情况披露

如图 8 所示，报告期内公布了营业收入、资产、利润、售电量、利税、电网建设投资等内容的省级电网公司的比例分别为 35.29%、58.82%、8.82%、85.29%、20.59%、50.00%。省级电网公司披露售电量、资产等工作业绩类信息时比较积极，而对披露利润、利税等信息较谨慎和小心。

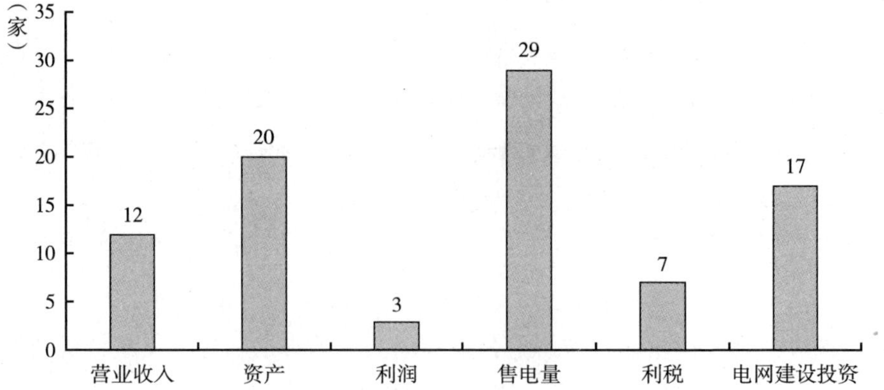

图8　2015年省级电网公司公众透明度企业运行情况披露

（2）企业经营情况披露

如图9所示，报告期内公布了业务范围、地理范围、业务经营情况介绍等内容的省级电网公司比例分别为97.06%、88.24%、58.82%。在企业经营情况披露方面省级电网公司整体上做得相对较好，尤其是在目前大小电网并存、两大电网与地方电网并存的情况下，便于社会公众更好地了解电网公司的业务经营情况。

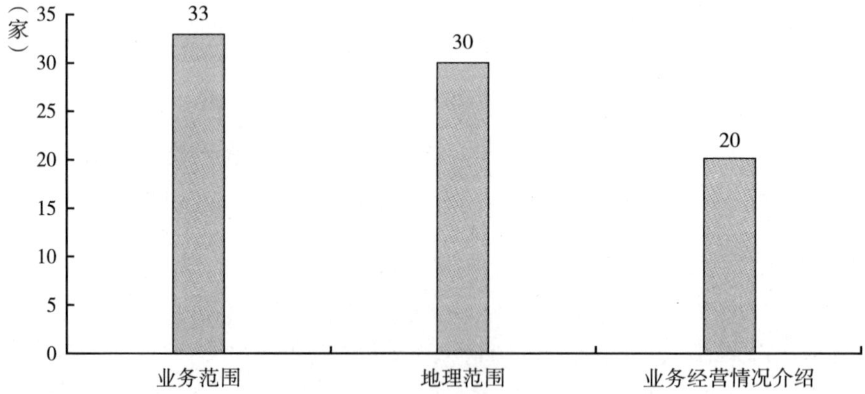

图9　2015年省级电网公司公众透明度企业经营情况披露

2. 责任管理信息披露

披露责任推进管理、利益相关方识别过程、利益相关方列表、利益相关方沟通信息，可以让公众更多地了解到省级电网公司如何开展企业社会责任工作，以及如何与各利益相关方进行沟通；同时通过有效地开展企业社会责任信息披露，可以增进企业利益相关方对企业的了解，并借此进一步提升企业与社会公众的沟通能力，整体提升企业公众透明度。

（1）利益相关方管理方面

如图 10 所示，调查期内披露了利益相关方识别（识别过程）、利益相关方列表、利益相关方沟通（日常和专项）等内容的省级电网公司占比分别为 8.82%、17.65%、47.06%。部分省级电网公司对于利益相关方管理给予了足够的重视，通过各种渠道对利益相关方相关内容进行了披露，多数企业可能也做了相关的工作，但在信息披露方面还需要进一步加强。

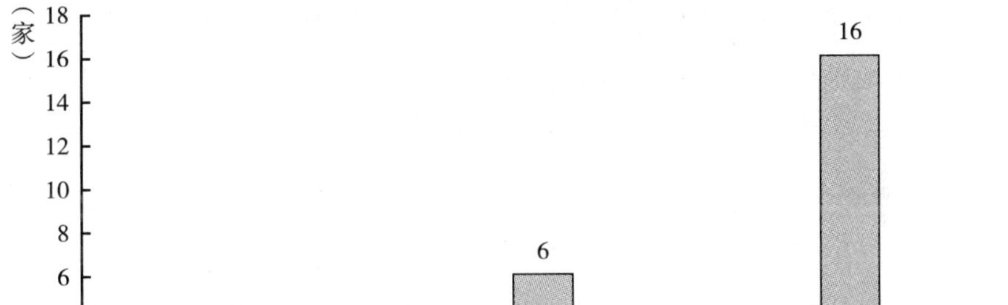

图 10　2015 年省级电网公司公众透明度利益相关方管理情况披露

（2）责任推进管理方面

如图 11 所示，调查期内披露了责任推进管理、合规与内控管理等内容的省级电网公司占比分别为 17.65%、44.12%。将社会责任推进管理作为重要披露内容的企业较少，合规与内控管理信息目前仍是企业披露的内部管理信息的主要内容。

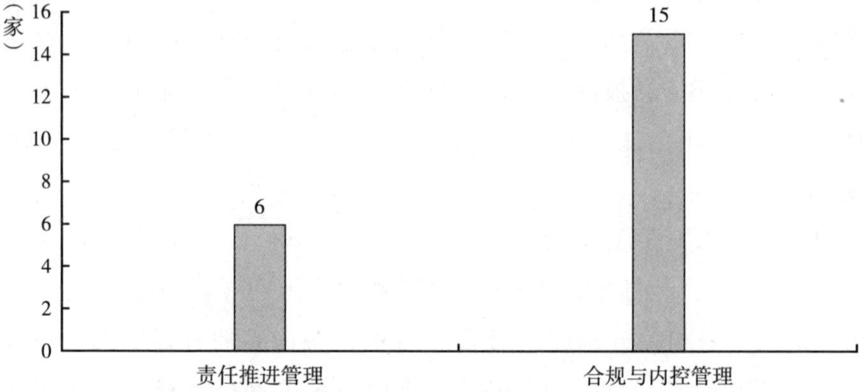

图 11　2015 年省级电网公司公众透明度责任推进管理情况披露

3. 伙伴合作信息披露

电网公司的发展离不开合作伙伴的大力支持和配合。省级电网公司及时披露与发电企业、供应商等合作伙伴相关的信息，能够让合作伙伴与电网公司的沟通更加顺畅，增强双方的互信，促使共同发展。

（1）采购信息披露方面

如图 12 所示，调查期内披露了供应商管理、采购标准、招标信息、中标信息、废标信息、废旧物资处置披露、质量监督信息等内容的省级电网公司占比分别为 91.18%、85.29%、88.24%、88.24%、79.41%、79.41%、79.41%。国家电网公司和南方电网公司目前正在推进和实行的集中招投标采购，使得招投标信息的管理更加集中、顺畅，对外公布也更加及时。同时，调查发现，国家电网公司建立了“国家电网公司电子商务平台”，统一公布招标采购、物资供应、质量监督、供应商管理、采购标准、循环物资竞价、新技术推广等内容，并建立了供应商网上服务大厅。

（2）调度和交易信息方面

如图 13 所示，调查期内披露了三公调度、电力交易信息等内容的省级

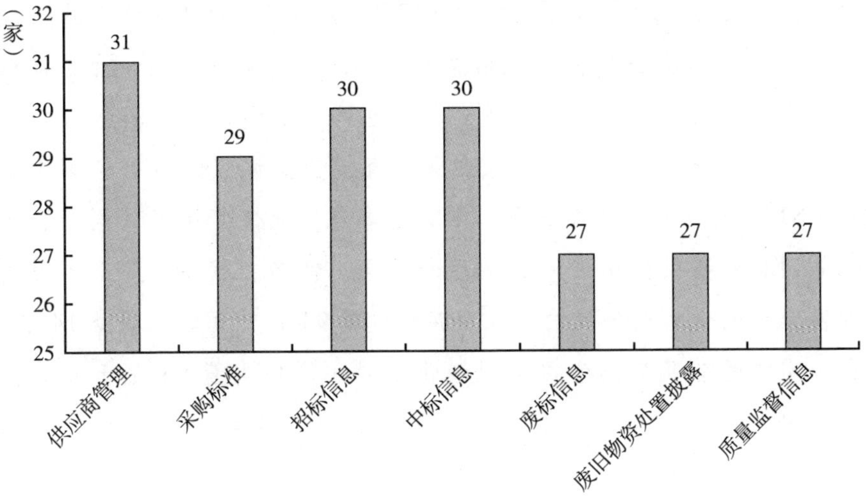

图 12　2015 年省级电网公司公众透明度采购信息情况披露

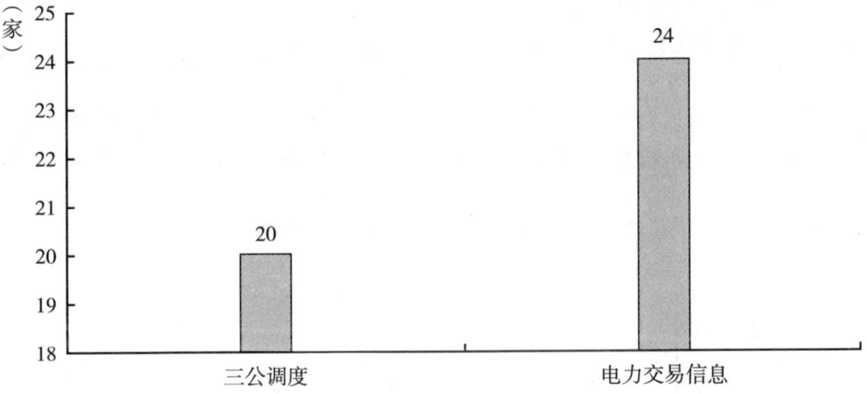

图 13　2015 年省级电网公司公众透明度调度和交易信息披露

电网公司占比分别为 58.82%、70.59%。电网公司作为连接发电厂和用电客户的重要渠道，如何公开、公平、公正地保障发电企业发电权利是社会公众关注的焦点。新电改配套文件公布在即，完善电力交易平台是非常迫切的重要任务。在 2015 年电改过程中，电网公司在电力交易中发挥的作用还有待进一步商榷，这就需要电网公司及时发布电力交易方面的信息，满足社会公众的知情权。

案例二：云南电网有限责任公司启动市场化交易实现多方受益①

2014年，云南主要耗能行业市场低迷，电力需求不振。为了降低企业用电成本，促进企业持续发展，云南电网有限责任公司引入市场化电力交易机制，推进大客户与电力企业的直接交易试点，共有9家水力发电厂、81家工业企业完成交易，在支持重点企业恢复生产的同时，也促进了电网企业增供扩销，消纳了富余水电，使多方受益。9家水力发电企业富余水电得到充分消纳，减少弃水电量94亿千瓦时，获益14.36亿元；云南电网有限责任公司实现增供扩销，增供电量94亿千瓦时；81家工业用电大户企业开工意愿明显增加，开工率增加15.3%，获益9亿元。

4. 优质服务信息披露

电力优质服务是社会与企业和谐共赢的需要，更是电网企业可持续发展的需要。提供优质服务，将会为企业创造社会效益和经济效益，不断提升企业的品牌价值。省级电网公司在披露优质服务信息方面普遍表现较好。

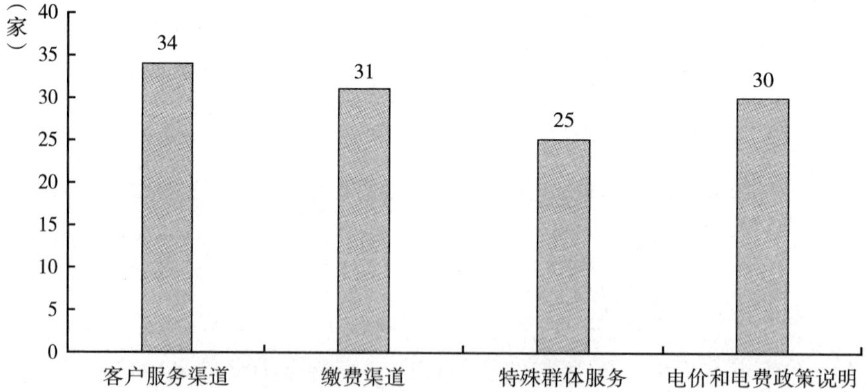

图14 2015年省级电网公司公众透明度优质服务信息披露

① 云南电网有限责任公司。

如图 14 所示，调查期内披露了客户服务渠道、缴费渠道、特殊群体服务、电价和电费政策说明等内容的省级电网公司占比分别为 100.00%、91.18%、73.53%、88.24%。优质服务相关内容的披露不仅可以方便客户开展用电活动，更能展现电网企业的成绩和亮点，这也是省级电网公司普遍关注和关心优质服务信息披露的重要原因。

案例三：国网湖北电力党员服务队提升服务能力解决用电问题

自 2012 年 3 月国网湖北省电力公司组建共产党员服务队以来，该公司实施统一品牌、统一管理，严格组建标准和程序，提高队伍标准化管理水平，搭建网络宣传平台，展现队伍风采，开展对标竞赛，接受群众监督。党员服务队以“金牌服务，红领创优”为主题广泛开展服务活动，制作共产党员服务名片发给客户，促进服务质量提升。党员服务队注重将党员示范岗、责任区、服务队建设全面对接企业中心工作，用实际行动积极投身农网改造升级等工作，做到哪里有电力故障，哪里就能看到服务队队员的身影。

截至 2015 年 7 月，国网湖北电力已经建立 310 支共产党员服务队，开展服务进社区、进学校、进农家、进企业 8100 余次，开展志愿服务活动 3210 次，参与急难险重任务抢修 186 次，联系困难群众 3678 户，捐资助学 2651 人。

5. 安全可靠供电信息披露

让客户真切感受到停电次数越来越少、停电时间越来越短、用电越来越方便可靠是电网公司工作的重要目标。提供优质可靠的电力供应是电网公司对各利益相关方的郑重承诺，是电力优质服务的根本，也是社会经济发展的重要保障。电网企业通过管理和技术水平的持续提升，提高供电可靠性及电能质量，让广大人民群众用上放心电、省心电、满意电。

（1）安全供电方面

如图 15 所示，调查期内披露了安全生产投入（万元）、开展应急演练次数（次）、一般及以上电力安全事故数、电力人身伤亡责任事故伤亡人数、抗灾保电等信息的省级电网公司占比分别为 2.94%、14.71%、8.82%、11.76%、97.06%。安全供电是电网公司非常重要的工作，电网公司在宣传安全生产方面的投入略显不足，电网公司对于安全事故的披露更是讳莫如深。同时，电网企业在抗灾保电方面的信息披露表现较为突出，仅有一家企业没有披露抗灾保电方面的相关信息。

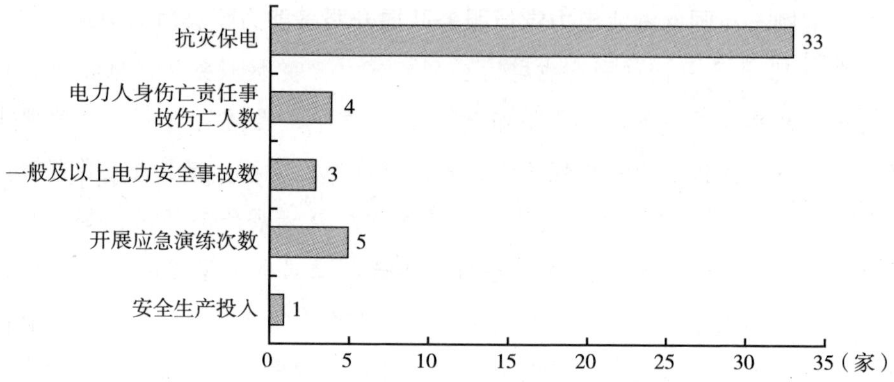

图 15　2015 年省级电网公司公众透明度安全供电信息披露

（2）可靠供电方面

如图 16 所示，调查期内披露了城市用户平均停电时间（小时）、农村

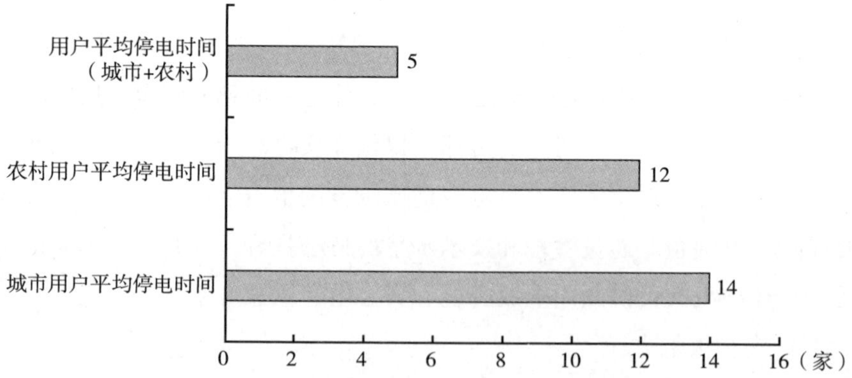

图 16　2015 年省级电网公司公众透明度可靠供电信息披露

用户平均停电时间（小时）、用户平均停电时间（城市+农村，小时）等信息的省级电网公司占比分别为41.18%、35.29%、14.71%。可靠供电最重要的表现就是不停电、少停电，这是检验省级电网公司经营业绩和优质服务的重要内容。可以看出，省级电网公司对城市客户的停电时间关注度明显高于农村客户。

案例四：国网天津市电力公司计划2016年底供电可靠性达99.999%[①]

2014年3月31日，国网天津市电力公司发布"世界一流城市供电网发展行动计划"，将用3年时间开展网架结构提升、配电自动化改造、智能通信网、信息化支撑平台、智能用电、运维管理体系、调度与控制运行、供电可靠性提升、重点区域智能电网共9个专项建设。

该计划提出，到2016年底，天津市外环线以内中心市区和滨海新区核心区域约900平方千米的电网供电可靠率大于等于99.999%、清洁能源消纳率达到100%、互动用户比例大于等于70%，从安全可靠、服务优质、经济高效、绿色低碳、友好互动5个维度全方位达到世界一流电网水平。

（3）重大保供电方面

调查期内披露了重大保供电信息的省级电网公司有33家，占比为97.06%。电力设施的保障工作成为重大活动能否顺利进行的关键要素。电网企业为此投入了巨大的人力、物力，保障了重大活动的顺利进行。

案例五：国网北京市电力公司圆满完成2014年APEC会议保电工作

2014年亚太经合组织（APEC）领导人非正式会议是我国新一届党和国

① 中国电力新闻网，http：//www.cpnn.com.cn/zdzg/201405/t20140513_676310.html。

家领导人上任以来举办的最重要的一项国际会议，规格高、影响大，会议活动密集，保电任务较重。为做好 APEC 会议供电保障工作，2014 年 7 月以来，国网北京市电力公司便超前谋划、严密组织、精心部署、狠抓落实，各项保障工作按计划扎实、有序推进。

11 月 10～11 日，2014 年 APEC 领导人欢迎晚宴和领导人非正式会议在京举行，APEC 供电保障工作进入特级保障时段。公司保电人员全部到岗到位，按照特级政治供电标准开展保电工作。两天保电期间，公司总指挥部、两个现场指挥部和 24 个相关单位的分指挥部全部上岗运转，并与北京市服务保障体系密切对接。一线保障人员全时段上岗，对电网设备和运行环境进行特巡，并采取运检和营销人员联合保障的模式为重要客户提供优质延伸服务。

11 月 11 日下午，2014 年 APEC 领导人非正式会议在怀柔雁栖湖闭幕，国网北京市电力公司 APEC 会议保电任务圆满完成，再次实现政治供电零闪动。

6. 员工相关信息披露

员工是省级电网公司最宝贵的财富，公司的发展和员工的发展是密不可分的。电网公司加大对员工的培养、培训力度，大力促进员工的成长与发展。

如图 17 所示，调查期内披露了招聘信息、员工人数、培训总小时（小时）、培训总投入（万元）、员工职业发展、职业健康投入、心理健康活动、体检健康档案等信息的省级电网公司占比分别为 88.24%、61.76%、0.00%、2.94%、38.24%、41.18%、47.06%、29.41%。电网企业建立了统一的招聘平台，规范了企业用工，及时向社会公布信息，一定程度上消除了社会各界对“走后门”“凭关系”进入电网企业工作等问题的质疑。电网企业在员工培训方面的信息披露情况较差。在员工发展和员工职业安全健康方面的信息披露比例均未超过 50%。在员工招聘、员工发展培训、员工职业安全等方面良好的信息披露对于吸引更多的优秀人才进入电网企业工作，提升电网企业员工的荣誉感、自豪感具有较大的作用。

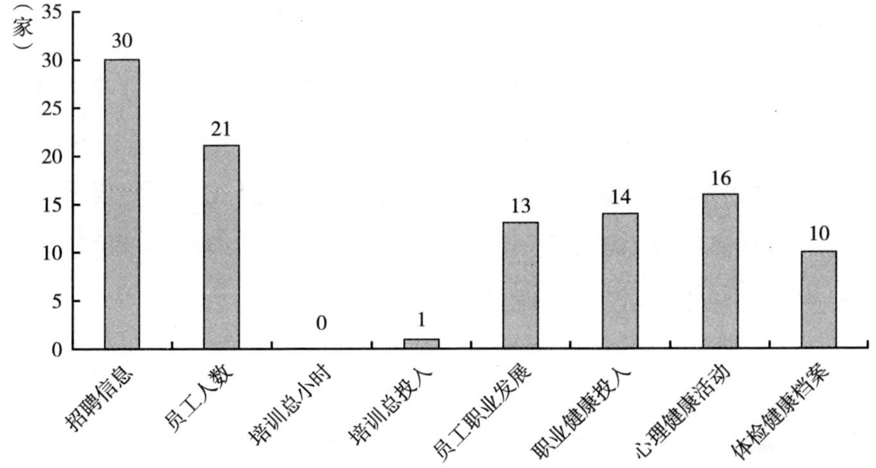

图 17　2015 年省级电网公司公众透明度员工相关信息披露

案例六：国网新疆电力公司开展“关爱员工预防职业病”体检活动[①]

为加强企业职业健康监控管理，提高对职业病防治工作重要性的认识，保障员工身体健康，从 2015 年 5 月中旬开始，国网新疆电力公司克拉玛依供电公司积极落实以人为本、关爱员工、服务企业的理念，开展了 2015 年度“关爱员工预防职业病”健康体检活动。

为做好此次体检，公司组织相关部室精心准备，提前与新疆维吾尔自治区职业病防治院沟通，根据职工接触职业病危害因素确定体检项目和时间；提前对车辆进行维护，合理安排驾驶员工作时间，确保安全接送体检职工；根据员工作息时间合理安排人员分批次参加体检。医院为每一位参加体检的职工出具体检报告，针对职工体检情况进行分析，提出健康评价和职业病防治建议，对需要进一步检查的员工，医院将组织

① http：//www. gdxjdl. com/plus/view. php？aid = 10691.

开展复查，对职工可能存在的疾患做到“早发现、早治疗”，解除职工的后顾之忧。

7. 志愿公益活动信息披露

积极开展公益慈善活动既是中国优良传统的延续，也是构建社会主义和谐社会的内在要求。披露公益慈善信息，可以让公众了解到公司在志愿活动、公益慈善事业上所做出的贡献。省级电网公司在支持教育与赈灾活动方面参与程度较高，但在披露参与医疗、文化领域的公益慈善活动的信息方面还需要进一步加强。

如图 18 所示，调查期内披露了志愿者人数（人）、志愿服务时间（小时）、志愿服务活动、公益慈善等信息的省级电网公司占比分别为14.71%、20.59%、97.06%、100.00%。省级电网公司对于志愿者人数和服务时间这类数据披露较少，对于具体的活动披露较多。相对于数据来说，具体、鲜活的事例更能够获得社会公众的认可。省级电网公司对于员工志愿服务活动给予了极大的支持，并且积极主动地开展了各种形式的公益慈善活动，覆盖了教育、医疗、文化、扶贫、赈灾等领域。

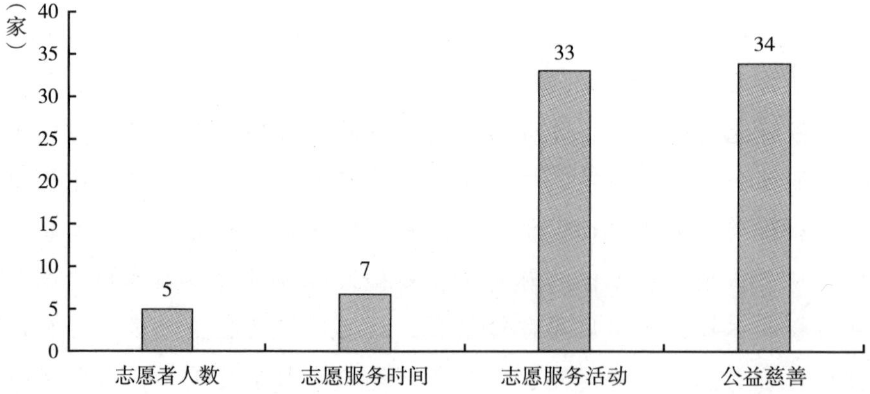

图 18　2015 年省级电网公司公众透明度志愿公益活动信息披露

案例七：国网四川省电力公司“三位一体”智富马边[1]

马边彝族自治县是国家级贫困县，高石头村作为马边彝族自治县有名的贫困村，土地贫瘠，山高、石头多。自2008年起，对口帮扶高石头村的国网四川省电力公司开展了“三位一体”的“产业扶贫+智力扶贫+爱心扶贫”，让这个彝乡山村渐渐有了“造血”能力。

“产业扶贫”，要造血，不能光给钱，国网四川省电力公司以种植业、养殖业为突破口，采取“公司+农户”的模式帮助高石头村积极调整产业结构，大力发展特色产业。“智力扶贫”，以电工技能培训、协调解决就业为主要帮扶方式，为彝族青壮年量身定做“定制式培训”，再吸收进电力系统基层工作，同时聘请专业师资，对村民进行养殖、彝绣等方面的技能培训。“爱心扶贫”，孩子心中不能没有“梦”，从娃娃抓起，组织开展捐赠爱心书籍、文具用品到校园，趣味和实用知识进校园活动，并积极开展劝学活动，使当地辍学率下降了一半。

通过“三位一体”的造血式扶贫，截至2014年底，高石头村人均纯收入从2009年的1560元增长到4291元。

8. 支持节能环保信息披露

省级电网公司积极发挥能源配置作用，加大对清洁能源的消纳力度，在电网建设、运营、维护过程中积极推行低碳环保理念，并积极与客户合作推动用电侧节能，取得了较好的社会反响。

（1）环保政策方面

如图19所示，调查期内披露了新能源上网情况、环保政策制度等信息的省级电网公司占比分别为64.71%、52.94%。省级电网公司在环保政策制度落地方面既要做好政策的上传下达，又要做好政策的落地实施监督工作。电网公司严格执行国家相关政策，积极主动接受光伏、风电等并网，努力做到全额消纳。

① http://www.sc.xinhuanet.com/content/2015～08/15/c_1116263257.htm.

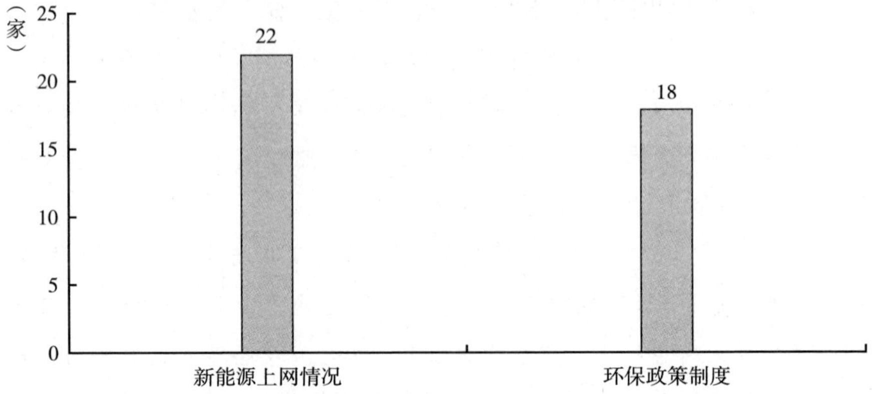

图19　2015年省级电网公司公众透明度环保政策信息披露

案例八：国网安徽省电力公司力促“光伏扶贫”政策落地[①]

光伏扶贫是实施精准扶贫、科学扶贫的创新举措，安徽省确定在金寨、利辛、泗县、阜南和岳西等5县开展首批试点。国网安徽省电力公司定点帮扶的金寨县金刚台村，2015年将完成光伏扶贫150户，截至4月已有61户完成了现场勘查和光伏发电的方案编制。

4月24日上午，金寨县金刚台村农户余敦成家迎来了一件喜事——自家屋顶建设的20多平方米的光伏电站开始并网发电，一笔稳定的收入将充实家里的“钱袋子”。这也是安徽省2015年“光伏扶贫”项目并网发电的第一户。

2015年，公司加大投入，安排资金36亿元用于农网改造升级，对5个试点县继续保持3.15亿元的高投入，确保打通光伏并网的“最后一公里”。同时，全力推进主网重点项目实施，做好调查摸底和试点方案编制，开辟并网绿色通道，为用户提供“一站式”服务，做到全过程免费服务。

① 国网安徽省电力公司官网。

（2）支持电网侧节能方面

如图20所示，调查期内披露了二氧化碳减排量、二氧化硫排放量、六氟化硫回收量、线损率、降低线损举措、绿色办公等信息的省级电网公司占比分别为58.82%、20.59%、8.82%、35.29%、32.35%、29.41%（见图20）。省级电网公司在二氧化碳减排量的信息披露方面较为完善，在二氧化硫排放量、六氟化硫回收量等社会公众可能较为陌生的信息方面披露较少。相对来说，省级电网公司不太重视对自身生产、运行过程中节能环保举措的披露。

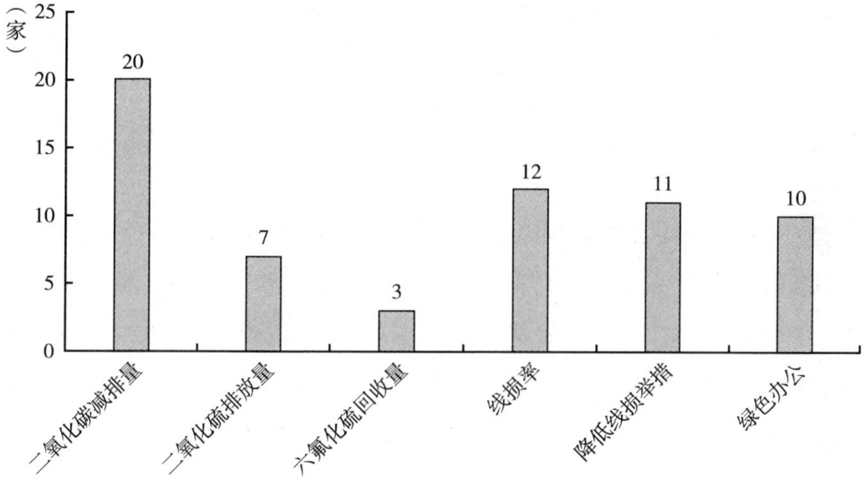

图20　2015年省级电网公司公众透明度支持电网侧节能信息披露

（3）支持用电侧节能方面

如图21所示，调查期内披露了电动汽车知识、电动汽车支持政策、充换电网点信息、提供家庭节能知识、提供企业节能解决方案等信息的省级电网公司占比分别为85.29%、73.53%、64.71%、97.06%、67.65%。可以看出，省级电网公司在支持用电侧节能方面投入了大量的人力和物力，并且取得了较好的成绩和效果，得到了社会公众的支持与肯定。

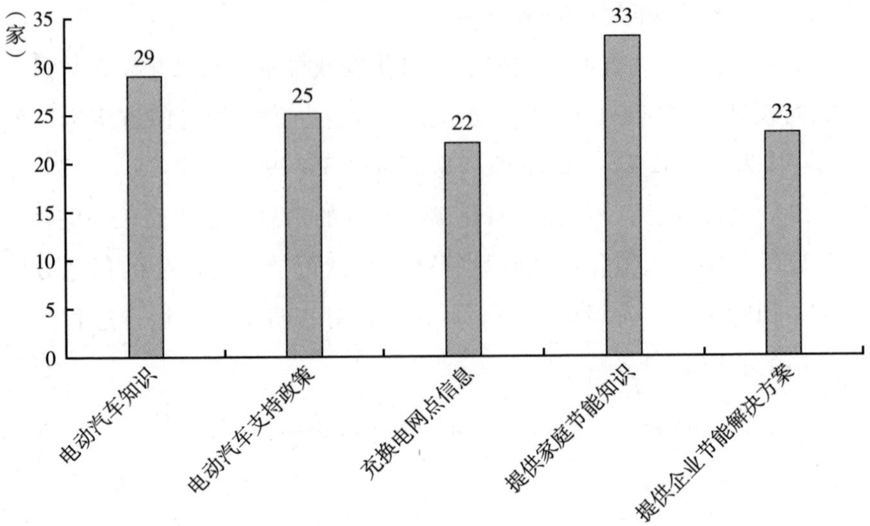

图 21 2015 年省级电网公司公众透明度支持用电侧节能信息披露

案例九：国网甘肃省电力公司金昌供电公司能效服务成效显著[①]

国网金昌供电公司以 2 个 3‰节约电力电量指标为抓手，深入开展节能服务体系建设工作，积极制定需求侧管理年度工作计划，重点从能效客户指标分解、能效服务小组活动、客户能效问卷调查等七个方面开展节能服务工作；组织开展各类“节能宣传周”活动，大力宣传节能服务等电力需求侧管理工作。并根据客户用电特点，组织冶金、水泥、化工、大型商业等用电客户成立能效网络活动小组，开展节能培训讲座、节能经验交流、现场参观等活动，为该公司电力需求侧管理建立新模式。

通过能效服务网络小组定期活动，推动用电单位主动实施节电计划。充分利用市场开拓工程，继续推广蓄能（含电锅炉、发热电缆、蓄冰空调等）、热泵（含水源、地源、空气源等各类型热泵）、绿色照明、风机和水泵经济运行等节电技术，实施电能替代项目，大力推广应用节能新技术、新设备；有效利用各种宣传手段，积极借助各类对外大型宣传活动开展电力需

① 国网甘肃省电力公司官方网站。

求侧宣传，向全社会用电客户宣传推广节电技术、产品和成功案例，为电力用户提供电力需求侧管理技术信息和经验。

五　渠道维度评价分析

（一）渠道维度评价结果

在渠道维度上，主要评价企业是否通过适当的渠道披露相关信息，使各方公平、方便地获取所需信息。本部分从公司披露信息的渠道维度角度，根据电网行业特点设定了20项指标，指标中所披露的信息可分为报告发布和下载情况、客户沟通和投诉渠道、招聘渠道、公众沟通渠道、企业官方信息披露渠道等5个类别，评价结果如表7所示。

表7　省级电网公司公众透明度渠道维度评价结果

单位：分

渠道维度排名	公司名称	渠道维度得分
1	国网天津市电力公司	80.00
1	国网重庆市电力公司	80.00
2	国网山东省电力公司	75.00
2	国网江苏省电力公司	75.00
2	国网黑龙江省电力有限公司	75.00
2	国网江西省电力公司	75.00
3	国网浙江省电力公司	70.00
3	国网福建省电力有限公司	70.00
3	国网辽宁省电力有限公司	70.00
3	国网陕西省电力公司	70.00
4	国网河北省电力公司	65.00
4	国网山西省电力公司	65.00
4	国网上海市电力公司	65.00
4	国网湖南省电力公司	65.00
4	国网安徽省电力公司	65.00
4	国网湖北省电力公司	65.00
4	国网四川省电力公司	65.00
4	国网青海省电力公司	65.00
4	国网新疆电力公司	65.00
4	广东电网有限责任公司	65.00

续表

渠道维度排名	公司名称	渠道维度得分
4	广西电网有限责任公司	65.00
5	国网北京市电力公司	60.00
5	国网河南省电力公司	60.00
5	国网甘肃省电力公司	60.00
5	国网宁夏电力公司	60.00
5	广州供电局有限公司	60.00
5	深圳供电局有限公司	60.00
6	国网内蒙古东部电力有限公司	55.00
7	国网冀北电力有限公司	50.00
7	国网吉林省电力有限公司	50.00
7	国网西藏电力有限公司	50.00
7	云南电网有限责任公司	50.00
7	贵州电网有限责任公司	50.00
8	海南电网有限责任公司	40.00

（1）省级电网公司在渠道维度方面整体表现较好

如图22所示，2015年省级电网公司在渠道维度方面整体表现较好，表现“良好”的企业为27家，占比为79.41%，表明2015年各省级电网公司比较重视与社会公众沟通渠道的建设，为公众透明度整体提升打下了坚实的基础。

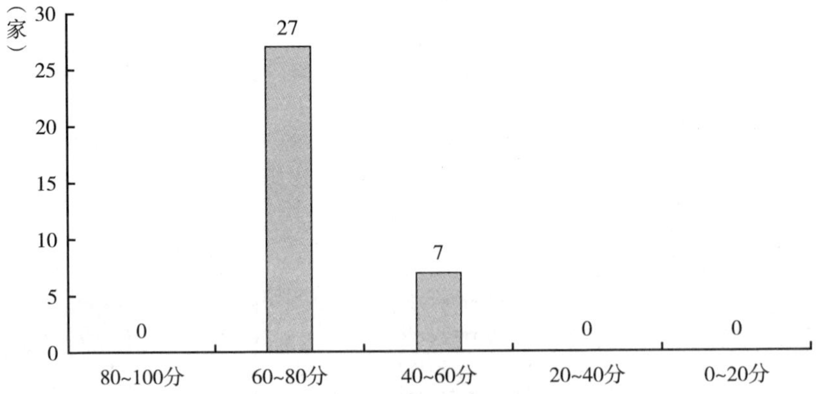

图22　2015年省级电网公司公众透明度渠道维度得分分布

（2）报告成为与公众沟通的重要渠道

2015 年南方电网公司下属 7 家二级单位全部发布《社会责任实践》，国家电网公司下属 27 家省级电网公司中有 12 家发布了综合或专题类白皮书，成为公众了解省级电网公司的重要渠道。省级电网公司编制一份社会责任报告或者专项的白皮书等，往往会涉及很多的部门，需投入相当的人力、精力和物力。要让报告发挥应有的作用，就要发挥渠道传播的作用，让目标群体能够通过公开渠道获得报告相关信息。

（3）省级电网公司对于客户沟通投诉渠道较重视

在电网公司与客户、社会公众之间建立起一条无障碍的沟通和投诉渠道，不仅能够让客户更好地享受到应有的服务，更重要的是可以尽可能地提升公司的管理水平，促进公司的可持续发展。省级电网公司对客户沟通投诉渠道建设给予了较高的重视。

（4）省级电网公司逐步加大对移动客户端的投入

省级电网公司重视企业官方信息披露渠道建设，全部开通了官方网站，大部分开通了微博、微信，尤其是在供应商管理方面建立了与供应商沟通的微信账号，同时对于社会比较关注的招聘问题，开发了符合年轻人习惯的招聘手机客户端。

（二）专项指标分析

1. 报告发布和下载渠道

报告期内，多家省级电网公司通过发布社会责任报告、白皮书、专项报告等来展现公司的成绩和亮点。报告的编制非常重要，通过正常、易获得的渠道让社会公众得到相关信息，让报告充分发挥作用显得更为重要。

如图 23 所示，调查期内召开企业社会责任报告发布会、召开各类专题报告发布会、提供企业社会责任报告下载、提供各类专题报告下载等信息的省级电网公司占比分别为 20.59%、26.47%、17.65%、0。报告发布以后能够让目标群体获取相关信息才是报告发挥重要作用的第一步，不然报告编制的作用就会大打折扣。报告期内，贵州电网有限责任公司编制了社会责任报告，并召开了发布会，在网站上设置了社会责任报告下载链接，然而点击链接却不能下载社会责任报告，导致社会公众无法通过公开渠道得到其社会责任报告，严重影响了社会责任报告的作用发挥。

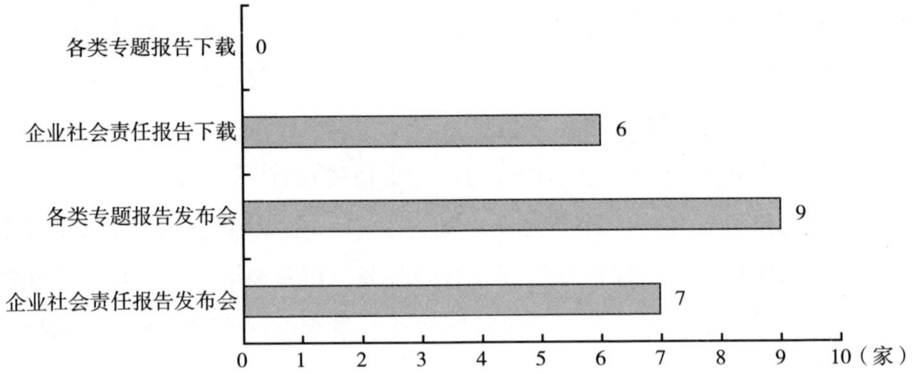

图 23　2015 年省级电网公司公众透明度报告下载和发布渠道披露

案例十：南方电网公司创新社会责任报告发布形式①

2015 年 8 月 4 日，南方电网公司举行“2014 年社会责任报告媒体见面及发布会”，这是该公司连续发布的第八份社会责任报告。在报告发布环节，南方电网公司董事长赵建国宣布中国南方电网公司《2014 年社会责任报告》正式发布，随后 LED 播放启动视频。与以往不同的是，2015 年的报告发布紧跟移动互联时代发展新趋势，在相关位置设置二维码视频链接，利用网络版和 H5 版报告，便于利益相关方通过视频、网络和手机微信等渠道，随时随地了解感兴趣的内容，让传递的信息更加直观、立体和丰满。

报告发布后，南方电网五省区电网公司、广州供电局、深圳供电局同步发布本单位的《社会责任实践》。同时，南方电网公司还将启动公司第三个“社会责任周”活动，本次“社会责任周”的主题是“责任接力真情传

① 南方电网公司官网。

递”。五省区电网公司、广州和深圳供电局作为实施主体，依次开展“社会责任日”活动，展示特色实践。

2. 客户沟通和投诉渠道

只有建立和完善与客户的沟通渠道，才能让更多的客户知道电网公司便民服务的政策措施，方便客户的生活，方便电网公司的工作，同时通过建立双向沟通渠道获取客户的投诉、意见和建议，也能够更好地改善电网公司的管理。

客户沟通渠道方面，如图 24 所示，调查期内公布投诉电话、投诉邮箱、投诉处理流程说明或规定等信息的省级电网公司占比分别为 97.06%、70.59%、11.76%。公布投诉电话、投诉邮箱的占比较高，说明了省级电网公司对客户投诉的重视程度较高，在实际的生活中，“95598”也受到了越来越多客户的欢迎和认可。

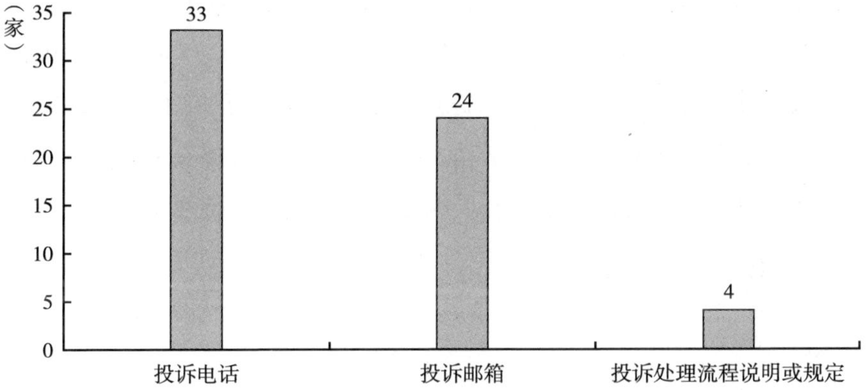

图 24　2015 年省级电网公司公众透明度客户投诉渠道信息披露

案例十一：国网新疆吐鲁番供电公司开展第三方满意度测评

国网新疆吐鲁番供电公司提出“把企业交给社会监督”，启动了供电服务第三方测评项目，委托咨询公司作为第三方，依据客户满意度理论模型，通过直接面访和电话调查的方式，对吐鄯托三个供电单位、29 个乡所的客户用电类别和客户量分布情况进行了分析，并从近 20 万个客户中整群随机抽取了700个客户进行了调查。除客户满意度、客户期望、企业形象、客户的质量感知、价值感知、客户抱怨、客户忠诚等模型要素外，基本覆盖了营销各业务环节的专项服务内容。

在客户满意度第三方测评的基础上，第三方测评公司还实地对服务工作进行了暗访，并对业扩工程已送电客户进行随访，分析存在的服务质量问题，并针对性提出进一步改进供电服务工作、持续提升用电客户满意度水平的意见和建议。此项工作将实现“测评、改进、再测评”验证改进效果的闭环管理过程。

经过第三方机构公正、客观的调查和分析，吐鲁番公司将围绕客户需求，持续改进服务手段和服务内容，不断提高供电服务品质，从而建立常态的服务品质监督机制，进一步提升服务水平。

3. 社会公众沟通渠道

如图25所示，调查期内公布公众沟通活动、通过电子渠道开展电力知识普及等信息的省级电网公司占比分别为97.06%、91.18%。省级电网公司较为重视社会公众对电网公司的态度和看法，普遍开展了“走进电网”、走进校园、走进社区等公众沟通活动。省级电网公司普遍在公司网站等电子渠道设置了电力知识普及专栏，开展电力知识普及和宣传活动。

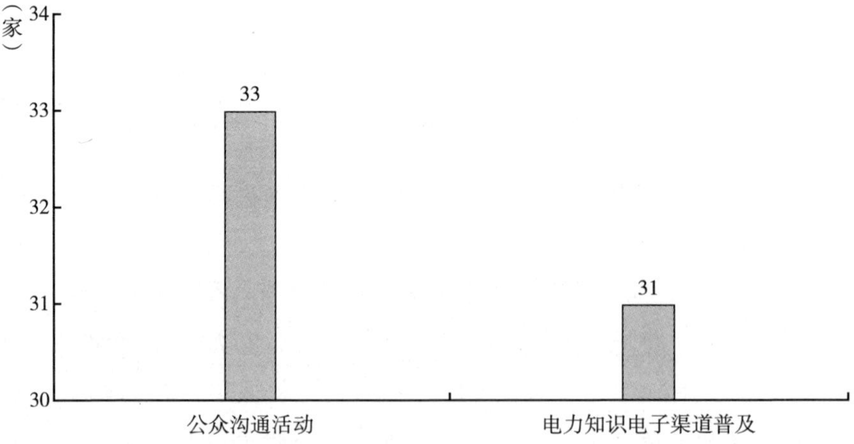

图25　2015年省级电网公司公众透明度社会公众沟通渠道信息披露

案例十二：国网山东潍坊供电公司“安全用电，幸福相伴”公益宣讲行动

2014 年 12 月 18 日，国网山东潍坊供电公司举行 2014 年“彩虹暖冬”新闻发布会暨潍电义工“安全用电，幸福相伴”百千万公益宣讲行动启动仪式，向社会通报今年迎峰度冬面临的形势、存在的困难，发布保供电六项服务举措，启动百千万公益宣讲行动。

“安全用电，幸福相伴”百千万公益宣讲行动是以潍电义工为主体，以志愿服务形式组织开展的“进企业、进学校、进社区、进农户”安全宣传活动，活动期间将完成全市 800 所中小学、9000 个居民社区、4 万个工商企业户、190 万家农户的“四进”任务。

4. 企业官方信息披露渠道

电网企业越来越受到社会各界的关注。2015 年陆续出现的电力腐败事件将电网企业推向了舆论的旋涡中，电力改革牵动了各方利益，电力企业的一举一动吸引了更多的利益相关方的关注。在这种情况下，电网企业需要建立自己的发声渠道，对社会上的一些问题进行回应，并做好宣传工作，传递电网企业的正能量。

如图 26 所示，调查期内公布了企业网站栏目设置、企业自有对外宣传媒介、微博、微信等内容的省级电网公司占比分别为 100. 00%、76. 47%、

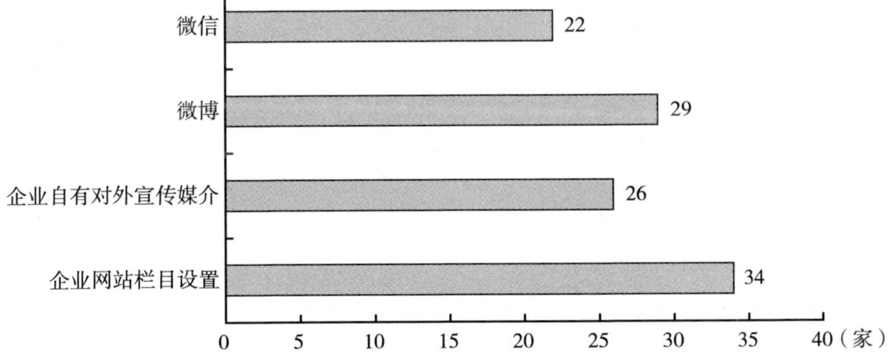

图 26　2015 年省级电网公司公众透明度官方渠道信息披露

85.29%、64.71%。省级电网公司全部开通了官方网站，部分公司拥有报纸、杂志等自有宣传媒体。省级电网公司紧跟时代发展潮流，多数企业开通了微博、微信。

案例十三：广西电网有限责任公司微信服务号、订阅号同时上线开通①

2014年7月1日，广西电网有限责任公司微信公众服务号——“广西电网95598”正式开通上线，老百姓通过手机微信，添加关注，便可随时随地享受指尖上的用电服务。这是该公司为满足老百姓个性化用电需求，温情开启的又一扇服务窗口。

在该公司微信服务平台上，用户足不出户就可以享受信息查询、业务办理、公共信息查询等个性化服务套餐。点击“在线业务”，可以进行故障报修、报装或变更电表、订阅服务信息等。点击“公众信息”则可以快速查询附近供电营业网点的位置。为优化用户体验，该微信平台还设置了“智能问答”等功能。用户通过订阅号可随时随地查看电网资讯、用电知识等内容，享受指尖上的供电“微服务”带来的新体验、新便捷。

5. 招聘和供应商沟通渠道

如图27所示，调查期内公布了供应商服务热线、供应商服务微信、招聘平台手机客户端等信息的省级电网公司占比分别为79.41%、79.41%、79.41%。招聘和供应商渠道入选的27家企业全部来自国家电网公司。这主要得益于国家电网公司建立了统一的电子商务平台，重视供应商沟通和管理，完善手机客户端等招聘渠道等。在求职信息的披露中，国家电网公司通过各二级单位链接至统一的招聘平台，统一发布资讯，并制作了手机客户端，便于公众查阅相关资料，也方便了求职者获取信息。

---

① 广西电网有限责任公司官方网站。

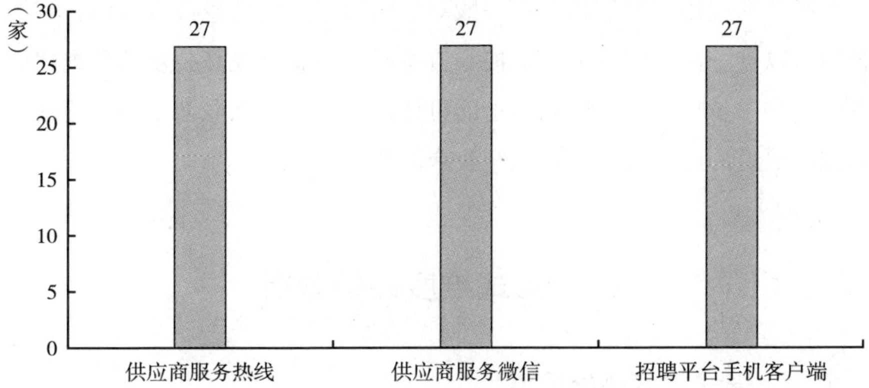

图 27　2015 年省级电网公司公众透明度招聘和供应商沟通渠道信息披露

案例十四：国家电网供应商服务中心开通微信公众号[①]

2014 年 8 月，国家电网公司供应商服务微信公众号正式开通，公众号为"国网供应商服务"或"sg4008180899"。供应商服务微信公众号旨在为参与国网物力集约化工作的企业提供更全面、更专业、更高效、更值得信赖的服务。

供应商通过手机微信即可浏览电子商务平台招标采购、物资供应、质量监督、供应商管理、采购标准等业务公告，并可查看各省公司服务中心及电子钥匙办理网点信息。公众号定期定时推送国家电网集中招标采购重要资讯，内容包括供应商资质能力核实、产品质量监督、诚信建设、供应商服务等。根据业务需求，可以选择以文字、语音、视频或图文方式推送消息，同时后台可以对供应商发送的常见问题根据关键字自动进行文字回复。

官方网站客户调查栏目的功能有待充实。在意见反馈渠道的信息披露方面，省级电网公司可以进一步丰富客户调查板块功能，进行客户满意度调查并披露结果，提高客户满意度信息的透明度。在投诉邮箱的设立方面，省级电网公司可以进一步优化网站板块，提升投诉邮箱的可使用程度，以求做到 100% 的省级电网公司均设有投诉电话与投诉邮箱。

① 国家电网公司官网。

新媒体的应用需要加强。在一般对外沟通渠道的信息披露方面，省级电网公司可以进一步在官方网站上披露自有媒体信息，提高公众信息查找的便捷度，并进一步提升官方网站信息的可评论程度，增强微博、微信等新媒体信息披露渠道的应用程度，加强与公众的联系。

六　形式维度评价分析

（一）形式维度评价结果

在形式维度上，主要评价企业是否以适当的形式披露信息，使各方能够正确地理解这些信息。本部分从公司披露信息的形式维度角度，根据行业特点、信息披露效果与公众期望，分析省级电网公司的社会责任报告传播形式、各类专题报告传播形式、是否拍摄宣传片、公司新闻动态 4 项指标，明确公众了解省级电网公司信息披露的主要形式，评价结果如表 8 所示。

表 8　省级电网公司公众透明度形式维度评价结果

单位：分

形式维度排名	公司名称	形式维度得分
1	国网福建省电力有限公司	75.00
1	国网重庆市电力公司	75.00
1	广州供电局有限公司	75.00
1	广东电网有限责任公司	75.00
1	广西电网有限责任公司	75.00
1	云南电网有限责任公司	75.00
1	贵州电网有限责任公司	75.00
1	深圳供电局有限公司	75.00
2	国网北京市电力公司	50.00
2	国网天津市电力公司	50.00
2	国网山东省电力公司	50.00
2	国网上海市电力公司	50.00
2	国网江苏省电力公司	50.00

续表

形式维度排名	公司名称	形式维度得分
2	国网浙江省电力公司	50.00
2	国网安徽省电力公司	50.00
2	国网湖北省电力公司	50.00
2	国网四川省电力公司	50.00
2	国网辽宁省电力有限公司	50.00
2	国网陕西省电力公司	50.00
2	国网内蒙古东部电力有限公司	50.00
2	国网宁夏电力公司	50.00
2	海南电网有限责任公司	50.00
3	国网河北省电力公司	25.00
3	国网冀北电力有限公司	25.00
3	国网山西省电力公司	25.00
3	国网湖南省电力公司	25.00
3	国网河南省电力公司	25.00
3	国网黑龙江省电力有限公司	25.00
3	国网江西省电力公司	25.00
3	国网吉林省电力有限公司	25.00
3	国网甘肃省电力公司	25.00
3	国网青海省电力公司	25.00
3	国网新疆电力公司	25.00
3	国网西藏电力有限公司	25.00

（1）省级电网公司在报告形式方面存在较大差异

南方电网所属 7 家省级电网公司全部编制了《社会责任实践》，展现公司在经济、社会、环境等方面取得的成绩，国家电网公司所属单位中有 12 家通过编制综合或专项白皮书来展现公司全面或专项的成绩。

（2）省级电网公司需要丰富信息披露形式

通过发布各类报告、召开专题会议、举办专项活动等来提高公众参与的积极性。同时，各省级电网公司应当高度重视网络视频等沟通方式的应用，提高信息传播的有效性与冲击力，努力给传播对象留下深刻的印象。

（二）专项指标分析

1. 编制社会责任报告情况

通过编制社会责任报告，可以有效地总结省级电网公司一年来在履行社会责任方面取得的成绩，集中展现省级电网公司在经济、社会和环境等方面的政策措施、绩效和案例等。

调查显示，共有 7 家省级电网公司编制并发布了企业社会责任报告，在省级电网公司中占比为 20. 59%，这 7 家省级电网公司全部为中国南方电网公司下属二级单位，这与南方电网公司的统一要求和部署有很大的关系。南方电网报告发布后，南方电网五省区电网公司、广州供电局、深圳供电局同步发布本单位的《社会责任实践》，五省区电网公司、广州和深圳供电局作为实施主体，依次开展“社会责任日”活动，展示特色实践。

案例十五：责任照亮彩云之南，云南电网的多彩报告

云南电网有限责任公司报告的特别之处在于，充分将电网行业的特点与云南地域民族特色相结合，以至于能够让你在众多社会责任报告中，很快就辨识并连连点头，“嗯，没错，这是云南电网的报告”。

报告目录绘制了一条蓝色的丝带，象征着“一带一路”的战略构想，以南方丝绸之路为主线，将电网设施与云南风土人情联结起来。背景是云南省地图轮廓，代表了云南电网公司的服务地域。报告开篇采用了专题的形式，重点阐述了云南电网公司两个重大的责任实践——鲁甸地震救灾和独龙江电网建设。专题部分往往占有大量笔墨，是企业向利益相关方展示年度“履责重点”的有效手段。

正文四个章节的封面全部采用这种画风，背景为电力设施图标和云南地区各少数民族特色人物服饰，并且为四个章节搭配了不同的色彩，电力供应篇用天蓝色、经济绩效篇用火红色、绿色环保篇用绿色、社会和谐篇用温暖的橘色。

2. 专题报告发布情况

省级电网公司可以针对利益相关方关心的内容，编制相应类型的专题报告，及时回应利益相关方关切，获得利益相关方的支持和认可。

如表 10 所示，报告期内，共有 12 家省级电网公司以专题报告的形式展现了公司的相关信息，而专题报告多以白皮书的形式进行发布，这与电网企业的企业性质有很大的关系。发布白皮书的 12 家省级电网公司全部为国家电网公司的下属单位，以白皮书的形式进行发布在一定程度上弥补了没有发布社会责任报告的遗憾。

表 9　专题报告发布情况

序号	公司名称	专题报告名称
1	国网陕西省电力公司	《责任・秦电——服务陕西经济社会发展白皮书》
2	国网内蒙古东部电力有限公司	《国网内蒙古东部电力有限公司服务内蒙古经济社会发展白皮书》
3	国网安徽省电力公司	《国网安徽电力公司服务美好安徽建设白皮书》
4	国网福建省电力有限公司	《国网福建省电力有限公司绿色发展白皮书》
5	国网湖北省电力公司	《电靓荆楚美丽乡村——2014 服务县域经济社会发展白皮书》
6	国网天津市电力公司	《国网天津电力对接融入区域发展白皮书》
7	国网北京市电力公司	《电靓蓝天清洁首都空气电力行动白皮书》
8	国网山东省电力公司	《服务山东经济社会发展白皮书 2015》
9	国网浙江省电力公司	《2014 年服务浙江经济社会发展白皮书》
10	国网江苏省电力公司	《服务“两个率先”，点亮美好生活——国网江苏省电力公司服务地方经济社会发展白皮书・2015》
11	国网重庆市电力公司	《国网重庆市电力公司“为民服务 电力先行”履责实践》
12	国网新疆电力公司	《“疆来更美好”——国网新疆电力公司服务新疆经济发展和社会稳定白皮书》

案例十六：国网浙江省电力公司连续 9 年发布服务经济社会发展白皮书[①]

2015 年 3 月 10 日，国网浙江省电力公司发布了《2014 年服务浙江

① 资料来源于华东电网。

经济社会发展白皮书》。白皮书系统总结了国网浙江电力在2014年为服务浙江经济社会发展大局所采取的重要行动和取得的成绩，以及该公司2015年五大类21项服务社会的承诺。白皮书显示，2014年浙江电力加快建成以特高压交直流混联电网为核心、各级电网协调发展的坚强智能电网，全面提高电网的资源配置能力、安全保障能力和科技引领水平，为富民强省提供支撑；优化供电服务，着力做好服务群众“最后一公里”工作，助推美丽乡村建设，推进城乡供电服务一体化，积极支持公益事业，持续帮扶贫困地区发展，为和谐社会尽责尽力；积极倡导“以电代煤，以电代油，电从远方来”，服务“五水共治”等民生工程，为生态浙江保驾护航。

3. 公司宣传片发布情况

通过宣传片的形式，可以让公众更加直观地了解各省级电网公司，并留下更加深刻的印象。统计显示，共有11家省级电网公司发布了宣传片，在省级电网公司中占比为32.35%，比例较低。实际调查发现，部分电网公司在官方网站披露了宣传片信息与观看链接，但其中部分公司的视频无法观看。已经发布宣传片的省级电网公司多数只是在网站上开辟了专栏进行展示，并没有进行大规模的传播和推广。省级电网公司的宣传片需要注重传播效果，保证视频可以被公众阅览。

4. 公司新闻动态发布情况

公司官方网站上发布的新闻动态是利益相关方及时了解省级电网公司相关动态信息的主要渠道，省级电网公司向社会各界传递相关信息最直接、最方便的形式也是及时更新公司新闻动态。报告期内，所有的省级电网公司都在官方网站上对公司信息进行了及时的公布。然而，不同公司在对新闻发布的重视程度上存在很大的差异，海南电网有限责任公司在报告期内发布了3000多条信息，而国网吉林省电力有限公司只是在官网的“一线动态”板块发布了2条信息。

七　数量维度评价分析

（一）数量维度评价结果

在数量维度上，主要评价企业披露的信息中量化信息是否充分、准确。本部分从公司披露信息的数量维度角度，根据行业特点、信息披露效果与公众期望，分析省级电网公司的公司新闻/动态、重要报纸全文数据库信息条数、微博条数、微信条数、互联网信息量等5项指标，明确省级电网公司信息披露的数量情况，评价结果如表10所示。

表10　省级电网公司公众透明度数量维度评价结果

单位：分

数量维度排名	公司名称	数量维度得分
1	国网河南省电力公司	38.4
2	贵州电网有限责任公司	34.7
3	云南电网有限责任公司	31.0
4	国网四川省电力公司	29.3
5	广西电网有限责任公司	28.8
6	国网黑龙江省电力有限公司	28.7
7	海南电网有限责任公司	26.7
8	国网浙江省电力公司	21.2
9	国网新疆电力公司	20.2
10	国网湖北省电力公司	19.6
11	国网山东省电力公司	19.4
12	国网福建省电力有限公司	18.5
13	国网重庆市电力公司	17.5
14	国网甘肃省电力公司	16.9
15	国网江苏省电力公司	16.8
16	国网北京市电力公司	16.6
17	国网湖南省电力公司	15.8
18	国网陕西省电力公司	15.7
19	国网宁夏电力公司	14.9
20	国网辽宁省电力有限公司	13.4

续表

数量维度排名	公司名称	数量维度得分
21	国网青海省电力公司	13.1
22	国网冀北电力有限公司	12.4
23	国网山西省电力公司	11.1
24	广东电网有限责任公司	10.8
25	深圳供电局有限公司	10.6
26	国网江西省电力公司	9.7
27	国网天津市电力公司	9.4
27	国网河北省电力公司	9.4
29	广州供电局有限公司	8.5
30	国网内蒙古东部电力有限公司	7.5
31	国网吉林省电力有限公司	7.2
32	国网安徽省电力公司	7.1
32	国网上海市电力公司	7.1
34	国网西藏电力有限公司	4.4

省级电网公司在数量维度方面整体表现不尽如人意，这比较直观地说明省级电网公司在尽可能地利用好各种宣传、沟通、传播渠道，在每个渠道上为不同的利益相关方提供合适的信息方面还需要进一步地加强。

（二）专项指标分析

1. 公司新闻/动态

公司新闻/动态是利益相关方了解省级电网公司相关情况的主要渠道，在允许的条件下更多的公布公司新闻/动态，能够让利益相关方更好、更全面地了解公司。各省级电网公司发布新闻数量情况差距较大，海南电网有限责任公司在报告期内发布了3000多条信息，而国网吉林省电力有限公司只是在官网的“一线动态”板块发布了2条信息。发布信息数量为100～1000条的企业有22家，占比为64.7%。

2. 微信、微博情况

省级电网公司要想让更多的社会公众了解企业的相关信息，很重要的一点就是在合适的地方通过合适的渠道向合适的人传播合适的内容，而现代人接触信息的渠道发生了很大的变化，微信、微博成为多数人接触信息的重要途径，微信、微博信息量的提升就成为非常重要的内容。微博发布信息数量最多的为国网黑龙江省电力有限公司的2998条，微信发布信息数量最多的为贵州电网有限责任公司的278条，此外，还有5家公司没有开通微博，12家公司没有开通微信。

3. 报纸、网络情况

报纸杂志和网络也是了解省级电网公司相关信息的重要途径。通过检索中国重要报纸全文数据库（CNKI）发现，国网四川省电力公司排名最高，检索到了282条信息。输入企业全称/简称用百度搜索引擎搜集到的企业信息量结果显示，广西电网有限责任公司受关注程度最高，有14000000条。

八　效果维度评价分析

（一）电力体制改革稳步推进

2014年11月4日，国家发改委官网下发《关于深圳市开展输配电价改革试点的通知》，正式启动中国新一轮输配电价改革试点，这不仅标志着中国对电网企业监管方式的转变，也是电价改革开始提速的重要信号。南方电网公司《2014年社会责任报告》开篇就以“专题聚焦”的形式，以“迎接能源革命　深化电力改革”为题，对推进电力体制改革以及深圳试点进行了剖析并对社会热点问题进行了回应。深圳供电局的《2014年社会责任实践》开篇以“责任专题”的形式，以“输配电价改革　你我共同关注”为题，回应了为什么选择深圳、输配电价改革怎么改、输配电价改革带来什么等问题。

在相关政策有待于进一步明确、细化的情况下，电网公司能够以社会责任报告这种官方性质的文件来回应社会关切，让我们看到了电网公司主动进行社会沟通、改善社会形象的诚意和决心。尽管发电企业、专家学者、社会公众等对电力体制改革方式方法的诟病依然存在，但是社会上对电力体制改革“黑箱”的说法少之又少，这充分反映了社会各界对电网公司主动进行社会沟通的认可与肯定。

2015 年 8 月 10 日，国家发改委发文明确要求，各方加快推进输配电价改革，将试点范围由深圳市和蒙西电网进一步扩大到安徽、湖北、宁夏、云南、贵州等五省区电网，放开跨区跨省的电能交易价格。这一次社会上并没有出现太多的质疑之声，这与电网公司前期的主动沟通、主动披露密不可分。

（二）客户满意保持较高水平

电网企业没有受到反腐败等事件的影响，依旧用高品质的服务来满足社会公众的用电需求，不断提高供电服务的透明度。电网企业利用官方网站、微博、微信等平台，对外公示电价标准及依据，收费标准及依据，用电业务流程，服务项目、95598 供电服务热线等各种服务信息，计划停电信息及重大服务事项公告，以及公布岗位纪律、服务承诺、电力监管投诉电话等，第一时间回应客户关注。

2014 年，国家电网公司 27 家省级电网公司共拥有 623 个企业官方微博、企业客服微博和企业活动微博，其中，省公司拥有 20 个企业官方微博，各地（市）公司拥有 491 个企业官方微博，各单位官方微博粉丝累计超过 1000 万名。南方电网公司继续召开“社会责任周”暨为民服务活动，7 家二级单位依次开展“社会责任日”活动，主动全方位、立体化展现公司各层级、各专业履行社会责任情况，用南网人的真情联结政府、电厂、客户、专家学者、各类媒体、群众等多个利益相关方。

国际著名咨询公司盖洛普发布的满意度调研报告显示，较 2013 年，2014 年客户满意度广东电网公司提升了 3 分，云南、贵州电网公司提升幅度明显，分别提升了 5 分和 4 分；广西、海南电网公司表现良好，分别提升 3 分和 1 分；广州、深圳供电局均提升 1 分。国网浙江省电力公司连续 8 年开展全流程客户满意度评价，2014 年国网浙江省电力公司供电服务总体满意度为 87.34 分，比 2013 年、2012 年分别高出 0.6 分和 1.3 分。

如表 11 所示，省级电网公司在多个地方政府组织的社情民意调查中居公共服务行业之首。

表 11　多个省级电网公司社情民意调查居首

公司名称	公共服务调查排名
广东电网有限责任公司	公共服务行业满意度调查总体满意度第一名
广西电网有限责任公司	公共服务行业满意度测评第一名
云南电网有限责任公司	十大公共服务行业居民评价满意度第一名
贵州电网有限责任公司	十大公共服务行业满意度测评第一名
广州供电局有限公司	社情民意评价第一名
深圳供电局有限公司	40 项政府公共服务第一名
国网安徽省电力公司	全省行风评议公共服务单位第一位
国网陕西省电力公司	陕西顾客满意度测评生活性服务业行业最佳顾客满意奖
国网河南省电力公司	全省公共服务行业行风评议八连冠

（三）支持公司持续健康发展

电网公司在透明运营方面的持续投入为公司的可持续发展创造了良好的社会环境。国家电网公司和南方电网公司连续多年发布社会责任报告，展现公司成绩，回应社会关切。2014 年，南方电网公司 7 家二级单位全部发布了社会责任报告，国家电网公司 27 家省公司中有 12 家发布了综合或者专项白皮书，得到了社会各界的广泛认可和关注。如国网天津市电力公司编制的《对接融入区域发展白皮书》得到了天津市委书记黄兴国的批示，进一步密切了电网企业与政府的关系，为电网公司在天津的发展打下了坚实的基础。

电网企业公开透明的政策保证了电网建设运行的有序开展。电网安全稳定高效运行，需要电力系统每一个环节的相互信任、协调配合与通力合作。

2014 年，南方电网公司电网建设投资 658 亿元，国家电网公司电网建设投资 3855 亿元，如此大规模的投资建设工作离不开政府、建设单位、供应商等利益相关方的通力合作。提高企业运行透明度，在发展中注重加强与利益相关方的交流，创建利益相关方合作机制，为协调推进电网和经济社会可持续发展创造了强大的动力。

九 行业透明度管理改进建议

（一）主动回应负面事件

调查结果显示，在报告期内，国家电网公司和南方电网公司部分省级电网公司均出现了不同程度的负面事件，主要涉及腐败、安全事故、征地纠纷等，然而各省级电网公司针对负面事件进行正面回应的少之又少。企业不愿披露负面信息，是担心负面信息将有损形象和声誉、影响经营。正是这样的担心很大程度上降低了企业的可信性。事实上，负面信息的披露与回应表明了企业信息的透明度，甚至可以让企业获得一份额外的收获，一份对企业坦诚的赞许。此外，报告评价机构也可以将社会责任报告的平衡性作为重要指标给予肯定，引导企业编制可信性度高的优秀报告。

案例十七：回应“华润电力破坏丹霞地貌”舆情①

2014 年底，华润电力位于郴州桥口镇的湖南 B 厂被指“发电厂往湖里直排煤灰破坏丹霞地貌”、“飞天山国家地质公园曾为电厂建坝让路”。危机发生后，集团第一时间组织媒体开放日活动，邀请到 20 多家有影响力的媒体前往采访。

经实地调查了解，这里并非飞天山地质公园范围，灰坝所在区域更是干

① 《华润集团 2014 年社会责任报告》。

涸的山窟。灰坝围建之后，将原先的山谷连接成一个闭环，经过灰水排放和雨水的日积月累形成了现在的工业湖。后来交通改善，人气渐旺，有开发商希望圈地搞旅游开发，于是策划了这起负面舆情，目的是向华润施压出让工业湖。

事实上，早在两年前B厂已不再将粉煤灰排入灰坝，灰坝现在的功能已经变成沉淀、循环利用灰渣水。华润在建电厂初期就依法取得了地方政府用地审批和环保审查。真相大白于天下，既有效化解了负面舆情，又对外展现了“美丽电厂，绿色发展”的形象，也充分满足了公众的知情权。

（二）披露运营实质信息

加强企业运行和业务经营状况的披露。出于各种原因的考虑，所选企业对营业收入、资产、利润、售电量、利税、电网投资等信息采用了不披露或部分披露的方式，让公众对企业的运行状况知之甚少。业务经营状况方面，包括“做什么”“哪里做”这些简单的问题也不是所有的企业都会进行披露，在现在部分地区大小电网并存的情况下给公众造成了一定的困惑。建议省级电网公司加强对这类信息的披露，让公众对企业能够“窥一斑而知全貌”。

加强责任管理相关内容的披露。披露责任推进管理、利益相关方识别过程、利益相关方列表、利益相关方沟通等信息，可以让公众更多地了解到省级电网公司如何开展企业社会责任工作，以及如何与各利益相关方进行沟通；同时通过有效地进行企业社会责任信息披露，可以提高企业利益相关方对企业的了解程度，并借此进一步提升企业与社会公众的沟通能力，整体提升企业公众透明度。

加强与伙伴合作相关内容的信息披露。合作伙伴在电网公司的发展中发挥着重要作用。对于各种类型的发电企业，电网公司要及时发布三公调度信息，保障发电企业的相关权益。供应商对电网企业的知情权要求更高，他们迫切希望知道招标信息，也希望知道在不中标的情况下如何进行改进，并能够采取正当方式与电网企业进行沟通，这对于沟通和协商工作提出了更高的要求。在电力体制改革深入推进的情况下，对电力交易相关的信息披露也成为社会关注的焦点。

加强优质服务方面的信息披露。电网公司大力推进的“十分钟缴费圈”、加强银企合作等大大便利了群众的生活，但更重要的是通过各种方式让社会公众知道电网公司所做出的努力和取得的成效。客户服务渠道、缴费渠道、特殊群体服务等都是社会公众关注的优质服务内容，一般公众关注的是与切身利益直接相关的电价、电费政策说明等信息，这都需要进一步地通过官方渠道进行说明。

加强安全可靠供电方面的信息披露。可靠供电让社会公众最直接感受到的就是少停电、不停电，而这背后涉及电网公司在安全生产、应急演练方面的投入，若将这些信息直接展现在公众面前，能够更好的得到公众的认可与理解。这样做的效果就是，电网企业的成绩会得到公众的认可，电网企业一时的不足也会得到大部分公众的理解。

加强员工相关信息的披露。一方面员工是电网公司重要的利益相关方，是企业生存发展的宝贵财富，另一方面央企的人员招聘、人员素质等方面也受到了社会各界的质疑，电网企业有必要通过官方渠道进行信息披露。电网公司要从招聘开始将招聘信息公开，将员工培训、员工职业发展内容进行披露，使与员工职业健康相关的信息透明，让内部员工和社会公众更多的了解企业的员工政策，回应社会质疑。

加强志愿公益活动方面的信息披露。多年来，省级电网公司扎根运营所在地，致力于扶贫、救灾等相关活动，并大力支持企业员工参与志愿者服务活动，充分显示了央企负责任的形象，然而默默耕耘并没有给企业带来应有的回报。省级电网公司要总结多年来在公益慈善方面的项目投入和取得的成绩等，采用各种方式在各种场合进行广泛传播，以获得应有的认可。

加强支持节能环保方面的信息披露。在发电侧，电网企业积极推动火电厂脱硫脱硝改造，主动接纳新能源上网，开展节能调度；在电网侧，电网企业在规划、建设、运维过程中深入贯彻节能环保理念；在用电侧，电网企业开展合同能源管理，成立能效活动小组，宣传家庭节能知识等。电网企业做的这些工作往往也是社会公众需要知道且关心的。

（三）发挥渠道广泛优势

电网企业与企事业单位、居民客户等联系广泛，在采取“十分钟缴费圈”等便民服务举措时，建立了覆盖全国的、与社会公众密切相关的广泛的网络，这是电网公司在提高公众透明度方面具有的优势。同时，电网企业通过建立网上营业厅，尝试微信沟通交流，建立了从线上到线下的立体式传播渠道。

调查发现，电网企业没有将广泛的渠道优势发挥出来，这也使得电网企业在提升透明度方面的潜力较大。电网企业一方面要将内部信息及时地传达给社会公众，另一方面也要注重信息反馈渠道建设。对外传播方面，企业在保障电视、报纸、杂志等传统渠道传播的同时，要与时俱进拓展新的信息披露渠道，充实微博、微信内容，建立重要客户 QQ 群等，大力加强与新媒体的信息披露合作。信息收集方面，要通过营业厅、利益相关方座谈会、在线调查、问卷调查等渠道尽可能地收集社会公众对企业的期望等信息。

（四）探索创新披露形式

电网企业要敢于突破自己，在信息披露形式方面进行各种创新。在信息发布方面，突破传统的新闻发布会等形式，更多地采用社会公众走进企业等形式，通过与社会公众近距离的接触，打消社会公众对企业的顾虑。在信息展现形式方面，不仅要披露文字信息，更要通过微视频、语音、歌曲等形式进行展现，让社会公众愿意看。在信息组织方面，在加强企业新闻报道的同时，尝试通过编制企业年度社会责任报告、企业专项白皮书等综合形式进行信息披露。

案例十八：国网四川省电力公司“最火”电力微电影道出了电力工作者的艰辛①

以为有了电线就好，万万没想到有巡线工人如此辛苦；以为没有考试，万万没想到每件工作都是考试；以为管好自己就好，万万没想到处处都是责任。雪域高原上奔波着电力天路建设者繁忙的身影，抗灾抢险一线书写着电网人无言的奉献……

一部由国网四川省电力公司青年员工主创的微电影被上传到网络后，迅速传播开来，短短两天时间点击量超过10万次，截至2015年2月已突破150万次。片中的“王大锤”是广大电力新青年的缩影，他们怀揣着成就事业的梦想，经受风雨的历练，渐渐明白激扬的梦想终将沉淀成奉献的力量，奋斗的青春终会在平凡的岗位上绽放光芒。正如片中所说，“勇担社会责任，奉献铸就辉煌，想一想，还真有点小激动”。

这部备受瞩目的微电影——《万万没想到之我是国网新员工》，以轻松戏谑的表现手法和夸张搞笑的台词剧情，道出了电力工作者的艰辛和付出、成长与感动，而这种“接地气”的方式，最能引起当下青年的共鸣。

① http：//roll. sohu. com/20150213/n408979021. shtml.

B.10

2015年中国汽车行业公众透明度评价分析

摘　要：　现代社会随着人们生活水平的不断提高，利用汽车出行的需求逐渐增加，我国汽车行业高速发展，但随之而来的环保压力和能源紧张等问题日益突出，汽车行业因此逐渐成为大众关注的焦点。加强信息披露、增强运营透明度成为汽车行业与社会公众建立信任的必要手段。

本文主要介绍了2014年7月至2015年6月报告期内汽车行业在时间、内容、渠道、形式、数量五个维度方面的特点，得出汽车行业企业的公众透明度整体水平较低，在社会责任管理、投诉渠道建设、环境绩效及负面事件公开等方面信息披露不足。同时，针对问题提出了提高信息披露实质性、完善多元化信息披露渠道、提升信息披露及时性等改进建议。

关键词：　汽车行业　公众透明度　信息披露

一　基本情况

（一）样本选择

本文以2015年中国200强企业中的15家汽车企业为评价对象进行数据收集与分析，其中包括9家国有企业和6家民营企业，根据其经营业务范围可以划分为综合型（8家）、乘用车型（3家）、商用车型（2家）、零部件型（2家）四种类型。

从企业类型来看，上述15家汽车企业包括上市公司5家，非上市公司10家；从总部所在地来看，15家汽车行业企业主要分布在北京、广东、上海、浙江、辽宁等12个省市。

表1　汽车行业公众透明度信息披露指标

一级指标	二级指标
企业运行情况	营业收入（亿元）
	总资产（亿元）
	利润（亿元）
	是否披露主营业务经营情况
员工人数	是否公布员工人数
业务经营情况	是否公布业务范围
	是否公布主要业务在全国/全球的所在地
	是否公布产品信息
年报	是否发布年报
	年报发布时间
	年报是否可下载
	年报下载链接
社会责任报告	是否发布企业社会责任报告/可持续发展报告
	企业社会责任报告/可持续发展报告发布时间
	企业社会责任报告/可持续发展报告是否可下载
	企业社会责任报告/可持续发展报告下载链接
	是否召开企业社会责任报告/可持续发展报告发布会
	召开企业社会责任报告/可持续发展报告发布会时间

一级指标	二级指标
公众沟通活动（公众开放日等）	公众沟通活动
媒体开放日	次数
	内容
员工志愿服务	志愿者人数
	志愿服务时间
	志愿服务活动
公益项目专栏	网址
	公益项目名称
公益慈善	是否涉及教育
	是否涉及医疗
	是否涉及文体
	是否涉及扶贫
	是否涉及赈灾
	是否涉及环境保护
	公益捐赠
集中采购	是否实施集中采购、填写网址
	采购信息公开
	是否有供应商管理信息

续表

一级指标	二级指标
其他专题报告	是否发布专题报告
	专题报告时间
	专题报告是否可下载
	专题报告下载链接
企业是否出现重大负面事件[包括质量问题(断轴、召回)、不正当竞争、环境、安全、劳动关系纠纷、腐败、欺诈消费者等];是否及时回应	出现负面信息条数
	主动披露负面信息条数
	出现负面事件内容
	对负面信息进行回应条数
企业报道信息数	公司新闻/动态条数
	中国重要报纸全文数据库信息条数
责任理念	是否公布责任理念
责任推进管理	是否披露责任推进管理
企业文化	是否公布公司使命、愿景、价值观
	企业文化建设活动
利益相关方管理	是否有利益相关方识别(识别过程)
	是否有利益相关方列表
	是否有利益相关方沟通(日常和专项)
治理结构	是否建立"三会一层"治理结构
	是否披露"三会"具体人员名单
	是否披露董事会、监事会工作情况

一级指标	二级指标
反腐	反腐制度政策
	反腐教育
环境管理与环境实践	有环境管理政策制度
	节能减排
	新能源汽车及电动汽车
	技术改造
	清洁生产
	绿色技术创新
	绿色办公
	是否有环境管理认证(如ISO14000)
能源使用与消耗	总能耗
	万元产值综合能耗
"三废"排放与处理	COD(化学需氧量)排放量
	二氧化硫排放量
	公布"三废"处理具体数据
	是否有"三废"处理信息
报告是否经过第三方审验	审验公司名称(是否经过审验)
	第三方评价人(是否经过第三方评价)
	审验公司名称或第三方评价人名称
	年报是否经过审计
	审计公司名称

续表

一级指标	二级指标
合规与内控	是否发布或在年报中体现内控报告(内部控制报告)
	内控报告(内部控制报告)链接地址,或标明社会责任报告/可持续发展报告中出现的页码
	是否发布全面风险管理报告
	全面风险管理报告链接地址,或标明社会责任报告/可持续发展报告中出现的页码
	社会责任报告中是否披露合规与内控
客户沟通渠道	公司电话
	公司邮箱
	是否有经销商管理的信息
	是否披露汽车产品和售后信息
	汽车产品和售后问题是否回应
	汽车产品和售后问题回应是否及时
	是否有在线服务
	是否有客户满意度调查
争议处理	投诉电话
	投诉邮箱
	是否有产品召回、更换
	是否有投诉处理、建立反馈机制等服务相关内容
招聘信息	官网是否公布招聘信息
	百度搜索,是否有相关招聘信息
员工培训和教育	是否公布培训时间(小时)
	是否公布培训人次(人次)
	是否公布培训投入(金额)
	是否披露培训相关内容(时间、人次和投入)
员工职业发展	是否公布员工职业发展信息
员工薪酬	是否披露员工薪酬

一级指标	二级指标
企业网站栏目设置	社会责任专栏
	官网新闻是否可评论
	官网栏目设置
企业官方微博	微博是否可评论
	微博粉丝数量
	微博文章数量
	微博网址
企业官方微信	微信粉丝
	微信文章数量
	微信是否可评论
	微信号
企业官网语言	中文
	英文
	其他
社会责任报告/可持续发展报告语言	中文
	英文
	俄文
	其他
国内外的组织、协会参与情况	国内
	国外
互联网上的企业信息量	输入全称信息量
	输入简称信息量
年报语言	中文
	英文
	其他(请注明)

续表

一级指标	二级指标	一级指标	二级指标
职业健康与安全	职业健康投入	报告设计	年报是否有设计
	安全生产投入		
	事故数		社会责任报告是否有设计
	伤亡人数		

（二）汽车行业的发展机遇及挑战

汽车行业作为国民经济的支柱产业之一，近年来发展态势迅猛，取得了令人瞩目的成绩，汽车产销量位居世界第一。当前，我国汽车产业总体保持着平稳发展态势，但在细分市场冷热不均、分化严重。伴随着我国改革发展的持续深入和新一轮汽车产业政策的推行，汽车行业面临新的发展机遇；但当前宏观环境的复杂性和汽车产业自身特点决定了其发展也将面临一些挑战。

1. 当前汽车产业发展机遇

（1）居民收入稳健增长，汽车消费潜力巨大

2014 年，全国居民人均可支配收入 20167 元，比上年增长 10.1%，扣除价格因素，实际增长 8.0%。居民收入的稳健增长为汽车消费提供了保障。随着新型工业化、信息化、新型城镇化、农业现代化建设的稳步推进，汽车消费市场潜力巨大。

（2）政策扶持力度加大，新能源汽车发展前景可期

国家发改委等四部委相继出台了新能源汽车补贴政策、新能源汽车推广应用城市名单等一系列政策，各地方政府也相继出台新能源汽车推广细则和推广目标。同时，工信部有计划加速清理地方政策保护，产品目录将实现全国统一。此外，基础配套设施项目也在加紧上马，充电桩建设在各地陆续展开，并将对民营资本开放。

（3）新技术广泛应用，为汽车产业发展带来新机遇

当今世界正处于新科技革命的时代，新的汽车科技层出不穷，汽车电

子、移动互联、智能技术迅猛发展，在一定程度上刺激了消费者的购买欲望，推动汽车消费。由于技术进步、商业模式的发展以及人们对车联网的认知提升，汽车行业将迎来新一轮产业升级，汽车将不仅是普通的交通工具，而且是消费类电子产品，是硬件和软件的结合体，打造应用平台是各车企的最优选择。

2. 当前汽车行业面临的挑战

（1）环境污染、交通拥堵问题导致更多城市推行限购限行政策

为提升空气质量、缓解城市交通压力，各地政府纷纷出台针对汽车的限号出行令以及汽车上牌限制令，鼓励公众采取公共交通工具替代汽车出行方式，这些限购限行政策在一定程度上影响了各大城市的汽车产业发展。目前，北京、上海、广州、天津、贵阳和杭州等城市已出台了限购措施，不排除会有更多的城市推行限购政策的可能。

（2）汽车产品质量、服务问题影响了行业品牌和声誉

据统计，自 2004 年我国召回服务机制初步建立以来，已经召回汽车 1887 万辆，然而由汽车企业组织的汽车产品召回服务只占总召回比例的 6%，企业的产品质量、服务机制对消费者等利益相关方而言是最直接、最直观的，汽车企业在提升产品质量、完善召回服务机制方面仍有很长的路要走。

随着企业社会责任意识的不断增强，公众对企业履行社会责任的诉求不断增加，汽车企业的信息公开、透明一方面是满足公众知情权的基本需要，另一方面也是与公众、媒体、各利益相关全体有效沟通，提升企业形象，营造企业良好发展环境的关键。

二　总体评价结果

本研究主要通过汽车企业的官方网站及公开发布的报告、网络搜索引擎等公开渠道，收集汽车企业的基本情况、信息披露及时性、社会责任管理、公司治理、客户沟通与服务、员工发展、环境保护、社区公益 8 个方面共计

119 个指标的定性与定量信息，依据实质性、完整性、真实性、准确性、及时性、平衡性、公平性、可获得性 8 项原则，从时间、形式、数量、内容、渠道 5 个维度进行统计分析。

表 2　15 家汽车行业企业透明度得分排名

单位：分

排名	汽车行业企业名称	透明度得分
1	上海汽车集团股份有限公司	65.18
2	浙江吉利控股集团有限公司	63.47
3	比亚迪股份有限公司	59.24
4	中国第一汽车集团公司	57.49
5	东风汽车公司	56.10
6	广州汽车工业集团有限公司	51.28
7	郑州宇通客车股份有限公司	49.11
8	长城汽车股份有限公司	46.82
9	北京汽车集团有限公司	35.43
10	潍柴控股集团有限公司	28.18
11	中国重型汽车集团有限公司	27.73
12	江铃汽车集团公司	22.69
13	江苏悦达集团有限公司	21.38
14	华晨汽车集团控股有限公司	21.13
15	万向集团公司	13.68

从汽车行业透明度得分来看，总体得分偏低，60 分以上的企业有 2 家，而 40 分以下的车企达 7 家，占样本数量的 46.7%。

从汽车企业类型来看，排名前 5 的企业中有 3 家是上市公司，其余 2 家上市公司在前 10 名之列，因此汽车行业上市公司的整体透明度高于未上市公司，这也与证监会出台上市公司信息披露规定密切相关。从业务经营类型来看，综合型车企透明度得分在 15 家汽车企业中整体表现较为突出，透明度得分排前 5 的企业中有 3 家是综合型汽车企业。

三 时间维度评价分析

（一）时间维度评价结果

为了解汽车行业企业信息公开披露的及时性，本部分选取了年报发布时间、企业社会责任报告发布时间、专题报告发布时间、企业社会责任报告/可持续发展报告发布会时间4个指标进行分析。

表3 15家汽车行业企业时间维度得分排名

单位：分

排名	汽车行业企业名称	时间维度得分
1	广州汽车工业集团有限公司	4.20
1	长城汽车股份有限公司	4.20
1	比亚迪股份有限公司	4.20
1	郑州宇通客车股份有限公司	4.20
5	浙江吉利控股集团有限公司	3.15
6	上海汽车集团股份有限公司	2.80
7	中国第一汽车集团公司	1.75
7	东风汽车公司	1.75
9	北京汽车集团有限公司	0.00
9	华晨汽车集团控股有限公司	0.00
9	万向集团公司	0.00
9	江苏悦达集团有限公司	0.00
9	潍柴控股集团有限公司	0.00
9	中国重型汽车集团有限公司	0.00
9	江铃汽车集团公司	0.00

（二）专项指标分析

本部分从汽车行业企业年报和社会责任报告发布的时效性2项指标入手分析汽车行业企业公众透明度情况。

1. 汽车行业上市公司年报披露及时，非上市公司时效性相对较差

年报的发布是汽车行业企业向投资者、股东披露财务和经营信息的重要方式，证监会对上市公司信息披露管理办法做出了明确的规定，这也是上市汽车企业披露水平较高的原因。统计显示，5 家上市公司全部在规定时间内及时发布年报。10 家未上市公司中，仅有广州汽车工业集团有限公司年报的发布较为及时，其余 9 家汽车企业均未发布年报，因此非上市公司在年报披露及时性方面迫切需要提升（见图 1）。

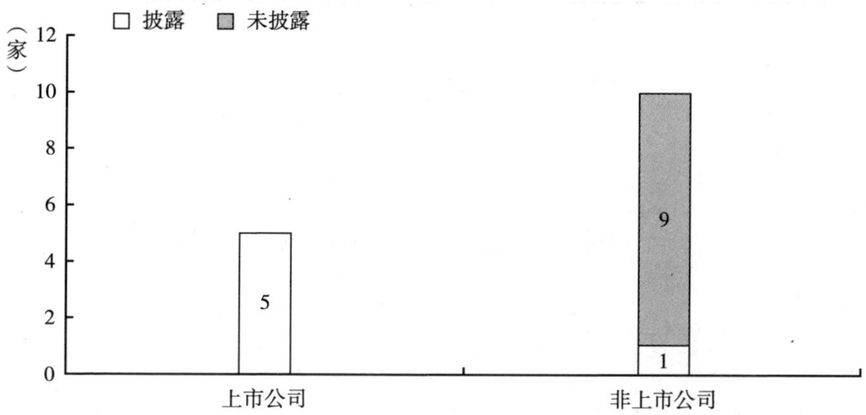

图 1　2015 年汽车行业年报发布情况（按上市情况分）

2. 社会责任报告披露及时性整体表现一般

汽车行业在社会责任报告披露方面，5 家上市公司中，有 3 家公司在规定时间内发布了社会责任报告，占据上市公司数量的 60%；有 2 家上市汽车企业在 2015 年 6 月 30 日之后发布了企业社会责任报告。在 10 家非上市公司中，仅有 3 家公司发布了社会责任报告（见图 2）；在发布社会责任报告的非上市公司中，除广州汽车工业集团有限公司外，其余 2 家企业的社会责任报告的发布均不够及时。

另外，在 15 家汽车行业企业中，仅有 3 家企业及时召开了社会责任报告发布会。

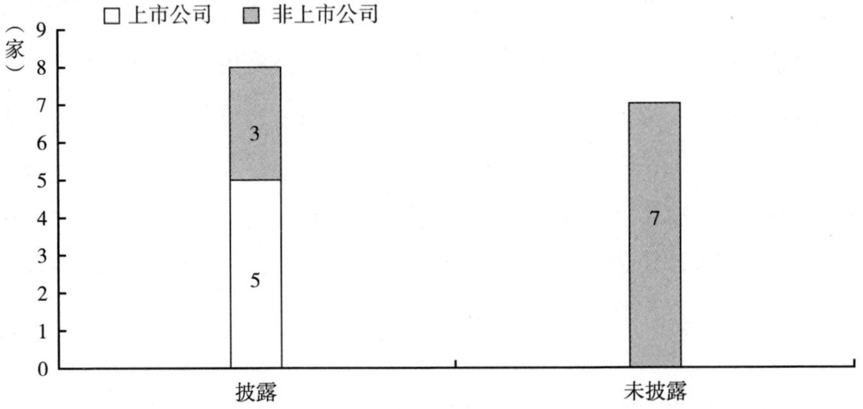

图 2　2015 年汽车行业社会责任报告发布情况（按上市情况分）

四　形式维度评价分析

（一）形式维度评价结果

本部分从企业披露信息的形式出发，结合行业特点、信息披露效果与公众期望，分析汽车行业企业的官方栏目设置、年报是否有设计、审验公司名称、第三方评价人、年报是否经过审计 5 项重要指标和年报语言、企业官网语言、社会责任报告语言、社会责任报告是否有设计 4 项一般指标，明确公众了解汽车行业企业信息披露的主要形式。

表 4　15 家汽车行业企业形式维度得分排名

单位：分

排名	汽车行业企业名称	形式维度得分
1	浙江吉利控股集团有限公司	4.94
2	东风汽车公司	4.80
3	郑州宇通客车股份有限公司	4.31
4	广州汽车工业集团有限公司	4.10
5	上海汽车集团股份有限公司	3.55

续表

排名	汽车行业企业名称	形式维度得分
6	中国重型汽车集团有限公司	3.06
7	中国第一汽车集团公司	2.71
7	比亚迪股份有限公司	2.71
9	北京汽车集团有限公司	2.57
10	长城汽车股份有限公司	2.50
11	华晨汽车集团控股有限公司	1.53
11	万向集团公司	1.53
11	江苏悦达集团有限公司	1.53
14	潍柴控股集团有限公司	1.32
14	江铃汽车集团公司	1.32

通过对形式维度的评价结果进行分析，超过4.8分的企业只有2家，而有9家企业形式维度得分不足3分，可以发现汽车行业企业形式维度得分总体偏低。

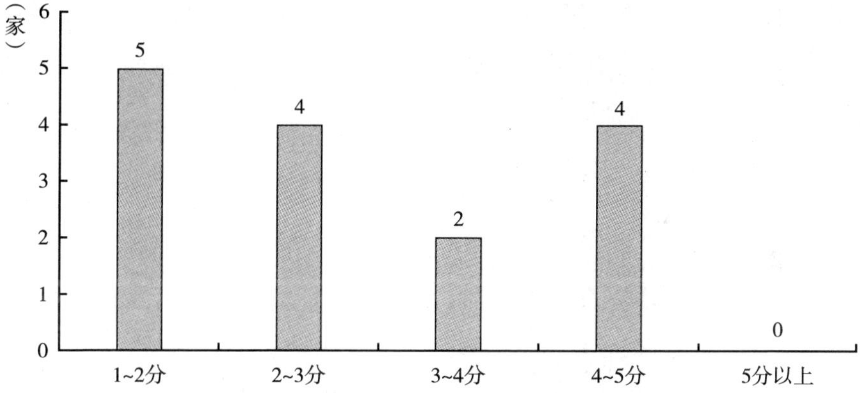

图3　2015年汽车行业企业形式维度得分分布

从企业业务经营范围来看，形式维度得分排前5名的企业中，有乘用车型企业2家、综合型企业2家和商用车型企业1家。形式维度得分排前10名的企业中，有7家是综合型企业，整体来看，综合型汽车行业企业在形式维度上表现相对较好（见图4）。

从企业性质来看，形式维度得分排前5名的企业中，有3家国有企

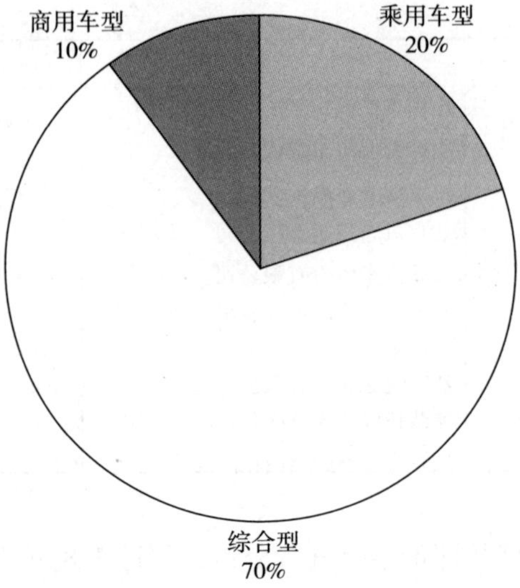

图4　2015 年汽车行业形式维度领先企业分布（按业务经营范围分）

业、2 家民营企业。形式维度得分排前 10 名的企业中，有 6 家国有企业、4 家民营企业，总体而言，国有企业在形式维度方面表现相对领先（见图 5）。

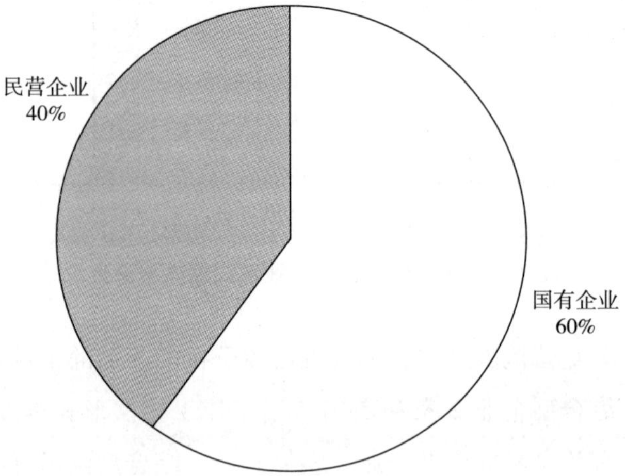

图5　2015 年汽车行业形式维度领先企业分布（按企业性质分）

从企业类型来看，5 家上市公司全部跻身于形式维度得分前 10 名，整体表现优于非上市公司。

在发布社会责任报告的 8 家企业中，6 家企业的社会责任报告为中文，东风汽车公司和广州汽车工业集团有限公司的社会责任报告为中文和英文；7 家企业的社会责任报告有设计，郑州宇通客车股份有限公司的社会责任报告没有进行设计。

15 家企业中，只有东风汽车公司的社会责任报告进行了第三方审验。

在官网语言这一指标上，中国重型汽车集团有限公司得分最高，使用了 7 种语言；而北京汽车集团有限公司和长城汽车股份有限公司得分最低，均只使用了 1 种语言。

（二）专项指标分析

本部分主要通过定期报告的披露形式、定期报告的组织形式及日常报告的组织形式 3 个方面 5 项重要指标分析了汽车行业企业公众透明度的现状及存在的问题（见图 6）。

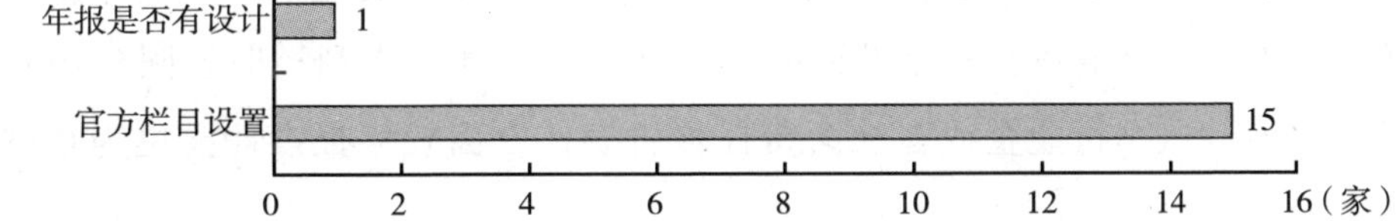

图 6　形式维度重要指标披露情况

1. 定期报告披露形式较为单一

汽车行业企业的定期报告披露形式较为单一，主要是年报和社会责任报告，其中6家企业发布了年报（包括4家民营企业和2家国有企业），8家企业发布了社会责任报告（包括4家民营企业和4家国有企业）；3家企业专门召开了企业社会责任报告发布会；另外目前尚未有汽车行业企业发布重点领域的专题报告，因此汽车行业企业的定期报告披露形式有待进一步丰富（见图7）。

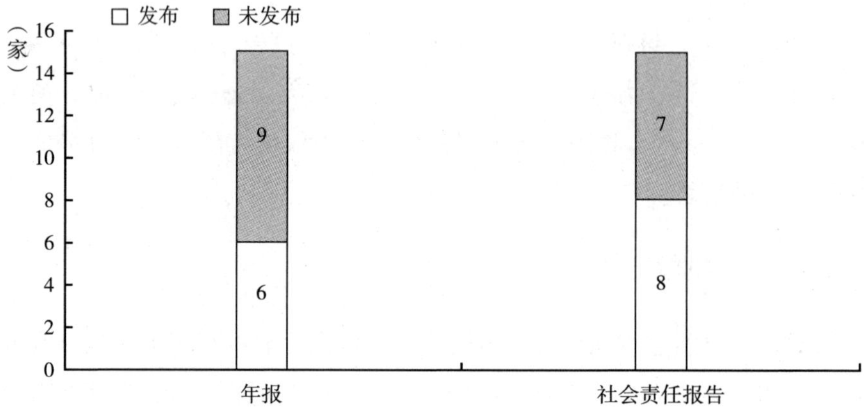

图7　汽车行业企业的定期报告披露形式情况

2. 定期报告的组织形式整体尚可

8家发布社会责任报告的汽车企业中，有6家企业对社会责任报告进行了美化设计，以提升报告的可读性。从企业性质来看，国有企业普遍对社会责任报告进行了美化设计，而2家发布社会责任报告的民营企业（郑州宇通客车股份有限公司和长城汽车股份有限公司）没有美化设计。而年报方面，汽车行业企业进行美化设计的企业仅1家（浙江吉利控股有限公司），整体来看，汽车行业企业在社会责任报告设计方面较年报设计要更为重视（见图8）。

3. 日常信息组织形式整体较好

企业官网新闻发布是汽车行业企业日常披露的主要传播形式，据统计，15家汽车企业的官网均可登录，为公众查询信息提供了一定便利性。企业官方栏目的设置主要有“关于我们”“公司新闻”“产品/服务”“人力资

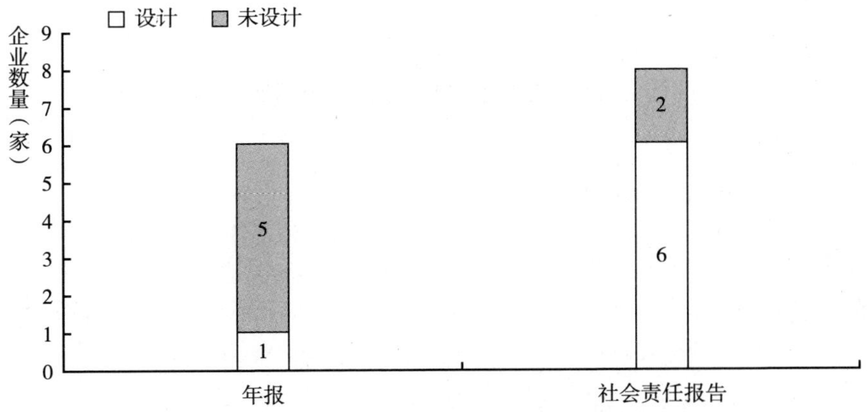

图8　汽车行业企业的定期报告设计情况

源”“联系我们”等，15 家企业在官网栏目的基本设置上都具备一定的完整性。而对于除北京汽车集团有限公司和长城汽车股份有限公司外，其余 13 家企业披露的信息均有中英双语版本（见图 9），整体来看汽车行业在信息整合、组织形式建设方面表现较好。

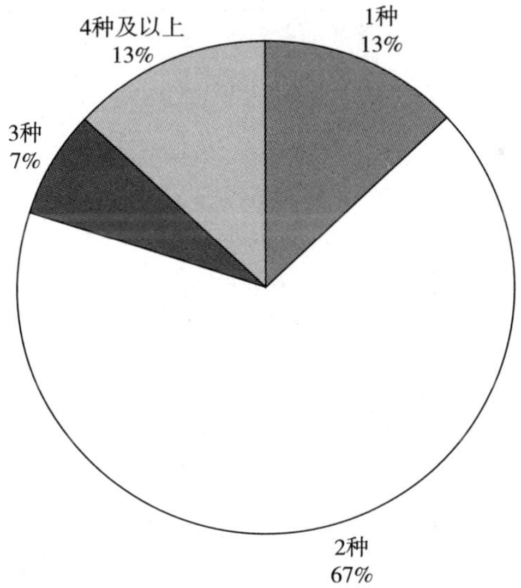

图9　汽车行业企业官网语言种类情况

五　数量维度评价分析

（一）数量维度评价结果

为了解汽车行业企业信息数量披露情况，识别和分析汽车企业信息数量披露的特点和存在的问题，本部分选取了公司新闻、中国重要报纸全文数据库公司名称（含简称）信息、百度输入公司名称（含简称）信息量、微博粉丝数量和微博文章数量、出现负面信息条数等指标对企业的数量维度进行评价。从综合排名来看，前 4 位的企业均为综合型汽车行业企业；从指标来看，15 家企业的名称（含简称）均可以在中国重要报纸全文数据库和百度搜索引擎中找到相关信息。除广州汽车工业集团有限公司外，其余 14 家企业的官方网站均在报告期内发布了企业新闻。

表 5　15 家汽车行业企业数量维度得分排名

单位：分

排名	汽车行业企业名称	数量维度得分
1	上海汽车集团股份有限公司	18.77
2	比亚迪股份有限公司	18.36
3	广州汽车工业集团有限公司	15.24
4	北京汽车集团有限公司	11.24
5	浙江吉利控股集团有限公司	12.98
6	中国第一汽车集团公司	11.48
7	长城汽车股份有限公司	10.49
8	郑州宇通客车股份有限公司	8.78
9	华晨汽车集团控股有限公司	8.60
10	中国重型汽车集团有限公司	6.85
11	潍柴控股集团有限公司	6.73
12	东风汽车公司	5.36
13	江铃汽车集团公司	6.06
14	江苏悦达集团有限公司	4.58
15	万向集团公司	1.43

（二）专项指标分析

本部分通过对中国重要报纸全文数据库、百度搜索公司名称的信息数量（全称、简称）、公司新闻数量、微博和微信相关信息量及出现负面新闻的条数等指标对汽车行业企业公众透明度情况进行分析。

1. 综合型汽车企业披露的新闻数量普遍较多

数量维度得分排前10名的企业中，有综合型企业7家、商用车型企业2家、乘用车型企业1家，总体来看综合型汽车企业在数量维度上的得分领先。

在中国重要报纸全文数据库按企业名称的全称进行检索，结果显示，15家汽车行业企业中，在过去12个月内有10家企业的新闻超过了10000条，其中包括综合型企业6家、乘用车型企业2家、商用车企业1家、零部件企业1家，分别占各自类型比重的75%、66.7%、50%、50%。有4家企业新闻为101~10000条，只有1家企业新闻数量不足100条（见图10）。

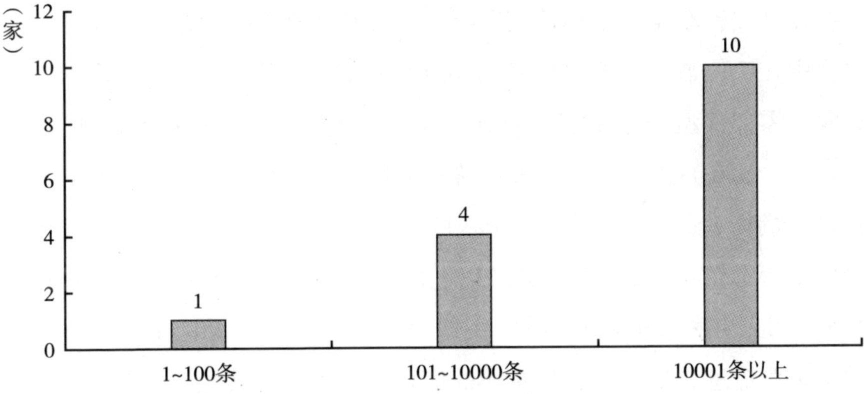

图10 中国重要报纸全文数据库的企业新闻数量（按全称检索）

而相比全称，在中国重要报纸全文数据库使用企业名称的简称进行检索，结果显示，仅有1家企业的信息数量不足10000条，但也超过了1000条信息；而其余14家企业的信息数量均超过了10000条，且平均信息数量在30000条以上（见图11）。

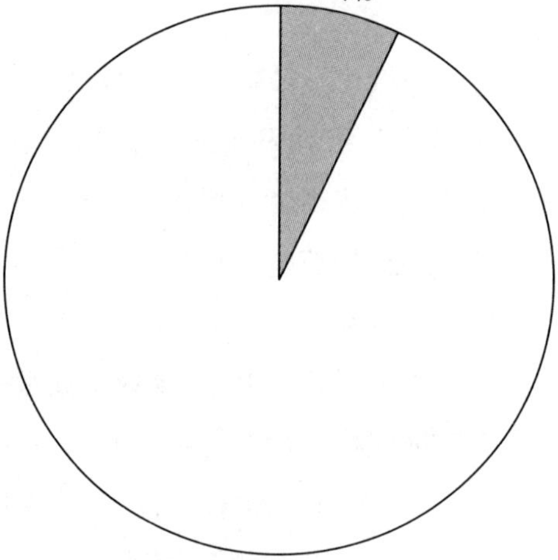

图 11　中国重要报纸全文数据库的企业信息数量（按简称检索）

在百度按汽车企业全称检索所得的信息数量来看，汽车行业企业信息数量多集中在 7 位数及以上（9 家），其中包括综合型企业 5 家、乘用车型企业 2 家、零部件型企业 2 家；而其余 6 家企业的信息数量在 5 位数以上、7 位数以下。而在百度按汽车企业简称检索所得的信息数量来看，有 6 家企业的信息数量集中在 6 位数、7 家企业的信息数量集中在 7 位数、2 家企业的信息数量集中在 8 位数，7 位数及以上的企业有 9 家（见图 12），包括 7 家综合型企业、1 家乘用车型企业、1 级商用车型企业。无论是按全称或是简称搜索企业信息数量，综合型企业的信息数量都高于其他类型企业。

2. 社交工具对信息的披露有待加强

统计显示，40%（6 家）的汽车行业企业没有开通微博，而在新媒体时代背景下，无论对企业提高知名度还是营销产品来讲，这都是十分不利的。因此，相关企业要适应新媒体时代的要求，开通并营销自己的微博、微信等，这对于提高企业知名度大有帮助，更为重要的是使公众更好地了解企业，提高企业的公众透明度。

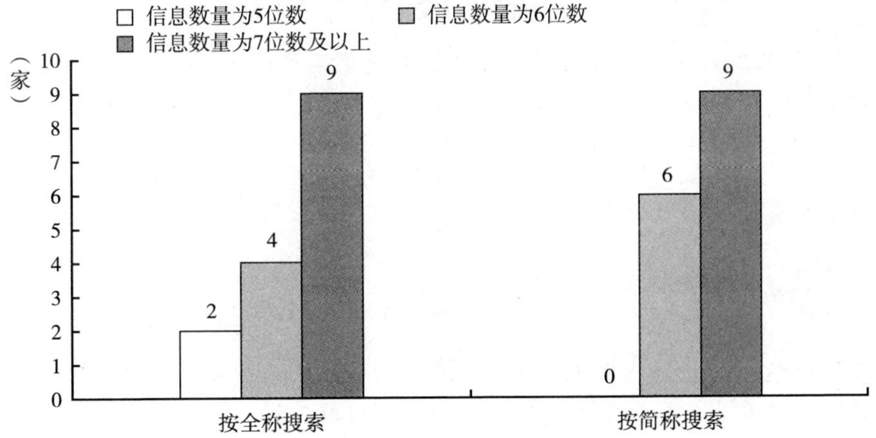

图 12　互联网上的汽车行业企业信息数量

3. 负面信息回应情况不佳

在企业的负面信息方面，4 家汽车企业出现了负面信息，涉及汽车产品的质量问题和贪污腐败（见图 13）。然而只有 1 家汽车企业对负面事件进行了回应，其余 3 家汽车企业均未主动做出回应，导致部分负面信息需要通过媒体的公开报道渠道予以获取，这会影响到企业的品牌形象和声誉。

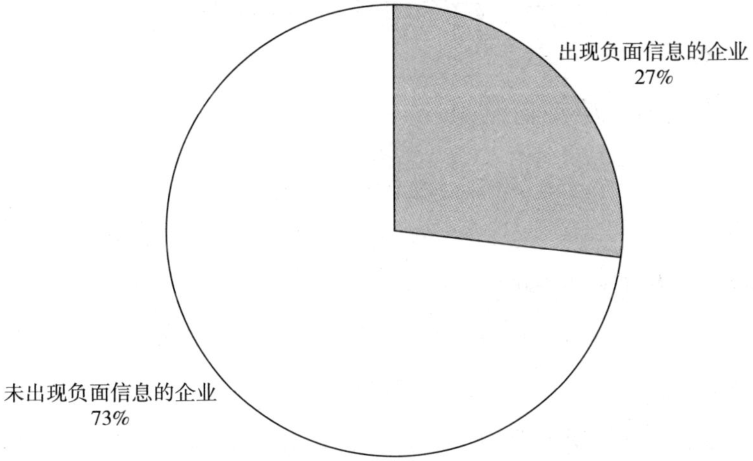

图 13　汽车行业企业出现负面信息情况

案例一：上汽集团主动召回，消除质量缺陷①

2014年，上汽集团所属整车企业共实施整车产品主动召回16起，涉及车型12种，召回车辆数共计572673辆。截至12月底，各项召回行动均在有序实施过程中。经分析16起产品召回原因，主要是由设计质量问题和制造过程质量控制问题造成的。

为此，公司认真总结经验与教训，强化设计失效模式、后果分析（DFMEA）和过程失效模式、后果分析（PFMEA）的有效应用，严格产品试验验证，加强供应链管理及过程质量控制，持续提高产品可靠性，保持产品稳定质量水平，积极主动维护消费者合法权益，进一步提高企业形象，更好担当社会责任。

点评：针对汽车存在质量问题的负面报道，上汽集团采取主动回应、及时处理的策略，主动发起缺陷汽车召回，并在当年的社会责任报告中披露了事件及其原因，承认汽车故障问题是汽车设计和制造的质量问题，并提出改进措施和做出未来承诺，消除了消费者的质疑，也重新树立了负责任的企业形象。

六　内容维度评价分析

（一）内容维度评价结果

为充分了解汽车行业的信息披露内容及披露程度，本部分从企业管理与实践出发，从公司治理、社会责任管理、社会、经济、环境绩效及客户沟通服务情况六大角度展开分析。

根据15家汽车行业企业的统计结果分析可知，无论是上市公司还是非上市公司均通过官网、年报、社会责任报告等途径对企业业务经营范围，企业使命、愿景、价值观，招聘信息，环境管理认证情况等内容进行了披露；

① 《上汽集团2014年度社会责任报告》。

另外所有的上市公司均对公司治理、公司运营绩效、环境管理政策、供应商管理、公益慈善等内容进行了披露，而部分非上市公司对上述信息仍存在披露不够充分的情况。

研究发现，各类汽车企业存在的问题主要集中在以下几个方面。

一是社会责任管理信息披露不足，尤其是利益相关方识别、沟通以及利益相关方列表等信息，15 家汽车企业仅有 4 家企业披露了完整的利益相关方列表、3 家企业披露了利益相关方沟通活动；而公布了社会责任推进管理信息的企业不足汽车行业企业总数的一半。

二是社会绩效定量指标公开较少。公开员工职业健康投入、安全生产、事故数、伤亡人数等信息的企业不及总数的 1/3；而志愿者工作制度信息，如志愿者人数、志愿服务小时数等信息的披露情况也相对较差。

三是环境绩效信息仍然不够透明。虽然汽车企业普遍重视企业的环境管理认证，但是对环境管理政策信息以及企业对环境的影响披露较少。总能耗、COD 排放、“三废”信息、万元 GDP 能耗、二氧化硫排放量等环境信息鲜有企业披露。

四是主动披露负面信息方面还需要大力加强，2015 年有 4 家企业出现了负面信息，但是没有 1 家企业在社会责任报告、官网等渠道对负面信息主动进行披露。

从得分来看，乘用车企业、综合型汽车企业包揽内容维度得分前 5 名，成为内容维度方面信息披露的领先者，这 5 家汽车企业均发布了社会责任报告，披露了责任推进管理制度体系、员工人数、职业发展、职业培训、公益慈善以及节能减排、绿色创新等内容，同时在官网上对公司业务范围、汽车产品和售后信息、企业文化建设活动等内容进行明确列示。位于第 6 ~ 10 名的汽车企业有 1 家商用车企业、3 家综合型企业、1 家零部件企业，这些企业虽然对产品信息、业务范围、汽车产品和售后信息及公益慈善等内容有较完整的披露，但是对责任推进管理组织制度体系、员工职业发展信息、节能减排、绿色创新等信息都存在披露不足的情况。同时有 2 家综合型企业、1 家商用车企业、1 家乘用车企业、1 家零部件企业排名最末，这5家企业均未发布企业社会责任报告，对于社会责任推进管理组织体系、节能减排、员工培训、慈善公益等信息披露的完整性、实质性较差，同时其企业官网上对汽车产品售后信息回应、产品召回机制的建立、投诉处理、建立反馈的机制等信息也都基本没有涉及，因此导致其在内容维度上排名靠后（见图14）。

表6 汽车企业公众透明度内容维度得分排名

单位：分

排名	企业名称	内容维度得分
1	中国第一汽车集团公司	42.18
2	浙江吉利控股集团有限公司	40.73
3	东风汽车公司	39.64
4	上海汽车集团股份有限公司	37.45
5	比亚迪股份有限公司	35.64
6	郑州宇通客车股份有限公司	32.36
7	广州汽车工业集团有限公司	29.82
8	长城汽车股份有限公司	28.73
9	北京汽车集团有限公司	22.18
10	潍柴控股集团有限公司	21.09
11	中国重型汽车集团有限公司	19.27
12	江苏悦达集团有限公司	16.00
13	江铃汽车集团公司	15.27
14	华晨汽车集团控股有限公司	13.45
15	万向集团公司	9.45

（二）公司治理信息披露情况有待提升

公司治理信息的披露是提高公司治理水平，促进投资者、股东、监管机构及社会公众更好的认识企业的关键。公司治理信息主要包括“三会一层”治理工作相关内容、内控与风险管理信息披露、企业文化建设活动等内容。

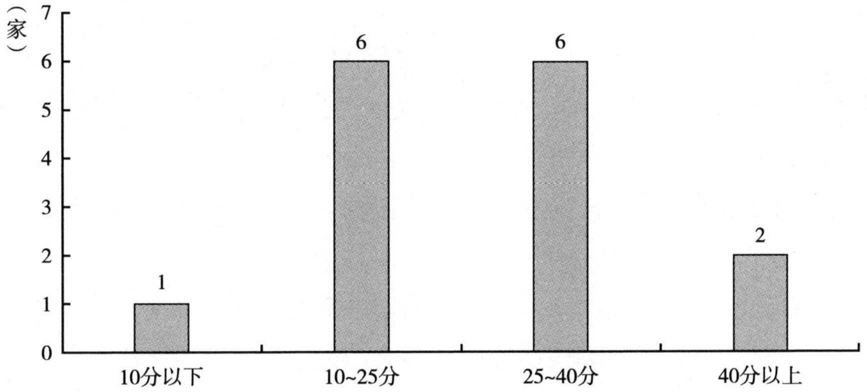

图 14　2015 年中国汽车行业公众透明度内容维度得分分布

（1）“三会一层”治理工作

统计显示，有 9 家汽车行业企业建立了“三会一层”治理结构，包括 6 家上市公司、3 家非上市公司，占企业总数的 60%；而公布了“三会”具体成员名单、“三会”主要工作情况的企业均占总数的 40%。根据统计结果显示，仅有 6 家企业完整地披露了以上三项内容，说明汽车行业企业在公司治理信息披露方面还需要进一步加强（见图 15）。

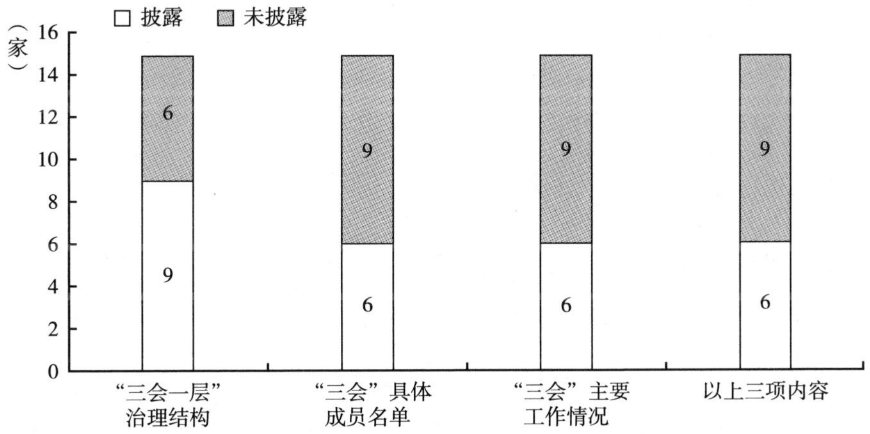

图 15　2015 年中国汽车行业“三会一层”治理信息披露

（2）内控与风险管理信息整体披露不足

合规经营、诚信守法是汽车企业实现可持续发展的前提，而内控监督约束机制信息、管控环境、风险管理机制等也是公众关注的重点。统计显示，6家汽车企业发布了内控报告（或是在年报中体现了内控信息），5家企业发行了全面风险管理报告，可见汽车行业披露内控、风控信息的企业不及总数的一半，内控与风险管理的信息披露水平还需大力提升。

从汽车企业类型来看，发布了内控信息和风险管理信息的汽车企业类型主要是综合型汽车企业和乘用车型汽车企业（见图16）。另外根据统计结果可以发现，年报是内控信息、风控信息的主要发布渠道，通过社会责任报告对内控、风险管理信息进行披露的企业仅有浙江吉利控股集团有限公司1家乘用车型企业。

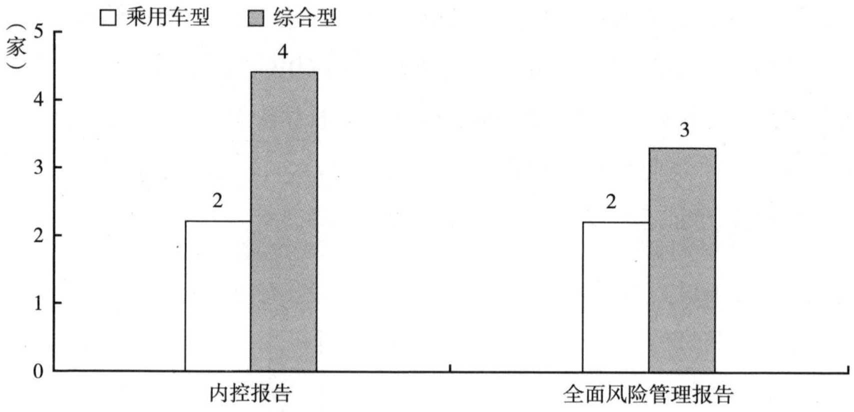

图16　2015年中国汽车行业内控、风险管理信息披露情况

（3）企业文化建设活动披露程度较好

据统计，15家汽车行业企业均公布了企业的使命、愿景和价值观，同时93.3%的企业（14家）披露了企业的文化建设活动，仅有1家汽车企业（北京汽车集团有限公司）没有对报告期内的文化建设活动予以公布，整体来看汽车企业对于推进企业文化建设的宣传工作十分重视，有利于其企业文化理念与价值观的广泛传播（见图17）。

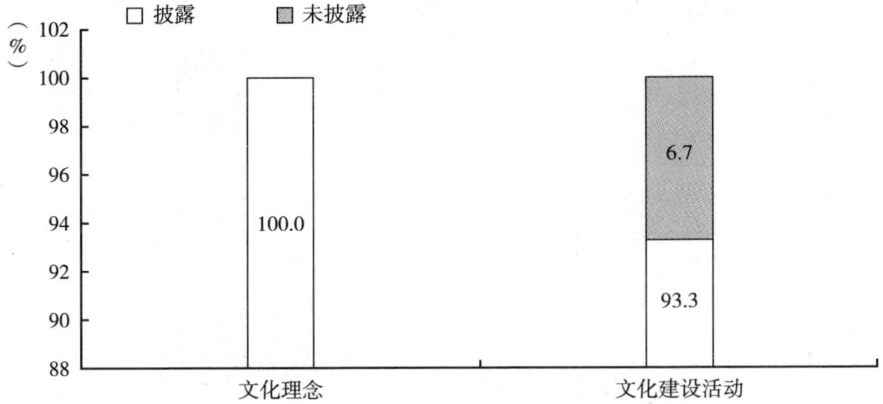

图 17　2015 年汽车企业文化信息披露情况

（三）责任管理信息实质性有待提升

1. 责任推进管理组织体系建立不够普及

社会责任理念是企业社会责任工作的指南针，而社会责任推进体系的建设是将企业社会责任理念落到实处、与运营结合的关键。统计显示，2015年中国汽车行业企业中，有 6 家企业公开了社会责任理念，包括综合型企业 4 家、乘用型汽车企业 2 家；同时有 7 家企业明确披露了社会责任推进的组织体系、制度体系、运行机制，占汽车行业企业总数的 46.7%，包括综合型汽车企业 5 家、乘用型汽车企业 2 家；而未公开责任推进管理组织体系的 8 家企业中，有 6 家企业未发布企业社会责任报告，整体来看在汽车行业企业中责任推进管理组织体系的建立及其信息披露还不够普遍（见图 18）。

案例二：中国第一汽车集团社会责任推进管理体系披露[①]

中国一汽主动推进企业社会责任管理深化发展，通过规范管理体系，培养社会责任能力，开展社会责任信息披露以及加强利益相关方沟通等工作，

① 《中国第一汽车集团 2014 年度社会责任报告》。

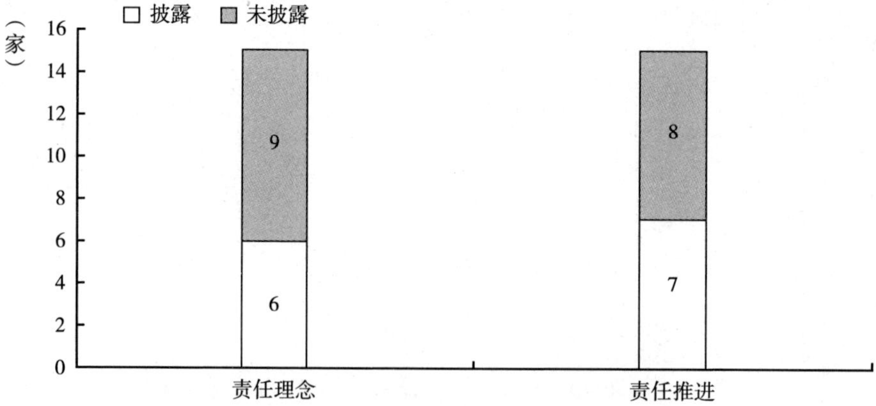

图 18　2015 年汽车企业责任管理信息披露情况

促进社会责任理念融入企业的日常运营。

- 社会责任管理组织体系

成立由集团高级管理层组成的社会责任领导小组，明确集团办公室为社会责任工作归口管理部门，并设立社会责任专岗；在各级分子公司设置社会责任联系人，协同推进集团社会责任管理工作。

- 提升社会责任管理能力

2014 年，组织社会责任知识专项培训，内容涵盖社会责任基础概念、理论介绍、案例分析等，各部门及分子公司社会责任联系人 65 人参加，有效提升了相关负责人的社会责任意识。

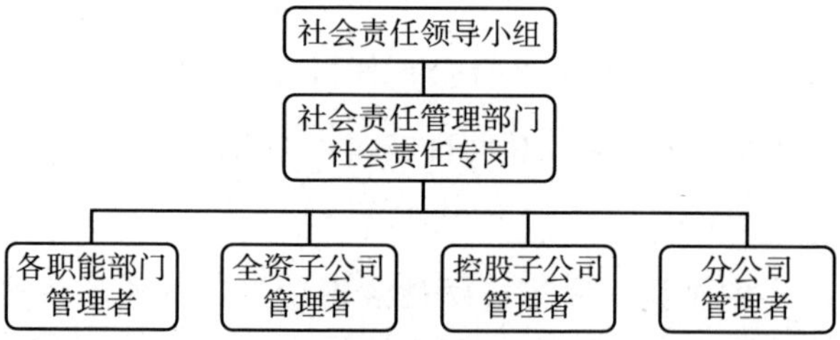

图 19　中国第一汽车集团社会责任管理组织体系

- 持续推进信息披露

2014 年继续加强社会责任信息披露工作，连续第五年向社会公开发布社会责任报告，进一步推动社会责任报告编制工作的系统化和规范化。

● 加强利益相关方沟通

进一步了解利益相关方的诉求和期望，针对员工、客户、供应商等利益相关方开展了社会责任工作情况调查，撰写《中国第一汽车集团社会责任现状调查报告》，为集团下一步社会责任工作的有力、有序开展奠定基础。

点评：中国一汽社会责任报告详细披露了企业推进社会责任的具体举措和方法，明确披露了企业的社会责任推进管理的组织体系、制度体系，便于公众了解企业在推进社会责任管理方面做出的努力。

2. 利益相关方沟通管理严重不足

企业的利益相关方对企业的运营和管理有直接或间接的影响，与利益相关方的沟通是企业赢得理解和信任、建立良好内外部发展环境的前提。统计显示，2015 年，仅 4 家汽车行业企业建立了利益相关方列表，开展利益相关方沟通活动的企业仅 3 家，各家汽车企业均未对利益相关方识别过程予以明确披露。因此汽车企业行业利益相关方沟通相关信息披露严重不足（见图 20）。

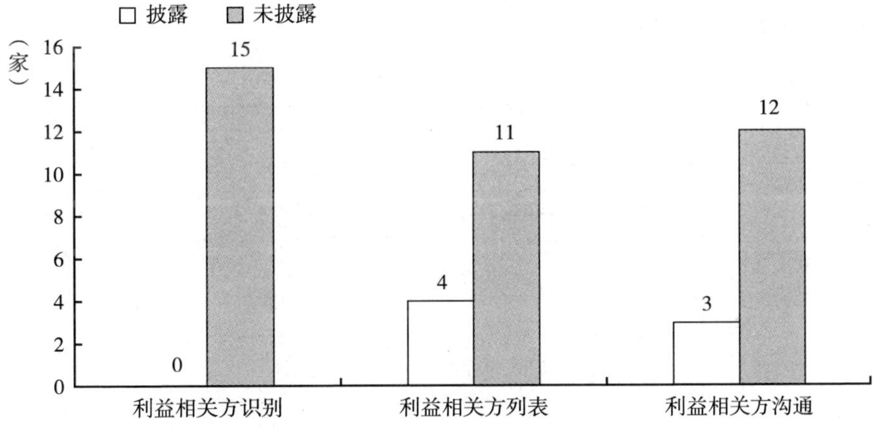

图 20　2015 年汽车企业利益相关方信息披露情况

（四）经营绩效指标披露较为充分

企业经营绩效指标是企业披露信息的重要组成部分，它反映了企业对其经济责任的履行情况，有助于投资者、股东及股东了解企业可持续发展能力。统计显示，汽车行业企业业务经营范围和产品信息的披露情况较充分（15 家和 14 家）；针对营业收入、总资产、净利润等财务信息，分别有 12 家、10 家、7 家企业进行了公示，整体而言，汽车行业企业对经营绩效指标的披露较为充分。

（五）环境实践信息披露有待加强

随着现代社会科技与经济的发展，汽车逐渐走进了千家万户，为大众的出行带来了很大的方便，但与此同时，汽车的增多也导致环境污染问题加重。近年来，汽车行业一方面不断开发利用新能源，推广绿色创新产品，另一方面也日益注重节能减排、绿色技术的推广，不断降低汽车整车及零部件生产对环境的消耗和透支效应。

统计显示，有 7 家企业公开了新能源及电动汽车的生产研发信息；15 家汽车行业企业均得到了环境管理认证。7 家企业披露了环境管理制度，8 家企业公布了节能减排信息，8 家企业公开了技术改造信息（见图 21）；但

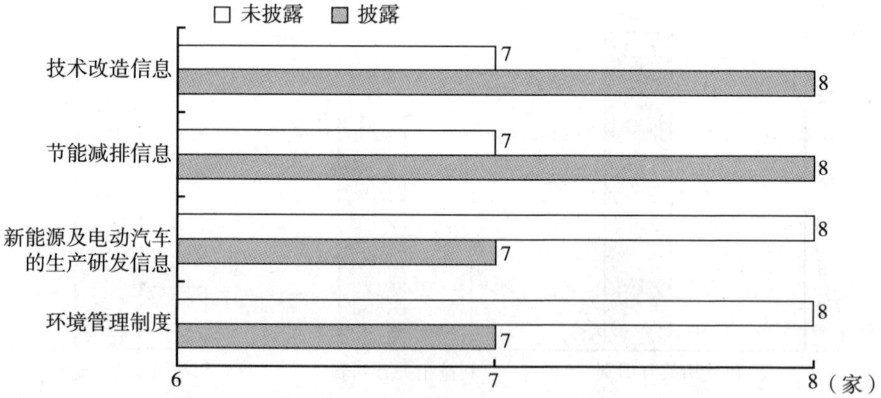

图 21　2015 年汽车企业环境绩效信息披露情况

是对于具体的环境绩效信息，如COD排放量（1家）、二氧化硫排放量（1家）、“三废”处理信息（2家）、万元GDP能耗（0家）却鲜有企业披露，而清洁生产（6家）、绿色办公（3家）等相关信息披露也均不充足，因此汽车行业企业在环境绩效信息披露尤其是定量数据披露方面还需继续改进。

案例三：中国第一汽车集团环境绩效信息披露

汽车行业企业在创造巨大经济效益的同时也在不断挑战着生态环境的承载能力，对于环境信息的披露则是提升企业自身形象和满足利益相关方决策需求的双赢选择。一汽集团不仅详细披露了报告期内COD排放总量、二氧化硫排放量、危险物处置量等污染物信息，而且展示了过去年度污染信息，有效地展示了企业节能环保绩效。

（六）客户沟通、售后服务信息披露亟待提高

1. 客户服务信息披露较一般

（1）客户服务信息渠道建设较完善

汽车行业对客户沟通渠道的建设粗具成效。据统计，15家汽车行业企业中，有12家企业提供了联系电话，8家企业提供了联系邮箱，6家企业建立在线沟通方式。同时热门社交媒体工具微博、微信也逐渐成为与客户沟通、服务客户的重要途径，有8家企业建立了官方微博，7家企业开通了企业微信号。通过以上客户服务信息渠道的建设为提升客户体验奠定了基础（见图23）。

（2）客户满意度调查较少涉及

统计显示，在所研究的汽车行业企业中，仅有3家企业在报告期内进行了客户满意度调查，包括1家综合型汽车企业和2家乘用车型汽车企业（见图24），并公示了客户满意度调查得分，但是对于客户满意度调查的具体维度和具体指标涉及较少，同时对客户关注的满意度问题以及企业采

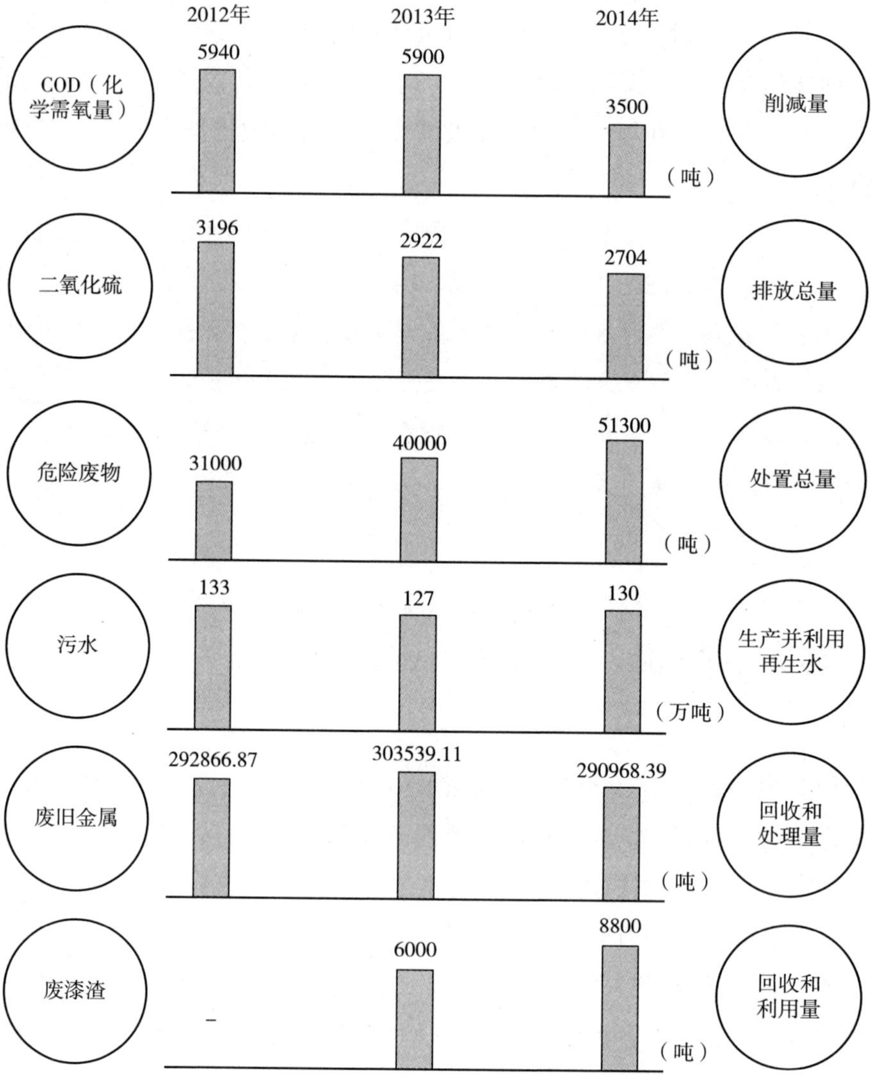

图 22　一汽集团降低污染排放的举措及成效

取的解决措施也鲜有涉及，汽车行业企业对于客户满意度调查的重视程度亟待提高。

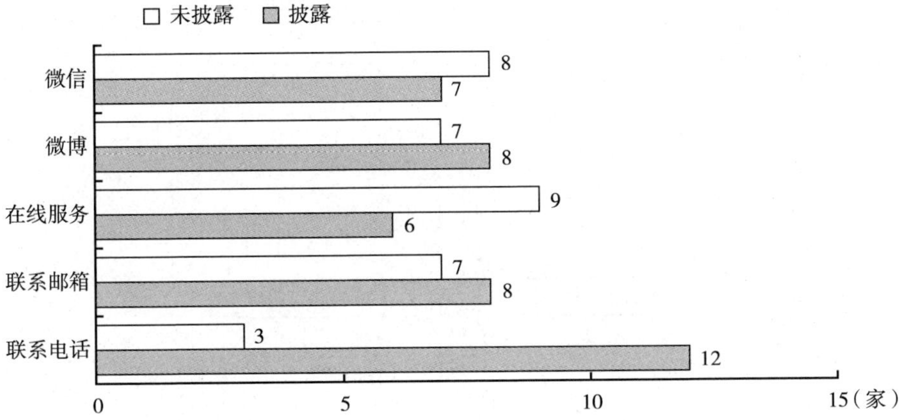

图 23　2015 年汽车企业客户服务信息渠道建设情况

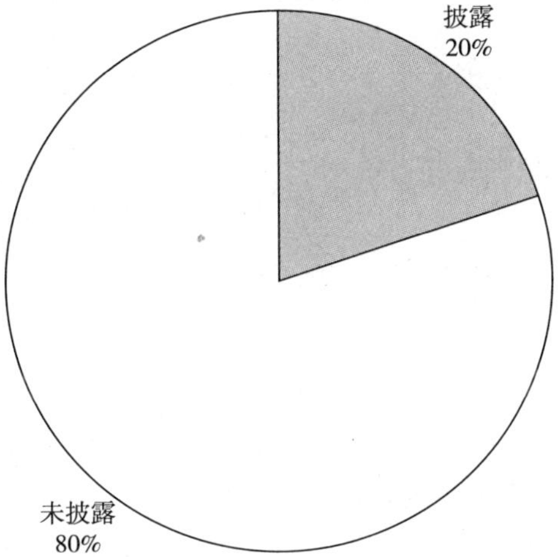

图 24　2015 年汽车企业客户满意度调查情况

案例四：浙江吉利控股集团有限公司客户满意度调查体系

吉利通过 400 来电回访、论坛投诉回访、神秘用户调研等多种渠道了解用户诉求，解决用户反映问题，全面提升用户满意度。

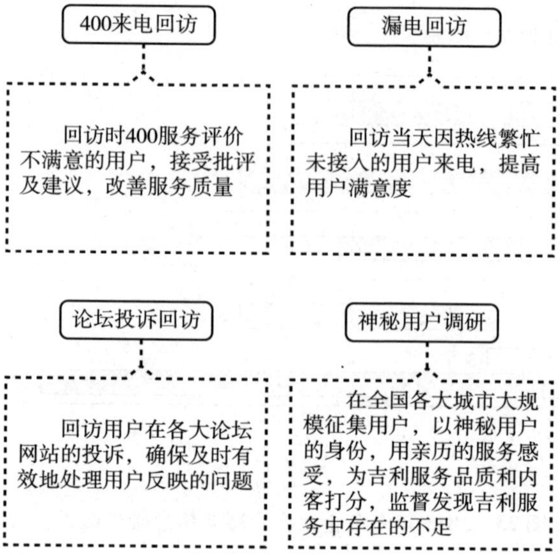

图 25　浙江吉利控股集团有限公司了解用户诉求渠道

点评：浙江吉利控股集团通过多种渠道开展客户满意度调查，从多种渠道了解用户需求，不断改善硬件水平和服务质量，持续提升客户满意度，有助于回应公众关注的服务质量问题，同样也有益于提升企业的公众品牌认可度。

（3）经销商管理信息披露较好

汽车经销商是连接汽车企业与消费者的纽带，汽车经销商的可靠性直接影响到消费者的切身利益。统计显示，有 11 家汽车行业企业对经销商管理信息进行了公开，涵盖了综合型、乘用车型、商用车型及零部件型汽车企业全部类型，占汽车行业整体数量比例的 73%，整体披露情况较好（见图 26）。

（4）汽车产品和售后信息披露有待提升

产品的售后和服务披露水平反映了企业对消费者权益的重视程度，对汽车行业企业的考察主要包括两个考核指标：汽车产品和售后服务信息是否披露和披露是否及时。统计显示，有 11 家企业对汽车产品和售后信息有具体的列示，占汽车企业总数的 73%；但是仅有 7 家企业在报告期内及时披露了相

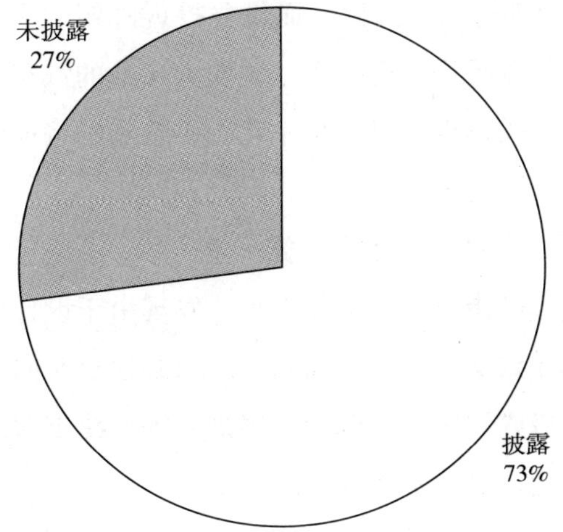

图 26　2015 年汽车企业经销商管理信息公开情况

关汽车产品和售后信息，从结果来看汽车产品和售后信息的披露并不理想，汽车企业在注重信息披露实质性的同时也需要进一步提升时效性（见图 27）。

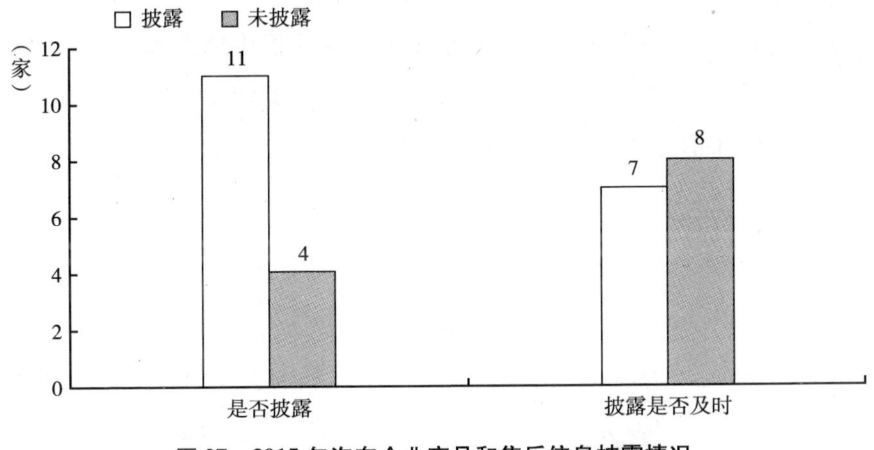

图 27　2015 年汽车企业产品和售后信息披露情况

2. 争议处理信息披露不充分

（1）争议处理渠道建设信息披露不足

争议处理是客户服务中最具挑战性的问题之一，一般来说主要投诉渠道有投诉电话、投诉邮箱及在线服务。统计显示，设立投诉电话的汽车企业只有 1 家（潍柴控股集团有限公司），而设立投诉邮箱的企业为 0 家，6 家企业设立了在线服务处理投诉、咨询等，说明大多数的汽车行业企业的投诉渠道建设还不够完善，投诉渠道呈现单一化、不普遍的特征，因此汽车行业的投诉处理渠道迫切需要完善。

（2）产品召回、反馈机制信息披露一般

所谓汽车召回，是指投放市场的汽车，发现由于设计或制造方面的原因存在缺陷，有可能导致安全及环保问题，厂家必须及时向国家有关部门报告该产品存在问题、造成问题的原因、改善措施等，提出召回申请，经批准后对在用车辆进行改造，以消除事故隐患。

国家质检总局、国家发改委、商务部和海关总署共同制定的《缺陷汽车产品召回管理规定》于 2004 年 3 月 16 日颁布，于 10 月 1 日起正式开始实施，并于 2013 年 1 月 1 日升级为《缺陷汽车产品召回管理条例》，进一步加大了汽车召回监管力度。而为了进一步加强汽车召回的监管力度，企业内部建立可靠的产品召回机制是十分有必要的。

15 家汽车行业企业中，有 9 家企业的产品在报告期内发生了召回、更换事件，占企业总数的 60%（见图 28），目前 15 家汽车行业企业有 8 家企业披露了产品召回、回馈机制（见图 29）。从汽车企业类型来看，不仅有商

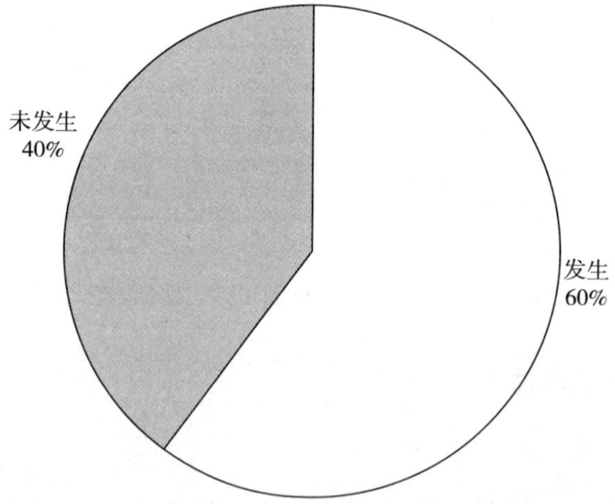

图 28　2015 年汽车企业召回、更换事件发生情况

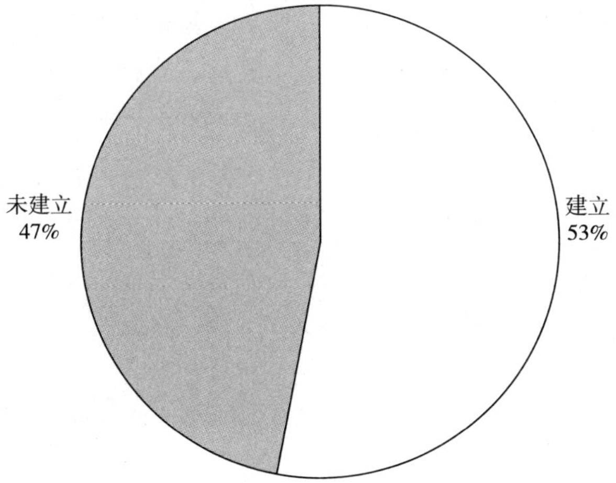

图 29　2015 年汽车企业召回、回馈机制建立情况

用车型、乘用车型及综合型汽车企业，也包括了零部件型汽车企业，但是总体来看，只有半数企业对汽车召回机制进行了披露，原因是受“丰田召回门”“锦湖轮胎召回”等事件影响，不少厂家仍将召回与丑闻之间画上等号，实际上汽车企业建立汽车召回机制是负责任的表现，建立合理的召回机制不仅关系到消费者的产品消费体验，更关系到消费者的人身安全和汽车品牌的信誉，因此积极建立召回、反馈机制是汽车企业未来必然的选择。

案例五：吉利汽车召回部分帝豪 EC7、远景、海景汽车

日前，吉利汽车根据《缺陷汽车产品召回管理条例》的要求，向国家质检总局备案了召回计划，决定自 2015 年 1 月 20 日起，召回 2006 年 4 月 13 日至 2010 年 3 月 24 日期间生产的部分英伦 JL7153D、JL7180D、SMA7151、SMA7181 汽车，共计 59062 辆，以及 2009 年 7 月 25 日至 2011 年 1 月 4 日期间生产的部分 EC7 共 56727 辆。

本次召回范围内部分车辆由于燃油泵零部件供应商设计制造问题，车辆的燃油泵法兰回油管支架可能会出现开裂，极端情况下会导致燃油泄露，存在安全隐患。吉利汽车将对召回范围内的车辆进行免费检修，以消除安全隐患。

吉利汽车特约服务站将通过电话、短信、信函等方式通知相关车主。请相关车主前往就近的吉利汽车特约服务站进行免费检修。同时吉利汽车为此次召回活动开通了咨询服务热线400－886－9888；用户也可以登录国家质检总局网站（http：//www. aqsiq. gov. cn）、国家质检总局缺陷产品管理中心网站（http：//www. dpac. gov. cn）及中国汽车召回网（http：//www. qiche365. org. cn），或拨打国家质检总局缺陷产品管理中心热线电话010－59799616、65537365，了解此次召回的详细信息。

点评：汽车召回是对消费者的负责，同时也体现了企业的责任感。浙江吉利控股集团公司在官网上发布汽车召回相关举措，建立了多渠道的咨询服务平台，召回全过程公开透明，对于提升消费者置信水平具有一定的贡献。

3. 产品信息披露较为充分

汽车企业的官网对产品信息的披露因不同类型的企业而各具特色，但是总体来看汽车企业对产品信息的公开较为普遍。以中国一汽集团的官网信息为例，为了能够使客户和潜在客户充分了解企业的产品、服务信息，中国一汽在官网首页的“品牌”中设置了品牌战略、自主品牌产品、合资合作产品、底盘与零部件、历史产品库等板块，方便公众对产品信息的获取，因此产品信息的可获得性较好。

统计显示，15家汽车行业中，有14家汽车企业通过官网明确披露了产品信息（见图30），同时针对整体服务流程设置了客户服务模块，为客户提供了购车指南、在线服务、金融服务等过程化服务，同时汽车企业普遍披露了经销商、服务商的信息，实现了产品采购、售后全过程服务的透明化、公开化。

（七）社会影响信息披露不足

1. 员工发展信息披露较为全面

（1）劳工信息披露较充分

对于员工招聘信息的披露主要通过两种模式：一是在官网“人力资源”

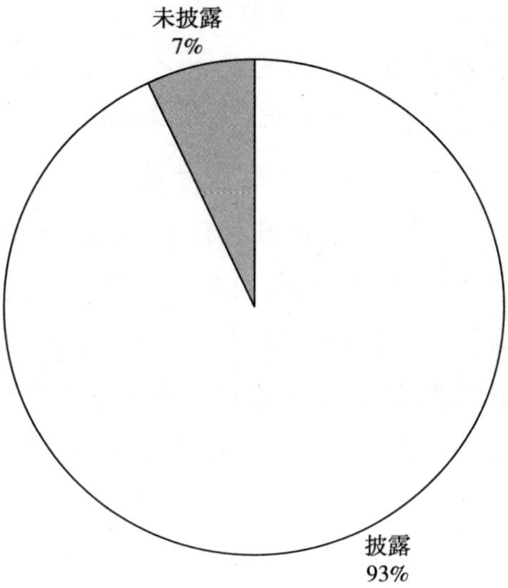

图 30　汽车行业产品信息披露情况

模块发布人才招聘信息，二是在招聘网站发布招聘信息。统计显示，15 家汽车企业无论是在官网还是在第三方招聘网站均发布了招聘信息，该类信息披露非常全面。但是对于员工薪酬的信息披露则仍有一定提升空间，统计显示 6 家企业通过年报公开了员工薪酬总额（以应付职工薪酬形式）以及高管成员的具体薪资收入，12 家企业公布了员工数量（见图 31）。

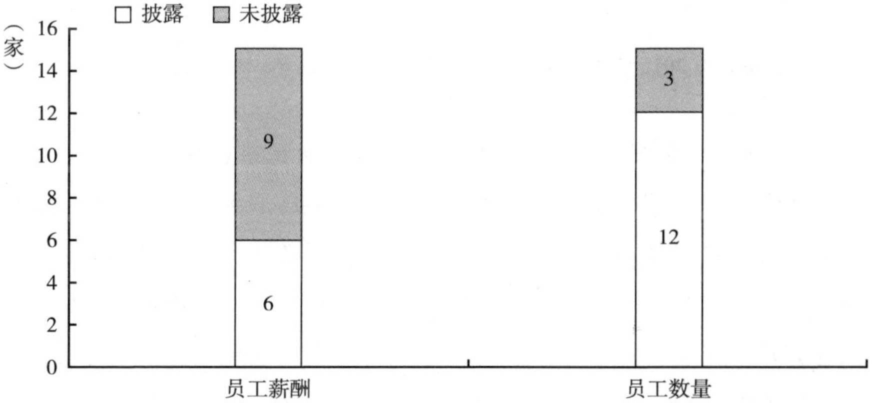

图 31　2015 年汽车行业企业员工信息披露情况

（2）职业发展、员工培训信息披露不够完整

员工的发展是企业进步最强大的动力之一，因此对员工开展专业性、针对性的培训，促进员工与企业的共同发展是提升企业可持续发展竞争力的重要一环。从15家汽车行业企业的统计结果来看，虽然汽车行业企业普遍重视员工的职业发展、技能提升，有10家企业公开了培训的相关内容，有9家企业对员工的职业发展信息进行了披露，但是对员工的培训评估的定量指标的披露呈现不匹配的情况，仅有6家企业披露了员工培训人次、3家企业列示了培训投入、1家企业公布了职业培训时间（见图32）。就员工培训相关内容的披露渠道来看，此类信息主要集中在官网和社会责任报告中。

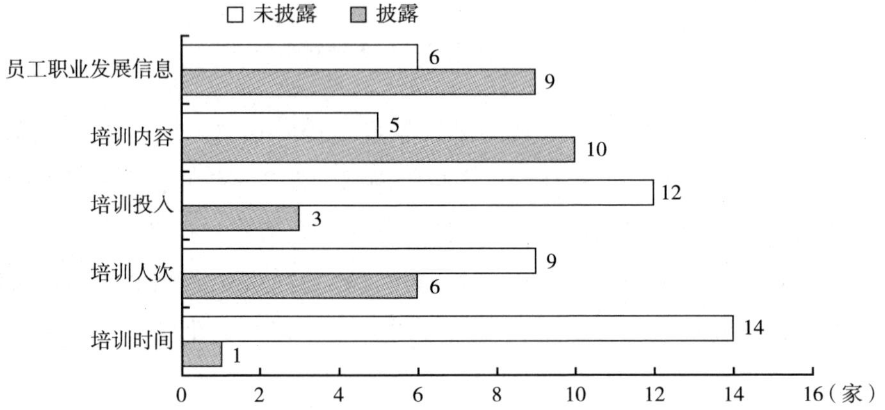

图32　2015年汽车行业企业职业发展、员工培训信息披露情况

案例六：北京汽车集团公司人才培养计划

经过多年的实践，北汽集团在人才培养方面已形成了一套相对完善的体系。集团人力资源管理部本着培训的实用性和前瞻性，对课程科目进行菜单式安排，不断创新培养方式，在集团内部建立起自身造血的功能。根据人员定位的需求，将培训对象分为高层管理人员、中层管理人员、普通员工、新入职员工四个层级。其中，高层管理人员培训主要内容为领导力类课程，中层管理人员培训主要内容为执行力、团队管理类课程，普通员工培训主要内

容为文化沟通、职业技能提升类课程，新入职员工培训主要内容为入职培训及团队拓展训练等课程。所有培训课程对集团所属企业实行开放式选课模式，以达到充分发挥集团优势、共享培训资源的效果。

同时，与GE（美国通用电气公司）合作开设北汽集团领导力特训班，学习标杆跨国企业的先进管理经验；利用集团内部的海外公司资源，选派高潜力人员走出去，到荷兰英纳法公司、德国戴姆勒公司任职，进行浸泡式的工作岗位培训，拓宽思路、学习运营经验；与签订战略合作的高水平院校进行合作，选送优秀高端人才后备人员参加MBA和专业技术课程学习，使员工在提高专业技能、综合能力的同时学历得到提升。

（3）员工职业健康、安全管理信息完整性不足

统计显示，有8家汽车企业公开了员工职业健康信息，占企业总数的53%，包括2家乘用车型企业、5家综合型企业和1家商用车型企业。企业促进职业健康的具体措施十分丰富，如北汽集团制定了职工健康促进计划，为员工进行定期体检并提供全面的职业健康咨询，对从事特殊工种的员工提供职业病体检，为员工建立健康档案；广汽集团从2014年开始由集团培训中心牵头"广汽集团员工帮助计划EAP项目"，通过开展项目启动会、专题心理健康讲座、心理辅导员分级培训，帮助员工建立正面、积极健康的心态。但是对员工职业健康投入的信息披露远远不足，据统计，仅有1家企业提供了员工的职业健康投入定量数据。另外汽车行业企业对安全管理十分重视，有半数以上的企业通过官网或社会责任报告披露了安全生产的基本管理体系和具体举措，但是对于安全管理投入具体数据，只有1家企业在社会责任报告中明确进行了公开，因此员工职业健康、安全管理生产的信息披露完整性有待提升。

2. 反腐倡廉信息披露有待加强

统计显示，有7家企业通过企业社会责任报告公布了企业内部的反腐倡廉教育，有7家企业公开了公司的反腐倡廉制度，接近企业总数的1/2（见图33）。从公开内容来看，汽车行业企业的反腐信息公示主要集中在供应商管理、销售、建设工程环节，对企业发生的腐败事件，暂未披露。另外对汽

车行业关键组成部分——采购环节的公开透明也是公众、投资者关注的重点，据统计，有4家企业进行了采购信息公开，对采购的具体规定、举措较少涉及，信息披露的完整性有待加强。

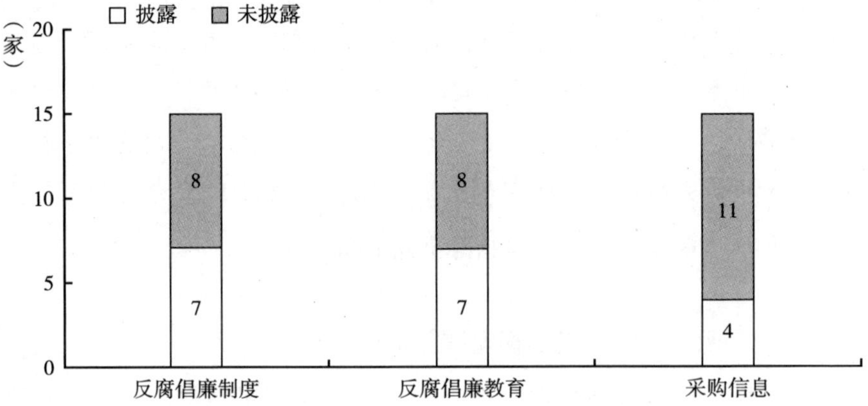

图33　汽车行业企业反腐倡廉信息公开

3. 社区参与普及性较好

（1）普遍参与公益慈善项目

企业参与公益慈善事业反映了企业对社会的积极回馈。近年来，汽车行业企业以教育、扶贫、医疗、赈灾、环境保护等方面的慈善项目为重点支持对象，关注与社区共同发展。目前涉及教育、扶贫、医疗、赈灾、环境保护、文体6个方面的企业占总数的87%，涉及其中5项的企业占7%，涉及其中4项的企业占7%，而没有披露任何公益项目的企业有2家。目前大多数汽车企业对公益事业信息的披露主要集中在社会责任报告和官网，有5家企业对公益慈善项目进行了披露，但是对公益项目管理、运作机制、项目评估等信息都较少披露，平衡性有待提升。

案例七：比亚迪公益慈善的绿色梦想

作为高新技术新能源企业，比亚迪坚持追求绿色梦想，比亚迪慈善基金会给予企业科技创新平台，不断为社会提供绿色环保产品。同时比亚迪作为中小学社会实践活动基地，每年都会接待前来参观的不同年龄段的青少年，公司设有专门的接待部门，为青少年们讲解绿色创新技术和普及环保科普方面的知识。2014 年，公司接待的青少年学校和组织包括香港观塘功乐官立中学、资优儿童家长会、深圳蛇口育才中学等，来访的青少年重点参观了比亚迪展厅、储电站站和未来村，并试乘 K9 电动大巴，随访的大人还兴致勃勃的试驾了 e6、腾势电动车，人们对纯电动汽车新颖的外形和便捷的操控赞不绝口。

（2）员工志愿服务参与定量指标披露有待完善

统计显示，中国汽车行业 15 家企业中，有 8 家企业披露了员工志愿服务的政策以及实践信息，如郑州宇通公司志愿者服务在常态化的基础上实现全员化，全年开展志愿者活动 70 余次，1500 余名员工志愿者奉献爱心；长城汽车集团结合公司发展策略、行业特点、地域等因素确定以“行业科研、教育事业、环境保护、慈善援助”为重点支持领域，积极开展公益活动，推动社会进步、文化发展、环境保护与经济增长的和谐共生。但是对于员工志愿服务的服务时间、服务人数，分别仅有 1 家企业和 3 家企业进行了披露（见图 34），说明汽车企业在志愿者管理与定量数据统计方面还有待进一步加强。

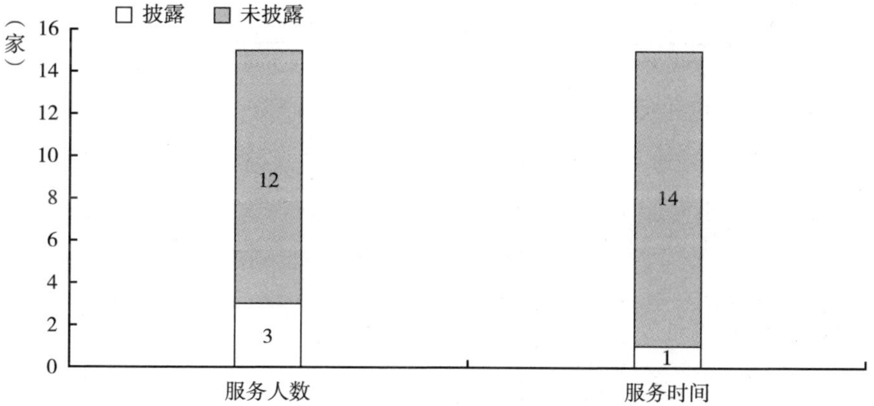

图 34　汽车行业企业员工志愿服务信息披露

案例八：东风志愿者服务

东风成立东风志愿者工作指导委员会，统一规划、组织东风志愿服务活动，持续组织和动员广大青年积极参与到志愿服务活动中。目前已构建了100支“三化四有”志愿者服务队，拥有志愿者4000余人。2014年持续开展了“公益助学”、“学雷锋”、“敬老月”、“社区服务”、“环境保护”等志愿服务活动，以实际行动践行“奉献、友爱、互助、进步”志愿者精神。

七　渠道维度评价分析

（一）渠道维度评价结果

为了了解汽车行业企业与公众沟通的渠道，本部分根据年报、社会责任报告、专题报告的可获得性，以及官网信息、内控报告、全面风险管理、公众沟通活动等内容，选取了包含13个重要指标和15个一般指标在内的28个指标进行数据统计和分析。

表7　15家汽车行业企业渠道维度得分排名

单位：分

排名	汽车行业企业名称	渠道维度得分
1	浙江吉利控股集团有限公司	15.07
2	比亚迪股份有限公司	13.04
3	东风汽车公司	12.17
4	上海汽车集团股份有限公司	11.30
5	长城汽车股份有限公司	11.01
6	广州汽车工业集团有限公司	9.86
7	中国第一汽车集团公司	8.70
8	郑州宇通客车股份有限公司	6.96

续表

排名	汽车行业企业名称	渠道维度得分
9	北京汽车集团有限公司	6.38
10	江铃汽车集团公司	5.51
11	华晨汽车集团控股有限公司	3.19
12	潍柴控股集团有限公司	2.90
13	万向集团公司	2.61
13	江苏悦达集团有限公司	2.61
15	中国重型汽车集团有限公司	2.03

统计显示，发布年报的6家汽车行业企业中，年报均可下载；在发布社会责任报告的8家企业中，社会责任报告也均可以下载。随着互联网快速的发展，40%（6家）的企业设有在线服务栏目，53.3%（8家）的企业开通了微博，46.7%（7家）的企业开通了微信，这些举措拓宽了公众了解汽车行业企业的渠道，有助于提升企业的公众透明度，尤其是在新媒体时代背景下，这种做法值得其他企业借鉴和学习。此外，73%（11家）的汽车行业企业的官方网站设置了社会责任专栏来披露企业社会责任信息，80%（12家）的企业公布了公司电话方便公众联系，所有的企业在报告期内都开展了公众沟通活动。

然而，在投诉电话和投诉邮箱指标方面，所选样本整体表现较差，仅有1家企业公布了投诉电话；只有1家汽车行业企业的官方网站新闻可以评论，缺乏互动性。此外，汽车行业企业在集中采购方面的信息披露情况也不尽如人意。

从得分来看，排名领先（前5名）的企业主要是乘用车型和综合型汽车企业，均发布了社会责任报告、年报，并提供了在线服务、联系电话、联系邮箱，但是部分乘用车型企业如浙江吉利控股集团有限公司，虽然提供了在线服务、联系电话和邮箱，但是没有明确是否公司有投诉或反馈服务，并未说明具体的投诉电话和投诉邮箱；而综合型企业长城汽车股份有限公司虽然开展了公众沟通活动，但是客服内容不明确，没有提供在线服务、投诉电话、投诉邮箱等内容。

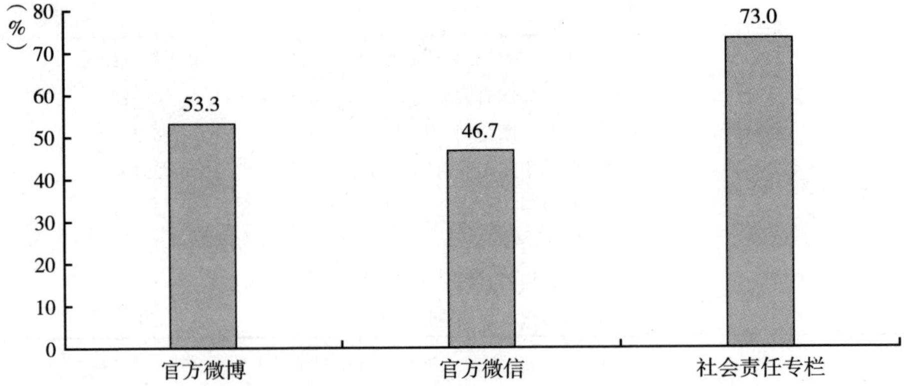

图 35　2015 汽车行业企业网络沟通渠道情况

（二）专项指标分析

本部分主要从报告渠道的整体建设情况以及具体渠道建设情况对汽车行业企业的公众透明度情况进行分析。

1. 报告沟通渠道较为单一

报告是企业向公众披露信息的重要渠道，企业通过定期出版年报、社会责任报告、内控报告、全面风险管理报告及企业专题报告较为全面地披露了企业的财务信息、社会责任履责信息、重点领域信息。

统计显示，报告期内 6 家企业发布了年报，其中有 5 家是上市公司，及时、准确地披露企业财务信息作为上市公司基本要求之一是上市公司年报发行较为普遍的原因；有 8 家企业发布了社会责任报告，占企业总数的 53.3%，其中综合型企业有 5 家、乘用车型企业有 2 家、商用车型企业有 1 家，2 家零部件型企业均未发布社会责任报告；而发行内控报告、全面风险管理报告的企业分别有 6 家和 5 家，整体发布情况不够理想；而专题报告目前仍是汽车行业企业的盲区，报告期内没有 1 家企业发行专题报告，报告沟通渠道较为局限（见图 36）。

2. 电话披露渠道有待提升

电话披露渠道主要包括联系电话、投诉电话两项内容。

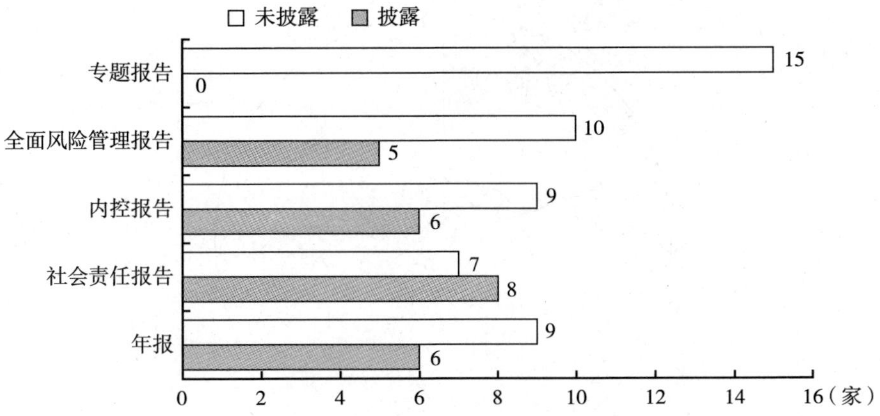

图 36　2015 年汽车行业企业报告披露渠道情况

统计显示，有 80% 的汽车行业企业披露了联系电话（见图 37），其中包括综合型汽车企业 7 家、乘用车型汽车企业 3 家、商用车型汽车企业 1 家、零部件型汽车企业 1 家，占各自类型总数的 87.5%、100%、50%、50%，乘用车型汽车企业建设水平突出，整体来看公布联系电话的行为在汽车行业企业较为普遍，但是只有 1 家汽车行业企业（潍柴控股集团有限公司）披露了投诉电话。实际上，投诉电话作为重要的客户反馈渠道，不仅关系到消费者切身利益，也关系到企业在第一时间了解到客户需要，提升服务能力、推动产品改进和提升产品质量，因此汽车企业投诉电话渠道建设亟待完善。

3. 社交新媒体沟通渠道有待提升

社交新媒体沟通渠道主要包括微博、微信两项社交媒体工具，而具体指标主要包括是否有微博、微博是否能评论、是否有微信、微信是否能评论 4 项指标。

统计显示，有 8 家企业设置了微博，同时设置了微博的企业均开通了评论功能；而有 7 家汽车行业企业设置了微信，同时这些企业的微信均可以进行评论，从汽车行业企业应用情况来看，充分利用新媒体社交工具的企业主要是乘用型企业和综合型企业，综合型企业开通微博、微信的分别有 6 家和

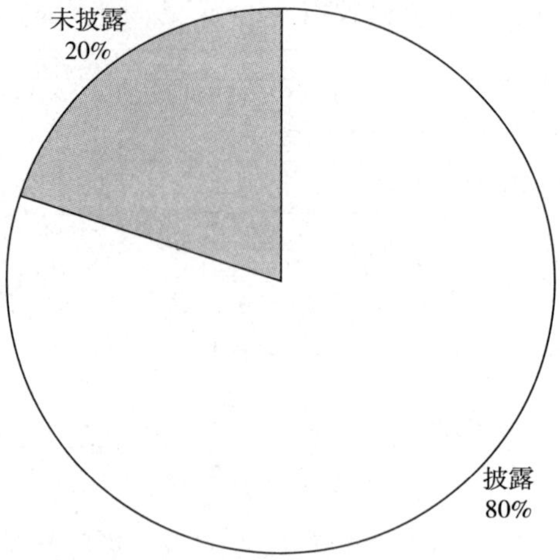

图 37　汽车行业企业联系电话披露情况

5 家，开通微博、微信的乘用车型企业均为 2 家，东风汽车公司和浙江吉利控股集团有限公司作为乘用车型企业，微博和微信均有开通。而零部件型汽车企业以及商用型汽车企业目前并未涉及社交新渠道（见图 38）。

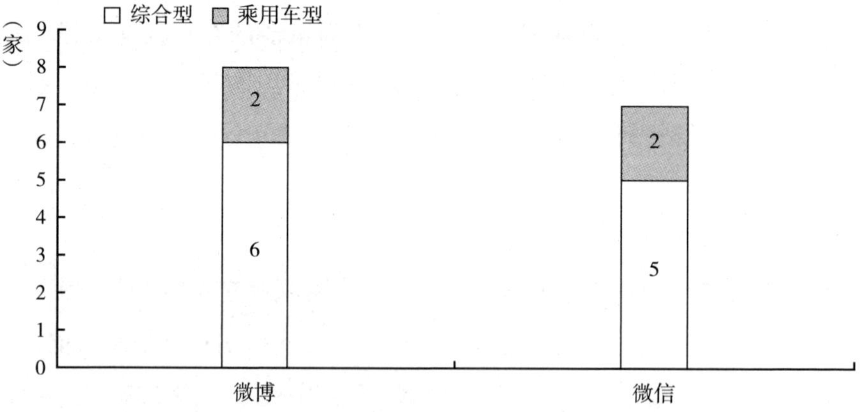

图 38　汽车行业企业社交新媒体渠道建设情况（按汽车企业类型分）

4. 在线服务沟通渠道有待提升

通过便捷的在线服务沟通督导，公众可以更容易地了解汽车企业的服务咨询，同时便捷的沟通渠道也促使汽车企业更加快速地了解到公众的需求，及时回应并提升服务水平。随着国内消费者对服务品质的认知越来越高，拥有良好服务的汽车行业企业将逐渐脱颖而出。据统计，仅有6家企业建立了在线服务，建立了在线服务的企业不及总数的一半，汽车企业整体透明度有待提升（见图39）。

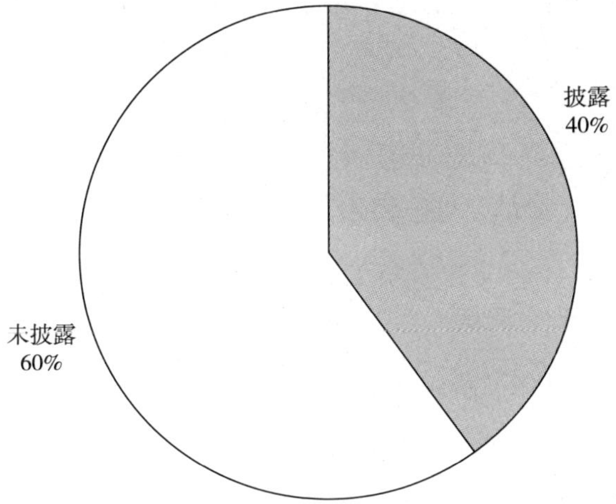

图39　汽车行业企业在线服务渠道建设情况

5. 公众沟通活动开展日趋成熟

公众沟通活动是企业与公众沟通最直接的方式，汽车行业企业普遍重视沟通活动，统计显示，汽车行业企业中有14家企业在报告期内都开展了公众沟通活动，通过售后服务、汽车知识宣讲等多种形式，强化公众对企业品牌的认知和对汽车基本认知的了解，促进了信息的快速传递。

案例九：东风汽车公司“中国好交警·中国好司机”大型公益活动

2014年10月由中央文明办、公安部、交通运输部指导，经济日报社、人民公安报社主办，东风汽车公司协办的“中国好交警·中国好司机”大型公益活动启动。活动中东风传播了《中国汽车公民文明公约》，公约以“和之道，畅未来”为行动理想，以“尊重生命、合理使用、宽容有序、持续发展”为文明指引，号召每一位驾驶者与行人用点滴行动汇聚成文明与变革的力量，润浸汽车文化，促进文明汽车社会发展。东风倡导加强道路交通安全法规知识和出行文明礼仪的宣传普及，引导人们重视、关注道路交通安全，推动我国汽车文化发展。

点评：东风公司通过公益活动宣传交通安全知识，帮助广大汽车公民了解公约、认同公约，从而身体力行地践行公约，以企业之力向公众传达汽车公民文明知识。

八　主要发现与改进建议

（一）研究主要发现

1. 汽车行业信息披露的优点

（1）汽车产品信息公开较为完整

在信息披露的过程，汽车企业普遍重视披露产品信息，通过企业官网设置专门的产品模块披露汽车整车及零部件的基本信息，另外部分企业还通过社会责任报告对企业绿色产品、自主研发产品进行专门披露，产品信息的可获得性提高。

（2）公益项目参与信息披露较充分

越来越多的汽车行业企业参与到公益事业的发展中，部分汽车企业通过长期开展公益活动，已经形成了自己的公益品牌。同时，汽车企业对公益项目的透明运行十分重视，对公益项目的具体实践内容、实践领域及投入力度的信息披露较为完善，具有较好的透明度和公信力。

（3）客户服务信息渠道建设较全面

多元化的客户服务沟通渠道建设是汽车行业企业与客户进行良好沟通关系的关键。目前汽车行业企业普遍建立了较为完善的在线沟通服务渠道，不仅涉及传统的客服电话、客服邮箱、服务网点信息，也包括新型社交工具微信、微博移动终端客服及官网在线服务等，提供在线购车、汽车购买、维修咨询等多元化服务，提升了客户沟通的便捷性和有效性。

2. 汽车行业信息披露的缺点

（1）负面信息主动披露和回应不足

汽车行业企业对负面信息的主动披露和回应仍存在较大的提升空间，目前汽车行业企业较少主动对负面信息进行披露，对于被网络、媒体曝光的负面事件，企业多是在官网、社会责任报告中进行回应，回应的时间相对滞后，同时对负面事件的处理情况的信息披露也相对不足，不利于负面事件、品牌危机的有效化解。

（2）环境绩效信息公开较少

汽车行业企业对环境绩效信息披露普遍不够充分，部分企业仅公示了企业节能减排基本工作情况，对企业环境绩效的定量信息公开较少。环境污染问题一直是汽车行业广受诟病的问题，尤其是在近期德国大众“尾气门”的影响下，公众对汽车企业气体排放、环保指标达标的信任度普遍下降，环境绩效公开已成为影响汽车行业企业形象的关键问题。

（3）定期信息披露渠道较为单一

目前汽车企业的定期信息披露渠道较为单一，年报、社会责任报告是企业的主要定期信息披露渠道，内控报告、全面风险管理报告的普及程度不高，而针对重点领域的专题报告更是没有涉及。

（二）改进建议

1. 提升信息披露的平衡性和及时性

根据统计显示，汽车行业企业的负面事件主要由外部媒体披露，企业对负面事件主动披露的情况较少，这实质上造成了企业与公众之间的信息不对称，不利于建立良好的沟通机制，因此提升汽车行业信息披露的平衡性和及时性是十分有必要的。一方面信息的及时披露有助于保证利益相关方决策的有效性，另一方面及时披露企业环境污染、质量问题等负面信息，注重信息的平衡性，有助于减轻负面事件对企业形象的影响。同时在当今资讯发达的社会，汽车企业对负面信息的刻意隐瞒、秘而不宣只会诱发更大的负面危机，例如德国大众的“尾气门”事件就是发人深省的例子，德国大众试图通过尾气检测装置隐瞒汽车尾气排放的真实数据，东窗事发后极大程度地削弱了企业一直以来塑造的良好形象，导致企业品牌价值严重下降。

2. 建立完善的环境信息披露体系

汽车企业对环境信息的收集、披露，在一定程度上增加了企业的经营成本，但是从长期来看，企业对节能环保、低碳减排等信息的公开披露过程也正是企业树立环保差异化竞争优势、塑造良好企业形象的过程。但是由于环境信息披露本身具有涵盖领域广、专业性强、数据统计周期长等特点，企业的环境绩效信息的定量化披露实际上有一定难度，因此建立环境信息披露体系具有重要的意义。一方面汽车企业要不断完善环境信息披露管理政策、办法，为环境信息的披露建立制度保障；另一方面系统指定企业内部的环境绩效指标，对企业的环境影响进行定量化、规划的分析和披露。

3. 拓宽信息披露渠道

信息披露渠道建设水平是决定公众对企业认知度的关键。汽车企业一方面要继续完善现有互动信息披露渠道的建设：强化官网在线服务渠道功能性建设，增强客户服务的互动性、便捷性，充分利用微信、微博等社交工具作为信息发布的快捷平台；另一方面要不断加强定期单向信息披露渠道建设，主动发布企业的内部控制报告和全面风险管理信息报告，将过去只有汽车企业内部员工了解的政策、控制方案进行披露，这样，既落实了社会对企业信息披露的要求，也易于政府、公众了解企业在制度管控、风险管理方面做出的成绩，提升品牌认可度。另外对于公众关注的重点领域，如环保领域、新能源汽车领域，企业应发布专题报告，便于公众了解信息，有效提升信息的传播效果。

专 题 篇

Report on Special Issues

B.11

企业公众透明度与舆情管理

摘 要: 我国企业的舆情管理在当前网络媒体高度发达的时代是一个非常热门的课题，而企业公众透明度管理也是企业与利益相关方沟通的重要手段，因此探讨和研究这两个重要课题的相互关系和交叉作用是做好透明度管理和舆情风险管理应用的重要工作。本文系统分析了我国舆情管理的现状和问题，并通过具体企业的舆情风险管理案例分析，探讨企业在舆情防控和风险管理方面存在的问题和有待提升的领域，以期帮助中国企业增强与公众沟通的意识和能力，减小舆情事件对企业的影响，促进社会经济环境和谐发展。

关键词: 公众透明度 透明度管理 舆情管理

舆情历来都是对社会管理有着重要影响的群体心理因素，尤其在网络化的今天，各种移动终端设备和应用将社会成员个体之间进行了充分的连接，进入“微时代”的舆论环境对企业，乃至对所有的社会组织都形成了一个不容忽视的舆论监督和信息传播的复杂的网络体系。但是中国企业的舆情管理尚未进入理性发展阶段。企业的舆情管理基本停留在应对突发的舆论危机的形式上，并且应对危机的手段和做法都是出于企业的自发应急式反应，没有科学有效的应对机制和管理体系。因此，越来越多的企业意识到了舆情监测和管理对企业经营发展的重要性。

企业的社会舆情管理与公众透明度状况之间有着密切的联系，目前中国企业的公众透明度状况普遍欠佳，根据“公众透明度蓝皮书”的最新数据，中国企业 200 强的公众透明度平均分为 42 分，不及格。这 200 强企业是 2014 年度“中国企业 500 强”排行榜中的前 200 强，可以说是中国优秀企业的排头兵，但这些企业的公众透明度整体表现欠佳。中国企业的公众透明度总体上仍旧需要大幅提升。本文将企业公众透明度的提升与企业对舆情的有效管理之间的关系作一个较为全面和系统的阐述。

一　企业舆情管理的定义

舆情也可以称为群情、民情，舆情是“舆论情况”的简称，是指在一定的社会空间内，围绕中介性社会事件的发生、发展和变化，作为主体的民众对作为客体的社会管理者、企业、个人及其他各类组织及其政治、社会、道德等方面的取向产生和持有的社会态度。它是较多群众关于社会中各种现象、问题所表达的信念、态度、意见和情绪等表现的总和。①

从舆情的发生渠道来说，舆情分为媒体舆情和网络舆情。媒体舆情就是以新闻媒体机构为中间介质，对作为舆论对象的社会管理者或企业管理者的某方面价值取向或持有的态度，和民众对此产生反应的综合分析及相应报道。

所谓网络舆情，是指社会舆情在互联网空间的映射，是社会舆情的直接

① 资料来源于百度百科。

反映。随着网络普及和技术进步，互联网在中国迅猛发展并一跃成为新媒体代表。网络舆情成为社会舆论的重要组成部分，深刻地改变着传媒生态，重塑着人们的日常生活。网络舆情所存在的诸多特点使人们更倾向于阅读和取信，因此网络舆情逐渐成为舆情发展和管理的主要场所。

相对应的舆情管理可以分为媒体舆情管理和网络舆情管理。媒体舆情管理基于媒体官方舆论的特点，具有单向性、权威性，是对信息的整合加工，重点发挥对社会舆论的引导和矫正视听的作用，同时是社会管理者和企业管理者对社会舆情主动引导的重要渠道和工具，也是提升组织透明度的重要手段之一。网络舆情管理是随着互联网的发展而产生的新的舆情管理课题，也是当前讨论的舆情管理的重点。

企业舆情管理就是舆情的客体——也就是舆论焦点的主要对象——集中在企业及其主要管理者身上的一种舆情，以及针对企业经营过程中因相关较为隐秘的信息的曝光而导致的舆论倾向以及暴露出的企业社会责任方面的问题而采取的疏导、转化和补救措施的总和。

二　我国企业舆情管理的现状与特点

（一）社会舆情的现状和特点

社会科学文献出版社出版的《舆情蓝皮书：中国社会舆情与危机管理报告（2014）》指出，2007～2011年，影响力较大的热点舆情事件呈加速上涨趋势：从2007年的183起增长到2008年的206起，增长了12.6%，到2009年增至243起，较前一年增长了18.0%；进入2010年以后，网络舆情事件增长速度进一步加快，2010年增至308起，比2009年增长了26.7%，而2011年较2010年增长了55.8%。网络社交媒体普及以来一直呈上升趋势的网络舆情事件于2013年首次出现拐点——影响力较大的网络舆情事件较2012年明显下降。

上海交通大学舆情研究实验室选取2003～2013年热度最高的5000起网

络舆情事件，绘制了11年间中国的网络舆情地图。调查发现，2003～2013年期间，2011～2012年网络舆情事件的总热度增幅最大，2013年总热度有所下降，但仍高于其他年份。就平均热度而言，2013年网络舆情事件平均热度仍处于上升趋势。

在2003～2013年舆情压力指数地域分布中，东部地区总舆情压力指数最高，在热度最高的5000起网络舆情事件中占47.3%。北京是网络舆情事件的高发地。在调查的11年间，16.6%的热度较高的网络舆情事件发生在北京，其次为广东、浙江、上海、河南、江苏、四川等地。

大部分网络舆情事件持续时间在1周以内，不同行业的网络舆情事件持续时间存在差异。调查发现，2011～2013年，组织机构为舆情主体的共1968起，占比为65.6%。地方政府、国家部委、民企和事业单位成为2013年网络舆情事件高发机构。时事政治为主要原因引发舆情的比例占20.5%，如新国五条、“单独两孩”政策、天津汽车限购政策等的出台。制造业、教育业也是网络舆情事件的高发行业，占比分别为10.0%、9.8%。总体而言，舆情高发行业往往与网民日常生活息息相关。就媒体和网民关注度而言，文化体育和娱乐业最高，其次为信息传输计算机服务和软件业。

由以上舆情统计数据和报道可见，我国的社会舆情状况有以下特点：

（1）舆情事件爆发较多的地区往往是经济社会发展较快、经济基础较好或处于快速上升期的地区，这跟商业经济社会的发展规律是一致的；

（2）爆发舆情危机的行业多集中在与百姓生活密切相关的行业，以及对民生具有重大影响的政府政策领域；

（3）大规模爆发的舆情事件几乎都是负面的，舆情主要发挥一种补充社会和政府监管部门职能缺位所造成的监控盲点的作用，是一种重要的自发的民间监督力量；

（4）舆情事件持续时间较短，说明舆情具有短期性，很快就被其他的新出焦点事件所替代，而官方媒体和社会政府职能部门也缺乏对舆情事件的持续追踪和问责机制，使得企业在利用危机提升管理水平方面存在一定的侥幸心理。

（二）企业舆情管理的现状与特点

1. 企业舆情管理所面临的环境

随着经济社会的发展，各类政治、经济、民生、环境事件层出不穷。而社会公众所关注的事件中与企业相关的部分正在占据越来越高的比重。企业是当今经济社会活动重要的参与主体，因此企业也必将成为社会舆情关注的焦点。

企业舆情管理所面临的一个重要的外部环境变化是传统新闻媒体的舆论影响力正在下降。虽然主流媒体在舆论影响力上具有显著优势，但是随着公众自我意识的觉醒和维权意识的增强，各类型的传统媒体的公信度都有不同程度的降低。企业舆情管理的重点对象以往主要集中在传统新闻媒体领域，但是这一重点正在发生转移，媒体舆论在舆情控制领域的作用正在减小，而网络自发舆情状况发挥着越来越大的影响力。

从本质上来说，经济、社会、科技的进步使社会成员之间的密切程度超越以往任何历史时期，各类事件的发生也对社会公众的心理产生了不可逆的影响，归根结底，企业舆情管理所需要面对的是一个新的社会环境。

2. 企业舆情风险产生的成因

分析近些年来引发企业热点舆情事件的原因我们不难发现，这些因素中企业主要面临来自质量与安全、环境与生态、守法与诚信三个方面的舆情和舆论监督压力，具体表现为：一是企业追求经济效益与公众利益和安全之间的矛盾；二是企业及其供应链生产制造系统与环境和生态保护之间的矛盾；三是部分企业的违法违规行为与公众舆论对企业“守法、诚信”的期待之间的矛盾。

舆情风险的产生主要来源于这三大矛盾，首先，企业是追逐经济利润的组织，为追求更高的利润企业难免会面临一系列的选择，是加大投入以保障产品的绝对安全，还是降低一些安全标准以获得成本优势？而重大舆情事件的发生也与企业在这种矛盾权衡的过程中出现较明显的判断失误有关。

其次，大部分企业的生产制造系统及其供应链的生产制造系统在目前技术条件下还无法完全做到环境友好，而企业的生产选址又不可能完全脱离中心城市和人群聚集区，企业员工的日常生活还必须依赖一定的城市规模和成熟社区，这样就自然的存在一个矛盾，企业的生产存续对所在区域的自然环境总有不同程度的破坏作用，而企业周边的城市社区的人们又要求企业不能过度排放，不能给社区的生态环境造成太大的影响。

最后，在我国目前的发展阶段，还存在对企业行为的监管不到位、企业违法行为成本过低等问题，但同时公众舆论环境对企业守法、诚信的经营行为的要求越来越高。公众舆论一方面督促国家监管部门继续加大监管力度，另一方面对部分存在违法违规行为企业的容忍度越来越低，在这样的矛盾下，舆情危机的爆发风险就会加大。

化解舆情风险也就是要化解这三大矛盾，以及消除产生这三大矛盾背后的社会环境因素，这就需要企业通过健全舆情风险管理机制，在舆论监督的压力下找到实现企业“与社会共赢”的关键因素，与公众展开有效沟通，从而赢得人心，赢得市场。

3. 我国企业舆情风险管理呈现的特点

就舆情风险防控而言我国大多数企业存在意识薄弱、手段落后等问题，目前我国企业舆情风险管理主要具有以下特点。

第一，舆情风险管理指导思想落后。

企业往往将舆情管理理解为舆情扑灭、消防，在舆情事件爆发之后采用一些堵塞传播渠道、删除传播内容的方式来解决问题，而在平安无事时很少进行常态化企业舆情口碑及品牌建设和采取持续良性沟通的话语姿态。

第二，对舆情风险管理认识不到位。

很多企业管理者对生产、营销、财务等管理职能的认识比较清楚，而对风险管理的了解不多，重视程度不够，对舆情风险更是缺乏充分的认识，没有把企业舆情风险管理当作一种具有战略高度、可以影响企业经营成败的风险因素进行考虑。

第三，对互联网等新媒体的作用认识不足。

不少企业在对外沟通、品牌宣传、舆情管控等领域，过度依靠传统媒体资源，对以互联网为平台的新媒体资源缺乏足够的认识，也可以说我国企业目前尚缺乏在公共网络环境下与社会公众进行有效沟通的能力。

第四，缺乏有效应对舆情风险的策略。

企业对舆情风险缺乏符合时代特征的、行之有效的整合沟通策略，传播策略落后、传播方式单一、沟通渠道狭窄、舆论监督压力化解能力弱，缺少应对各类型舆论危机的沟通策略制定机制与传播内容生成和审核机制，这些因素制约着企业舆情风险管理能力的提升。

第五，管理体系不健全。

在企业机构设置中没有专业的舆情风险管理机构或舆情风险管理机构不成系统。大部分企业在舆情风险管理方面尚未建立有效的体系，很少将科学的调查分析方法引入企业舆情监测系统，更没有信息采集和数据挖掘的功能和流程；在企业的组织架构设计中很少将舆情风险防控作为一项重要工作在适当的部门中设立相应的岗位，这会极大地限制企业在面对外部舆论压力下的应对能力。

第六，管理投入严重不足。

企业在舆情风险防控的组织流程建设和硬件设备方面投入严重不足，其根源在于企业没有意识到行业其他企业的危机或者自身的细微失误可能对自身经营带来的巨大风险，对外部舆论事件的负面影响存在侥幸心理。

三　企业公众透明度与舆情管理的关系

企业公众透明度管理与舆情管理都属于企业与外部利益相关方的沟通管理，两者之间存在一定的内在联系，也有明确的边界区分，企业的外部沟通管理需要紧密结合公众透明度管理和舆情管理，也需要在适当的时候区分两者的差异，做好各自的重点工作。

（一）两者的联系

企业提升公众透明度是在加强企业与外部利益相关方的沟通，是一种主动沟通方式，是一种舆情引导，也是一种事前控制的手段。

第一，提升企业公众透明度有助于增进公众对企业的了解，降低舆情风险。

公众透明度的提升可以降低针对企业的突发舆情事件的不良影响，也可以用于防止不良舆论氛围的产生，让企业在舆情控制的过程中处于主动地位。负面舆情爆发的因素大多与企业的不透明有直接关系，民众因为不了解，所以会刻意地去寻找自己觉得真实的信息，而这样的信息中只要有负面信息就会成为导火线，并很快蔓延开来，网络上会自动产生更多的关于企业舆论因变事项的相关信息，而这些信息都是不受控的，根本不以企业的意志为转移，且大多这样的信息都是负面的，因此，企业越是不透明，舆情信息就越是偏于负面，民众越偏于搜寻奇怪而隐秘的信息，而一些与企业存在竞争关系，或者希望企业出问题的人也会借机炒作，置企业于不利境地，企业在进行舆情控制和管理的过程中就会陷入极为被动的局面。

第二，公众透明度管理是舆情风险管理的重要工具。

企业公众透明度管理应注重分析沟通对象的需求、建设沟通渠道、选择沟通方式、评估沟通对企业经营及社会认知的影响。公众透明度管理体系的建立和完善，可以使企业更好地把握公众对其认知状况，通过更有效的渠道，采取有针对性的措施，帮助公众尽快了解事实的真相，化解或降低舆情对企业造成的负面影响。

第三，增强企业公众透明度与舆情管理工作的相互促进。

反过来说，舆情事件的发生也对企业的透明度提升工作有促进作用，这需要企业有良好的舆情管理能力，通过舆情事件，或者是其他企业的舆情事件而形成对自身经营环境的影响的判断，提早做出舆情预警和防控，在透明度方面尽早释放积极信号和采取有效措施，这样，直接针对企业的舆情事件就可能被避免，所以舆情管理能力的提升对企业公众透明度的提升具有促进作用。

因此，企业的舆情管理与公众透明度之间存在密切的联系，企业可能是出于产业特征和行业特性的考虑，在信息披露和提升公众透明度层面确实存在很多现实的困难，再加上所从事的业务的特殊性，往往在舆情管理方面就会出现一系列的问题，这是公众透明度与企业舆情管理层面所存在的一个必然关联。

（二）两者的区别

企业公众透明度与企业舆情管理之间存在密切的关联，但是提升企业公众透明度不能等同于且替代舆情管理，相对应的，舆情管理工作也不能代替提升公众透明度的工作。

第一，沟通的时点、维度和方式不同。

企业公众透明度是一种日常沟通，是通过及时发布重要经营信息、对社会与环境影响的信息来帮助外部利益相关方更全面、更便捷地了解企业，认识企业的生产经营行为对自身的影响。该沟通重在与不同公众就其关心的信息进行交流，是对企业公开透明经营的形象的维护，是兼具广泛性与针对性的双向沟通。

舆情管理是在舆情发生的特定时点对特定对象进行的以沟通为核心的活动的集合。通过沟通实现企业的特定目标，是为了解决特定时期的特定问题而与特定目标群体进行的沟通，其重在就特定问题和事件进行回应和舆论引导，是一种被动的沟通。

第二，沟通的内容和重点不同。

企业公众透明度有明确的指标体系和相对固定的信息披露要求，为提高公众透明度，企业披露的信息不针对特定事件和时点，披露日常经营对社会不同群体产生的影响等相关信息，既是社会的要求，也是企业提升经营绩效、防范经营风险的主动行为。

舆情管理重点是围绕引发舆情关注的因变事项，针对特定内容的具体信息进行外部沟通，在披露的信息方面要求详细、及时、具体、真诚，以缓解外部舆情压力。

第三，对企业形象和经营的影响不同。

公众透明度是企业与外界良好互动的基础工作。主动提升公众透明度是企业在日常经营中一种良好的习惯，对树立公众心目中企业的正面形象具有重要的作用。

舆情危机管理往往是点睛之笔，做得好化解危机，甚至可以变危机为机遇；做得不好就有可能雪上加霜，甚至让企业面临破产的风险。舆情危机管理中企业与外部利益相关方的沟通非常关键，对企业经营安全有着很大的影响。

第四，日常工作的方式不同。

公众透明度管理是企业的一种日常经营行为，具有常规性，工作方式上有相对固定的模式，解决的问题也是比较明确、单一的，就是向公众、外部利益相关方发布企业的经营信息，并建立起良好的外部了解企业的信息通道。

舆情管理是一系列工作流程和工具、手段的应用，聚焦于对企业特殊时期的舆论事件的管控，是日常对舆情信息的监控和主动引导，也是一种全面的外部信息沟通管理策略和方法的总和。企业舆情管理更多的体现了企业的经营哲学，也体现了企业对舆情风险的监控和防范的能力。企业的舆情管理水平反映了企业的公共关系管理能力和处理应急突发事件的能力。

四　提升企业公众透明度，防控企业舆情风险

（一）企业公众透明度在舆情管理中的作用

在企业的公众透明度管理和舆情管理的关联性分析中我们认识到，企业公众透明度的提升与舆情管理工作是相互促进的关系，因此，企业公众透明度的提升对舆情管理的成功会有很大的助益。

首先，公众透明度的提升会增进公众对企业的了解，对舆情风险有一定的防范作用。一些舆情事件的发生往往是因为公众对企业缺乏足够的了解，越神秘就越容易产生猜测和怀疑，而企业的公众透明度管理则打消了公众对一家公司经营状况的假想和猜测，直接将公众需要了解的信息在第

一时间呈现在公众面前，这样的举措可以降低舆情爆发的可能性，减少大部分负面信息的恶意流传，对企业的形象有极好的保护作用。

其次，企业可以参照公众透明度指标体系强化舆情管理。基于比较规范和全面的公众透明度管理指标体系，企业可以建立一种更为全面的舆情管理流程体系，建立一种从舆情预警监控到舆情引导措施实施以及效果评估等一系列的管理策略和方法体系。透明度管理指标体系依据国际规范，具有比较成熟的利益相关者沟通要点整合优势，只要按照透明度要求进行系统的信息披露，基本上就可以满足对社会公众舆论的引导要求，极大程度上避免舆情风险。

（二）提高企业公众透明度和改善舆情管理的实施路径

企业公众透明度管理和舆情管理有着密切的关联性，企业往往重视在发生突发事件时的舆情管理方法，期望起到立竿见影的作用，而忽视在舆情事件未发生时实施防控措施，对日常经营的公众透明度管理的重视程度远远不足。综上所述，可以清楚地看到，企业公众透明度与改善企业舆情管理工作存在密切的内在联系，但是具体到企业实际的经营业务流程时，又需要一个明确的实施路径，形成一种良性的工作思路和习惯，这样，企业才可以将公众透明度工作和舆情管理工作紧密的联系起来，发挥其相互支撑的作用。

1. 提升企业信息管理能力，优化透明度和舆情危机管理的内部工作流程

应意识到舆情危机对企业可能造成的重大影响，企业要有属于自己的监控机构、舆情分析机构，从外部获取重要的预警信息，分析可能存在什么信息被误判的风险，也就是要认识到企业公众透明度工作的重要性，充分理解其对企业战略实施、品牌形象建设的意义，评估在信息透明度层面存在的隐患，强化企业内部信息管理，定期进行必要的内部审计和风险排查，畅通企业内部信息通道，积极进行信息收集和公布，避免舆情危机。

2. 利用日常经营中的公众接触机会与外部利益相关方进行良好的沟通

在常规经营中加强与外部利益相关方的沟通，实现相互了解和达成互信，重点是主体客户群和公众、媒体，形式上可以借用企业新品发布会、新

闻发布会、企业庆典日期、行业特殊日期、纪念日、各类协会主办的主题论坛等，加强外部互动，体现企业的社会责任意识和对公众利益的关注。

3. 重视产业环境的舆情危机情况，积极参与，不置身事外

企业应主动加强对关键时期和特殊时点机会的把握，与外部利益相关方积极进行互动，获取舆论资讯的一手信息，主动化解可能与企业自身有关的舆情危机。

4. 把握好舆情危机时的所有互动环节，展开与公众的积极沟通

在企业发生舆情危机的关键时刻，积极利用危机窗口期的重要交互时点，以积极、不回避的态度面对社会和公众的质疑，充分进行信息沟通，提升企业透明度，积极化解舆情危机。

5. 进行事后总结，防止后续舆情事件的恶性发展

对舆情危机进行深入的事后总结，优化透明度管理，提升公众信息交互的水平，主动防范后续舆情事件的爆发和恶性化发展。

在企业的经营过程中，需要循环往复的实践上述这样的过程，以实现企业公众透明度管理和舆情管理的综合提升，这样，才能使企业在舆情管控和形象提升方面做得更好。

（三）需要关注的重点问题

在当前网络社会做好舆情风险管理工作对于企业的稳定发展而言非常重要，企业需要在解决好公众透明度问题的前提下，注意把控好以下三个重点问题。

1. 研究舆情产生的规律，做好舆情风险预警

网络时代，企业需要研究各类信息源的公众影响力，网络信息传播广泛、快速，但是在信息泛滥的不良趋势影响下，公众对各种信息来源的信奉程度不一，并且变化较快，需要仔细研究公众对特定渠道信息的信任度，研究分析大数据对网络舆情监控所发挥的作用，这有助于企业在资源和时间有限的前提下将资源配置到最高效的领域。

大数据在未来网络深度发展的时代将发挥越来越重要的作用，企业做舆

情分析监测和管控都离不开对数据的处理和分析，在这方面企业应进行足够的资源投入，建立分析模型，发挥舆情数据的价值，避免舆情风险信息在海量信息中被淹没和忽视。

2. 将公众透明度管理与舆情风险管理紧密结合，提升企业与公众沟通的能力

企业公众透明度指标体系是企业与外部沟通的基础指引，企业应利用公众透明度的提升和舆情管理的思想，改善企业与外部利益相关方和公众之间的沟通模式，建立长期有效的双向沟通管理模式。

无论是企业做公众透明度管理还是做舆情危机管理，其根本目标和主要做法实际上都是在实现与外部公众和利益相关方的良性沟通。沟通的效果就是评价上述两项重要工作最根本的指标，而沟通的效果本质上还是人与人之间的事情，无论透明度指标还是舆情监测管理，都是提供一些思想方法去促进企业抓住适当的时机与对象进行卓有成效的沟通。

既然是沟通，那就必然要解决双向的问题，企业要善于理解和利用透明度指标体系和舆情监控理论实践的指引，找出企业与外部公众沟通的要点，抓住要点进行重要的信息交互，既要有措施保障企业需要传达的信息传达到指定目标，也要力争从目标受众处获取有效的反馈，如果不能意识到信息反馈的重要性就不能算完成了沟通管理的关键工作。

3. 利用舆情危机促进各级管理人员提升对公众透明度的重视程度

企业应该学会借用舆情危机和舆情事件，在企业基本公众透明度的基础上重视特殊事件和特殊时期所带来的提升企业透明度的机会，提升关键事项的透明度，这项工作对于促进企业的可持续发展和提升应对危机事件能力而言都会发挥重要的作用。

透明度是一个动态的概念，也是一个动态的管理实践，常规信息的披露永远都别指望可以一劳永逸地解决企业的透明度问题，企业要想在公众心目中保持一个比较良性的形象，透明度的管理就是一个持续发力的过程，那么利用关键节点进行透明度信息渗透就是非常重要的手段。我们需要认识到，在公众心目中建设企业的良好形象需要利用好关键节点。

五　典型案例：大众速腾断轴门事件

1. 事件的进展过程回顾

（1）事件爆发

2012年末开始，配备非独立悬挂的速腾陆续出现后轴纵臂断裂的问题，直到2014年10月中旬大众宣布召回计划，一直在舆论下发酵升温的“速腾断轴”事件终于有了结果。

（2）企业回应

2014年7月22日，针对持续升温的速腾后悬挂问题，一汽大众官方发表了一段声明，明确表示速腾后悬断裂并非产品的批量问题，而是个别案例被别有用心的人扩大化了。该段声明态度非常强硬，且不承认公司有任何错误。这份声明直接导致速腾后悬问题上升到了新的高度，将企业与维权消费者对立起来，也给事件的升级埋下了伏笔。

（3）官方调查

2014年8月14日，针对新速腾后轴纵臂断裂问题，国家质检总局启动了缺陷调查，约谈一汽大众，并开展用户回访、现场勘察、缺陷技术分析工作。自此，“速腾断轴”事件被推上了风口浪尖。

（4）企业处置

2014年10月17日，中国质检总局正式发布了一汽大众和大众中国在华召回计划，一汽大众向国家质检总局提交并备案了召回计划，于2015年2月2日起召回56万辆后悬存在安全隐患的速腾和1.7万辆甲壳虫。

10月24日，《一汽大众给4S店下发的通知》（以下简称《通知》）在网络社交媒体上开始传播。这份《通知》声明，要尽可能阻止用户的维权行动，对于车主的回复必须采用官方话术。甚至对于那些提出自费安装独立悬挂的用户，也要以技术原因无法满足为由拒绝，这份未经证实的《通知》再次让舆论升级。针对持续升温的速腾后悬挂问题，一汽大众汽车有限公司和大众汽车（中国）销售有限公司发表声明，为了提升消费者对耦合杆式后悬架的信心，在中国为新速腾和甲壳虫汽车上装配的耦合杆式后悬架提供10年保障。

（5）网民热议

召回通告发出后，微博关注度异常高涨，从此前“断轴门”时的“极个别事件”说辞，到现今“打补丁”式的治标不治本的召回方案，部分消费者表示强烈不满，认为大众对消费者的态度傲慢，不够真诚。“速腾补丁1.0版本”“汽车界的微软”“一汽大众+上海大众=一起伤害大众”等评论相继出现。

（6）维权风波

10月26~28日，酝酿许久的速腾车主维权行动在全国范围内爆发，发生了数十起围堵一汽大众厂区和4S店的事件，愤怒的车主们打出了“轿车断轴哪家强，无良速腾刀片梁”“拒绝补丁”甚至“无耻大众，滚出中国”等过激的口号。

（7）起诉立案

10月29日，部分新速腾车主以行政不作为起诉国家质检总局，11月16日，已有577位速腾车主委托北京京师律师事务所向法院提起诉讼。车主及代理律师一方召开发布会表示，最迟一周内将知道法院是否予以立案。

2. 事件的舆情分析

作为一家上市公司和公众企业，一汽大众的企业经营信息都可以较为容易地获取，但是就因为身居汽车产业或所有事关公众生命安全等重大事项的产业，以及具有一定技术复杂性的产品特征，它的很多关键产品信息和测试数据是很难被公众和外界获知的，这样便使企业的公众透明度与公众和社会的要求存在差距，一汽大众也不例外，但是企业在这类问题上有意或无意地降低透明度，并不能降低爆发事故和危机的概率。产品存在安全隐患，市场迟早是要知道的，危机也迟早是要爆发的，而这时候关键就看企业如何进行舆情危机管理，如何与公众进行沟通和引导舆论，以有效降低内部问题外部化所造成的影响。

从此次大众“断轴门”舆情事件的发展状况以及大众所采取的一系列

措施来看，大众在处理舆情危机方面显然还存在相当多的问题，纵观整个事件，可谓一波三折，按照舆情发展周期可以分为：舆情发生期（2012 年末至 2014 年 10 月 14 日）、舆情发酵期（10 月 15 ~ 18 日）、舆情高峰期（10 月 19 日至 11 月 8 日）、舆情持续期（11 月 9 ~ 20 日）。

舆情发生期的时间周期较长，在此期间，已经开始陆续出现断轴事故，如果是舆情管理比较成熟的企业的做法应该是在此时就启动舆情监测和预警机制，并做好充分的公众沟通和信息披露准备，而不是像大众那样错过这样一个漫长的时期，等待事件的进一步发酵。并且舆情的进一步恶化发展与大众的首次回应态度存在极大的关系，大众的傲慢态度激起了公众的愤慨，也许是因为大众对自己的产品和设计工艺过分自信了，也许是因为大众内部信息是不对称的，存在一个“内部透明度”不足的问题，总之在这个时期，大众并没有拿出向公众和社会坦诚沟通的态度，没有披露重要的数据和信息，而是一味的强硬，这是一种舆情管控方面的失误，直接导致了事态的进一步恶化。

在接下来的舆情发酵期，大众“打补丁”式的治标不治本的召回方案也引起了众多消费者的不满，并且还是在国家质检部门介入调查之后，属于一种被动式召回。再一次看出大众在处理这次事件上始终没有足够的诚意，一直是一种应付拖延的策略。

最糟糕的是那个未能证明真伪的内部《通知》，直接将舆情事件推向高潮，如果大众确实在内部发了这个《通知》，那真的是一种自摆乌龙的战术失误，因为在这样的舆情事件敏感期，内部如此庞大的体系，何况还有外部合作经销商的参与介入，发这样的《通知》怎能不被公众知道？虽然也有言论表明这份《通知》是竞争对手所为，但是一汽大众并为就此事作进一步的澄清，这都说明在此次舆情风波的管控上，一汽大众出现了很多失误。

我们认为，企业只做好基本的公众透明度工作，或者平常时期的透明度工作是不够的，正如前文所述，企业基本的公众透明度工作可以在一定程度上防范舆情危机的爆发，但是无法防止舆情危机的爆发，甚至在基本透明度工作本来就欠佳且做得不好的行业或企业，短时间内透明度的提升反而有可能引起更多的关注，但是只要企业的公众透明度达到一定程度，社会公众就会对企业存有一个相对完整的印象，爆发舆情危机的概率就会大大降低。但是一旦因一些特定事件而导致舆情危机发生，这时企业应该做好特殊时期与公众的沟通工作，也就是提升特殊时期关键事项的透明度，这也是在做舆情危机管理，这是各类企业应该从大众事件中充分吸取的教训。

另外，从大众“断轴门”事件中还可以看到一个现象，那就是媒体舆情和网络舆情（公众舆情）的关注点和态度存在较大的差异，从媒体和网民评论来看，评论的侧重点明显不同，民间舆论场与媒体舆论场重合度较低，媒体评论文章侧重于对企业产品质量与品牌危机的探讨，而网民舆论聚焦于谴责质检总局责任缺失及其行政不作为。我们可以得出这样的结论：企业以往过于重视媒体舆情的管理，而尚未对影响力日益变大的网络媒体舆情建立起有效的沟通引导机制。很多大型企业可以与主流媒体建立起长期稳定的良好关系，而主流媒体也在对事项的相关报道上字斟句酌，充分照顾和平衡各方需求。但是网络社交媒体以及大量的自由媒体资源的兴起造成了网络相对独立的民间舆论氛在围，在这个舆情环境和氛围下信息传播得更快，涉众面更广，除了正确妥善地处理事件，积极披露相关重要信息，良好坦诚地与公众进行沟通外，确实无法做好对网络舆情的有效引导。这一点值得引起企业管理者的重视和思考。

参考文献

[1]《舆情蓝皮书：中国社会舆情与危机管理报告（2014)》，社会科学文献出版社，2014。

[2] 中国工信出版集团：《首席舆情官——2013~2014 热点舆情响应百例》，电子工业出版社，2014。

[3]《网络舆情蓝皮书》，电子工业出版社，2014。

[4]《大众速腾断轴门事件舆情分析》，中国舆情网，2014。

B.12

企业社会责任报告的传播效果研究

摘　要：　2006 年，自国家电网公司率先发布社会责任报告以来，越来越多的企业加入了发布社会责任报告的行列。近几年，我国企业社会责任报告数量更是呈爆发式增长。企业社会责任报告从无到有，这本身就具有积极、进步意义。然而，这么多的企业发布社会责任报告，作为企业传播自身价值的载体，社会责任报告是否促成了企业初衷的实现，即社会责任报告是不是有助于提升利益相关方对企业的认同度呢？本文将探讨社会责任报告的传播效果问题。

关键词：　企业社会责任报告　传播效果　效果评价

一　引言

社会责任报告之于我国企业，并非是一个陌生的名词，2006 年，自国家电网率先发布社会责任报告起，接下来的几年，越来越多的企业发布了社会责任报告，2015 年中国 200 强企业中已有 150 家发布了社会责任报告，其中央企业占 56%，民营企业占 44%。同时，社会责任报告的规范性也在逐年提升，越来越多的企业社会责任报告/可持续发展报告参照了 GRI 可持续发展指南标准或 CASS 标准；同时社会责任报告的应用形式也伴随着网络技术的发展而不断创新，除了传统的纸制版，部分企业还发行了网络版和微信版社会责任报告；报告的设计形式也趋于多样化。仅 2015 年，中国 200 强企业中就有 100 家企业对社会责任报告进行了封面及版式设计，报告的美观性和可读性大幅提高。社会责任报告通过向利益相关方披露企业在社会、经济、环境等方面取得的成绩，帮助企业传递履责信息，并逐渐成为企业提升透明度、加强内部管理的重要工具。

社会责任报告是企业向利益相关方传达其履责的理念和实践的工具，那么，社会责任报告是否达成了企业的初衷，即社会责任报告是否有助于提升利益相关方对企业的接受度与认同度呢？2014 年 7 月由中国青年报社牵头，与北京大学光华管理学院联合举办了大型国企社会责任评价活动，其中，有一项是关于青年对社会责任报告的认知调查。这项调查实质上反映了企业应该更加注重社会责任报告的传播效果而不只是发布社会责任报告。提升社会责任报告的传播效果，赢得公众对企业的利益认同、情感认同和价值认同，是企业社会责任管理的重要工作。

二　企业社会责任报告的传播效果评价模型

（一）评价理论基础

社会责任报告作为一种传播媒介，其编制和发布必然会对受众产生影响，包括积极的和消极的，这就涉及报告传播效果的问题。社会责任报告的发布主体是企业，因此，其发布也会对企业的品牌形象和声誉产生影响，进而会给企业增加或减少社会资本。基于以上原因，本研究将大众传播理论、社会资本理论、品牌生态环境理论作为基础理论支撑。

1. 大众传播理论

大众传播，是社会媒介组织通过文字、广播、电视等媒介，运用先进的传播技术和手段，向社会大众公开地传递信息的社会实践活动的全过程。大众传播的对象是社会上的一般大众，受众的广泛性意味着大众传播有着广泛的社会影响。

有了传播行为，就会涉及传播效果的问题。传播效果的产生是一个极其复杂的社会过程，从传播主体发出想要传递的信息到受众接收到信息的过程中存在许多环节，其间也会有很多不确定因素，每个环节和因素都会影响到传播效果。因此，企业若要将自身的传播行为服务于发展战略，而不是阻碍发展战略的落实，就需深刻理解大众传播效果产生的机制和制约因素。

2. 社会资本理论

企业社会资本的概念是与关系网络、信任等社会结构特征相联系的。随着经济全球化进程的加快，企业与各类组织的联系更加紧密，企业不能仅依靠自身有限的资源去创建竞争优势，而是需要通过自身的社会关系网络来获取社会资本，为自身发展营造良好的环境，从而提升价值创造能力。由此可见，企业的社会资本是一种无法脱离社会关系网络的资源，对企业的持续发展具有非常重要的作用。

3. 品牌生态环境理论

在《快速建立品牌》中，美国安格尼斯嘉·温克勒首次提出了“品牌生态环境”这个概念。它是指存在于某个产品或某项服务之中所有相关的参与者或品牌之间的复杂关系。品牌生态环境是一个复杂的有机组织，在某个特定的品牌生态环境中，相关的品牌越来越多，制定品牌决策时所考虑的因素也就越来越多。品牌管理的实践表明，传统由内到外的直线式品牌管理思维和方法已经无法适应当前的市场环境了，企业要想在激烈的市场竞争中得以生存并具有持久的发展能力，就必须重视品牌生态环境，形成品牌之间和谐共生的发展关系。

（二）评价模型

基于上述理论，我们认为，企业社会责任报告要想取得良好的传播效果，首先，要披露符合利益相关方期望的信息，因此，企业信息披露的实质性尤为重要；其次，要能够及时、有效地将信息传递给受众，报告的时效性和渠道便利就很重要；再次，报告信息传递给受众后，要能够对读者产生一定的影响，这也是体现报告传播的价值所在；最后，报告作为企业与社会沟通的手段，其发布对社会产生的影响即社会价值也是评价传播效果的重要方面。因此，我们对企业社会责任报告的传播效果评价主要基于以下四个方

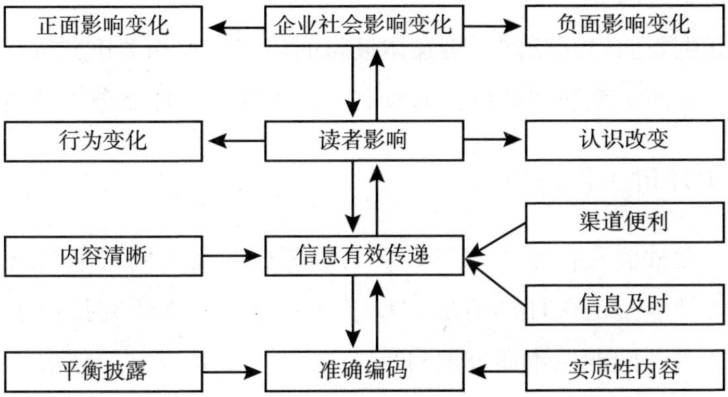

图 1　企业社会责任报告的传播效果评价模型

面：一是准确编码，即企业社会责任报告能够准确传播公众期望的实质性信息，这些信息既包括正面的，也包括负面的；二是信息有效传递，即企业社会责任报告披露的信息要有受众，有一定的群体阅读过社会责任报告；三是读者影响，即企业社会责任报告作为一种媒介，其披露的信息会对读者产生影响；四是企业社会影响变化，即企业社会责任报告对社会产生的积极或消极影响。

三　企业社会责任报告传播效果评价分析

（一）评价方法介绍

1. 问卷调查法

本研究发放问卷 1056 份，回收有效问卷 500 份，有效回收率 47.3%。问卷涉及是否听说过企业社会责任报告、是否阅读过企业社会责任报告等 18 个问题。问题涵盖公众对社会责任报告的认知、对社会责任报告的理解、对社会责任报告的评价以及阅读社会责任报告后对企业的评价等方面。

2. 文献研究法

本研究主要通过互联网搜集媒体披露的信息以及相关论文等文献，并通过对文献的全面、系统的分析，形成对社会责任报告传播效果的科学认识。

（二）评价工作流程

当前企业社会责任报告发布数量不断增长，而人们对社会责任报告作为媒介的传播效果的关注却不足。基于这一背景，本研究提出了社会责任报告传播效果的问题。本研究通过问卷调查、文献研究，分析了当前社会公众对社会责任报告的认知、评价等，得出了改进社会责任报告传播效果的建议。

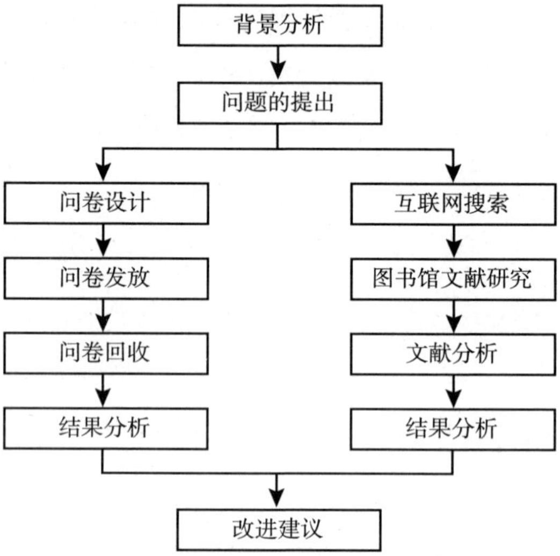

图 2　企业社会责任报告传播效果评价工作流程

（三）评价结果及分析

本研究结合调查问卷的结果和文献研究的结果，得出结论如下。

1. 报告信息披露实质性不强，负面信息披露及回应不足

随着履行社会责任成为各界共识，越来越多的企业开始通过发布社会责

任报告，向社会公众展示其履行社会责任的重要成果。然而，报告的数量在迅速增长的同时，质量却令人担忧。

回避实质性，是我国企业社会责任报告存在的主要问题。企业编制社会责任报告往往都是单项信息传递，很少有企业主动与利益相关方进行沟通，识别利益相关方真正关注的议题，这导致企业披露的信息往往并不是利益相关方所需要的信息，造成报告的实质性不强。对定量指标披露不足也是当前报告的短板，关键性定量信息是企业社会责任报告的重要组成部分，甚至可以说，没有定量指标的披露，就无法体现报告的核心价值。因此，企业编写社会责任报告时应充分重视对定量信息的披露。

企业社会责任报告的平衡性是指社会责任报告不仅要披露企业对社会、环境产生正面影响的信息，还应当披露企业履行社会责任的不足之处甚至是负面信息。某机构调查显示，2014 年，59.4% 的样本企业进行了负面数据及案例的披露；9.6% 的企业在对负面数据进行披露的同时，还对报告期内企业发生的一些负面事件的原因、经过，以及采取的措施进行了较详细的阐述，这部分企业的社会责任报告的平衡性表现得较好。然而，大部分企业对负面信息采取回避态度，只字不提，难以取得社会公众的信任。

2. 报告能够有效传递企业履行社会责任的信息，但披露渠道有待拓展

社会责任报告是公众获取信息的渠道之一，从调查结果来看，有 70% 的被调查者表示听说过社会责任报告，对社会责任报告有基本的了解和认识。

从被调查者的年龄来看，对于 26～30 岁年龄段而言，78.90% 的被调查者表示听说过社会责任报告，对社会责任报告较熟悉，优于其他年龄段，其次是 31～35 岁年龄段，听说过社会责任报告的被调查者占该年龄段人数的 78.1%；而 18～25 岁年龄段和 36 岁及以上年龄段对社会责任报告的熟悉程度相对较低（分别为 50.0% 和 57.1%）。

而从被调查者所处的城市来看，80% 的一线城市受调查者表示听说过社会责任报告，这个比重远远高于来自非一线城市的调查情况（占比 59%），说明社会责任报告在一线城市的影响力要大于二线及以下城市。

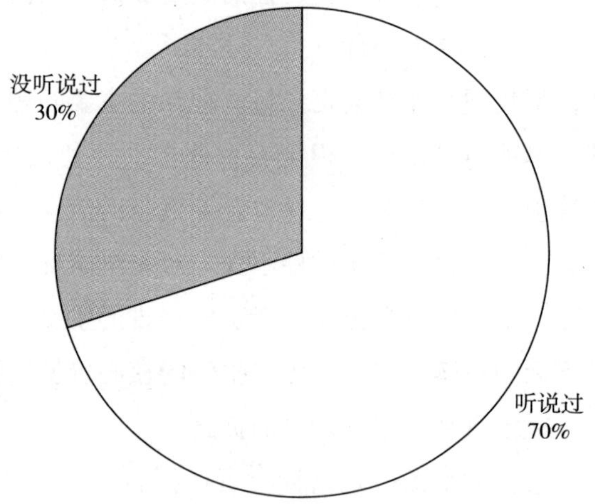

图3　听说过社会责任报告的被调查者情况

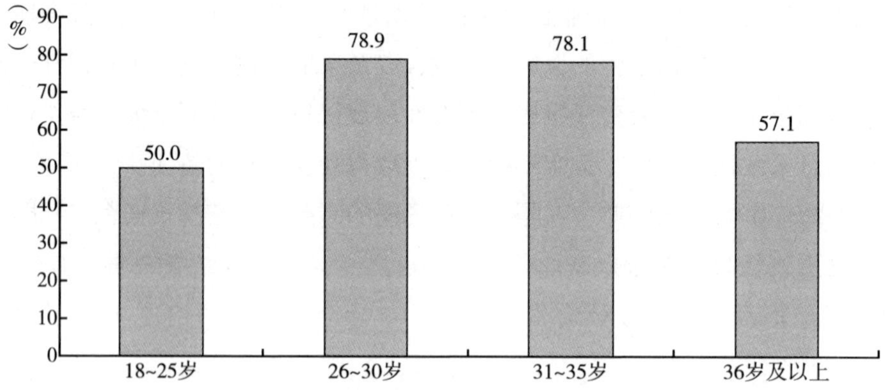

图4　听说过社会责任报告的被调查者情况（按年龄段划分）

从被调查者的受教育程度来看，本科和硕士及以上学历的被调查者对社会责任报告的熟知程度更高，分别占据了各自类型总数的76.7%和74.10%，相较而言，高中（中专）及以下、大专学历的被调查者听说过社会责任报告的比例相对偏低（分别为45.8%和59.5%）。

读过社会责任报告的被调查者占据调查总数的50.2%。而从不同层级城市来看，“阅读过社会责任报告”的受调查者中，一线城市比例达到了

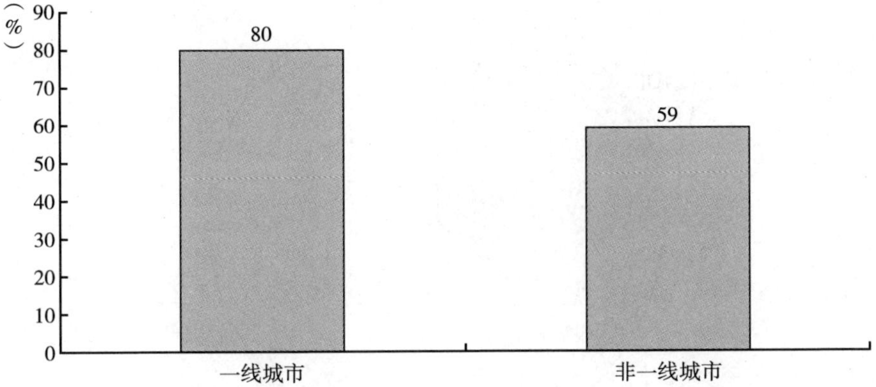

图5　听说过社会责任报告的被调查者情况（按是不是一线城市划分）

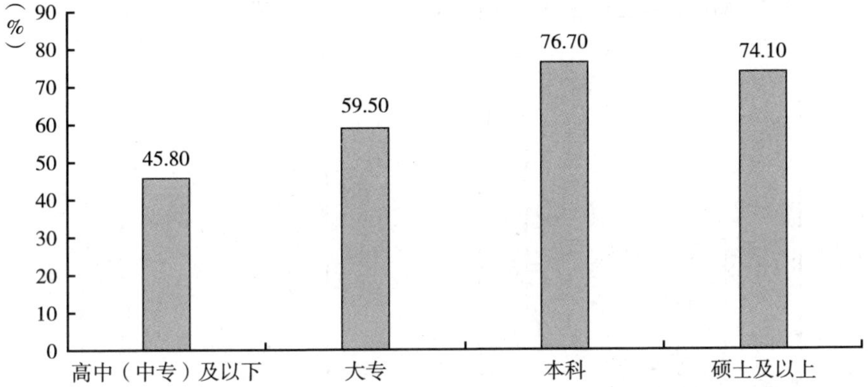

图6　听说过社会责任报告的被调查者情况（按受教育程度划分）

64%，远远超过非一线城市阅读过社会责任报告的比例（36%），说明较之非一线城市，经济更发达、信息更对称的一线城市对社会责任报告的认知度更高。

从不同年龄段的被调查者来看，有61.3%的26～30岁年龄段的被调查者阅读过社会责任报告，而处于31～35岁年龄段的被调查者，阅读过社会责任报告的占该类型总数的54.4%；而18～25岁年龄段与36岁及以上年龄段的被调查者阅读过社会责任报告的人数比重相对不足（分别为40.0%和38.7%）。整体而言，26～35岁青年群体阅读社会责任报告的行为更为普遍。

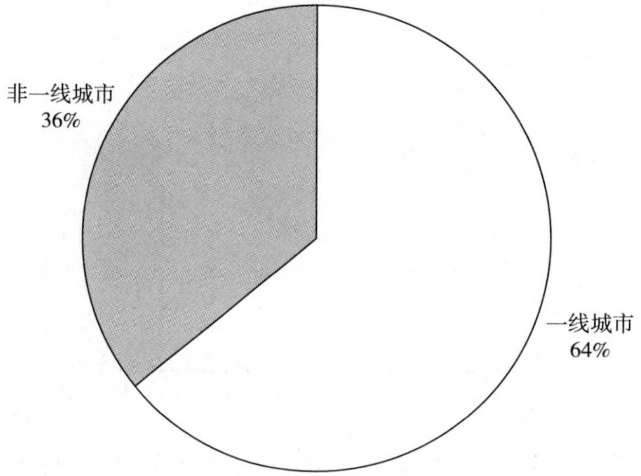

图7　阅读过社会责任报告的被调查者情况（按是不是一线城市区分）

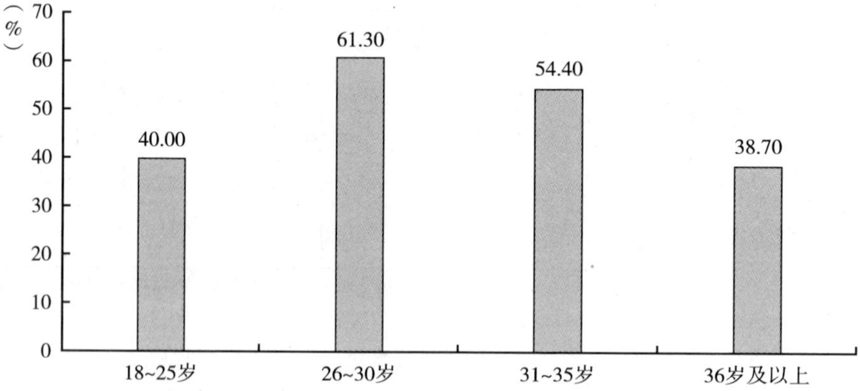

图8　阅读过社会责任报告的被调查者情况（按年龄段区分）

而从不同受教育程度的被调查者来看，本科、硕士及以上学历的被调查者阅读社会责任报告的行为更为普遍，分别占据了各自类型的55.0%和51.9%，而高中（中专）及以下、大专学历对阅读社会责任报告的重视程度相对不足，分别占据各自类型的37.5%和42.2%，这在一定程度上反映了受教育程度较高的被调查者对社会责任报告更为关注。

社会责任报告是信息获取的重要渠道，有近1/3的被调查者利用社会

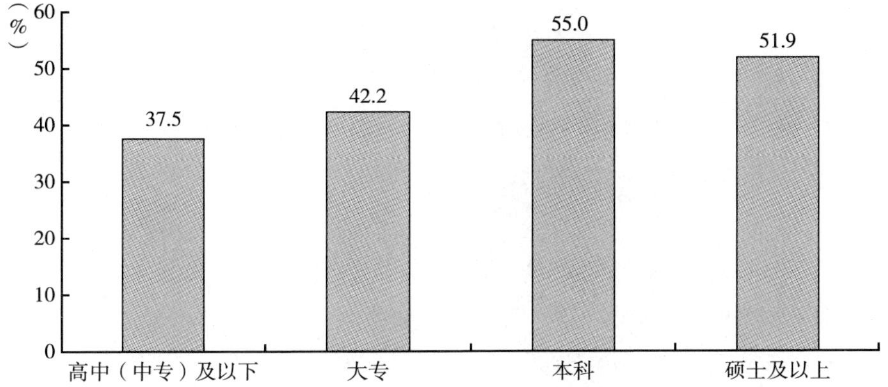

图9　阅读过社会责任报告的被调查者情况（按受教育程度区分）

责任报告获取感兴趣的企业的基本信息，相比之下，分别有71%和62%的被调查者将媒体报道和公司官网作为获取信息的主要渠道，说明社会责任报告虽然拥有一定的受众群体，但是尚未成为公众获取企业信息的主要渠道。

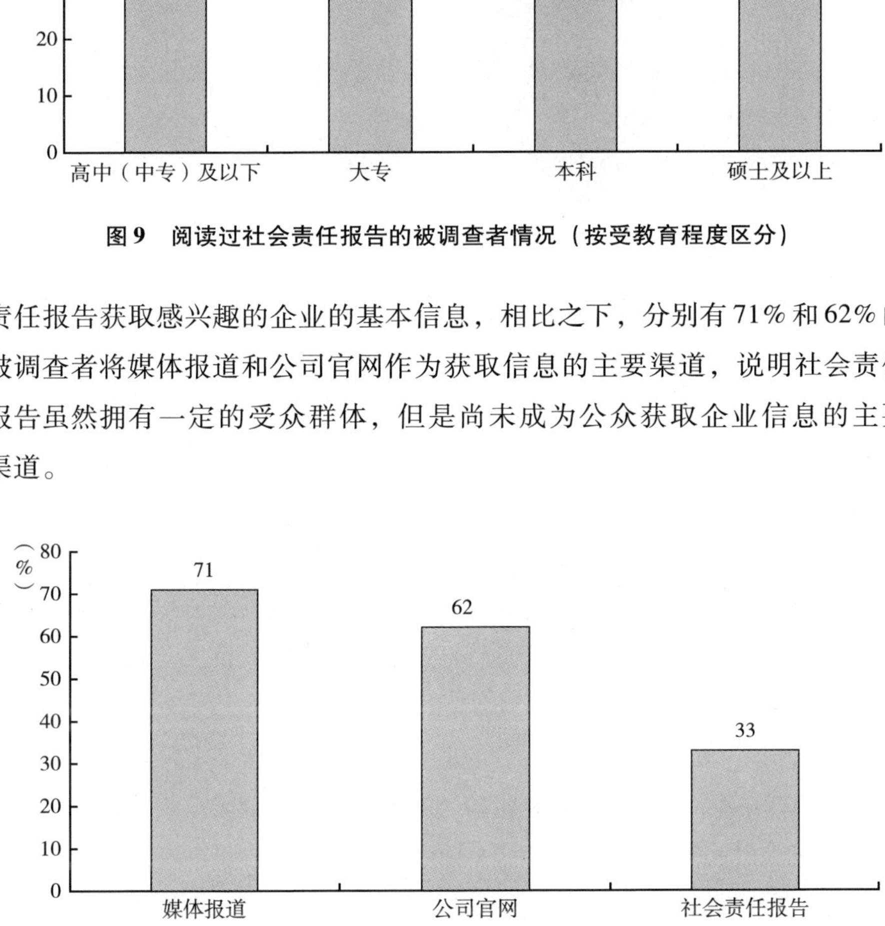

图10　获取企业信息渠道的途径

而从不同城市来看，利用社会责任报告了解企业信息的被调查者中，一线城市的被调查者占61%，而非一线城市的被调查者占39%，说明社会责任报告作为信息传递的工具，其在一线城市的应用更为普遍。

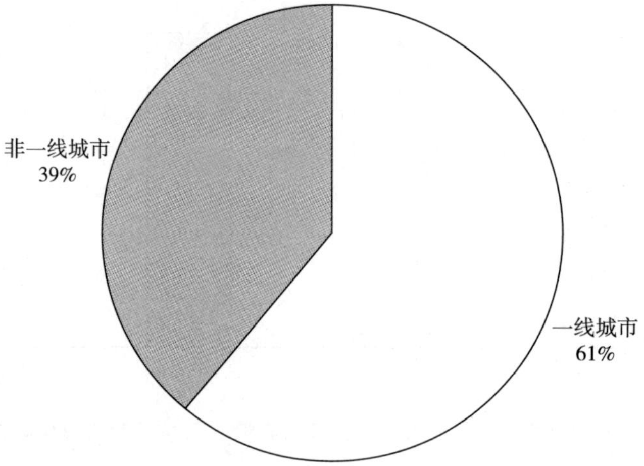

图 11　企业信息获取渠道的调查情况（按是不是一线城市区分）

从不同年龄段来看，处于 31～35 岁年龄段的被调查者相对于其他年龄段的被调查者，对将社会责任报告作为获取信息的工具的认可度更高，达到了39%，紧随其后的是 26～30 岁年龄段的被调查者，占比达到了 31%，而 36 岁及以上年龄段的被调查者选择通过社会责任报告来获取感兴趣的企业的信息的比例为 26%，18～25 岁年龄段的被调查者将社会责任报告作为获取信息的工具的比例最低，仅占 4%，说明社会责任报告在 26 岁及以上的青年群体中传播得更为广泛。

一般来说，对于社会责任报告的信息有效传递情况需要从两个部分进行评价：信息内容的清晰性和信息传播过程的可靠性。前者是指信息内容作为传递的基础，应具有逻辑清晰、表达清楚、整体便于理解的特点，尽可能避免复杂的专业术语，尽可能地选取贴近读者生活的内容；后者是指信息传播过程既应具备畅通、有影响力的传播渠道，也应保证信息传递的时效性。

（1）报告内容给读者留下深刻印象

从信息内容的清晰性来看，当被问及“您对社会责任报告哪些领域有印象”时，被调查者对不同领域的印象由深到浅依次是：产品质量、经济绩效、公益慈善、安全生产、员工发展、客户服务、环境保护、供应链管理

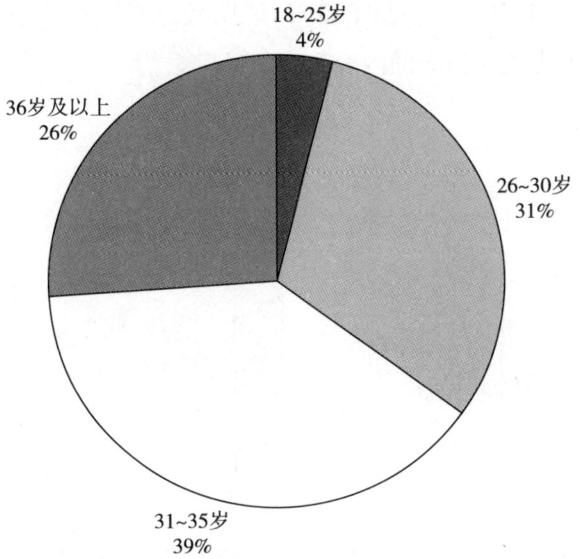

图 12　企业信息获取渠道的调查情况（按不同年龄段区分）

（见表 1）。对于不同受教育程度的被调查者而言，产品质量、经济绩效、公益慈善始终处于令读者印象深刻的前三名，且产品质量一直处于第一位。

表 1　对印象深刻的领域的调查结果

单位：人，%

领域	人数	占阅读过报告人数的比重
经济绩效	160	63.7
员工发展	129	51.4
公益慈善	151	60.2
产品质量	165	65.7
安全生产	130	51.8
供应链管理	69	27.5
客户服务	110	43.8
环境保护	108	43.0
其他	0	0

当被问及“企业社会责任报告的哪些方面令您印象最深刻”时，印象最深刻的选项首先是企业品牌（69.7%），其次是报告内容（66.1%），最

后是报告设计（54.2%）（见图 13），说明较之精美的报告封面和版式设计，被调查者更为关注报告的内容和企业品牌。

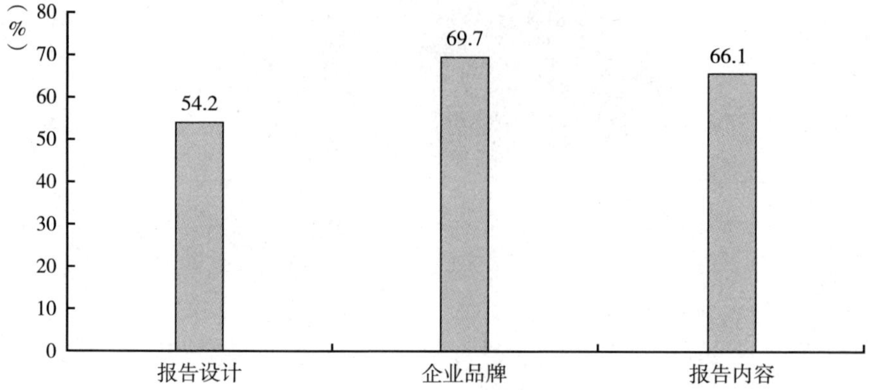

图 13　社会责任报告各组成部分受关注情况

从不同年龄段来看，18 ~ 25 岁、26 ~ 30 岁以及 31 ~ 35 岁年龄段的被调查者对企业品牌、报告设计更为关注，而 36 岁及以上的年龄群体对企业品牌、报告内容的关注度更高，而对报告设计的关注度相对较低（见图 14）。

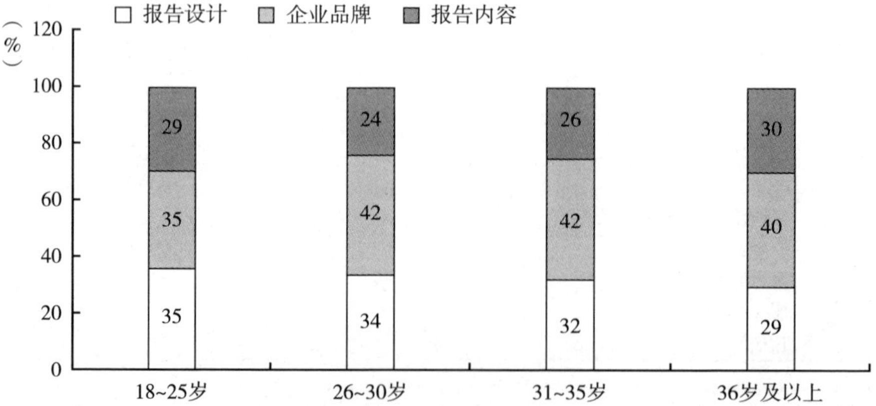

图 14　社会责任报告各组成部分受关注情况（按不同年龄段区分）

从不同受教育程度来看，在阅读过社会责任报告的被调查者中，本科、硕士及以上的被调查者对企业品牌的关注度更高，而高中（中专）及以下、大专的被调查者对报告内容更为关注。

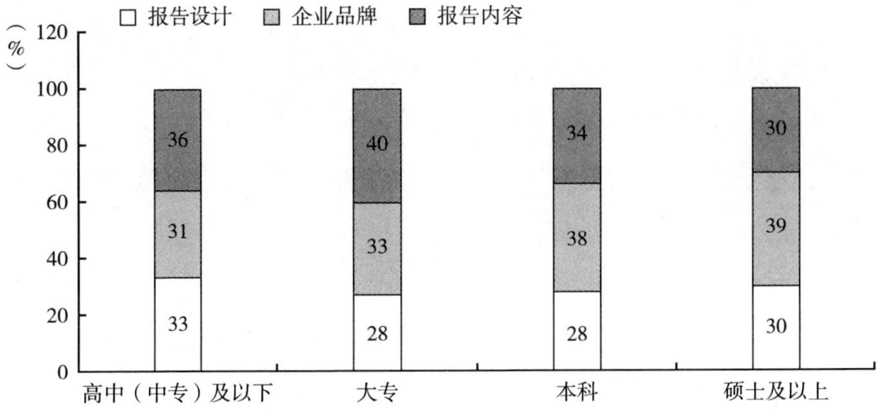

图 15　社会责任报告各组成部分受关注情况（按受教育程度区分）

整体而言，调查结果一方面说明对于不同年龄段或是不同受教育程度的被调查者而言，社会责任报告的清晰性对公众的认知有着重要的影响；另一方面也说明企业品牌与社会责任报告的传播有密切的关联性。社会责任报告应充分结合企业品牌亮点，以实质性内容为核心进行信息传递。尤其是对于受教育程度较高的本科、硕士及以上的被调查者，以及 36 岁及以上较为成熟的年龄群体，社会责任报告更应该充分关注传播节点、打造舆情热点、挖掘品牌亮点，使社会责任报告内容更具有清晰性和可记忆性，提升报告的传播效果。

（2）信息传播过程的可靠性

信息传播过程的可靠性评价主要从信息传播渠道的便利性和信息传递的及时性两个方面展开评价。

从信息传播渠道的便利性来看，公司官网发布的 PDF 报告阅读量较大，占比达到了 32%，而官网发布的摘要版报告和移动端发布的微信版报告阅读量次之，占比分别是 26% 和 25%，而纸制版社会责任报告的阅读量最小（18%）（见图16）。

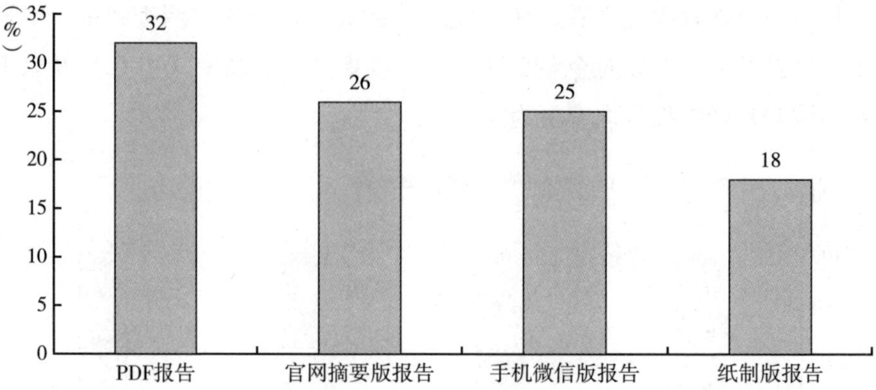

图16　不同传播形式的报告阅读率

从不同年龄段来看，统计发现，18～25岁和36岁及以上的被调查者更倾向于选择PDF报告和官网摘要版报告作为信息获取的主要形式，而处于26～30岁及31～35岁年龄段的被调查者则对手机微信版报告和PDF报告更为青睐。

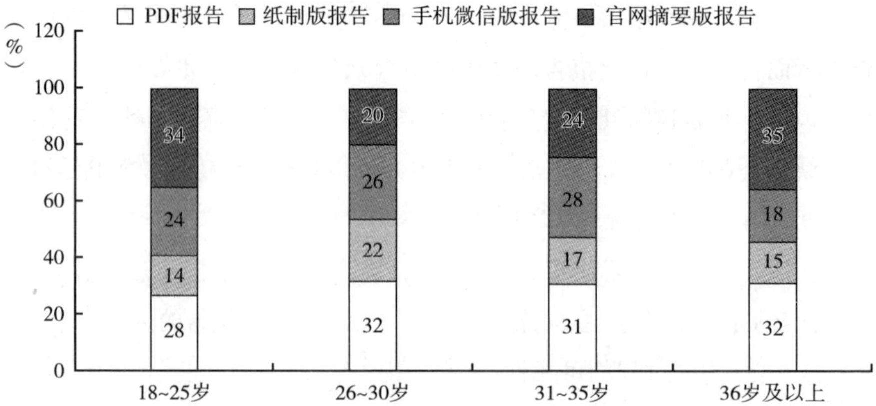

图17　社会责任报告的不同传播形式（按年龄段划分）

微信版报告作为移动互联时代的产物，凭借互联网思维的文案策划、风格多变的创意设计以及画龙点睛的交互设计，近年来已经逐渐成为社会责任报告的重要传播形式。从调查情况来看，有77.3%的被调查者认为移动端微信版社会责任报告具备阅读更便捷的特点，而68.1%的被调查者认为微信版社会责任报告获取更容易。契合“互联网 +”和新媒体的移动互联端社会责任报告，已经逐渐超越传统媒体形式，成为更有影响力、更便利的传播形式。

表 2　微信版社会责任报告的特点评价

单位：人，%

项目	人数	比重
阅读更便捷	194	77. 3
内容更全面	144	57. 4
获取更容易	171	68. 1
形式更活泼	92	36. 7
其他	0	0

而从信息传递的及时性来说，一般来说，企业社会责任信息的时效性是由及时传递决定的，目前我国企业的社会责任报告多按照固定的周期（一年或两年）发布当期的企业社会责任信息，信息传递具有较好的及时性。

3. 报告对读者的理念和行为产生了积极影响

根据大众传播理论，在信息传递过程中，若读者接收信息后在知识、情感、态度、行为等方面发生了一定变化，说明传播活动在一定程度上达到了传播者的目的。因此评估社会责任报告对读者产生的影响一般从两个层次入手：一是评估阅读社会责任报告是否使读者对企业品牌、声誉、文化等方面的认知发生变化，二是分析阅读社会责任报告后读者对企业产品、服务的购买行为是否发生变化，从认知变化到行为变化是一个传播效果从初步形成到不断累积乃至持续深化的过程。

（1）认知态度发生变化

从社会责任报告对读者认知态度的影响来看，在被问及“您认为企业编写并发布社会责任的必要性”时，阅读过社会责任报告的被调查者分别有 43% 和 57% 的选择“非常有必要”和“有必要”；而未阅读过报告的被调查者则仅有 59% 的认为发布社会责任报告“非常有必要”，有

41%的认为“有必要”发布。结果虽然没有直接体现读者对企业认知的改变，但是通过对比阅读过和未阅读过社会责任报告的被调查者的态度可以发现，阅读过社会责任报告的被调查者更赞同企业通过报告形式披露其履责实践，间接反映了社会责任报告使读者对企业的认知有一定程度的正向影响。

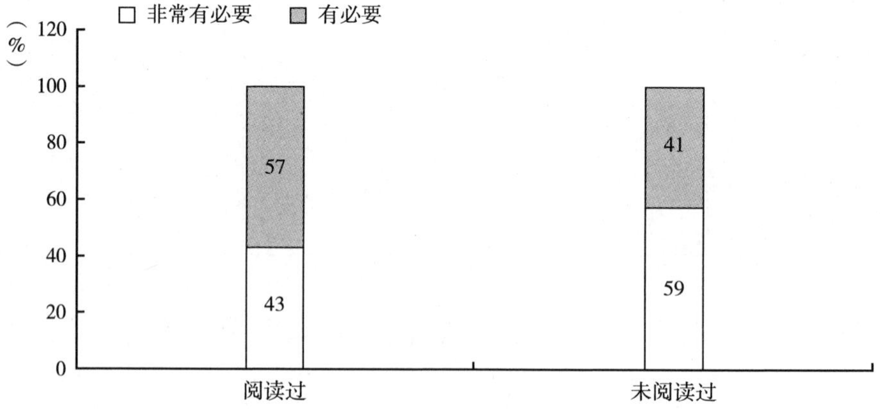

图 18 社会责任报告发布必要性的调查情况

而在被问及“在阅读报告之后，您对企业的印象有变化吗”时，在阅读过报告的被调查者中，有 78.1% 的被调查者对企业的印象发生了变化，初步说明了社会责任报告影响了读者对企业的认知。而在印象发生变化的被调查者中，有 154 人表示对企业的印象变好了，有 42 人表示对企业的印象变坏了。阅读报告之后对企业印象变好的读者数量多过印象变坏的，说明读者阅读社会责任报告后对企业形象认知的改变更多的是积极、正向的。

表 3 被调查者阅读社会责任报告后的印象变化

单位：人，%

印象变化	人数	占阅读人数比重
印象变好了	154	61.4
印象变坏了	42	16.7
没有什么变化	55	21.9

对调查结果进一步展开分析可得，对企业印象变坏的42人中，有26人觉得社会责任报告的信息存在部分真实或者完全不真实的问题，占该类被调查者的62%，实际上反映读者对社会责任报告信息真实性的判定影响了其对企业的印象，因此提升社会责任报告的可信度对提升传播效果有重要意义。

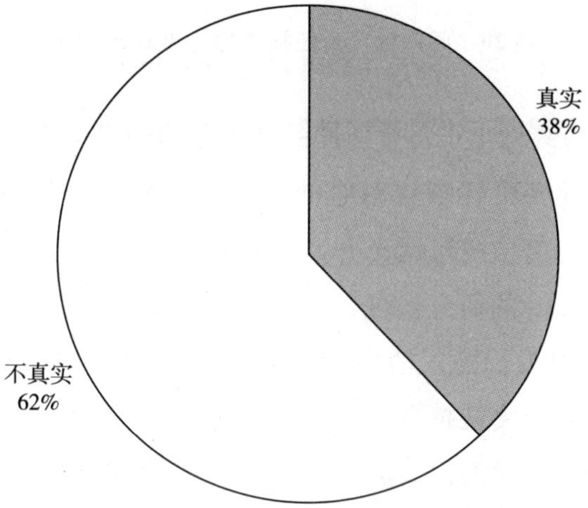

图19　印象变坏的被调查者对报告信息的态度

（2）行为变化

行为变化是认知态度的外在显示和最终体现，社会责任报告对读者行为变化的影响，主要表现为读者在阅读企业社会责任报告后对企业产品和服务的消费行为的变化，而根据消费者行为理论，可以认为社会责任报告对读者行为的影响同样遵循外部刺激—内心分析—行为反应（S-O-R）模式：社会责任报告阅读（S）—读者识别、分析、评价（O）—企业产品、服务购买决策（R）。

其中对社会责任报告的阅读属于“外部刺激”（S），而读者会基于其归因思维和个体对企业社会责任的期待，对接收的企业社会责任相关信息进行归类识别和分析（O），包括对企业为承担社会责任所付出的成本和获得的收益以及企业品牌、影响力的综合分析，形成了对企业品牌、产品质量、服

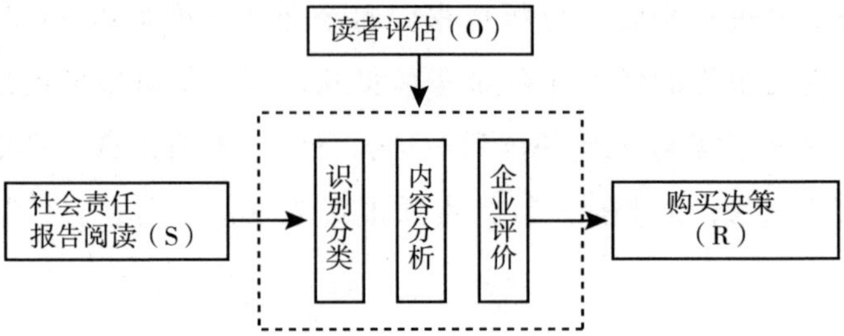

图 20　阅读社会责任报告的行为影响机制

务的评估结果，最终做出了对企业产品和服务的购买决策（R）。

一般来说，社会责任报告对企业在诚信运营、产品质量、环境保护、员工关爱等方面的信息披露越充分，读者对企业的产品、服务的消费意愿越强。Jenny Dawkins 的研究发现，加强企业与消费者就社会责任的交流会影响到消费者的购买行为，消费者得到的企业环境与伦理的行为信息越多，他们的消费行为决策越会受到影响。而赵越春利用情景模拟法选择 4 家食品企业作为研究对象，① 通过问卷调查得出消费者对于积极履行社会责任的企业的评价要显著高于其他企业，并愿意运用消费手段去支持那些积极承担社会责任的企业。因此企业社会责任报告的传播对于促进消费者更加深入的了解企业、改善企业的品牌形象具有重要意义。

4. 企业社会影响变化

公众通过阅读社会责任报告获取企业履行社会责任的重要信息，包括企业履行社会责任的理念、战略、方式方法，以及经营活动对经济、环境、社会的影响，社会责任报告作为重要的信息披露及与利益相关方沟通的渠道，对企业的社会影响力主要包括：一方面，社会责任报告对企业履责信息的披露有助于其建立良好的形象，增进公众对企业的理解，对于提升企业的品牌影响力、市场竞争力有重要的意义；另一方面，公众的社会责任意识不断提升，对企业披露信息的要求也在不断提高，社会责任报告的平衡性、可信

① 赵越春：《食品企业社会责任行为表现评价及消费者响应》，南京农业大学，2013。

度、公信力也要随之改进，若只是将社会责任报告作为企业的一种宣传工具、美化手段，将会影响到社会责任报告的客观性和真实性，影响公众对社会责任报告的信任度，容易增加企业的协调、沟通成本。

（1）正面影响变化分析

社会责任报告有助于企业建立良好的品牌形象。社会责任报告作为企业重要信息发布渠道具有一定的稳定性，一般来说发布过社会责任报告的企业都会按照一定的时间间隔（一年或两年）将发布报告的行为予以延续。因此公众想要了解感兴趣的企业的信息，社会责任报告是一个稳定性较高的渠道。同时从长期的角度来看，企业履行社会责任的部分实践项目类似环保项目、慈善公益项目，需要长期、持续地投入，短时期内难以明确企业实践对社会、经济、环境的影响，而企业社会责任报告通过持续性的披露企业社会责任践行信息，为政府、公众建立了可靠的长期跟踪系统进而帮助企业建立了良好的品牌形象。

社会责任报告有助于营造独特的企业竞争力。一般来说，企业生产的产品在满足消费者基本的核心利益和效用的同时，也要满足消费者对附加在产品中的额外的服务和利益期望。优秀的企业品牌形象与定位恰好可以满足消费者对于产品的这种潜在期望，高质量的企业社会责任报告通过对企业履责行为的总结与梳理，展现了企业负责任的公民形象，使其满足消费者心中对其的心理定位，从而影响消费者的购买行为，为此，企业履行社会责任逐渐成为增强企业竞争力的重要途径。

（2）负面影响变化

目前许多企业对社会责任报告的认识还不够充分，将社会责任报告更多的视为一种公关宣传手段，对于企业的负面信息有意回避，不仅没有真正发挥社会责任报告披露信息、加强沟通的作用，还会导致公众对企业社会责任报告所披露信息的不信任，增加企业的沟通成本。

在此次问卷调查中，被问及“您认为企业编写社会责任报告存在的问题”时，35%的被调查者认为目前企业社会责任报告存在可信度不高的问题。15.9%的被调查者认为企业社会责任报告披露的信息与平时自身对企业的认知不一致，其中有98%的受被调查者认为社会责任报告的内容不真实，而此类被调查者中有22人在阅读社会责任报告后对企业的印象变坏了，说明可信度不高的社会责任报告会诱发一系列“连锁反应”：公众对社会责任报告披露的信息产生质疑，进而对企业的印象变差，给企业带来负面的影响。

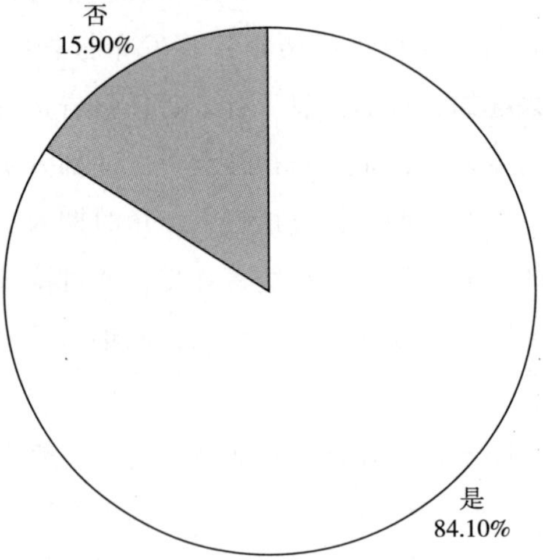

图21　对企业报告信息和自身认知的一致性状况

四　提升企业社会责任报告传播效果的建议

综上所述，本研究认为，虽然当前国内发布社会责任报告的企业越来越多，但社会责任报告作为一种载体，其传播效果并未达到预期。因此，本研究建议从以下几个方面改进社会责任报告的传播效果。

（一）加强利益相关方参与，提升报告实质性

研究发现，利益相关方参与度不够导致企业披露的信息无法满足利益相关方的需求。因此，企业应鼓励和支持利益相关方参与报告的编制，从报告

议题选择环节即征求利益相关方的意见和建议，争取每个关键环节都有利益相关方的参与，从而全面提升报告质量。

（二）加强社会化表达，拉近与公众之间的距离

研究发现，社会公众阅读社会责任报告的比例较低，或者关注度不够，其中一个非常重要的原因就是报告语言格式化，过于呆板，很多公众看不懂或不感兴趣。因此，企业应改变报告语言表达方式，站在社会公众的角度，传递公众可理解的信息，这样才能提升报告的传播效果。

（三）增强报告定量信息的披露，提升报告的说服力

研究发现，多数企业报告被大量的定性描述语言所覆盖，相对于定性信息披露，定量信息披露得过少。社会公众在阅读大量格式化的信息时，慢慢厌倦了海量的文字信息，往往有些读者更倾向于阅读定量信息。比如某个定量指标的行业对比或历年的改进情况，一目了然，更有说服力。

（四）丰富报告形式，拓宽报告受众范围

研究发现，与传统的纸制版社会责任报告相比，采用微信版、网络版等新媒体形式的报告更能引起公众的关注。在自媒体发达的今天，企业应紧跟新媒体发展的步伐，利用微信等形式传播企业履行社会责任的信息，不断拓宽报告的受众范围。

（五）主动披露并回应负面信息，增强报告的平衡性及可信性

研究发现，多数企业社会责任报告存在“报喜不报忧”的现象，即使有负面信息在媒体上发布，企业也不会在社会责任报告中予以回应。一方面，不主动披露及回应负面信息会影响社会公众对企业的信任；另一方面，企业如果总是试图掩盖负面信息会给社会公众留下“不诚信”的印象。因此，无论从哪个角度来看，企业刻意回避负面信息，都不是可行的办法。

参考文献

[1] 郭庆光：《传播学教程》，中国人民大学出版社，1999。
[2] 张树庭、吕艳丹：《有效的品牌传播》，中国传媒大学出版社，2008。
[3]《解读〈白皮书〉：2014 年企业社会责任报告八大发现》，新华网，2014。

B.13

企业重大建设项目选址中的公众透明度影响分析

——以 PX 项目为例

摘　要：项目的透明度不够，企业、政府和居民的沟通不到位，是近年来企业重大建设项目选址时频繁遭遇抵制的重要原因之一。项目选址时，对项目进行科学论证、规划，保障各利益相关方的知情权，做到公开透明是有可能实现多赢的。本文以 PX 项目建设选址为例，重点研究沟通失败的典型案例，分析沟通失败的原因，同时总结了韩国、新加坡、日本等 PX 项目成功选址的经验，最后提出了提升企业重大项目建设选址中公众透明度的建议。

关键词：PX 项目　公众透明度　重大建设项目选址

企业重大建设项目选址受到多种因素的影响。选址方案的优劣不仅影响着项目的投资效益，也影响着对所建项目的投资。比如，良好的工程地质和水文地质条件，可以减少对所建项目的投资；项目所处地段又将直接影响着土地使用费；项目所处地段的社会经济条件，也将影响着拆迁安置费等。重大建设项目选址应全面考察方案的经济合理性、技术可行性及建设环境和条件的有效性，同时，也应该尽可能地考虑到周围社区群众的意见和建议。国内有一些重大建设项目在选址时，群众的意见不能够通过正常的渠道得到反映和表达，项目方和政府也未对群众的意见和建议给予准确、及时的回复，最后项目不得不在公众的抗议声中下马。本文以PX项目选址为例研究了企业重大建设项目选址中公众透明度的影响。

一 PX项目沟通失败典型案例分析

2014年4月初，广东茂名拟投产PX项目，遭到公众的强烈反对。类似的事件时有发生，2007年6月厦门PX项目、2011年8月大连PX项目以及2013年5月昆明PX项目都因公众的抗议而不得不中止。事实上，PX与人们的衣食住行息息相关，是药物胶囊的主要原料，也是矿泉水瓶等包装材料的主要原料。那么PX项目选址为何会频遭抗议呢？“项目的透明度不够，企业、政府和居民的沟通不够”，这是《焦点访谈》节目主持人敬一丹给出的“为什么PX事件会频频上演”的原因。

在面对公众质疑时，项目方和利益相关方交流沟通得太少，并没有将项目建设选址中的公众透明度作为一项重要的工作来抓。地方政府规划项目时多数没有与公众沟通或者沟通不到位，直到项目开工后或临近开工才匆匆进行与公众的沟通工作，公众为维护自身的权益采取了激烈的抗议行动，最后导致项目中止。下文将通过回顾事情发生的经过来对重大项目建设选址的公众透明度问题进行分析。

（一）PX项目受阻案例

1. 福建厦门PX项目

百余名政协委员联名反对厦门PX项目，进而使厦门市民因担心化工厂建成后会威胁到自身安全而集体抵制，直至厦门市政府宣布暂停工程，厦门的PX事件受到了全国人民的关注。项目方在立项阶段甚至是准备建设阶段都缺乏与公众的沟通。公众透明度严重不足，这是项目没有得到公众理解的重要原因之一。

厦门市海沧PX项目，是2006年厦门市引进的一项重大项目。2005年7月，项目通过国家环保总局的环评报告审查。2006年7月，得到国家发改委核准，2006 年 11 月正式开工，计划于 2008 年 12 月完工投产。

该项目自立项以来便受到了来自各方的质疑。2007 年 3 月，在全国“两会”上，超百名全国政协委员联名签署提案，建议厦门 PX 项目迁址，随后媒体和公众对此的关注度不断提升。2007 年 5 月下旬，随着工程的推进，更多的信息通过媒体、网络等渠道被披露。厦门不少市民都接到了一条关于“PX 项目剧毒”的短信，同样的内容也在厦门人经常去的论坛和博客中广泛传播。一些市民准备以多种方式表达对在厦门上马 PX 项目的抵制。随后，厦门市环保局局长、负责 PX 项目的腾龙芳烃（厦门）有限公司分别在《厦门日报》和《厦门晚报》发表长文，解释了针对 PX 工厂的一些科学问题。2007 年 6 月 1 ~2 日，部分厦门市民以“散步”的形式抵制 PX 项目落户厦门海沧区，集体在厦门市政府门前表达反对意见。

2007 年 5 月 30 日，厦门市政府决定缓建 PX 化工项目，同时开始通过电话、短信、传真、电子邮件、接收信件等渠道，充分倾听公众意见，并于之后编制了 25 万册科普读本《PX 知多少》，图文并茂地展现了 PX 项目与公众的关系，并免费送到市民手中。2007 年 12 月 13 日，厦门市政府召开市民座谈会，座谈会的结果显示公众对 PX 项目反对的声音远远高于支持的声音。2007 年 12 月 16 日，福建省政府召开专项会议，最终决定顺应公众意见迁建 PX 项目。

2. 广东茂名 PX 项目

茂名市政府意识到 PX 项目可能会遭到公众的反对和质疑，于是在项目正式建设之前便主动发起了与公众的沟通行动，但因对公众透明度把握不到位而未达到预期的目标，反而成为市民反对 PX 项目的直接诱因。

茂名 PX 项目从论证、规划到开工经历了 6 年时间。早在 2008 年茂名 PX 项目就纳入城市规划，此后多年政府的规划中也都有提及，并在《茂名日报》刊登了环评公告。基于公众没有给予更多的关注和质疑，茂名市政府便没有采取更多的行动，直到项目临近开工。

2014 年初，茂名市政府预判公众可能会质疑 PX 项目，便再次启动公众透明度沟通行动，开展了一场密集的宣传兼科普活动。茂名市委宣传部通过媒体渠道发布《茂名芳烃项目基本情况介绍》；主要领导前往江西九江学习PX推广经验；组织召开媒体闭门会议，向各大媒体发放《芳烃项目宣传手册》与《茂名芳烃项目基本情况介绍》，通报项目投资规模和选址情况，播放《焦点访谈》关于正确认识PX项目的相关节目；召集当地的意见领袖等召开PX项目推广会。

2014年3月27日，茂名PX项目推广会到场人数远超政府预计。会议传达的内容不能够说服公众消除PX项目对自身安全的质疑，未能够消除公众心中的疑问，且主持人对PX项目问题的答复非常潦草，网友们逐渐滋生反感情绪。事件发展超出市政府预期，项目推广会没有达到预期的效果反而成为公众抗议的起源，打乱了市政府推进PX项目选址的步骤。

数日之后，茂名市政府召开新闻发布会，公开向在集会中“误伤”的市民道歉，并做出承诺不会违背民意强力推进PX项目。

（二）沟通失败原因分析

1. 沟通时间滞后

厦门的PX项目尤为典型，厦门市民直到收到了“PX项目剧毒”的短信之后才对PX项目落地厦门有了初步的认识。茂名市政府开展了两次预先的沟通活动，试图通过沟通预防抗议行动，确保项目顺利开工，然而主要的沟通行为发生在项目即将落地的关键环节，没有给居民充分的反应和消化时间，且在沟通中没有从公众的角度来考虑PX项目对居民的影响。完全处于被动地位的公众突然得知自己即将暴露于PX不可知风险之下，他们便发起和参加了抗议。沟通严重滞后，导致了公众消化、学习PX信息的时间严重缩短，再加上对于PX项目的恐慌，极容易导致公众出现不理智的抗议行为。

2. 缺乏互动沟通渠道

对于网络等现代化沟通渠道应用不力是PX项目沟通失败的重要原因。市政府习惯于通过传统媒体对公众发布重大信息，而公众获取信息的渠道已经更多的转向了网络与社交媒体。政府传达信息的渠道与公众接收信息的渠道严重错位，导致市政府的 PX 项目在提高公众透明度方面的一系列举措无法达到较好的效果。

沟通中的关键信息缺失，利益相关方无法将 PX 项目与自身利益联系到一起。重大项目选址中的公众透明度管理力度不足，既未能激发公众的参与兴趣，也没有提供强化市民沟通意愿的双向沟通渠道。

3. 沟通内容准备不充分

事实上，PX 不像公众想象的那么恐怖，反而与人们的生产生活密切相关，成为人们日常生活中不可或缺的重要内容。目前全球每年生产 4000 万吨左右的 PX，90% 以上都用于制作聚酯纤维，聚酯纤维是服装加工、家纺用品、装饰材料等的重要原料。在饮食方面，PX 是制作矿泉水瓶、药物胶囊、合成香料等的重要原料。在家居方面，PX 被用来制作墙纸、电器开关、油漆溶剂等建筑材料。在相关技术不断更新换代的推动下，PX 的下游产品 PET，正逐渐取代铝、玻璃、陶瓷和纸张，广泛应用于电器电子、汽车及机械制造行业。这都是社会公众能够听得懂，且与人们的生活息息相关的内容。

反观政府的宣传内容，如《PX 到底有没有危害》并没有真正解释 PX 项目与公众的生活关联度在哪里。与公众沟通的信息内容应当尽可能地通俗易懂，直接点明该项目与普通公众的关系、能够给周边的群众带来的好处是什么。

二 PX 项目成功案例分析

PX 项目选址在各国都会面临同样的问题，相比较来说韩国、日本、新加坡等周边国家的 PX 项目没有因公众过多的干预而造成选址问题，这其中非常重要的原因就是这些国家从 PX 项目的立项选址到开工建设，再到运营都遵守了完全公开、透明和民主的制度、流程、程序。政府、项目方、项目周围的公众都能够及时分享、获得相应的信息，减少了不必要的猜忌，这对项目顺利选址起到了重要作用。

（一）韩国：从强烈反对到相安无事

韩国 PX 年产能高达 580 多万吨，出口量近 150 万吨，是名副其实的 PX 出口大国。韩国蔚山园区 PX 装置距居民区不过数百米，却与周围公众能够和谐相处、顺利投产，其经验值得我们学习和借鉴。

韩国的 PX 项目也是经过一段时间的摸索后才总结出一套成熟的模式。由于政府公信力不足、科技水平有限等原因，PX 项目在建设之初，曾遭到当地社区居民的强烈反对。为此，韩国政府迅速采取行动，从立项、建设到运营的过程中逐渐建立健全公开、透明、民主的制度环境，企业也积极推进技术进步，履行社区的“社会责任”，反对声音在政府和企业的共同努力下逐渐减弱。

PX 项目方在保证 PX 生产安全和消除负面影响方面的努力也值得我们学习。以三星道达尔化工企业为例，这家公司采用的废水废气排放要求、安全管理标准等都要远远高于政府标准。蔚山园区所有企业都安装了电子摄像头用于监测废水废气处理情况，并实时接受市政环境人员的监督和考核。企业也会在官方网站上及时公开公众关心的安全生产信息和数据，以达到消除民众顾虑的效果。

（二）新加坡：公众咨询机制保障知情权

新加坡的情况更加特殊。新加坡国土面积仅有约 700 平方公里，居民主要居住于主岛新加坡岛，裕廊岛及附近一些岛屿距离主岛不足两公里，却集中分布着新加坡的大多数炼化设施。

新加坡裕廊石化区 PX 装置距市区约 10 公里。政府从规划和沟通两个方面入手，努力消除公众对于 PX 项目的质疑。在规划方面，裕廊岛的炼化区尽可能与主岛隔离，促使公众对化工设施的安全问题能放心。同时新加坡政府对相应的化工设施有着全流程的监管，其中很重要的内容就是引入公众咨询机制，重点开展安全评估工作，尽可能向公众披露足够多的信息以充分维护公众的知情权。具体到 PX 这一化工产品，虽然低毒，但其生产过程还是存在一定的风险。新加坡政府对 PX 项目的要求没有任何降低，用其他高危险化学品的要求规范对 PX 项目的管理。

（三）日本：化工厂向中小学生开放

川崎建有日本最重要的矿业、石油企业“吉坤日矿日石能源公司”（以下称“JX 公司”）的工厂。川崎 PX 的年生产能力为 35 万吨，除此之外，还拥有乙烯生产能力 45 万吨，再加上其他化工产品的生产，一年下来川崎拥有 100 多万吨的化工生产能力，这在日本属规模较大的。

川崎的工厂每年都会和附近 10 个街道的居委会、中小学生、学生家长举办各种活动，包括钓鱼大会、用纸勺捞金鱼比赛、抓木盆中的螃蟹等等。川崎作为如此大的工业重地，能保证让河流、大海不受污染，民众能吃这里钓上来的鱼，是所有企业共同努力的结果。在川崎市，不仅是 JX 公司的工厂向社会开放，几乎所有工厂，每小时都将自己的环境情况通过联网的方式告知川崎市政府的环保负责科室。没有一家企业违规操作，现今所有企业都能定期让中小学生来工厂参观，家长也同意让孩子去化工厂参加活动。

三　提升重大项目选址公众透明度的建议

（一）由事后沟通转为事前沟通

三菱化学集团中国地区总代表濑川拓认为，“化工厂若要引进新的产品，整个生产过程就必须与政府机构、附近居民进行大量的沟通。只有信息做到公开透明，沟通做得充分，化工厂才能在一个地方长久地生存下去”。企业必须与公众就风险问题进行必要的沟通，并且这种沟通的时间需前移，在项目落地之前与公众进行沟通，这种事前沟通能使政府较好地掌握主动权，有效地引导舆论。

重大建设项目在选址的初期就应该将利益相关方作为重要的考虑因素。

在策划项目时明确利益相关方，通过调查问卷、座谈等形式充分收集利益相关方的意见和建议。在项目选址时，能够充分考虑利益相关方的诉求，积极回应利益相关方的意见和建议。制定明确的利益相关方意见和建议收集、反馈机制，用利益相关方听得懂的语言对相关内容进行传播。企业在重大项目选址时要尽量将沟通工作前移，不要等到项目遭到了来自利益相关方的强烈反对时才展开相关的沟通工作。

（二）深入群众的教育引导

历次事件显示，利益相关方在刚得知 PX 项目时，往往最先容易相信 PX 项目对自身利益有损害的言论，对各专家的言论充耳不闻。国外同类项目毗邻居民区的先例也不能消除公众对项目建成后环保设备和技术手段搁置不用的质疑。面对面的沟通拉近了企业与公众的距离，有利于在沟通中建立信任关系。

首先从内部员工入手，对重大建设项目选址中出现的疑虑进行各种学习和讨论，分解出具体课题，鼓励员工收集相关资料，并对正反意见进行整理分类。在对重大建设项目有了清晰、准确的认识后，员工无形中就会成为正面意见的传播者。

其次要开展多种形式的群众沟通活动，畅通沟通渠道，邀请民众参观重大项目。同时，积极争取政府的支持，采取播放宣传片、邀请专家讲座、组织石化企业参观等多种形式，这种大面积、高强度的正面宣传在很大程度上能改变对当地公众的知识供给，在引导公众认知风险方面发挥着重要作用。

参考文献

[1] 刘冰：《邻避设施选址中的地方政府行为及社会动员模式研究》，《中国社会公共安全研究报告》，2014。

[2] 程惠霞、丁刘泽隆：《公民参与中的风险沟通研究：一个失败案例的教训》，《中国行政管理》2015 年第 2 期。
[3] 陈言：《日本 PX 巨头 JX 公司为何能做到向中小学生开放?》，《中国经济周刊》2015 年 4 月 20 日。
[4] 刘建华：《广东茂名 PX 事件调查》，和讯网，2014。
[5] 陈躲：《PX 项目九江突围样本》，《中国石油石化》2014 年第 10 期。

附　录

Appendix

B.14

附录一　2015年中国企业200强公众透明度指数

单位：分

收入排名	透明度排名	企业名称	透明度得分	透明度等级	内容维度	渠道维度	时间维度	数量维度	形式维度
7	1	中国农业银行股份有限公司	74.01	良好	42.27	8.03	5.60	11.71	6.40
3	2	国家电网公司	73.80	良好	44.80	9.15	7.00	6.09	6.75
6	3	中国建筑股份有限公司	70.03	良好	40.19	8.45	4.55	10.65	6.19
9	4	中国移动通信集团公司	69.99	良好	44.50	6.62	4.20	7.02	7.65
4	5	中国工商银行股份有限公司	69.69	良好	43.71	7.18	5.60	5.76	7.44
94	6	中国远洋运输(集团)总公司	69.50	良好	42.27	8.73	5.60	7.75	5.15
27	7	中国电信集团公司	69.35	良好	50.86	4.51	2.45	5.83	5.70
1	8	中国石油化工集团公司	69.20	良好	51.66	7.32	1.75	4.30	4.17
104	9	武汉钢铁(集团)公司	69.18	良好	43.86	6.90	7.00	5.86	5.57
14	10	国家开发银行股份有限公司	68.75	良好	36.61	7.46	7.00	10.44	7.23
39	11	华为技术有限公司	68.70	良好	47.68	6.90	5.60	3.16	5.36
50	12	中国建筑材料集团有限公司	68.60	良好	40.93	7.89	4.20	10.02	5.57

续表

收入排名	透明度排名	企业名称	透明度得分	透明度等级	内容维度	渠道维度	时间维度	数量维度	形式维度
102	13	浙江吉利控股集团有限公司	67.79	良好	40.48	8.59	5.60	7.56	5.57
42	14	招商银行股份有限公司	66.57	良好	42.12	8.17	2.10	9.18	5.01
8	15	中国银行股份有限公司	65.27	良好	40.13	7.04	4.20	9.79	4.10
5	16	中国建设银行股份有限公司	65.19	良好	39.68	7.75	3.15	10.22	4.38
20	17	中国平安保险(集团)股份有限公司	64.77	良好	36.16	7.18	5.60	9.43	6.40
2	18	中国石油天然气集团公司	64.28	良好	38.85	8.59	5.60	5.33	5.91
40	19	苏宁控股集团	63.52	良好	37.00	8.03	4.20	10.12	4.17
31	20	交通银行股份有限公司	63.21	良好	40.68	7.32	4.20	5.44	5.57
135	21	中国北方机车车辆工业集团公司	62.93	良好	40.93	7.46	2.10	5.69	6.75
91	22	中国光大集团股份有限公司	62.63	良好	36.56	8.59	5.60	5.62	6.26
58	23	上海浦东发展银行	62.33	良好	38.15	7.18	4.20	7.24	5.57
19	24	中国南方电网有限责任公司	61.62	良好	41.72	4.37	4.55	4.93	6.05
11	25	中国中铁股份有限公司	61.37	良好	39.34	7.89	5.60	3.19	5.36
138	26	华夏银行股份有限公司 19	61.33	良好	36.56	7.89	5.60	5.03	6.26
51	27	兴业银行股份有限公司	61.18	良好	36.56	6.90	4.20	9.00	4.52
10	28	上海汽车集团股份有限公司	61.15	良好	34.97	5.63	4.90	10.64	5.01
12	29	中国海洋石油总公司 20	61.03	良好	39.14	6.06	4.20	3.84	7.79
132	30	中国南方航空集团公司	60.93	良好	39.93	7.32	3.15	4.12	6.40
26	31	中国航空工业集团公司	60.84	良好	36.51	6.06	5.60	9.76	2.92
21	32	华润股份有限公司	59.45	一般	45.70	3.66	2.10	4.86	3.13
35	33	宝钢集团有限公司	59.30	一般	40.53	6.34	4.20	3.36	4.87
28	34	中国交通建设集团有限公司	59.11	一般	42.12	4.37	3.15	3.56	5.91
23	35	中国兵器工业集团公司	58.96	一般	40.13	4.23	3.50	6.09	5.01
55	36	中国民生银行股份有限公司	58.91	一般	32.19	7.18	4.20	8.73	6.61
16	37	中国中化集团公司	58.67	一般	38.19	6.48	3.85	4.58	5.57
17	38	中国第一汽车集团公司	58.57	一般	38.94	7.89	3.15	4.42	4.17
153	39	上海医药集团股份有限公司	57.25	一般	38.44	7.18	4.20	3.11	4.31
63	40	中国太平洋保险(集团)股份有限公司	56.99	一般	35.16	7.46	4.20	4.53	5.63
171	41	腾讯控股有限公司	56.98	一般	35.36	7.18	4.20	6.13	4.10
87	42	国家电力投资集团公司(中国电力投资集团公司)	55.66	一般	37.19	6.48	2.80	5.57	3.62
33	43	中国五矿集团公司	55.40	一般	38.94	6.06	2.10	3.08	5.22
164	44	中兴通讯股份有限公司	55.25	一般	30.89	6.76	4.20	8.24	5.15

续表

收入排名	透明度排名	企业名称	透明度得分	透明度等级	内容维度	渠道维度	时间维度	数量维度	形式维度
125	45	国家开发投资公司	55.10	一般	39.89	3.66	3.50	4.84	3.20
82	46	中国有色矿业集团有限公司	55.05	一般	45.20	2.54	1.75	2.99	2.57
190	47	中国国际海运集装箱(集团)股份有限公司	54.49	一般	39.74	4.51	1.75	6.13	2.37
89	48	陕西煤业化工集团有限责任公司	54.04	一般	36.95	4.51	4.20	3.58	4.80
43	49	河北钢铁集团有限公司	54.00	一般	35.41	5.77	4.20	4.44	4.17
129	50	恒大地产集团有限公司	53.96	一般	33.92	4.79	5.60	3.04	6.61
69	51	中国华电集团公司	53.56	一般	38.15	4.79	3.50	3.51	3.62
18	52	东风汽车公司	52.53	一般	35.36	6.20	1.75	6.30	2.92
75	53	中国电子信息产业集团有限公司	52.48	一般	35.92	4.65	4.20	2.71	5.01
49	54	中国化工集团公司	52.21	一般	34.49	5.92	4.20	3.30	4.31
188	55	阿里巴巴集团控股有限公司	51.78	一般	30.60	5.92	3.15	9.75	2.37
149	56	中国中煤能源集团有限公司	51.52	一般	35.36	7.04	1.40	5.14	2.57
29	57	中国人民保险集团股份有限公司	51.41	一般	33.92	6.62	4.20	1.66	5.01
46	58	中国电力建设集团有限公司	51.36	一般	34.78	5.07	1.75	7.19	2.57
32	59	神华集团有限责任公司	51.09	一般	38.05	5.35	3.50	0.99	3.20
169	60	北京银行	50.98	一般	34.47	6.06	4.20	3.33	2.92
36	61	中国华能集团公司	50.61	一般	36.06	3.94	2.10	3.71	4.80
142	62	TCL集团股份有限公司	50.35	一般	31.39	5.92	4.20	5.92	2.92
77	63	海尔集团公司	50.01	一般	28.61	5.35	4.20	8.09	3.76
108	64	美的集团有限公司	49.25	一般	28.76	5.63	4.20	5.65	5.01
150	65	上海电气(集团)总公司	49.00	一般	34.17	4.37	4.20	2.51	3.76
67	66	中国国电集团公司	48.79	一般	34.47	4.93	1.75	3.12	4.52
116	67	厦门建发集团有限公司	48.13	一般	29.70	7.61	5.60	2.79	2.43
37	68	中国联合网络通信集团有限公司	48.04	一般	28.51	6.34	4.20	3.98	5.01
97	69	鞍钢集团公司	47.61	一般	29.70	5.21	4.20	5.23	3.27
99	70	海航集团有限公司	47.20	一般	32.53	4.08	1.05	4.52	5.01
52	71	中粮集团有限公司	46.55	一般	32.98	4.93	2.10	3.76	2.78
124	72	上海建工集团股份有限公司	45.99	一般	27.81	6.76	5.60	3.79	2.02
119	73	中国南车集团公司	45.57	一般	28.21	5.21	2.10	4.69	5.36
107	74	新华人寿保险股份有限公司	44.81	一般	26.53	7.61	4.20	2.02	4.45
80	75	山西晋城无烟煤矿业集团有限责任公司	44.69	一般	32.19	4.51	3.50	2.97	1.53
13	76	中国铁道建筑总公司	44.50	一般	28.61	6.06	4.20	1.81	3.83

续表

收入排名	透明度排名	企业名称	透明度得分	透明度等级	内容维度	渠道维度	时间维度	数量维度	形式维度
165	77	徐州工程机械集团有限公司	44.47	一般	29.95	4.51	4.20	2.54	3.27
62	78	中国冶金科工集团有限公司	44.21	一般	25.03	7.04	4.20	2.99	4.94
100	79	中国航天科工集团公司	44.16	一般	29.40	4.51	2.10	6.27	1.88
156	80	中国太平保险集团有限责任公司	43.05	一般	19.47	5.77	2.10	11.94	3.76
120	81	上海烟草集团有限责任公司	42.83	一般	32.38	3.24	1.05	3.79	2.37
70	82	陕西延长石油(集团)有限责任公司	42.32	一般	31.39	3.66	1.05	3.85	2.37
81	83	晋能集团有限公司	40.36	一般	29.01	3.10	2.10	2.75	3.41
113	84	海亮集团有限公司	40.31	一般	27.02	5.63	1.40	2.84	3.41
15	85	中国人寿保险(集团)公司	40.03	一般	20.26	6.48	3.50	7.91	1.88
72	86	山西潞安矿业(集团)有限责任公司	39.48	不良	26.62	4.51	2.10	4.02	2.23
71	87	江西铜业集团公司	39.31	不良	23.44	5.77	4.20	2.83	3.06
199	88	广西投资集团有限公司	39.10	不良	23.05	3.24	3.50	5.49	3.83
90	89	中国农业发展银行	37.87	不良	22.65	4.23	0.00	6.12	4.87
48	90	山西焦煤集团有限责任公司	37.47	不良	27.81	2.96	2.10	3.06	1.53
121	91	光明食品(集团)有限公司	36.09	不良	20.26	4.23	4.20	3.99	3.41
44	92	中国铝业公司	36.05	不良	23.36	3.52	2.10	2.40	4.66
30	93	中国中信集团有限公司	35.58	不良	20.66	3.38	2.10	5.12	4.31
88	94	阳泉煤业(集团)有限责任公司	35.29	不良	24.24	4.37	2.10	2.01	2.57
34	95	北京汽车集团有限公司	34.37	不良	21.46	3.10	0.00	6.89	2.92
177	96	山东黄金集团有限公司	33.91	不良	25.98	2.25	0.00	4.15	1.53
106	97	国美电器有限公司	33.79	不良	17.38	4.08	2.10	6.25	3.97
66	98	大同煤矿集团有限责任公司	33.67	不良	27.32	1.55	0.00	3.27	1.53
134	99	中国航空集团公司	33.43	不良	20.18	2.25	0.00	7.24	3.76
123	100	京东商城电子商务有限公司	33.01	不良	19.52	3.10	0.00	8.72	1.67
192	101	中国化学工程股份有限公司	32.86	不良	19.47	2.39	1.05	5.77	4.17
22	102	中国邮政集团公司	30.54	不良	19.87	3.66	0.00	5.69	1.32
83	103	中国能源建设集团有限公司	30.54	不良	17.28	4.65	2.10	5.18	1.32
54	104	中国医药集团总公司	30.28	不良	16.29	4.37	2.10	5.64	1.88
158	105	厦门国贸控股有限公司	29.49	不良	17.88	1.83	2.10	5.45	2.23
78	106	山东能源集团有限公司	29.18	不良	23.02	1.13	0.00	3.51	1.53
163	107	中国海运(集团)总公司	29.04	不良	18.82	2.96	0.00	5.73	1.53
92	108	中国通用技术(集团)控股有限责任公司	28.47	不良	18.68	2.39	2.10	2.87	2.43
147	109	海信集团有限公司	27.88	不良	19.07	2.54	0.00	4.74	1.53

续表

收入排名	透明度排名	企业名称	透明度得分	透明度等级	内容维度	渠道维度	时间维度	数量维度	形式维度
181	110	三一集团有限公司	27.56	不良	15.89	2.39	1.40	6.48	1.39
95	111	中国航天科技集团公司	27.17	不良	16.04	3.66	0.00	6.15	1.32
47	112	绿地控股集团有限公司	27.14	不良	19.47	3.24	0.00	2.69	1.74
68	113	新兴际华集团有限公司	27.14	不良	13.51	3.66	2.10	2.86	5.01
96	114	恒力集团有限公司	26.88	不良	16.19	3.52	0.00	5.43	1.74
152	115	四川长虹电子集团有限公司	26.57	不良	17.48	2.96	0.00	4.60	1.53
184	116	杭州娃哈哈集团有限公司	26.40	不良	16.84	4.23	0.00	4.02	1.32
86	117	首钢总公司	26.10	不良	11.97	1.97	2.80	4.90	4.45
160	118	三胞集团有限公司	25.76	不良	17.88	3.38	0.00	2.76	1.74
53	119	江苏沙钢集团有限公司	25.40	不良	18.43	2.11	0.00	3.12	1.74
117	120	天津百利机械装备集团有限公司	25.30	不良	13.11	2.68	0.00	7.78	1.74
137	121	中天钢铁集团有限公司	25.16	不良	19.62	1.83	0.00	3.08	0.63
168	122	绿城房地产集团有限公司	25.04	不良	14.45	3.38	0.00	5.68	1.53
115	123	潍柴控股集团有限公司	24.99	不良	17.69	1.69	0.00	4.29	1.32
151	124	中国东方航空集团公司	24.99	不良	16.69	2.96	0.00	3.81	1.53
146	125	泰康人寿保险股份有限公司	24.80	不良	13.91	3.66	2.10	3.81	1.32
185	126	浙江荣盛控股集团有限公司	24.63	不良	16.12	2.96	0.00	3.82	1.74
189	127	云天化集团有限责任公司	24.37	不良	14.45	2.11	0.00	6.06	1.74
103	128	华晨汽车集团控股有限公司	24.23	不良	13.91	1.41	0.00	7.38	1.53
194	129	中国重型汽车集团有限公司	24.00	不良	16.89	1.27	0.00	4.52	1.32
178	130	山东东明石化集团有限公司	23.90	不良	18.03	1.41	0.00	2.72	1.74
130	131	江苏悦达集团有限公司	23.85	不良	17.14	1.83	0.00	3.36	1.53
65	132	中国华信能源有限公司	23.54	不良	15.10	2.82	0.00	4.52	1.11
159	133	红云红河烟草(集团)有限责任公司	23.11	不良	17.25	2.39	0.00	2.15	1.32
118	134	中国黄金集团公司	22.71	不良	10.40	2.39	0.00	8.38	1.53
64	135	浙江省物产集团公司	22.12	不良	14.07	2.39	0.00	3.43	2.23
98	136	中国保利集团公司	22.11	不良	16.29	1.41	0.00	2.67	1.74
141	137	杭州钢铁集团公司	21.89	不良	16.04	2.39	0.00	2.13	1.32
122	138	山东钢铁集团有限公司	21.88	不良	14.65	1.13	0.00	4.57	1.53
154	139	中国外运长航集团有限公司	21.63	不良	15.50	2.39	0.00	2.42	1.32
143	140	新疆广汇实业投资(集团)有限责任公司	21.32	不良	12.99	1.83	0.00	3.93	2.57
126	141	兖矿集团有限公司	20.80	不良	16.91	1.97	0.00	0.81	1.11
166	142	湖北宜化集团有限责任公司	20.35	不良	10.68	1.69	1.40	5.05	1.53

续表

收入排名	透明度排名	企业名称	透明度得分	透明度等级	内容维度	渠道维度	时间维度	数量维度	形式维度
93	143	大商集团有限公司	19.99	黑箱	8.24	3.66	2.10	4.24	1.74
148	144	大冶有色金属集团控股有限公司	19.80	黑箱	13.91	1.97	0.00	2.53	1.39
198	145	超威电源有限公司	19.58	黑箱	12.32	2.54	0.00	2.98	1.74
61	146	中国航空油料集团公司	19.58	黑箱	8.79	3.38	0.00	3.93	3.48
85	147	开滦(集团)有限责任公司	19.43	黑箱	11.47	1.41	0.00	5.36	1.18
73	148	广州汽车工业集团有限公司	19.37	黑箱	10.33	1.13	0.00	6.38	1.53
41	149	山东魏桥创业集团有限公司	19.33	黑箱	12.52	2.82	0.00	2.46	1.53
175	150	湖南华菱钢铁集团有限责任公司	19.18	黑箱	11.67	2.82	0.00	3.16	1.53
56	151	中国机械工业集团有限公司	19.11	黑箱	10.33	2.82	0.00	2.69	3.27
162	152	西安迈科金属国际集团有限公司	19.10	黑箱	10.33	2.54	0.00	4.70	1.53
200	153	青山控股集团有限公司	18.50	黑箱	11.82	0.99	0.00	3.26	2.43
174	154	中国中材集团有限公司	18.37	黑箱	11.52	1.13	0.00	2.45	3.27
191	155	广东省广新控股集团有限公司	18.25	黑箱	10.63	1.83	0.00	4.05	1.74
45	156	正威国际集团有限公司	18.25	黑箱	11.52	2.68	0.00	2.52	1.53
76	157	中国船舶重工集团公司	18.17	黑箱	11.17	1.83	0.00	3.28	1.88
193	158	马钢(集团)控股有限公司	18.16	黑箱	11.13	1.55	0.00	3.26	2.23
25	159	太平洋建设集团有限公司	17.97	黑箱	8.74	3.24	0.00	4.25	1.74
140	160	红塔烟草(集团)有限责任公司	17.84	黑箱	11.92	1.97	0.00	2.63	1.32
38	161	联想控股股份有限公司	17.72	黑箱	11.92	1.83	0.00	2.44	1.53
114	162	万向集团公司	17.44	黑箱	7.95	1.55	0.00	6.21	1.74
157	163	广东物资集团公司	17.38	黑箱	10.23	1.13	0.00	5.05	0.97
167	164	山东省商业集团有限公司	17.25	黑箱	11.27	2.25	0.00	2.20	1.53
197	165	北京能源集团有限责任公司	17.02	黑箱	10.08	1.69	0.00	2.82	2.43
180	166	北京建龙重工集团有限公司	16.92	黑箱	11.52	0.70	0.00	3.16	1.53
112	167	百联集团有限公司	16.84	黑箱	9.73	2.54	0.00	3.04	1.53
183	168	浙江省兴合集团公司	16.56	黑箱	10.38	1.97	0.00	2.89	1.32
179	169	陕西东岭工贸集团股份有限公司	16.31	黑箱	10.48	1.97	0.00	2.68	1.18
84	170	中国大唐集团公司	16.26	黑箱	8.24	2.11	0.00	4.58	1.32
57	171	大连万达集团股份有限公司	16.06	黑箱	9.14	1.13	0.00	4.48	1.32
145	172	广厦控股集团有限公司	15.99	黑箱	8.34	2.54	0.00	3.58	1.53
170	173	浙江恒逸集团有限公司	15.89	黑箱	10.08	1.55	0.00	2.52	1.74
59	174	渤海钢铁集团有限公司	15.73	黑箱	9.93	1.13	0.00	3.14	1.53
182	175	盛虹控股集团有限公司	15.51	黑箱	10.33	0.85	0.00	2.59	1.74
187	176	浙江省能源集团有限公司	15.46	黑箱	8.34	2.25	0.00	2.78	2.09

续表

收入排名	透明度排名	企业名称	透明度得分	透明度等级	内容维度	渠道维度	时间维度	数量维度	形式维度
161	177	南山集团有限公司	14.74	黑箱	7.15	0.85	0.00	4.65	2.09
195	178	中国诚通控股集团有限公司	14.66	黑箱	7.95	1.13	0.00	3.50	2.09
196	179	河北新华联合冶金控股集团有限公司	14.41	黑箱	9.54	1.55	0.00	2.63	0.70
173	180	新希望集团有限公司	14.38	黑箱	8.29	1.83	0.00	2.73	1.53
172	181	中国铁路物资股份有限公司	14.26	黑箱	9.19	1.13	0.00	2.42	1.53
139	182	山西煤炭进出口集团有限公司	13.97	黑箱	8.94	0.85	0.00	2.65	1.53
144	183	天津渤海化工集团有限责任公司	13.82	黑箱	7.15	0.42	0.00	4.50	1.74
110	184	铜陵有色金属集团控股有限公司	13.35	黑箱	8.10	1.13	0.00	2.60	1.53
101	185	天津中环电子信息集团有限公司	13.34	黑箱	9.29	0.00	0.00	2.52	1.53
24	186	天津物产集团有限公司	13.16	黑箱	8.74	1.13	0.00	1.55	1.74
186	187	浙江中烟工业有限责任公司	12.76	黑箱	6.36	2.11	0.00	2.97	1.32
79	188	金川集团股份有限公司	12.68	黑箱	7.95	0.70	0.00	2.50	1.53
60	189	冀中能源集团有限责任公司	12.53	黑箱	8.10	0.00	0.00	3.25	1.18
105	190	中国平煤神马能源化工集团有限责任公司	12.41	黑箱	6.51	0.85	0.00	4.08	0.97
131	191	本钢集团有限公司	12.23	黑箱	5.56	1.13	0.00	4.01	1.53
109	192	酒泉钢铁(集团)有限责任公司	12.02	黑箱	6.51	0.85	0.00	3.14	1.53
74	193	河南能源化工集团有限责任公司	11.99	黑箱	5.31	1.13	0.00	4.37	1.18
176	194	珠海振戎公司	11.75	黑箱	5.17	1.41	0.00	3.44	1.74
136	195	陕西有色金属控股集团有限责任公司	11.33	黑箱	4.52	1.13	2.10	2.75	0.83
127	196	安徽海螺集团有限责任公司	11.04	黑箱	7.55	0.42	0.00	2.37	0.70
133	197	上海东浩兰生国际服务贸易(集团)有限公司	9.85	黑箱	5.17	1.13	0.00	2.38	1.18
111	198	黑龙江北大荒农垦集团总公司	5.12	黑箱	0.79	0.42	0.00	3.07	0.83
155	199	天津渤海轻工投资集团有限公司	2.69	黑箱	0.00	0.00	0.00	2.69	0.00
128	200	山东大王集团有限公司	2.37	黑箱	0.00	0.00	0.00	2.37	0.00

B.15

附录二 2015年中国银行业公众透明度指数

单位：分

排名	银行名称	透明度得分	透明度等级	时间维度	内容维度	渠道维度	数量维度	形式维度
1	中国农业银行	74. 21	良好	3. 96	37. 4	15. 31	9. 49	7. 99
2	招商银行股份有限公司	74. 03	良好	1. 72	35. 37	17. 10	12. 51	7. 33
3	国家开发银行股份有限公司	73. 50	良好	3. 78	34. 19	13. 54	14. 00	7. 99
4	中国工商银行股份有限公司	72. 68	良好	3. 19	34. 25	13. 89	13. 36	7. 99
5	中信银行股份有限公司	71. 95	良好	3. 78	37. 34	11. 75	11. 09	7. 99
6	中国银行股份有限公司	71. 72	良好	5. 40	35. 86	14. 25	8. 88	7. 33
7	华夏银行股份有限公司	70. 96	良好	2. 76	34. 97	15. 32	11. 25	6. 66
8	中国民生银行股份有限公司	70. 20	良好	3. 36	38. 55	13. 89	7. 07	7. 33
9	兴业银行股份有限公司	68. 93	良好	1. 88	35. 66	12. 82	12. 58	5. 99
10	中国邮政储蓄银行股份有限公司	67. 34	良好	3. 78	32. 07	12. 82	14. 00	4. 67
11	中国建设银行股份有限公司	67. 26	良好	4. 32	34. 30	16. 03	4. 62	7. 99
12	上海浦东发展银行股份有限公司	66. 53	良好	4. 32	36. 46	12. 47	5. 29	7. 99
13	中国光大银行股份有限公司	65. 97	良好	4. 53	34. 43	14. 25	5. 43	7. 33
14	北京银行股份有限公司	65. 67	良好	3. 67	36. 90	12. 82	4. 29	7. 99
15	重庆银行股份有限公司	64. 40	良好	4. 14	32. 10	13. 18	6. 99	7. 99
16	广发银行股份有限公司	64. 21	良好	0. 16	31. 47	13. 18	12. 07	7. 33
17	交通银行股份有限公司	63. 15	良好	2. 69	38. 11	13. 89	2. 46	6. 00
18	江苏银行股份有限公司	61. 63	良好	3. 59	31. 98	12. 11	8. 62	5. 33
19	上海银行股份有限公司	60. 60	良好	0. 39	38. 35	12. 11	4. 42	5. 33
20	平安银行股份有限公司	58. 64	一般	2. 83	32. 58	12. 11	5. 79	5. 33
21	渤海银行股份有限公司	56. 54	一般	1. 08	33. 58	13. 54	3. 67	4. 67
22	杭州银行股份有限公司	55. 62	一般	0. 39	28. 71	13. 18	6. 67	6. 67
23	汇丰银行(中国)有限公司	52. 19	一般	1. 66	27. 98	7. 84	8. 72	5. 99
24	南京银行股份有限公司	50. 11	一般	4. 32	25. 32	12. 47	4. 00	4. 00
25	中国农业发展银行	47. 72	一般	2. 70	23. 55	7. 48	10. 00	3. 99
26	兰州银行股份有限公司	47. 25	一般	2. 70	22. 14	13. 54	4. 20	4. 67

续表

排名	银行名称	透明度得分	透明度等级	时间维度	内容维度	渠道维度	数量维度	形式维度
27	花旗银行(中国)有限公司	44.40	一般	1.08	19.03	9.26	11.04	3.99
28	中国进出口银行	41.98	一般	0.22	27.33	6.41	2.69	5.33
29	恒丰银行股份有限公司	41.44	一般	1.85	21.12	9.98	3.82	4.67
30	成都银行股份有限公司	41.43	一般	1.87	17.81	9.62	6.80	5.33
31	徽商银行股份有限公司	40.97	一般	2.10	16.14	9.62	7.78	5.33
32	华融湘江银行股份有限公司	40.58	一般	2.16	24.79	7.48	1.48	4.67
33	天津银行股份有限公司	37.86	不良	2.06	15.54	10.69	4.90	4.67
34	广州银行股份有限公司	37.09	不良	2.16	15.97	8.19	6.10	4.67
35	富滇银行股份有限公司	37.04	不良	1.94	20.60	8.91	0.92	4.67
36	唐山银行股份有限公司	35.15	不良	2.51	14.82	9.62	2.87	5.33
37	浙商银行股份有限公司	33.34	不良	0.15	18.32	7.48	2.72	4.67
38	包商银行股份有限公司	32.66	不良	1.08	17.72	7.48	1.71	4.67
39	西安银行股份有限公司	28.92	不良	1.62	13.81	6.41	2.41	4.67
40	大连银行股份有限公司	24.82	不良	-0.54	9.57	7.13	5.99	2.67
41	乌鲁木齐市商业银行股份有限公司	22.79	不良	1.08	7.53	6.42	5.09	2.67

B.16

附录三　2015年中国电网行业公众透明度指数

单位：分

排名	企业名称	透明度得分	透明度等级	时间维度	内容维度	渠道维度	形式维度	数量维度
1	云南电网有限责任公司	77.28	良好	33.65	95.08	50.00	75.00	31.01
2	深圳供电局有限公司	70.59	良好	33.77	83.61	60.00	75.00	10.58
3	广东电网有限责任公司	67.27	良好	35.91	77.05	65.00	75.00	10.84
4	国网重庆市电力公司	66.53	良好	35.28	70.49	80.00	75.00	17.50
5	国网浙江省电力公司	63.85	良好	69.71	60.66	70.00	50.00	21.24
6	国网山东省电力公司	63.30	良好	75.01	67.21	75.00	50.00	19.36
7	国网陕西省电力公司	61.99	良好	78.30	63.93	70.00	50.00	15.74
8	广西电网有限责任公司	60.49	良好	35.67	65.57	65.00	75.00	28.80
9	广州供电局有限公司	56.03	一般	67.74	60.66	60.00	75.00	8.48
10	国网福建省电力有限公司	55.47	一般	38.73	57.38	70.00	75.00	18.45
11	国网北京市电力公司	55.37	一般	67.60	59.02	60.00	50.00	16.65
12	国网天津市电力公司	54.97	一般	68.76	54.10	80.00	50.00	9.43
13	国网辽宁省电力有限公司	54.97	一般	42.76	54.10	70.00	50.00	13.40
14	国网江苏省电力公司	54.27	一般	38.93	55.74	75.00	50.00	16.81
15	国网新疆电力公司	53.90	一般	76.83	50.82	65.00	25.00	20.22
16	国网四川省电力公司	53.85	一般	72.18	54.10	65.00	50.00	29.26
17	国网甘肃省电力公司	53.80	一般	48.11	44.26	60.00	25.00	16.92
18	国网安徽省电力公司	53.73	一般	41.51	55.74	65.00	50.00	7.13
19	国网宁夏电力公司	50.83	一般	72.61	50.82	60.00	50.00	14.87
20	国网湖北省电力公司	49.98	一般	88.66	49.18	65.00	50.00	19.63
21	国网青海省电力公司	49.62	一般	79.43	52.46	65.00	25.00	13.12
22	海南电网有限责任公司	49.26	一般	66.67	57.38	40.00	50.00	26.71
23	国网湖南省电力公司	48.66	一般	38.53	50.82	65.00	25.00	15.85
24	国网黑龙江省电力有限公司	48.26	一般	70.34	45.90	75.00	25.00	28.75
25	国网内蒙古东部电力有限公司	47.08	一般	70.73	50.82	55.00	50.00	7.51
26	国网河南省电力公司	44.36	一般	53.80	45.90	60.00	25.00	38.41

续表

排名	企业名称	透明度得分	透明度等级	时间维度	内容维度	渠道维度	形式维度	数量维度
27	国网江西省电力公司	42. 76	一般	34. 46	40. 98	75. 00	25. 00	9. 67
28	国网河北省电力公司	41. 63	一般	68. 04	40. 98	65. 00	25. 00	9. 41
29	贵州电网有限责任公司	40. 81	一般	12. 63	40. 98	50. 00	75. 00	34. 67
30	国网冀北电力有限公司	39. 58	不良	67. 86	39. 34	50. 00	25. 00	12. 39
31	国网山西省电力公司	39. 50	不良	34. 53	39. 34	65. 00	25. 00	11. 09
32	国网西藏电力有限公司	38. 02	不良	36. 37	39. 34	50. 00	25. 00	4. 40
33	国网上海市电力公司	37. 06	不良	34. 85	34. 43	65. 00	50. 00	7. 12
34	国网吉林省电力有限公司	31. 51	不良	66. 69	29. 51	50. 00	25. 00	7. 18

B.17

附录四　2015年中国汽车行业公众透明度指数

单位：分

排名	企业名称	透明度得分	透明度等级	内容维度	渠道维度	时间维度	数量维度	形式维度
1	上海汽车集团股份有限公司	65.18	良好	37.45	5.80	7.00	11.38	3.55
2	浙江吉利控股集团有限公司	63.47	良好	40.73	7.68	3.15	6.97	4.94
3	比亚迪股份有限公司	59.24	一般	35.64	6.67	4.20	10.03	2.71
4	中国第一汽车集团公司	57.49	一般	42.18	4.35	1.75	6.50	2.71
5	东风汽车公司	56.1	一般	39.64	6.09	1.75	3.83	4.80
6	广州汽车工业集团有限公司	51.28	一般	29.82	5.07	4.20	8.08	4.10
7	郑州宇通客车股份有限公司	49.11	一般	32.36	3.62	4.20	4.61	4.31
8	长城汽车股份有限公司	46.82	一般	28.73	5.65	4.20	5.74	2.50
9	北京汽车集团有限公司	35.43	不良	22.18	3.19	0.00	7.49	2.57
10	潍柴控股集团有限公司	28.18	不良	21.09	1.45	0.00	4.31	1.32
11	中国重型汽车集团有限公司	27.73	不良	19.27	1.01	0.00	4.38	3.06
12	江铃汽车集团公司	22.69	不良	15.27	2.75	0.00	3.35	1.32
13	江苏悦达集团有限公司	21.38	不良	16.00	1.30	0.00	2.55	1.53
14	华晨汽车集团控股有限公司	21.13	不良	13.45	1.59	0.00	4.55	1.53
15	万向集团公司	13.68	黑箱	9.45	1.30	0.00	1.39	1.53

B.18
后　记

经过几个月的努力，《中国企业公众透明度报告（2015～2016）*No. 2*》终于付梓了。

本书的出版离不开各位同人的积极参与。本书理论和数据资料由中国企业管理研究会社会责任专业委员会和北京融智企业社会责任研究所共同搜集完成；研究思路、框架、方法由黄速建、肖红军、王晓光、王海龙研究确定；数据搜集涉及中国200强企业、41家银行、34家省级电网公司、15家汽车企业，由王晓光、王海龙、范玉国协调完成，丁荣、冯岳峰、黄凰、王晓峰、张聪、周子承负责信息搜集与整理，王晓光、范玉国负责确定指标赋值方法，周子承、张聪负责数据处理。

本书写作提纲和框架由黄速建、肖红军、王晓光、王海龙共同确定。总报告由黄速建、王晓光、范玉国撰写。

200强企业篇相关内容由范玉国、张聪、周子承撰写；“2015年中国银行业公众透明度评价分析”由丁荣、黄凰撰写；“2015年中国省级电网公司公众透明度评价分析”由冯岳峰撰写；“2015年中国汽车行业公众透明度评价分析”由范玉国、张聪撰写。

专题篇中，“企业公众透明度与舆情管理”由李焱撰写，“企业社会责任报告的传播效果研究”由范玉国、张聪撰写，“企业重大建设项目选址中的公众透明度影响分析”由冯岳峰撰写。

企业公众透明度的研究还处于起步、探索阶段，虽然本书作者坚持科学严谨的态度，但难免有疏漏之处，恳请各位读者批评指正。社会科学文献出版社的吴敏女士为本书的出版付出了辛勤劳动，在此一并表示感谢！

中国企业管理研究会社会责任专业委员会
中国工业经济联合会中国工业企业社会责任研究智库
北京融智企业社会责任研究所
2015 年 12 月

皮书起源

“皮书”起源于十七、十八世纪的英国，主要指官方或社会组织正式发表的重要文件或报告，多以“白皮书”命名。在中国，“皮书”这一概念被社会广泛接受，并被成功运作、发展成为一种全新的出版形态，则源于中国社会科学院社会科学文献出版社。

皮书定义

皮书是对中国与世界发展状况和热点问题进行年度监测，以专业的角度、专家的视野和实证研究方法，针对某一领域或区域现状与发展态势展开分析和预测，具备原创性、实证性、专业性、连续性、前沿性、时效性等特点的公开出版物，由一系列权威研究报告组成。

皮书作者

皮书系列的作者以中国社会科学院、著名高校、地方社会科学院的研究人员为主，多为国内一流研究机构的权威专家学者，他们的看法和观点代表了学界对中国与世界的现实和未来最高水平的解读与分析。

皮书荣誉

皮书系列已成为社会科学文献出版社的著名图书品牌和中国社会科学院的知名学术品牌。2011 年，皮书系列正式列入“十二五”国家重点出版规划项目；2012~2015 年，重点皮书列入中国社会科学院承担的国家哲学社会科学创新工程项目；2016 年，46 种院外皮书使用“中国社会科学院创新工程学术出版项目”标识。

法律声明

“皮书系列”（含蓝皮书、绿皮书、黄皮书）之品牌由社会科学文献出版社最早使用并持续至今，现已被中国图书市场所熟知。“皮书系列”的LOGO（）与“经济蓝皮书”“社会蓝皮书”均已在中华人民共和国国家工商行政管理总局商标局登记注册。“皮书系列”图书的注册商标专用权及封面设计、版式设计的著作权均为社会科学文献出版社所有。未经社会科学文献出版社书面授权许可，任何使用与“皮书系列”图书注册商标、封面设计、版式设计相同或者近似的文字、图形或其组合的行为均系侵权行为。

经作者授权，本书的专有出版权及信息网络传播权为社会科学文献出版社享有。未经社会科学文献出版社书面授权许可，任何就本书内容的复制、发行或以数字形式进行网络传播的行为均系侵权行为。

社会科学文献出版社将通过法律途径追究上述侵权行为的法律责任，维护自身合法权益。

欢迎社会各界人士对侵犯社会科学文献出版社上述权利的侵权行为进行举报。电话：010－59367121，电子邮箱：fawubu@ssap.cn。

社会科学文献出版社

权威报告·热点资讯·特色资源

皮书数据库

ANNUAL REPORT(YEARBOOK) DATABASE

当代中国与世界发展高端智库平台

WWW.PISHU.COM.CN

皮书俱乐部会员服务指南

1. 谁能成为皮书俱乐部成员？

- 皮书作者自动成为俱乐部会员
- 购买了皮书产品（纸质书/电子书）的个人用户

2. 会员可以享受的增值服务

- 免费获赠皮书数据库100元充值卡
- 加入皮书俱乐部，免费获赠该纸质图书的电子书
- 免费定期获赠皮书电子期刊
- 优先参与各类皮书学术活动
- 优先享受皮书产品的最新优惠

3. 如何享受增值服务？

（1）免费获赠100元皮书数据库体验卡

第1步 刮开附赠充值的涂层（右下）；

第2步 登录皮书数据库网站（www.pishu.com.cn），注册账号；

第3步 登录并进入“会员中心”—“在线充值”—“充值卡充值”，充值成功后即可使用。

（2）加入皮书俱乐部，凭数据库体验卡获赠该书的电子书

第1步 登录社会科学文献出版社官网（www.ssap.com.cn），注册账号；

第2步 登录并进入“会员中心”—“皮书俱乐部”，提交加入皮书俱乐部申请；

第3步 审核通过后，再次进入皮书俱乐部，填写页面所需图书、体验卡信息即可自动兑换相应电子书。

4. 声明

解释权归社会科学文献出版社所有

皮书俱乐部会员可享受社会科学文献出版社其他相关免费增值服务，有任何疑问，均可与我们联系。

图书销售热线：010-59367070/7028
图书服务QQ：800045692
图书服务邮箱：duzhe@ssap.cn

数据库服务热线：400-008-6695
数据库服务邮箱：database@ssap.cn
兑换电子书服务热线：010-59367204

欢迎登录社会科学文献出版社官网
（www.ssap.com.cn）
和中国皮书网（www.pishu.cn）
了解更多信息

社会科学文献出版社 SOCIAL SCIENCES ACADEMIC PRESS (CHINA) 皮书系列

卡号：253422736634

密码：

S 子库介绍

Sub-Database Introduction

中国经济发展数据库

涵盖宏观经济、农业经济、工业经济、产业经济、财政金融、交通旅游、商业贸易、劳动经济、企业经济、房地产经济、城市经济、区域经济等领域，为用户实时了解经济运行态势、把握经济发展规律、洞察经济形势、做出经济决策提供参考和依据。

中国社会发展数据库

全面整合国内外有关中国社会发展的统计数据、深度分析报告、专家解读和热点资讯构建而成的专业学术数据库。涉及宗教、社会、人口、政治、外交、法律、文化、教育、体育、文学艺术、医药卫生、资源环境等多个领域。

中国行业发展数据库

以中国国民经济行业分类为依据，跟踪分析国民经济各行业市场运行状况和政策导向，提供行业发展最前沿的资讯，为用户投资、从业及各种经济决策提供理论基础和实践指导。内容涵盖农业，能源与矿产业，交通运输业，制造业，金融业，房地产业，租赁和商务服务业，科学研究，环境和公共设施管理，居民服务业，教育，卫生和社会保障，文化、体育和娱乐业等 100 余个行业。

中国区域发展数据库

以特定区域内的经济、社会、文化、法治、资源环境等领域的现状与发展情况进行分析和预测。涵盖中部、西部、东北、西北等地区，长三角、珠三角、黄三角、京津冀、环渤海、合肥经济圈、长株潭城市群、关中—天水经济区、海峡经济区等区域经济体和城市圈，北京、上海、浙江、河南、陕西等 34 个省份。

中国文化传媒数据库

包括文化事业、文化产业、宗教、群众文化、图书馆事业、博物馆事业、档案事业、语言文字、文学、历史地理、新闻传播、广播电视、出版事业、艺术、电影、娱乐等多个子库。

世界经济与国际政治数据库

以皮书系列中涉及世界经济与国际政治的研究成果为基础，全面整合国内外有关世界经济与国际政治的统计数据、深度分析报告、专家解读和热点资讯构建而成的专业学术数据库。包括世界经济、世界政治、世界文化、国际社会、国际关系、国际组织、区域发展、国别发展等多个子库。